汉译世界学术名著丛书

认知语言学

〔美〕威廉·克罗夫特
〔英〕D. 艾伦·克鲁斯　著

邵军航　译

商务印书馆
The Commercial Press

William Croft and D. Alan Cruse
COGNITIVE LINGUISTICS
Cambridge University Press
本书根据剑桥大学出版社 2004 年英文版译出

This is a Simplified-Chinese translation of the following title published by
Cambridge University Press:
Cognitive Linguistics, 9780521667708
© William Croft and D. Alan Cruse, 2004

This Simplified-Chinese Translation for the People's Republic of China (excluding Hong Kong, Macau and Taiwan) is published by arrangement with the Press Syndicate of the University of Cambridge, Cambridge, United Kingdom.

© The Commercial Press, Ltd., 2024

This Simplified-Chinese translation is authorized for sale in the People's Republic of China (excluding Hong Kong, Macau and Taiwan) only. Unauthorized export of this Simplified-Chinese translation is a violation of the Copyright Act. No part of this publication may be reproduced or distributed by any means, or stored in a database or retrieval system, without the prior written permission of Cambridge University Press and The Commercial Press, Ltd.

Copies of this book sold without a Cambridge University Press sticker on the cover are unauthorized and illegal.
本书封面贴有 Cambridge University Press 防伪标签，无标签者不得销售。

此版本仅限在中华人民共和国境内（不包括香港、澳门特别行政区及台湾地区）销售。

汉译世界学术名著丛书
出 版 说 明

我馆历来重视移译世界各国学术名著。从20世纪50年代起,更致力于翻译出版马克思主义诞生以前的古典学术著作,同时适当介绍当代具有定评的各派代表作品。我们确信只有用人类创造的全部知识财富来丰富自己的头脑,才能够建成现代化的社会主义社会。这些书籍所蕴藏的思想财富和学术价值,为学人所熟悉,毋需赘述。这些译本过去以单行本印行,难见系统,汇编为丛书,才能相得益彰,蔚为大观,既便于研读查考,又利于文化积累。为此,我们从1981年着手分辑刊行,至2022年已先后分二十辑印行名著900种。现继续编印第二十一辑,到2023年出版至950种。今后在积累单本著作的基础上仍将陆续以名著版印行。希望海内外读书界、著译界给我们批评、建议,帮助我们把这套丛书出得更好。

商务印书馆编辑部
2022年10月

译　序

　　承接这部认知语言学专著的汉译任务，最初的动机是为了学习，既可学习书中的理论知识，又可通过翻译实践学习翻译的技能知识。翻译一部学术专著，要考虑其学术价值。而衡量其学术价值的主要依据是其学术代表性和特殊性。威廉·克罗夫特和艾伦·克鲁斯合著的《认知语言学》之所以先后入选商务印书馆"语言学及应用语言学名著译丛"和"汉译世界学术名著丛书"，必然有其独特之处。作为译序，我们想从以下几个方面为读者做一个简单介绍：语言学的历史发展阶段、认知语言学涉及的主要方面、该著的主要内容和特点。

一

　　从语言学发展史上看，认知语言学属于第四个阶段。前三个阶段分别是18—19世纪的"历史比较语言学"、20世纪初索绪尔开创的结构主义语言学和20世纪下半以叶乔姆斯基为代表创立的转换生成语法。认知语言学肇始于20世纪80年代，其关键人物为莱考夫（George Lakoff）、兰盖克（Ronald W. Langacker）和塔尔米（Leonard Talmy），他们在二十世纪七十年代后期和八十年代初期创立了认知语言学。（王寅，2013：18-19）以这些创建人为核心，先后形成两个不断扩大的认知语言学家圈子。第一拨认知语言学家在上世纪八十年代后半叶和九十年代初期异军突起，其中包括上文提到的关键人物的早期合作者、同事以及其第一代的学生构成：福科尼耶（Gilles Fauconnier）、斯威策（Eve Sweetser）、约翰逊（Mark Johnson）、特纳（Mark Turner）、吉布斯（Raymond W. Gibbs）、克罗夫特（William Croft）、戈德伯格（Adele Goldberg）、塔吉（Dave Tuggy）、卡萨德（Gene Casad）、扬达（Laura Janda）、凯莫（Suzanne Kemmer）、赖斯（Sally Rice）、马尔多纳多（Ricardo Maldonado）、霍克（Karen Van Hoek）、内森（Geoff Nathan）、温特斯（Margaret Winters）、谢尔曼·威尔考克斯（Sherman Wilcox）和菲利斯·威尔考克斯（Phyllis Wilcox）、弗里曼（Margaret Freeman）（Geeraerts, 2006: 24）。其中就包括本书两位作者之一的威廉·克罗夫特。

在语言学的不同历史阶段，研究的侧重点有所不同。历史比较语言学以"言语、外部、历史、实体"为研究对象，重在追溯语言发展历史，关注言语实体的比较，意在建构语言家族谱系和语言类型。结构主义语言学以"语言、内部、共时、形式"为研究对象，重在从共时层面分析语言系统内部要素之间的关系和规律。转换生成语法继承了结构主义语言学从共时层面研究语言内部要素之间关系和规律的立场，还认为人具有天生的语言能力，以理想人为代表的人类拥有共同的语法，而且语法是自足的，因而融入了"天赋观、普遍观、自治观、模块观、形式观"等观点；

转换生成语言学重点关注语言的句法形式和语言的来源，所以其研究重心从语言的"结构"转向理想人的"心智"，研究方法从"描写"转向"解释"。认知语言学认为，语言不是天赋能力，而是通过人与现实互动体验习得的；不存在转换生成语言学所认为的普遍语法，而是不同的语言有各自的特点；语言和句法也不是自治和自足的，而是要依附于其他的认知能力；形式化不适用于语言研究。认知语言学的研究重心从转换生成语言学的封闭的语言形式和理想人的心智转为语义、句法与认知模式及现实世界之间的关系。（王寅，2013：18-19）

不同语言学流派的语言哲学观也不相同。结构主义语言学的哲学以分析哲学为基础，强调语言的符号性、系统性、任意性，主张对语言进行结构描写，而描写是可以通过经验进行验证的，追求纯描写性知识；不同语言是平等的，有各自的特征（王寅，2005：37；2013：19）。乔姆斯基转换生成语言学的哲学基础是客观主义哲学传统，强调语言的心智性和生成性（王寅，2005：37），认为语言和认知都具有天赋性，主张以具体语言为出发点，探索语言的普遍规律，最终弄清楚人的认知系统、思维规律和本质属性。（田学军，2005:37）认知语言学的哲学观是体验哲学，是相对于客观主义哲学传统的非客观主义哲学，强调语言的体验性和认知性，认为心智是体验的、认知是无意识的、思维是隐喻性的；体验性又与现实相联通。（王寅，2005：37；2013：19）

结构主义语言学理论与生成主义语言学理论的一个内在基本特征是"去语境化"。与之相对，认知语言学与大多数功能主义理论或路向一样，则体现了"再语境化的"趋势。具体而言，生成语法给语法带来了严重的去语境化后果，将自足的语法模块和不同的语境形式割裂开来：经过乔氏从语言系统到语言能力的简单转变，就将语言学和社会语境割裂开来；生成语法只关注语言的遗传层面，从而将语言学和个体经验的认知语境割裂开来；生成语法只关注形式规则体系，则将语言学和语言使用的情景语境割裂开来。与此相对，认知语言学完全是再语境化的理论。首先，它将语义置于语法结构的中心位置。其次，和形式语义学相比，作为该理论基础的语义观不限于可用逻辑项进行表达的意义。语言结构是用来表达概念的，而概念不仅仅是所指。用自然语言表达的概念与人类在文化和心理上体验现实的方式相联系。在这个意义上，认知语言学体现了意义完全需要语境化的观念。第三，语言是基于使用的观点使言语行为和语法之间的联系得以恢复，即语言体系和语言应用之间具有辩证的关系。

二

这部认知语言学专著是威廉·克罗夫特（William Croft，生于1956）与艾伦·克鲁斯（1934-2020）的合作成果。威廉·克罗夫特是著名的语言学家，新墨西哥大学语言学教授，博士生导师，是功能语言学和认知语言学领域非常有影响力的学者，也是激进构式语法的创始人。威廉·克罗夫特曾于1994年至2005年在英国曼彻斯特大学从事教学和研究工作。他在语言学方面的兴趣广泛，涉及的研究领域包括语言类型学、认知语言学、构式语法、语言变化和语义学。其主要兴趣是探索意义和功能如何通过语法形式进行编码，以及语言的变异、多样性和演化。其在分析语法时借鉴的是构式语法和认知语言学的观点，采用的是功能-类型学的方法。他在研究语言变化方面提出进化的框架，并在该框架中对语言变化过程进行了建模。威廉·克罗夫特发表论文二百余篇，出版的语言学专著有《句法范畴和语法关系：信息的认知组织》（1991）、《解释语言变化》（2000）、《激进构式语法：类型学视角下的句法理论》（2001）、《类型学与普遍性》（2003）、《动词：体与小句结构》（2012）等。

艾伦·克鲁斯是英国曼彻斯特大学资深讲师，主要研究领域为语义学、语用学与心理语言学。其重要著作《词汇语义学》（1986）对语义学和计算机语言学理论研究产生了巨大影响；他编写的教材《语言的意义：语义学与语用学导论》（1999）影响了几代语言学学子；他与威廉·克罗夫特合著的这部《认知语言学》（2004）也是一本广受好评的经典教科书。

三

本书所概述的是认知语言学的基本原则和方法，尤其是它们在语义和句法问题上的应用。尽管认知语言学有着不同于结构主义语言学和转换生成语言学的哲学观和看待语言现象的视角，但它还不是一个边界清晰的大领域，没有共同的规则和明确的理论体系，吉拉茨将其称为理论聚合物，其中包括认知语法、语法识解、辐射状网络、元型理论、图式网络、概念隐喻、意象图式、转喻、心理空间、框架语义学、构式语法、基于使用的语言学等十二个主要方面（Geeraerts, 2005）。但这部《认知语言学》专著以三个基本假设即"语言不是自主的认知能力""语法是概念化""语言知识源自对语言的使用"为基础，以理解语义学为主线，将认知语言学领域中的主要方面组织为一个有机整体，为我们展现了一幅布局合理、内容完整的画卷。

《认知语言学》的主体内容由第二章至第十一章构成，分为三大部分，即"语言分析的认知方法"（包括第二章至第四章的内容）、词汇语义分析的认知路向（包括第五章至第八章的内容）、语法分析的认知路向（包括第九章至第十一章的内容）。第一部分的主题虽然是"语言分析的认知方法"，其内容实则为认知语言学核心概念的介绍和论述。第二章详细介绍了认知语言学理论的概念观。概念的内部结构和概念与概念之间的关系可以说认知语义学的基石。认知语言学认为，对概念的识解要参照概念外的其他认知经验。概念与其相关的其他认知经验构成相互关联的知识体。认知心理学、人工智能和语言学的不同分支对这一认知经验体提出了相似的观点，但所用的术语不同，其中包括框架、图式、脚本、全局图样、拟文本、认知模式、经验格式塔完形、基体、场景。"框架"是认知语言学中菲尔莫尔框架语义学的术语，是这些术语中最具影响力的一个，其次是莱考夫的"认知域"和兰盖克的"基体"；"框架"和"域"处于竞争状态，常常交替使用；"基体"这一术语在认知语法中使用较多。"脚本"源自计算机科学，是"框架/域"的次类，指称由一系列事件构成的框架/域。"理论论"源自认知心理学，是框架或域的另一个理论类型；其他还有"社团""理想认知模式""域阵"等相似术语。对认知语言学的初学者而言，以上这些术语会让人感到非常困惑，而这一章的内容相信会让人有一种豁然开朗的感觉。

如果说第二章是对认知语义学核心概念的描述，第三章的内容就是对认知语义学中语义是在动态理解中进行确定的这一核心理念的介绍。我们在上面提出过，这部著作在展开论述的过程中多次提到认知语言学是理解语义学，既包括词汇义又包括语法义。而概念化和识解操作都是动态的理解过程。确切地讲，识解就是理解，是辨识与理解的综合。如何理解"语义是概念化"？其实就是语义是通过概念化这一动态过程得到确认的。而识解是概念化的另一种说法，即识解是一个一般性术语，而概念化是一个表述更为具体的术语：识解是通过概念化完成的。每一个语言单位都会引发一个框架或域，那么确认语言单位与其所在框架之间关系的过程就是框架化，而框架化是概念化或动态识解的一部分。既然语义是识解的结果，而识解具有主观性，是认知主体心智加工的过程，就必然涉及观察和组织感知经验的相关要素，即书中所述的意象图式和识解操作的类型。本章 3.2 节及之后的部分就是围绕识解操作类型展开详细介绍的。对认知语言学了解不太多的读者可能对"图式""图式性"这两个术语不太理解。"图式"源自认知心理学，表示包括动作结构和运算结构在内的从经验到概念的中介，是认知主体内部的一种动态的、可变的认知结构。简单理解就是高度抽象的知识结构体。而"图式性"简单理解就是"具有图式这一知识结构体特点的"，在书中的很多场合相当于"抽象性"。

在第四章，尽管在引言部分提到了范畴化，该章的内容主要是认知语言学的元型范畴理论和意义的动态识解。范畴化是对某个实体尤其是经验实体是否为某个抽象事物具体表现的判断。换句话说，就是对某个实体是否为某一范畴的成员进行判断的过程。本章第二节和第三节分别介绍了传统范畴观和认知语言学的元型范畴观。传统范畴观认为范畴有清晰的边界，确定范畴成员身份的是充分必要条件，而且范畴内部的成员是平等的。认知语言学的元型范畴观认为范畴的边界是一个在不同语境中可以根据识解的不同而有变化的模糊区域，确定范畴成员身份的不是充分必要条件，而是家族相似性，而且范畴内部成员之间的身份不是平等的，而是有典型和非典型之分：范畴成员身份契合度高的成员就是典型的成员，反之是典型性低的成员；范畴的内部结构呈现中心-边缘模式，由非典型成员向位于范畴中心的典型成员逐渐靠拢，这种变化是一个程度逐渐提高的渐变过程，呈现出的是梯度中心性。有些相关的范畴之间呈现纵向的层级结构，相邻的两个范畴层级之间存在包涵与被包涵关系。本章第五节主要介绍意义的动态识解。意义之所以要动态识解，或者呈现动态的特点，是因为封闭的语言体系一旦进入语境，就会受到语境因素的影响；同一个表达在不同的语境中会有不同的具体意义，这种根据不同语境进行的识解就呈现出动态的特点；而词项在脱离语境的情况下，会有一个与之相联系的概念内容体，即词项的静态的词语意旨；词语意旨是动态识解的基础和出发点，是"原始"意义。本章第六节是对意义关系类型的简单介绍。

　　本书的第二部分由四章内容构成，主要涉及用认知语言学的理论对词汇语义进行的分析。第五章围绕一词多义关系和同形异义关系对意义边界的识解进行描述。在本章第一节中有个术语即"预备意义"可能比较难理解。所谓的预备意义，就是在得到成熟的解读之前的意义；预备意义不是"原始"的意旨，一是因为它比意旨详细，二是它可以出现在识解链条的不同阶段，从而导致一组预备义嵌套在一个较大的预备意义之中。本章第二节描述的是如何通过边界效应对同形异义词的完全异义进行辨识的问题。本章第三节描述了与完全意义相似却没有出现对抗的意义单元，其中包括微义、义面和观察路径义。微义是可以统合在一个上位范畴的具有高度自主性的意义单元，即一个单词在不同语境中的不同意义，如 card 在不同的语境中可以表示"卡片"和"名片"，"刀"在不同的语境中可以表示餐桌上"餐刀"、厨房里的"菜刀"、削铅笔的"小刀"、用作武器的"大刀"；义面是可以统合成一个整体的、具有高度自主性的意义单元，即一个整体中可以辨识的组成部分，如书籍的内容义和物体载体义；观察路径义是同一事物因观察路径不同而产生的不同意义。

第六章和第七章的内容是这部专著与其他认知语言学专著不同的地方，因为大部分"认知语言学家很少对意义关系进行探讨"（原著第 141 页）。第六章探讨的是上下义关系和部整义关系。部整关系不是部件-整体关系：部整关系是意义之间的关系，而部件-整体关系是两个单独的实体之间的关系。另外，"部件"不是"部分"，"部件"也不是"碎片"：部件一般是具有异质性的有形实体，而部分一般为具有同质性的小于整体的量；碎片是曾经作为整体一部分、已丧失原有功能且无法复制的物体。第七章描述的是几种对立关系。对立关系包括互补反义关系、可分级反义关系和可逆性反义关系。可逆性反义关系主要与运动行为有关，本书作者将其作为一个单独的类型，并没有在本章进行论述（本书其他部分也没有讨论这类关系）。在介绍以上三类对立关系的时候，作者用的例子是具体的词即互补反义词、可分级反义词、可逆性反义词，而非抽象的关系。

第八章论述的是概念隐喻，以及概念隐喻和概念转喻、明喻之间的区别及关系。概念隐喻的认知功能是以较为具体的源域概念为工具，来理解较为抽象的靶域概念；概念转喻是用同一个认知域中的一部分代指另一部分，或部分代指整体，或整体代指部分，其认知功能是为了凸显。明喻是将两个不同的域通过比喻标记连接起来的表达，其认知功能是侧显两者的相似性。概念混合是概念隐喻的发展。

本书的第三部分是对认知语法的介绍。威廉·克罗夫特将句法研究的认知语言学方法统称为构式语法。第九章介绍了构式语法的产生与习语研究之间的渊源，并将构式语法看作对语法组织成分观的直接突破。生成语法的规则系统只能对较大的语法结构进行描述，而无法对习语这样的句法现象进行描述。习语遵循的不是规则而是规约。不同的学者根据习语的句法表现，对习语进行了区分。第一种分类是编码习语和解码习语。编码习语是能够通过解读句子的标准规则进行解读的习语，而解码习语是无法通过解读句子的标准规则进行解读的习语，即听者完全不能根据这类习语的构成部分来理解其整体意义。第二种分类是习语性组合表达和习语性短语。前者是习语意义的构成部件可以与其字面意义的构成部件相对应，后者的习语意义的构成部件与其字面意义的构成部件之间找不到对应关系。第三种区分是语法内习语和语法外习语。前者是能够用其所在语言的一般句法规则进行分析的习语；后者是无法用其所在语言的一般句法规则进行分析的习语。第四种区分是实质性习语和形式性习语。实质性习语的构成元素都是固定的，而形式性习语的词汇是开放性的；在形式性习语中，至少有部分元素可以由句法和语义上都适合的常用表达进行填充。第五种区分是有语用点的习语和无语用点的习语。前者除了具有通常意义上的语义，其使用还局限于具体的语用语境。那么习语与构式之间是什么关系呢？本章第三节就从习语过渡到构式这一概念。构式是图式性习语，即这类构式的某些成分在词汇上是开放的。图式性习语与实质性习语不同，因为实质性习语完全可以作为词项对待，而图式性习语在语义上是不规则的，在句法上和词汇上也可能是不规则的，所以不能简单地放进词汇。图式性习语的句法、语义及有些习语的语用属性无法通过句法成分规则、语义成分规则和语用规则进行推测，也可能无法通过将这些成分连成一体的一般规则进行推测。当普遍句法规则作为涵盖面最广、最具图式性的语言构式进行分析时，它就被放在了与习语构式组成的实质性-图式性渐变连续体的另一端，从而使构式理念从图式性习语这一语言局部现象走向语法系统。克罗夫特的构式语法之所以是激进构式语法，就是他主张将构式概念的使用范围扩大到全部的语法知识，大到句法和语篇，小到词法即"习语性组合单词"的结构。

第十章围绕四个有关构式的问题，对四种构式语法进行评述。这四个问题分别是（1）如果存在构式，那么在构式语法中，句法成分的范畴地位是什么？（2）构式内部存在哪些类型的句法关系？（3）构式之间存在哪些类型的关系？（4）语法知识是如何在构式分类中储存的？四种构式语法分别是菲尔莫尔和凯等人的大写的构式语法、莱考夫和戈德伯格的构式语法、兰盖克的构式语法、克罗夫特的激进构式语法。

第十一章介绍了基于使用的语法分析模式。基于使用的语法分析模式与语言使用、语言习得和语言变化有关。在结构主义模式和生成模式中，语法形式的结构决定语法形式在言者大脑中的表征，如规则的单词形式和不规则的单词形式；规则的单词形式由高度概括的规则派生，而不规则的单词形式则被罗列在词库中。而按照基于使用的模式，语法单位在言者头脑中的表征取决于这些语法单位在交际中的使用情况。按照基于使用的模式，影响语法表征的有两个因素，一个是语法形式和语法结构出现的频率，一个是单词和构式在使用中的意义。本章第二节介绍的是基于使用的形态模式，第三节介绍的是基于使用的句法模式。

本书的作者将本书定位为认知语言学课程的教材，供高年级本科生和研究生使用，也可以用作了解语言研究认知法的入门读物，供语言学者和相邻学科研究者使用。但阅读之后，相信读者会有一种感觉，即与其说是教材，不如说是将认知语言学这一名称所涵盖的相关研究成果整合为有机整体的一种尝试；在难度上，这部专著的语义分析部分有相当大的难度；在知识的状态上，作者在展开论述的过程中既向读者呈现可以论证的语义现象，又向大家呈现无法合理解释的语义现象，既向读者呈现元型性现象，又向大家提出难以描述的模糊现象。因此，即便作者认为它是一部可供本科生和研究生使用的教材,它却不是一部元型性教材。

四

商务印书馆编校团队对本书的出版工作投入了大量的时间和精力,他们的耐心和细致使我感动;我还要向以下学者表示衷心的感谢:上海立信会计金融学院外国语学院的鲁进博士是本书翻译稿的第一位读者,也是第一位校对者;上海立信会计金融学院外国语学院的周冲老师和周苣濛老师分别对书中的日语翻译和法语翻译提供帮助;在有些例句的翻译上,我还向广东外语外贸大学英语语言文化学院的许景城博士、上海立信会计金融学院外国语学院仇贤根博士求教,得到了他们热情的帮助,在此向他们表示衷心的感谢;感谢北京航空航天大学的李福印教授的帮助;感谢中国英汉语比较研究会认知语言学专业委员会会长、南京师范大学张辉教授推荐我翻译这部著作;感谢本人所在工作单位上海立信会计金融学院的陈洁副校长,她对本人工作和科研都给予了大力支持。

参考文献

田学军. 2005. 转换生成语言学"普遍语法"的哲学渊源和语言观.《四川理工学院学报:社会科学版》(1): 57-60.
王寅. 2005.《认知语言学探索》. 重庆:重庆出版社.
王寅. 2013. 体验哲学和认知语言学为语言哲学之延续——二十九论语言的体认性.《中国外语》(1): 18-25.
Geeraerts, Dirk ed. 2006. *Cognitive Linguistics: Basic Readings*. Berlin: Mouton

de Gruyter.
Geeraerts, Dirk. 2005. Lectal data and empirical variation in Cognitive Linguistics. In *Cognitive Linguistics. Internal Dynamics and Interdisciplinary Interactions*, Francesco J. Ruiz de Mendoza and Sandra Peña Cervel (eds), 163-189. Berlin and New York: Mouton de Gruyter.

前　言

　　本书所概述的是认知语言学基本原则和方法，尤其是它们在语义和句法问题上的应用。本书可以作为认知语言学课程的教材，供高年级本科生和研究生使用，也可以用作了解语言研究认知法的入门读物，供语言学者和相邻学科研究者使用。辅以认知语言学文献中的个案研究，我们也可以将本书第一和第二部分用作认知语义学教材；我们也可以将第三部分用作构式语法课程的导读，然后再对构式语法理论研究以及对具体构式进行分析的文献进行研读。

　　本书在共同探讨的基础上，由两位作者完成。克罗夫特（Croft）负责第一至三章和第九至十二章的写作，而克鲁斯（Cruse）负责第四至八章的编写。读者在阅读过程中肯定可以发现，两位作者的行文特点和写作风格明显不同。另外，克鲁斯还写了第三章中的§3.2.1一节，克罗夫特写了第八章的§8.2一节。尽管两位作者各有分工，各章独立写就，本书却有着一以贯之的认知语言学视角。除了少数细枝末节的问题，我们的观点都是相同的。因此，小分歧的存在并不影响本书内容的整体性。

　　在此，克罗夫特希望向以下专家学者表示衷心感谢：感谢德国莱比锡马克斯·普朗克进化人类学研究所（Max Planck Institute for

Evolutionary Anthropology, Leipzig, Germany）语言学系和心理学系的同仁们；感谢约翰娜·巴雷达尔（Jóhanna Barðdal）、查克·菲尔莫尔（Chuck Fillmore）、劳拉·扬达（Laura Janda）、保罗·凯（Paul Kay）和罗恩·兰盖克（Ron Langacker）对本书第三部分的初稿不吝赐教；感谢莉莲娜·阿尔伯塔齐（Liliana Albertazzi）和1995年在意大利博尔扎诺（Bolzano）召开的"语义学理论及方法对比"研讨会的与会代表对本书第一部分中的话题所作的评论。克鲁斯要衷心感谢的专家学者是：莉莲娜·阿尔伯塔齐和1999年在意大利博尔扎诺举办的认知语义学暑期课程班的共同参与者[乔治·莱考夫（George Lakoff）、罗恩·兰盖克和莱恩·塔尔米（Len Talmy）]；阿里·费尔哈亨（Arie Verhagen）和2002年荷兰莱顿举办的LOT[1]寒假课程班（LOT Winter School, Leiden）的学员们；法国里昂大学（University of Lyon, France）瑞玛团队（Equipe Rhéma）的成员们，感谢他们对本书所涉及的各种话题的评论。最后但同样重要的是，我们两人要向曼彻斯特大学（University of Manchester）修读认知语言学课程的各届学生表示感谢，因为在本书中呈现给读者的各章内容就源自他们所使用的学习资料。当然，如有错讹，作为本书的作者，我们愿承担全部责任。

---

[1] LOT是荷兰国立语言学研究生院（Landelijke Onderzoekschool Taalwetenschap）的首字母缩略。该研究生院有400名左右的教职员工和150名博士生。为了促进语言研究和语言教育，LOT为全国及国际交流提供场所。LOT经常在会员机构之间进行研究人员互换、共同举办研讨班、提供系列讲座和展开各种合作。LOT在每年1月份会举办冬季课程班，6月或7月举办夏季课程班，对语言学专业的研究生进行培训。——译者

目　　录

第一章　引论：什么是认知语言学？ ································· 1

第一部分　语言分析的认知方法

第二章　框架、域、空间：概念结构的组织 ························· 9
2.1　框架语义学的论点 ··· 9
2.2　概念的侧面-框架组织 ··· 22
2.3　侧面-框架/域两分的意义 ····································· 25
2.4　对侧面-框架/域基本区分的扩展 ······························ 33
  2.4.1　位置侧面和构型侧面 ·································· 33
  2.4.2　述义辖域 ·· 35
  2.4.3　域与域之间的关系 ···································· 36
2.5　域和理想认知模式 ·· 42
2.6　心理空间 ··· 50

第三章　概念化和识解操作 ··· 62
3.1　引言 ··· 62
3.2　注意/凸显性 ··· 73
  3.2.1　选择 ·· 74

		3.2.2 注意范围（辖域）……………………………… 79
		3.2.3 度标调整 …………………………………… 82
		3.2.4 动态注意 …………………………………… 85
3.3	判断与比较 ……………………………………………… 87	
		3.3.1 范畴化 ……………………………………… 87
		3.3.2 隐喻 ………………………………………… 88
		3.3.3 图形-背景组配 ……………………………… 89
3.4	视觉属性/情景适配 ……………………………………… 94	
		3.4.1 视点 ………………………………………… 95
		3.4.2 指示语 ……………………………………… 96
		3.4.3 主观性 ……………………………………… 100
3.5	构成与完形 …………………………………………… 102	
		3.5.1 结构图式化 ………………………………… 103
		3.5.2 力动态 ……………………………………… 106
		3.5.3 关联性（实体/互联）……………………… 109
3.6	结语 …………………………………………………… 112	

第四章 范畴、概念与意义 ……………………………………… 120

4.1	引言 …………………………………………………… 120
4.2	概念结构的传统模式 ………………………………… 123
4.3	范畴结构的元型模式 ………………………………… 125
	4.3.1 梯度中心性 ………………………………… 125
	4.3.2 范畴概念的表征 …………………………… 132
	4.3.3 范畴化层级 ………………………………… 133
	4.3.4 元型理论的不足 …………………………… 141

4.3.5　基于框架理论的元型效果阐释 ·················· 147
4.4　概念范畴的动态识解路径 ································ 149
　　4.4.1　对范畴边界的影响 ································ 150
　　4.4.2　框架 ·· 154
　　4.4.3　范畴化层级 ·· 154
4.5　意义的动态识解 ·· 156
　　4.5.1　语境化解读 ·· 158
　　4.5.2　词语意旨 ·· 161
　　4.5.3　限制因素 ·· 162
　　4.5.4　动态识解 ·· 166
4.6　意义的结构和逻辑 ·· 167
4.7　第一部分：结语 ·· 170

第二部分　词汇语义分析的认知路向

第五章　多义关系：对意义边界的识解 ·················· 173
5.1　引论 ·· 173
5.2　完全意义的边界 ·· 176
　　5.2.1　同形异义关系和一词多义关系 ·············· 176
　　5.2.2　固化 ·· 177
　　5.2.3　边界效应 ·· 178
　　5.2.4　完全意义单元的实质 ···························· 183
5.3　具有近义属性的下义单元 ······························ 184
　　5.3.1　义面 ·· 185

  5.3.2 微义 ·· 204
  5.3.3 观察路径义 ·· 221
  5.3.4 语义成分和低自主性活跃区 ···························· 223
  5.3.5 语境调制义 ·· 226
 5.4 自主性：总结 ··· 227
第六章 意义关系的动态识解Ⅰ：上下义关系和部整义关系 ····· 228
 6.1 上下义关系 ·· 229
  6.1.1 导语 ·· 229
  6.1.2 上下义关系与语境 ·· 232
  6.1.3 词项之间的关系 ·· 237
  6.1.4 分类关系 ·· 239
 6.2 部件-整体关系与词汇意义 ······································· 245
  6.2.1 部件-整体关系 ··· 246
  6.2.2 部整义关系 ·· 260
第七章 意义关系的动态识解Ⅱ：反义关系和互补关系 ········· 268
 7.1 对立关系 ·· 268
  7.1.1 对立关系识解的要素 ······································ 268
  7.1.2 对立关系的主要变体 ······································ 271
  7.1.3 对立关系的成员身份契合度 ·························· 271
 7.2 互补反义关系 ·· 273
  7.2.1 属性的可分级与不可分级识解 ······················ 273
  7.2.2 以不同域做参照的侧显 ·································· 274
 7.3 可分级反义关系 ·· 276
  7.3.1 可分级反义词类型概述 ·································· 277

7.3.2 单度标系统与两极反义词 ·················· 282
7.3.3 双度标系统 ································· 297
7.4 可分级反义词和互补反义词的多种识解 ············· 306
7.4.1 绝对识解与相对识解 ························ 306
7.4.2 度标的特征 ································· 313
7.5 结语 ·· 317

第八章 隐喻 ·· 318
8.1 比喻语言 ·· 318
8.2 隐喻的概念观 ··································· 319
8.2.1 引论 ······································· 319
8.2.2 隐喻概念观存在的问题 ······················· 326
8.3 新奇隐喻 ·· 336
8.3.1 隐喻的生命史 ······························· 336
8.3.2 隐喻的识别 ································· 339
8.3.3 混合理论与新奇隐喻 ························ 341
8.3.4 语境敏感性 ································· 345
8.3.5 源域与靶域的非对称性 ······················· 346
8.4 隐喻和明喻 ······································ 347
8.4.1 两类明喻 ··································· 347
8.4.2 隐喻和明喻之间的关系 ······················· 348
8.4.3 隐喻和明喻的组合 ··························· 354
8.5 隐喻和转喻 ······································ 356
8.5.1 对转喻的描述 ······························· 356
8.5.2 隐喻和转喻之间的关系 ······················· 359

8.5.3 模糊的类型 …………………………………… 361
8.6 结语 …………………………………………………… 364

第三部分 语法分析的认知路向

第九章 从习语到构式语法 …………………………… 369
9.1 引言 …………………………………………………… 369
9.2 习语问题 ……………………………………………… 376
9.3 作为构式的习语 ……………………………………… 388
9.4 从构式到构式语法 …………………………………… 407

第十章 构式语法概述 ………………………………… 423
10.1 构式语法理论要点 ………………………………… 423
    10.1.1 语法表征：对构式的解剖 ………………… 424
    10.1.2 构式知识的组织 …………………………… 430
10.2 现有的构式语法理论 ……………………………… 434
    10.2.1 菲尔莫尔和凯等人的大写的构式语法 …… 435
    10.2.2 Lakoff（1987）和 Goldberg（1995）…… 444
    10.2.3 作为构式语法的认知语法 ………………… 454
    10.2.4 激进构式语法 ……………………………… 461
10.3 结语 ………………………………………………… 471

第十一章 基于使用的模式 …………………………… 473
11.1 语法表征和过程 …………………………………… 473
11.2 形态学中基于使用的模式 ………………………… 475
    11.2.1 单词形式的固化和表征 …………………… 475

11.2.2 规律性、能产性和默认状态 ·············· 480
　　11.2.3 结果导向图式 ·············· 488
　　11.2.4 单词形式的网络组织 ·············· 491
　　11.2.5 小结 ·············· 498
11.3 句法学中基于使用的模式 ·············· 499
　　11.3.1 类符/形符频率、能产性和固化 ·············· 500
　　11.3.2 结果导向的句法图式 ·············· 506
　　11.3.3 相关性和构式网络组织 ·············· 517
　　11.3.4 句法习得和句法变化 ·············· 523
11.4 结语 ·············· 529

第十二章　结语：认知语言学及展望 ·············· 531

参考文献 ·············· 534
人名索引 ·············· 556
主题索引 ·············· 562

图 表 目 录

图 2.1　RADIUS 和 CIRCLE ················· 23
图 2.2　NIECE ································ 35
图 2.3　字母 T 概念下的域结构 ·············· 40
图 2.4　无定名词（indefinites）的具体与非具体解读 ·········· 54
图 2.5　例 29 的心理空间示意图 ············· 55
图 4.1　飞机、滑翔机和悬挂式滑翔机的边界 ············· 145
图 7.1　简化的单度标系统 ···················· 278
图 7.2　均势分离型系统 ······················ 278
图 7.3　均势并列型系统 ······················ 279
图 7.4　非均势重叠型系统 ···················· 279
图 7.5　完整的单度标系统 ···················· 282
图 10.1　构式的象征性结构 ··················· 424
图 10.2　成分句法理论中形式与功能之间的关系 ········· 425
图 10.3　构式语法中形式与功能之间的关系 ············· 425
图 10.4　生成语法和构式语法对 Heather sings 的简化描述 ······ 426

图 10.5　句法元件、语义成分和构式单元 …………………… 428

表 3.1　一般认知过程及其语言识解操作类型 ………………… 72
表 9.1　习语类型及其与规则性表达的对照 …………………… 388
表 9.2　句法–词汇渐变连续体 ………………………………… 421

第一章　引论：什么是认知语言学？

　　本书所概述的认知语言学，是肇始于 20 世纪 70 年代、渐盛于 20 世纪 80 年代的语言研究路向（approach）。现在，认知语言学界有一个国际学会，每两年召开一次学术大会，还创办了一本《认知语言学》(Cognitive Linguistics) 期刊。在过去的二十几年里，认知语言学研究风起云涌、百花齐放。大多数研究集中在语义学方面，也有相当多的研究致力于句法学和形态学，还有一些研究以语言习得（language acquisition）、音系学（phonology）、历史语言学（historical linguistics）等作为研究对象。在本书中，我们只能对认知语言学路向的基本原则、比较重要的研究成果及其对语言研究的启示进行概述。本章将简要介绍认知语言学的主要假设，以及在随后的章节中如何对这些假设展开论述。

　　我们认为，语言研究的认知路向有三个主要假设：

- 语言不是自主的认知能力（language is not an autonomous cognitive faculty）
- 语法是概念化（grammar is conceptualization）
- 语言知识源自对语言的使用（knowledge of language emerges from language use）

这三个假设是认知语言学界先锋人物对当时占主导地位的句法和语义研究路向作出的回应。在当时，占主导地位的是生成语法和真值条件（逻辑）语义学。第一个原则针对的是生成语法的语言自主性假设。众所周知，生成语法认为，语言是自主或天生的认知能力或模型（module），与非语言认知能力无关。第二个原则针对的是真值条件语义学的理论观点。根据该理论观点，相对于语言外世界（或更准确地说是世界模式）而言，语义有真假之别，而语义的元语言（semantic metalanguage）是通过真和假进行评价的。第三个原则针对的是生成语法和真值条件语义学中的还原论（reductionist）倾向；还原论寻求的是语法形式和意义最抽象和最普遍的表征，而将许多语法和语义现象归为"边缘性"范畴。

时至今日，生成语法和真值条件语义学仍是势头强劲、充满活力的研究范式（paradigm）。因此，认知语言学家就要继续为其基本假设提供论据，并在认知语言学范式内探究更为具体的句法和语义问题。本书将为读者提供这样的论据。下面，我们将详细介绍这三个假设，以及它们在语言中的表现。

第一个假设：语言不是自主的认知能力。由该假设可以得出以下两个基本推论（basic corollaries）：语言知识表征与其他概念结构表征在本质上是相同的；使用语言的过程与语言之外的认知能力没有根本性不同。

第一个推论的实质是，语言知识即意义与形式的知识是概念结构。尽管人们对语义表征属于概念性的假设存在争议（详见下文），让人们接受这一假设并不难。但是，认知语言学家认为，句法、形态和音系表征基本上也是概念性的。乍一看，这似乎有悖直觉。因为直觉告诉我们，声音是物理实体，言语（utterances）及其形式结构最终也是物理实体；声音是人的声音，言语是人的言语，它们是人活动的产物，也是人理解的对象，所以发出声音和说出言语的过程涉及人的心智（mind）。声音和言语既是言说和理解这一认知过程的输入材料，又是该认知过程的产出结果，所以言说和理解受认知过程的支配。

第二个推论是，支配语言使用的认知过程，尤其是通过语言进行的意义建构和交流，原则上与其他认知能力相同。换言之，语言知识在大脑中的组织和提取与其他知识在大脑中的组织和提取没有显著差异；用来组织语言和理解语言的认知能力，与用于视觉感知、推理或肌动活动等其他认知任务的认知能力没有显著差异。当然，语言是一种独特的人类认知能力。从认知视角看，语言是实时感知和由离散性（discrete）、有结构的符号单位所组成的时间序列。对语言而言，这一认知能力构型（configuration）也许是独一无二的，而作为该构型组成部分的认知能力却非语言所独有。

有时候，该观点被认为是对语言能力天赋观的否定。但事实并非如此。该观点只是不承认语言是一种自主的、有着特殊目的的天赋能力。当然，我们有理由认为，人类一般认知能力中有一个非常重要的天生成分，让人类拥有其他物种显然没有的语言能力。然而，认知语言学家一直不太关注认知能力的遗传性，他们更关心的是如何证明一般认知能力在语言中的作用。

对认知语言学研究而言，语言非自主认知能力假设有两大意义。首先，因为认知语言学家认为语言具有概念结构，是认知能力的表现，所以他们的很多研究一直致力于概念结构和认知能力的阐释，力图证明仅仅通过这些普遍性概念结构和认知能力，就可以对语言进行充分建模。本书第一部分将阐述认知结构和认知能力的认知语言模式（另见第十一章）。

其次，认知语言学家至少在原则上会采用认知心理学中的模式，尤其是记忆、感知、注意和范畴化模式。受记忆的心理学模式启发，语言学界提出，框架/域（frames/domains）是语言知识的组织模式（第二章）、由类型关系及其他关系连接起来的网络结构为语法知识的组织模式（详见第十和十一章）。在语义学中，注意和感知的心理模式，尤其是格式塔心理学（Gestalt psychology），为许多概念化过程的解释提供了理论基础（详见下文及第三章）。最后，范畴化的心理模式，尤其是元型（prototype）和梯度中心性（graded centrality）以及最近的范畴结构模式，可以说对认知语言学中的语义范畴分析和语法范畴分析均产生了极大的影响（第三章；参见 Lakoff 1987、Taylor 1989 [1997] 等）。

第二个假设：认知语言学路向的这一假设充分体现于兰盖克（Langacker）的"语法即概念化"（grammar is conceptualization）的观点。这一观点涉及一个更为具体的概念结构假设，即我们无法将概念结构简化为可由真值条件判断的、与外部世界的简单对应。对交际经验及我们所拥有的语言知识进行概念化，是人类认知能力的一个主要方面。本书第一部分的一个主题是，概念结构的所有方面，包括范畴结构（第四章）和知识组织（即第二章的概念结构），都是识解的结果。尤其值得关注的是，该观点认为，经验是人们交际的内容，而在人们对经验进行识解时，语法屈折变化（grammatical inflections）和语法构式（grammatical constructions）发挥了重要作用（第三章）。本书的第二部分还将对概念化假设做进一步的探讨和辩护（defend）。概念化假设涉及众多词汇语义现象，既包括多义现象和隐喻这两个认知语言学中已被广泛讨论的话题，又包括反义关系（antonymy）、部整关系（meronomy）和下义关系（hyponymy）等还未被认知语言学家广泛关注的词汇语义话题。

第三个假设：语言知识源于对语言的使用。换言之，语义学、句法学、形态学和音系学中的范畴和结构，都源自对具体语境中所使用的具体言语的认知。即便是高度具体的语法构式及单词意义之间的规约性细微差异，在这种抽象化（abstraction）和图式化（schematization）的归纳过程中都不会消失。

如上所述，有些句法学和语义学路向认为，高度一般和抽象的、有时还被认为是与生俱来的图式、概念，在语言知识的组织中起着主导作用，而那些看起来特殊的或不规则的模式则被边缘化。认知语言学的第三个假设就是针对这一观点提出的。认知语言学家认为，通过对句法行为和语义解读中细微变化的详细分析，可以得出一个不同的语法表征模式，该模式既可以对高度一般的语言行为进行解释，又可将特殊语言行为纳入解释范围（见第九章）。在语义学领域，该模式以菲尔莫尔（Fillmore）的理解语义学（第二章）和克鲁斯（Cruse）概念化的动态识解路向（dynamic construal approach）（第四章和第二部分；Croft 2000: 99-114）。在句法学方面，该假设直接催生了构式语法（construction grammar）和基于使用的模式（usage-based model）；构式语法是一种新的句法理论，而基于使用的模式在形态学和音系学两个领域得到极其详细的阐释。本书第三部分将对这些句法学和形态学模式进行说明。

第一部分

语言分析的认知方法

第二章 框架、域、空间：
概念结构的组织

2.1 框架语义学的论点

词的功能在于指代。认知语言学家常说，词是象征性符号。为什么这么说？在很多语义学研究中，都有一个简单假设，即概念是意义单元，而词是用来指代概念的。像 *stallion*（公马）和 *mare*（母马）这类单词所象征的概念，是可以相互比较和对照的。对单词进行比较是结构语义学的研究方法。结构语义学主要研究词汇之间的语义关系，如下义关系（hyponymy）、反义关系（antonymy）等。有些词汇语义学研究方法一直认为，像 STALLION（公马）和 MARE（母马）[①] 这样的词汇概念不是原子性的（atomic），因为许多概念可以分解为更小的语义特征，如将 STALLION 分解为 [EQUINE, MALE]（[马科，雄性]），将 MARE 分解为 [EQUINE, FEMALE]（[马科，雌性]）。最后，在对概念进行分

---

① 我们沿用 Fillmore（1982a）和 Langacker（1987）的做法，用斜体小写字母表征词形，用正体大写字母表征与单词意义对应的概念。

析时，许多语义学研究采取的是传统的逻辑分析方法，即真值条件分析法。而真值条件就是一个概念是否适用于某一现实情景的条件。

这种被广泛采用的语义学研究方法认为，概念在大脑里并不是随意漂移的。首先，结构语义学认为，词与其指称的概念之间存在对应关系。但人们一直有一种强烈的感觉，认为概念还有另一种组织方式。因为有些概念在人们的经验中相互关联，所以它们会"彼此拥有"（belong together）。RESTAURANT（餐馆）就是一个经典的例子（Schank & Abelson 1977）。RESTAURANT 不仅是一个服务机构，它还与 CUSTOMER（顾客）、WAITOR（侍者）、ORDERING（点餐）、EATING（就餐）、BILL（账单）等概念相关联。这些概念与 RESTAURANT 的关系不是下义关系、部整关系（meronymy）和反义关系，也不是其他的结构语义关系。将这些概念与 RESTAURANT 联系起来的是人们的经验。RESTAURANT 与其他概念紧密相关，不能孤立地进行理解。

在认知心理学、人工智能以及语言学各个分支中，研究者们一直认为，需要用另一种方法来对概念进行组织。为此，他们提出了一些相似的主张。这些主张一般都有各自的名称。其中包括框架（frame）、图式（schema）、脚本（script）、全局图样（global pattern）、拟文本（pseudo-text）、认知模式（cognitive model）、经验格式塔完形（experiential gestalt）、基体（base）、场景（scene）（Fillmore 1985: 223, 注 4）。在认知语言学中，菲尔莫尔的框架语义学（frame semantics）最具影响力。我们将在本节介绍菲尔莫尔的理论和观点，而在随后的章节中介绍其他认知语言学家对其观点的扩展。①

在菲尔莫尔看来，框架不是对概念进行组织的另一种手段，而是对语言语义学（linguistic semantics）目标的根本性反思。菲尔莫尔认为其框架语义模式是一种与真值语义模式相对的理解语义学模式：言者意图在文本中传递全面而丰富的理解，而听者要为该文本建构全面而丰富的理解；在语义分析中，理解是原始数据（primary data），而真值判断和对同义关系、语义蕴涵等语义关系的判断都是衍生的、理论驱动的（theory-driven）（Fillmore 1985: 235）。菲尔莫尔的框架语义学，使语言语义学回归到以理解这一原始数据为基础的轨道上，并将语言语义学的所有问题纳入考虑范围。

菲尔莫尔运用工具隐喻来对理解过程进行描述（Fillmore 1982a: 112）：言者将自己说出的词语和构式作为引发（evoke）某种活动即理解的工具；听者的任务是弄清楚这些工具用于什么样的活动，即援用（invoke）理解。也就是说，词与构式引发理解，具体而言就是唤起某个框架；听到言语之后，听者要援用某个框架来对该言语进行理解。

对于一些重要的语义现象，我们无法通过结构语义学、语义特征及/或真值条件语义学来进行合理的解释。菲尔莫尔运用各种例子对此进行了论证。下面我们将对其论述作简要的介绍。

通过一组特征，似乎就可以对各种词集（lexical sets）进行

---

① 菲尔莫尔的观点主要来自 Fillmore(1975)、Fillmore(1977)（该论文是对1975年论文的扩展）、Fillmore(1982a)、Fillmore(1985)、Fillmore(1986)。遗憾的是，现在很难找到这些文献了。

分析。这常常被人们当作语义特征分析法具有合理性的证据。例如，例1中的词集可通过［MALE/FEMALE］（［男性/女性］）、［ADULT/YOUNG］（［成年/未成年］）和［UNMARRIED］（［未婚］）这些特征进行分析：

（1） [MALE]　　　　[FEMALE]
　　　MAN　　　　　WOMAN　　　　[ADULT]
　　　BOY　　　　　GIRL　　　　　[YOUNG]
　　　BACHELOR　　SPINSTER　　　[UNMARRIED]

然而，我们对这些概念的理解非常复杂，远非这种特征对照范式所能描述。*man/boy* 之间的关系与 *woman/girl* 之间的关系并不相同：对很多人而言，*girl* 所指称的女性，在年龄上明显大于 *boy* 所指称的男性（Fillmore 1982a: 126）；而且，这个语言行为所引发的性别态度，已导致两者关系上的变化和矫枉过正现象的出现，如人们发现 *woman* 一词竟然可用来指称八岁的女孩（同上：127）。在框架语义学的分析中，*man*、*boy*、*woman* 和 *girl* 所援用的框架，不仅包括生物学上的性别区分，还包括人们对待不同性别的态度和言语行为；而 *boy/girl* 在使用上的不对称性，和 *woman* 最近出现的包括矫枉过正现象在内的用法上的变化，都可以通过对男女两性的态度和相应的言语行为进行解释。同样，*bachelor*（单身汉）和 *spinster*（老处女）在理解上的差异，远比［MALE/FEMAL］这一特征复杂（同上：131）。

在很多词汇对比中，会出现语义非对称现象。除非采用特定方式，否则特征分析法无法对这种语义非对称现象进行解释。如果运用框架语义理论，这一难题可以轻而易举地得到解决。例如，用来对站立之人垂直空间长度进行指称的对立词是 *tall*（高）和 *short*（矮），用来描述某一点到底部基线垂直距离的对立词是 *high*（高）和 *low*（低），而用来描述建筑物垂直维度的对立词却是 *tall* 和 *low*（Fillmore 1977a: 71）。即便有可能性，我们也很难通过特征描述手段，来对不同语境中所使用的 *tall* 下一个有别于 *high* 的单一定义。*short* 和 *low* 的情况与此相同。我们能做的，就是对人类框架、建筑框架和其他物体框架进行描述，并具体说明用来指称垂直距离或垂直延展度的单词会出现于哪个框架。

同样，我们无法通过单一的定义，来对例 2—4 中形容词 *live* 和 *alive* 之间的差异进行解释（Fillmore 1977a: 76-77）：

（2）a. Those are live lobsters.
那些是活龙虾。
b. Those lobsters are alive.
那些龙虾是活的。
（3）a. Her manner is very alive.
她的举止非常活泼。
b. She has a very alive manner.
她有着非常活泼的举止。
（4）a. His performance was live.
他的表演是现场的。
b. He gave a live performance.
他进行了现场表演。

另外，我们也不能用是否适用于某个语义类别来对特征进行定义。如在例 2 的两句话中，*live* 和 *alive* 两个特征都用于生物，但我们不能用是否适用于生物来对这两个特征进行准确解释；如果我们认为 *live* 是生物特征的话，我们就会将剧场广告 *live naked girl* 误解为"活的裸女",而非"进行现场表演的裸女"这一目标义(大概与电影屏幕上的裸女而非死了的裸女相对)(同上)。在框架语义分析中,*live* 和 *alive* 以不同的方式与三个框架相关:在例 2 中为生命框架,在例 3 中为个性框架,而在例 4 中为表演方式框架。在其他情况下,会出现词汇的彻底分裂,如 *brother/brothers* 和 *brother/brethren* 就是很好的例子,两者分属不同的框架;在不同的框架中两者的复数形式不一样。如果只对 *brother* 下单一的定义,就考虑不到框架之间的差异。(同上: 76)

菲尔莫尔指出,其框架语义模式与语义场理论(lexical/semantic field theory)有很多相似之处(Fillmore 1985: 225-226; 1992: 76-77)。语义场理论将经验中相互关联的词汇组织在一起,在这一点上框架语义学与其别无二致。但是,语义场理论与框架语义学理论不同的是,前者在对单词进行定义时,采取的是将其与同一语义场中其他单词相比较的方法,而后者采取的是直接参照目标单词所在框架的方法。例如,根据语义场理论,对皂片包装容量场中 *large*(大)型号的观察,要通过与 *jumbo*(特大袋装)、*economy giant*(超大经济包)、和 *family size*(家庭装)的对比,从而发现包装容量场中的 *large* 与其他语义场中的用法不同:在包装容量场中 *large* 型号的容量最小(Fillmore 1985: 227)。

根据框架语义学理论,我们很容易得到同样的观察结果:在 SOAPFLAKES(皂片)框架中,*large* 标签标示的是最小容量。但语义场理论认为,只有通过将某个词与其同场相邻单词进行对比,才能对其进行定义。如果目标单词没有同场相邻单词,或者言说者不知道其相邻单词,语义场理论就遇到了难题:在这些情况下,它会认为这样的词具有不同的词义。菲尔莫尔提到,德语除了用 *Hypotenuse* 一词来指称直角三角形的斜边,还用 *Kathete* 来指称另外的两条直角边,而在大多数讲英语的人的词库里没有这个词(同上: 228-229)。然而,即使言者不知道用什么词来指称直角边,只要他知道什么是直角三角形,他对英语的 *hypotenuse* 和德语的 *Hypotenuse* 的理解就是相同的。对框架语义学而言,这不再是什么难题,因为词的概念是直接与其框架而非相邻单词联系的:本例中的框架为 RIGHT ANGLE TRIANGLE(**直角三角形**)框架。

还有一个证据可以证明框架语义学理论优于语义场理论。有这么一类词,如果我们要理解其所对应的概念,必须参照与这些词有着天然联系的另外的概念。如有些词所对应的概念要参照其所指实体的历史: *scar*(伤疤)不仅仅是皮肤表面的一个特征,还是伤口愈合时的状态; *widow*(寡妇)是结了婚但丈夫已去世的女性(Fillmore 1977a: 73)。还有一些单词集体的概念,尤其是属性和行动概念,如果不了解属性拥有者或行动参与者,我们就无法理解它们:如果不了解马的身体,我们就不会理解 *gallop*(飞奔)的意义;如果不了解生物的生理知识,我们也无法理解 *hungry*(饥饿)的意义(同上: 73-74)。物体概念亦是如此:如果不参照人体姿势和人的大腿在支撑其他物体时所起的作用,我们也无法理解 *lap*(大腿前部)的意义(同上)。

指示语(deictic expressions)也是此类现象的典型例子。要理解唤起言语行为情景的指示语,必须参照其他实体(Fillmore 1982a: 117)。例如,过去时态将某个事件置于某一时间点、时间区间或与言语行为情景相关的时间。包括发生时间在内的言语行

11 为情景起到了框架的作用，而过去时间就是参照这一框架进行侧显的（profile）。同样，包括人称指示词和空间指示词在内的所有其他指示词和屈折后缀，都会唤起言语情景。人称指示语有 I、you、he/she/it、we、they 以及与人称保持一致的屈折后缀；空间指示语有 this、that、here、there。还有其他类型的语法词和屈折后缀也能唤起言语行为情景。如冠词 the 和 a 表明，名词所指是言者与听者双方共有的知识（the 一般表示双方共有的知识，但 a 在大多数情况下表示非双方共有知识）。the 和 a 的意义之所以会唤起言语行为情景，是因为这两个词的意义只有参照言者和听者的心理状态才能确定（另见§3.4）。

最为重要的是，如果不考虑参与者的意图，或者不考虑活动、状态、事物所处的社会制度、文化制度和社会、文化行为，很多单词表达的概念就无法理解。例如，VEGETARIAN（素食者）概念只有在食肉为主的文化框架里才有意义；要想理解 STRIKE（罢工）和 BORROW（借）这样的概念，只能借助存在这类行为的文化框架（同上：120）。即便像 apple core（苹果核）这样简单的事物，也会引发以某种方式食用苹果的框架："大多数人吃苹果都不会一点不剩地吃完，而苹果核就是大多数人吃苹果时不会吃的那部分"（Fillmore 1977a：73）。

单词让言者和听者关注的只是整个框架的一部分，没有哪一个词可呈现整个框架的结构。这是确定词义必须参照外部实体的另一个方面。商业交易框架是一个经典例子（同上：58-59；1977b），但 RISK（冒险）框架能更清楚地说明问题（Fillmore & Atkins 1992）。根据菲尔莫尔和阿特金斯，RISK 框架由以下要素

第二章 框架、域、空间：概念结构的组织

构成：代表未来不确定性的运气、危害、作为危害对象的受害者、因冒险而有可能危及的宝贵物品、引发冒险的情景、导致出现冒险情景的行为、行为者、行为者想通过冒险而获得的收获、行为者的目的、受益者和行为者的动机。动词 risk 出现在很多句法构式中，例 5a-e 是其中的一部分。但是，没有任何一个句法构式可以具备 RISK 框架的所有要素，甚至大部分要素（Fillmore & Atkins 1992: 83, 87, 94, 96）。除第一个例句，以下所有其他例句均来自语料库：

(5) a. You've (*Actor/Victim*) risked your health (*Valued Object*) for a few cheap thrills (*Gain*).
为了一些廉价的刺激（收获），你（行为者/受害者）一直在拿健康（宝贵之物）冒险。

b. Others (*Actor/Victim*) had risked all (*Valued Object*) in the war (*Situation*).
其他人（行为者/受害者）在战争中（情景）面临失去一切（宝贵之物）的风险。

c. She (*Actor/Victim*) had risked so much (*Valued Object*) for the sake of vanity (*Motivation*).
因为虚荣（动机），她（行为者/受害者）将很多东西（宝贵之物）置于风险之中。

d. Men (*Actor/Victim*) were not inclined to risk scalping (*Harm*) for the sake of settlers they had never seen (*Beneficiary*).
人们（行为者/受害者）不愿为素昧平生的移民（受益者）去冒被剥头皮（危害）的风险。

e. I (*Actor/Victim*) didn't dare risk a pause (*Deed*) to let that sink in (*Purpose*).
我（行为者/受害者）不敢冒险停下来（行为）去思考那件事（目的）。

12 根据框架语义分析理论，即便 risk 所在构式关注的只是框架的一部分，只要使用 risk 一词，都会唤起整个 RISK 框架。

菲尔莫尔还通过理解语义学（semantics of understanding），对真值-功能分析解释不了的语言事实进行说明。例如，例 6 中的搭配可以调换成例 7 中的形式，而不会造成语义异常（Fillmore 1977a: 75-76）。

（6）a. A dog was barking.
那时一条狗在叫。
b. A hound was baying.
那时一条猎狗在狂吠。
（7）a. A dog was baying.
那时一条狗在狂吠。
b. A hound was barking.
那时一条猎狗在叫。

也就是说，用语义限制（semantic constraint）无法解释例 6 和例 7 之间的区别。但是，例 6 的两个句子听起来要自然的多，因为这两句中的动词和名词所唤起的框架是相同的。

同样，在对例 8 进行理解时，有很多方面无法用真值条件语义学来解释（Fillmore 1985: 230-231）：

（8）My dad wasted most of the morning on the bus.
我爸几乎将那个上午浪费在公交车上了。

菲尔莫尔指出，如果言者选择用不带所有格的 father 或 dad，其所表达的父子关系会不一样；对 the morning 的理解要参照 8 点左右至正午 12 点的工作日框架，而非午夜 12 点至正午 12 点的日历框架；在时间使用上，waste 提供了一个与 spend 大不相同的框架；

而 *on the bus* 将言者所处的位置框定（to frame）在运行中的公交车上，而不仅仅是一个物理性容器（如果仅关注公交车的容器性，所使用的措辞应是 *in the bus*）。

世界因时而变；彼时合适的框架此时却会变得不合时宜。真值条件理论模式对框架的这种反常现象无法提供合理的解释。为了说明问题，菲尔莫尔自编了一句话，指出如果在1984年说这句话是可以接受的，但在1919年说这句话就无法让人接受（同上：238-239）：

> （9）During World War I, Ronald Reagan's birth mother dropped his analog watch into the sound hole of the acoustic guitar.
> 在第一次世界大战期间，罗纳德·里根的生母将他的指针式电子表投到了一把原声吉他的音孔里。

在1984年说这样的话是没问题的，因为第二次世界大战发生之后，1914—1918年发生的世界大战才被更名为第一次世界大战；随着医学技术的发展，生母与捐献卵子的基因母亲可以是两个不同的人；电子吉他和数字钟表已经出现。但在1919年，这些物品、人物或事件还都没有出现。因此，在那个时候不可能出现例9这样的说法，即便后来这样说没问题。

最后，框架语义学可以为语义学和语用学之间存在的一些问题提供合理的解释。语篇连贯（text coherence）的实质是这些问题中的一个。有一类数量众多的预设现象似乎与 *regret* 这样的词紧密相关：

> （10）John regretted signing the letter.
> 约翰后悔在那封信上签字。

例10表明（或蕴涵着）约翰的一种心理状态，即感到后悔；

但根据分析，这句话也预设着约翰在信上签了字。真值条件语义学的问题是，如果约翰没有在那封信上签名，例 10 就没有真值条件。为了维护真值条件，人们可以将预设方面的难题甩给语用学。这似乎很奇怪，因为预设与具体的词及其意义相关，而词义属于语义范畴。然而，在否定句中，预设还有一个特点：

(11) John didn't regret signing the letter.
约翰不后悔在那封信上签字。

一种解读是，"约翰后悔"这一蕴涵被否定了，即约翰不感到后悔，但约翰在信上签了字这一预设没被否定。对例 11 还有一种解读，即约翰不后悔在信上签字，因为他并没有签字（同上：251）。

菲尔莫尔认为，运用框架语义分析，我们很容易对预设行为进行解释。在 REGRET 的概念框架中，令后悔者感到后悔的行为已经完成。如果在 REGRET 概念框架中并没有发生这样的行为，包含 regret 一词的肯定句就不成立。另一方面，我们既可否定所指概念，又可否定框架本身。如果对框架中的心理状态进行否定，就保留了框架中的其他要素，包括本来可以引发遗憾的行为。这是上面对例 11 的第一种解读。如果否定的是整个框架，也否定了会引发遗憾的行为。这是对例 11 的第二种解读：言者否认的是情景框架，该框架包括约翰在信上签字这一行为。

我们可以将例 11 与框架否定的其他例子进行对比。下面是菲尔莫尔（Fillmore 1985: 245）引自威尔逊（Wilson 1975: 138）的一个例子：

(12) You didn't spare me a day at the seaside: you deprived me of one.
你不是给我在海边少待一天的机会：你是剥夺了我在海边多待一天的机会。

在例 12 中，言说者认为让其在海边少待一天不是为她节省了一天时间，而是剥夺了她在海边多待一天的机会，不仅拒绝将这一行为置于积极评价框架，反而将其置于消极评价框架。

最后，理解语义学对语篇理解也很重要。一个众所周知的例子是初次出现即用定指（initial definite reference）的现象。克拉克和哈维兰（Clark & Haviland 1977）称之为 bridging reference，即"搭桥参照"；普林斯（Prince 1981a）称之为 evoked，即"引发现象"。之所以会有这种现象，是因为该定指前面的句子已经引发了一个框架，而该框架包含着该定指所指称的事物。例 13 中的 the carburetor（化油器）就是这种情况（Fillmore 1977a: 75）：

(13) I had trouble with the car yesterday. The carburetor was dirty.
这辆汽车昨天出了毛病。化油器脏了。

第一句话中的 the car 引发了一个框架；根据这一框架，听者就可在世界上数百万的化油器中确认出言者所指的是哪一个。除了定指，框架语义学还可解决语篇连贯分析中的其他难题。菲尔莫尔将例 13 和例 14 进行了对比（同上：75）：

(14) I had trouble with the car yesterday. The ashtray was dirty.
这辆汽车昨天出了毛病。烟灰缸脏了。

在例 14 中，尽管可以对定指作出解释，如大多数汽车上都备有烟灰缸，两句话之间却没有连贯性。原因在于 having trouble with the car 框架与烟灰缸没有任何关系；例 13 则不同，因为化油器脏了确实会让汽车熄火。

菲尔莫尔用大量的材料证明，将框架理论引进语义分析是正确的，用理解语义学替代真值条件语义学是合理的。在下面章节中，我们将对框架语义模式进行更加系统的介绍，并追踪其在认知语言学中的进一步发展。

2.2　概念的侧面-框架组织

在上一节中，我们对框架进行了说明；框架是人类知识中的连贯区域，或概念空间中的连贯区域（coherent region）。问题是，我们如何确认概念空间中的连贯区域，如何将其与其他区域区别开来？先验主义方法采取的是演绎法，通过直觉来确认框架，因此具有很强的主观性；经验主义方法则根据自然语言的单词和构式来确认框架。我们首先要介绍的是兰盖克（Langacker 1987）的经验主义方法。

兰盖克以 radius（半径）的词义为例，详细说明其破解框架确认难题的方法。radius（半径）这一词形所表征的是 RADIUS 概念。在此，我们先假设概念与语言单位（词、复杂表达或构式）的意义是相互对应的。你也可假设存在着与语义不对应的概念。然而，不考虑语义而确认概念，与不考虑语义而确认框架一样，面临同样的难题，即缺少经验基础。因此，我们将本章所使用的例子，严格限定于和实际语义相对应的概念。

在《美国传统词典》(American Heritage Dictionary) 中，radius 的第一个意思是"连接圆心和圆周上任一点的线段"。RADIUS 是一条线段，但并非所有的线段都是半径：只有在圆的结构中才能给该线段下定义。换言之，要想理解概念 RADIUS，就要先理解概念 CIRCLE（圆）。两者关系可以用图 2.1 中的几何图表示：

第二章　框架、域、空间：概念结构的组织　　23

```
┌─────────────────────┐
│        RADIUS       │
│      ╱              │
│     ╱               │
│                     │
│              CIRCLE │
└─────────────────────┘
```

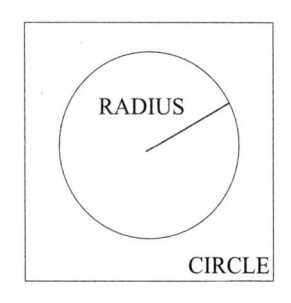

图 2.1　RADIUS 和 CIRCLE

也就是说，RADIUS 和 CIRCLE 这两个概念是紧密相关的，而这种关系必须在概念结构中得到表征。兰盖克将 RADIUS 和 CIRCLE 两者之间的关系描述为概念侧面（conceptual profile）与基体（base）之间的关系。侧面是目标单词所象征的概念，而基体是侧显概念（profiled concept）所预设的知识或概念结构。域（domain）是兰盖克用来表示基体的另一个术语（Lakoff 1987 所使用的也是这个术语）。兰盖克的基体或者域，和菲尔莫尔的框架完全相同："提到'框架'，我脑子里出现的是概念系统；系统中的概念相互关联，要想理解其中的一个，就要理解其所在的整个结构"（Fillmore 1982a: 111）。profile 也可用作动词，来描述词形与词义之间的关系（侧面＋基体）：如 *radius* profiles a particular line segment in the CIRCLE base/domain/frame（*radius* 是对 CIRCLE 这一基体/域/框架中的一条线段的侧显）。

一个概念侧面不足以定义一个单词概念，因为概念的定义是以其他的知识即基体为前提的。但是，单个基体是由众多概念侧面构成的复杂概念结构，如 CIRCLE 这一基体就是由 RADIUS（半径）、ARC（弧）、CENTER（圆心）、DIAMETER（直径）、

CHORD（弦）等侧面构成的。所以，在给语言概念进行定义时，仅有基体也是不够的。由此我们可以得出以下结论：**语言单位的意义必须包含侧面及其基体两方面的知识**。这与菲尔莫尔有关概念框架的结论完全相同。

一个基体可为多个概念侧面提供支持。直觉告诉我们，在这个意义上，一个基体就是一个域：几个不同的概念侧面以域作为基体。我们现在可以将域定义为"**域是一种语义结构，为至少一个概念侧面提供基体**"。正如泰勒（Taylor 1989 [1997]: 84）所指出的，"原则上讲，任何概念化构型或知识构型（knowledge configuration），不管多么简单抑或多么复杂，都可作为描述意义的认知域。"我们现在可以说，CIRCLE 域由弧、直径、半径、弦等概念构成。

部件-整体关系是侧面-基体关系的一个经典例子。例如，若不参照 BODY（身体），就无法给 ARM（胳膊）这样的概念下定义。对此，大家都不会提出异议。像 *daughter*（女儿）这类亲属词语所表征的概念与此相似。DAUGHTER 概念以 PARENT（父或母）概念及两者之间亲属关系的具体类型为前提。概念 NIECE（侄女；外甥女）以其他更为复杂的亲属关系为前提。换言之，定义侧面时所参照的基体会比部件-整体关系中的整体更为复杂。在有些情况下，我们可能找不到一个简单的词来描述基体：就 NIECE 而言，对基体的最佳描述也许是 KINSHIP SYSTEM（亲属关系系统），或者该系统中的某一部件（见§2.4）。

但是，正如§2.1 所展示的，对概念侧面进行表征时，需要参照基体的不仅仅是关系名词。现在让我们思考一下另一个例子，即单词 weekend（Fillmore 1985: 223-224）。要理解 WEEKEND（周末）这一概念，就必须参照由自然现象（昼夜交替）和文化习俗（七天为一周，并分为工作日和非工作日）组成的整个日历周期系统。同样，要理解概念 BUY（买），就必须参照商业交易情景中的背景知识。BUY、SELL（卖）、PAY（**付钱**）、COST（**花费**）等概念对商业交易的不同方面进行侧显（to profile）。尽管在认知语言学中，学者们常用示意图（schematic diagram）来表征域或框架中概念之间复杂的互联性（interconnectedness），我们却很难像表征 RADIUS 和 CIRCLE 那样，用类似于图 2.1 的几何图形来表征商业交易域/框架。

事实上，任何概念都不是自主存在的。因为不管以什么样的方式，所有概念都必须符合我们对世界的常识。对语义分析而言，重要的是侧面-基体之间的对照关系和基体与域之间的关联关系。在下一节，我们将详细探讨侧面与基体/框架/域之间的对照关系在词义分析中的应用。

2.3　侧面-框架/域两分的意义

我们已在上文进行过说明，菲尔莫尔的"框架"，兰盖克的"基体"和菲尔莫尔、莱考夫、兰盖克的"域"有着相同的理论框架。菲尔莫尔将这种理论框架称为"框架语义学"。现在，"框架"这一术语在认知语言学家中更为通用。然而，"框架"和"域"这两个术语的使用还处于竞争状态，认知语法学家也使用"基体"这一术语。我们将在此交替使用"框架"和"域"这两个术语。但是，人们还使用了另一些术语来描述与框架语义学高度近似的语义分析。我们在此简单介绍三个影响较大的理论：起源于人工智能的"脚本"（script）、起源于认知心理学的"理论论"（the-ory theory）、起源于社会学的"社团"（communities）。

在上文中，我们列举的框架例子主要是静态的。但事实未必都是如此，因为框架是词汇概念所预设的任何具有连贯性的知识体。因此，框架可以涵盖时间上具有延展性的动态概念。例如，PURIFIED（纯化的）预设着在其框架中有一个实体，其先前状态是不纯的，然后通过某个过程变得纯洁了。当然，像 RUN（跑）或 BUY 这样的过程词语预设着一系列事件及其前后状态。人们常用脚本来指称由一系列事件构成的框架/域。这一术语最早由尚克和埃布尔森（Schank & Abelson 1977）提出，用来描述饭店就餐这样的社会行为所预设的典范系列事件。我们将脚本划归为框架/域的次类。

源自认知心理学的所谓的范畴化"理论论"，被认为是框架或域的另一个理论类型。理论论的拥趸认为，我们对 HORSE 或 HAMMER（榔头）范畴的理解，依据的不是感知特征，而是根据生物种类和人工制品各自的理论（Murphy & Medin 1985）。例如，至少有一种与生物种类相关的民间理论（folk theory）告诉我们，可以根据血统和繁殖属性将不同个体归到同一范畴（如马范畴），可以根据基本的生物模式来感知马的相似性（及其他物种个体间的差异）。同样，对榔头的定义取决于以下事实：榔头是人类制造的用于特定目的的工具，而榔头的预期功能使我们感知到不同榔头之间的相似性（以及与其他人工制品的区别）。用框架语义学的话说，HORSE 的基体包括有关生物种类的"理论"，HAMMER 的基体包括人工制品的"理论"（见 Fillmore 1986a: 54）。

菲尔莫尔还用框定概念来描述一个单词在社团或社会域中的使用差异（Fillmore 1982a: 127-129）。例如，他指出，在法律域即从事与法律相关活动的社团中，MURDER（谋杀）和 INNOCENT（无罪的）两个概念的用法，与域/社团外的用法是不同的。在司法域中，对 MURDER 进行侧显的框架/域与 MANSLAUGHTER（非预谋杀人）相对，但在司法域之外，对 MURDER 进行侧显的域却没有这种对照。在对 INNOCENCE 进行侧显的司法域框架中，无罪和有罪是法院审判的结果（而事实上，只有在审判结束后才能确定一个人是否有罪）。在对 INNOCENT 进行侧显的其他框架中，确定有罪还是无罪所依据的是当事人是否犯了罪。像 FLIP STRENGTH（翻书即中招的吸引力）这样的概念只存在于专业社团，此处为出版商和色情书刊（感兴趣的读者可参见 Fillmore 1982a: 12）。因此，框架语义学的研究对象，已由概念领域中的差异扩展到社会领域中的差异。但两者之间存在着关联。决定社团的是社团成员共同的社会活动。克拉克认为，社团的一个特点是社团成员都拥有共享的专门知识：通过参与社团所特有的活动而获得专业知识（Clark 1996: 102-104）。社团成员所使用的专业词汇象征着专门的概念，由这些概念构成框架/域，而这种共享的专门知识就是框架或域中的概念结构。

对于一些有趣的语义现象，侧面-框架/域两分法是一个很有用的分析工具。被侧显的概念常被认为是单词的"定义"；有些词义上的区别对被侧显的概念并不适用，却适用于其所在的框架/

域。在这种情况下,侧面-框架/域两分法尤为有用。

例如,有些概念所指称的外部事物相同,进行侧显时所参照的框架却不同。如 LAND(**陆地**)和 GROUND(**地面**)所指/侧显对象似乎是"相同的事物",但参照的框架不同:LAND 描述的是干燥的地面,与其相对的是 SEA(**海**);GROUND 描述的也是干燥的地面,而与之相对的是 AIR(**空**)(同上:121)。不同单词选择不同的框架,而不同的框架导致不同的推理:菲尔莫尔指出,生活在陆地上的鸟儿不会涉水,而生活在地面上的鸟儿不会飞翔(同上:121)。兰盖克所举的例子是同为鱼卵的 ROE(**鱼卵**)和 CAVIAR(**鱼子酱**):在对 ROE 侧显时,参照的是鱼的生殖周期框架/域;在对 CAVIAR 侧显时,参照的却是食物框架/域(Langacker 1987:164-165)。另一个例子是 FLESH(**肉体**),在对其进行侧显时,所参照的是人体解剖框架/域;在对 MEAT(**肉食**)进行侧显时,参照的是食物框架/域。这种语义差异反映在 *flesh and bones*(肉与骨)和 *meat and potatoes*(肉和土豆)这样的搭配上:前者描述的是瘦弱的身体,而后者描述的是味道平淡却能充饥的饭菜(请与 *meat and bones* 及 *flesh and potatoes* 对比)。

对同一个侧面可以选择不同的框定(framing)。这一现象在性格评价词语中尤为常见。如 STINGY(**吝啬的**)所侧显的是度标的一端,与其相对的另一端为 GENEROUS(**慷慨的**);然而 THRIFTY(**节俭的**)侧显的似乎是同一度标的同一端,与其相对的另一端却是 WASTEFUL(**浪费的**)(同上:125)。这两对概念的区别在于,人们对相关评价标准的态度不同:对 STINGY-GENEROUS 的评价与对 THRIFTY-WASTEFUL 的评价相反。当然,言者可以选择将某人框定为吝啬,也可以选择将其框定为节俭。换言之,如何对经验进行框定与识解有关:它取决于言者针对听者的理解,如何对所交流的经验进行概念化。识解普遍存在于人类经验的概念化过程,而这只是其中的一个例子。

另一类评价框定效应不是那么直接。例如,在围绕堕胎问题展开辩论时,支持者使用的是 FETUS(胎儿),而反对者使用的是 UNBORN BABY(未出生的婴儿)。FETUS 在对相关实体进行侧显时,参照的是更大的 MAMMAL(哺乳动物)框架:任何哺乳动物未出生的幼崽都可称为胎儿。在该框架中,堕胎在道德上变得不那么令人厌恶,因为人们普遍认为可以为了某些目的杀死动物。复合短语 UNBORN BABY 参照了两个框架。BABY 在对同一实体进行侧显时,参照的是较为具体的人类框架,因为在一般情况下,只有人类的幼儿才用 baby 表示。BABY 和 UNBORN 对该实体进行侧显时,均参照了被凸显的下一个生命阶段,即出生后的阶段。这样的框架似乎使堕胎变得较为令人厌恶,因为杀人能被接受的场合相当有限(如战争或自卫);而且大家都认为,胎儿一旦出生,他就是人了。因此,用 *fetus* 或 *unborn baby* 指称该实体时所表现出来的框定上的差异,被言者用来引导(或诱导,即进行不同的框定!)听者在堕胎问题上采取言者的政治立场。

以上例子说明的是不同词在不同框架中对相同概念进行侧显的情况。还有一些例子与一词多义情况有关。这类词有多个不同却相关的意义,但造成这些意义之间差异的原因与其说是侧显不同,不如说是所处框架有别。例如,*mouth* 一词所描述的是有着不同的参照框架但大致相同的概念侧面:

(15) mouth: BODY, BOTTLE, CAVE, RIVER
口：身体框架，瓶子框架，洞穴框架，河流框架

在例 15 所列举的框架中，我们可以认为 mouth 指称的是同类侧面，即容器的开口（然而，洞穴可能会有数个开口通往地表，要对河流这一容器进行定义，必须借助河床和地球引力）。一般认为 mouth 是个多义词，即针对每一个侧面-基体对子，它都有一个不同的意义（在其他语言中，这些不同的意义可能分属不同的词）。换句话说，仅靠侧面是不足以确定 mouth 的意义的。

在翻译方面，源语词与目标语词在语义上存在差异。侧面-框架/域的区分对理解这种差异背后的实质尤为有用。翻译很难，常以失败告终，而侧面-框架/域的区分可为我们揭示这种现象背后的几个原因。

由上文可知，在一种语言内部存在着 LAND/GROUND 这样的基于框架的语义对照。在不同语言之间，我们也可发现类似现象。菲尔莫尔将英语中 LUKEWARM（**微温的**）这一概念与日语中的 NURUI（温い，即"微温的"）概念进行对照。两个概念侧显的都是"室温"，但对英语言者而言，LUKEWARM 用于不冷不热体感最佳的液体，对日语言者而言，NURUI 只用于原本很烫后来变为微温的液体（同上：121）。

有时，语言之间的差异并不是因为所侧显的概念在结构上不同，而是因为在各自框架中提供信息的详细程度不同。英语 river（河）以相关地理特征构成的框架为前提，对自然河道中相对稳定的水流进行侧显。法语却有 rivière 和 fleuve 两个相互对照的词。这两个法语单词的概念与英语单词的概念基本相同，都指自然流

动的水道，但与英语单词所在框架相比，两个法语单词所在框架更为详细：与 *rivière* 所指称的河流不同，*fleuve* 用于指称流入海洋的大河。因此，将 *fleuve* 翻译成 *river* 是不太准确的，因为它只是将侧面翻译出来了，而没有完整地翻译出其所在框架。另一个例子是英语单词 *eat*（吃）。该词所侧显的是摄取食物的过程。德语中有 *essen* 和 *fressen* 两个相互对照的词：两者所侧显的也是摄取食物的过程，但前者的进食者为人类，后者的进食者为动物。这是一个框定效应（framing effect），因而是识解的结果（详见§3.3）。也就是说，我们可以用 *fressen* 描述人类行为，但它为该行为提供的框架与 *essen* 所提供的框架大为不同，导致人们将其识解为动物一样的行为（粗鲁、马虎等）。

有些分析者在对单词进行定义时，不区分侧面和框架，从而不清楚跨语言词义差异的实质。例如，人们发现，有些语言中的单词词义，与英语中整句话的意思相对应。例 16 和 17 是这种情况的两个实例，前者来自一种北美土著语言，后者来自一种欧洲语言：

（16）Alabama *ispaspaakáhmit*: "to be shaped into a patty, shaped like a biscuit (said of the shape of the mixture of brains and moss used for curing hides)" (Sylestine et al. 1993: 203)
亚拉巴马土著语 *ispaspaakáhmit*："将它做成饼干一样的小饼"（谈论的是用于鞣制毛皮的脑髓和苔藓混合物的形状）

（17）Swedish *tura*: "sitting on the boat going back and forth between Helsingborg and Helsingør" (Karina Vamling, pers. comm.)
瑞典语的 *tura*："坐船在赫尔辛堡与赫尔辛格之间多次往返"

通过将侧面与框架/域区分开来，我们可以进行更为直观的语义分析。所侧显的概念很简单：ispaspaakáhmit 侧显一种形状，而 tura 侧显乘坐渡轮的行为。这两个概念所在的框架却非常具体（在例 17 中，待在船上意味着仅支付一次船票和在船上饮用免税酒精饮料）。一个类似的英语例子是 genuflect（单膝跪拜）。genuflect 侧显的是一个身体动作，与膝盖所侧显的概念大致相同。但 genuflect 拥有一个非常具体的框架，即天主教礼拜仪式。但是，在文化上即使不那么具体的词汇概念，也可分成侧面和框架两部分。radius（半径）侧显一条线段，而半径和线段的区别在于它们属于不同的框架。

在有些语言中，部分词汇被认为是"无法翻译的"，因为它们比上文所举的 fleuve 或 fressen 更难翻译。对于这些词汇，我们也能通过侧面-框架的区分轻松应对。例如，格尔茨（Geertz）对爪哇语的 rasa 进行篇幅很长的说明，下面所引用的是其中的一部分：

> rasa 有两个主要意思："感觉"和"意义"。作"感觉"时，它是传统爪哇语中五种知觉之一：视觉、听觉、言觉、嗅觉、感觉。"感觉"本身又包含三个方面：舌之味觉、身之触觉、"心中"的情感（如悲伤哀愁、幸福喜乐等）。香蕉的味道是它的一种 rasa，预感是一种 rasa，疼痛是一种 rasa，激情也是一种 rasa。用作"意义"解时，rasa 被用来表示信件、诗词、甚至日常谈话中隐含在字里行间的间接表达或暗示。这种间接表达或暗示在爪哇人的交流和社交中非常重要。它也被用来描述一般的动作行为：含蓄意义、舞蹈动作所隐含的"意义"、礼貌手势，等等。但在该词的第二种语义中，还可指"终极意义"，即借助神力领悟到最深层意义，世俗存在的模糊不明都因最深层意义的澄清而消解。（Geertz 1973: 134-135）

第二章 框架、域、空间：概念结构的组织

总的来说，要想理解 rasa 的意义，就必须先了解大量的爪哇文化和世界观。用框架语义学术语讲，RASA 这一概念要以大量爪哇文化知识构成的框架为前提。在英语的同族语言中，我们也可以发现这种例子。例如，一位译者在翻译一部二十世纪德语哲学著作时，碰到 Bildung 一词。他这样写道："Bildung 可译为 culture（文化）及其相关形式，如 cultivation（教养）、cultivated（有教养的）……该词具有十八世纪晚期和十九世纪的风格，曾在欧洲的德语地区发挥过重要作用"（Gadamer 1989: xii）。也就是说，在对 BILDUNG 进行侧显时，参照的是近两个世纪之前的德国知识精英们的文化框架。

换言之，rasa 和 Bildung 这样的词语之所以"不可译"，是因为对这些概念侧显的框架具有文化特质。将 rasa 翻译成 feeling（感觉）或 meaning（意义），或将 Bildung 翻译为 culture，所提供的只是大致相同的侧面，却完全无法提供相同的框架。

2.4 对侧面-框架/域基本区分的扩展

在认知语言学的语义理论中，侧面和域/框架之间的区分非常重要。然而，对于一些重要的语言现象，这种区分无法提供合理的解释。这说明它存在着不足。为此，认知语言学家在该理论的基础之上，从几个方向对其进行了补充和扩展。

2.4.1 位置侧面和构型侧面

对框架语义学模式的一种扩展是确认两种不同的侧面。我们再以空间域为例进行说明。像 RECTANGLE（矩形）这样的概念是在 SPACE（空间）域中得到侧显的。请注意，一个八角形不管在哪里，都是一个八角形。对矩形这一侧面而言，重要的是其边数及这些边的构型（configuration）。与 RECTANGLE 的侧面形成对照的，是 HERE（**此处**）这样的空间概念的侧面。HERE 对 SPACE 中言者所在的位置进行侧显。如果被侧显的位置变了，其概念也必定会改变。像 MOUNT TAMALPAIS（**塔玛佩斯山**）这样的概念面临同样的限制。该概念也侧显了 SPACE 中的一个位置；位于别处的另一座山不是也永远不会是 MOUNT TAMALPAIS（与其相对照的是作为地形形态的 MOUNTAIN，不管在哪儿，它都是山）。这是两种不同的侧面：RECTANGLE 具有构型侧面（configurational profile），而 HERE 或 MOUNT TAMALPAIS 拥有位置侧面（locational profile）（Langacker 1987: 153; Clausner & Croft 1999: 7-13）[①]。

并不是所有的框架/域都可支持两种侧面。例如颜色词指称的是 HUE（**色调**）度标上的区域，如果在 HUE 度标上的位置发生变化，如从 RED（红）移到 YELLOW（黄），那么概念就变了。但在 HUE 度标上，没有构型侧面。并不是所有的一维度标域都是这种情况。像音乐的 PITCH（音高）域就拥有位置和构型两个侧面。如 C-SHARP（升 C 调），或者更具体一点，像 C#" 这样的音符（比中央 C 调高八度的升 C 调），是对音阶（pitch scale）上一点的侧显。然而，像 OCTAVE（八度）这样的音程具有构型侧面：只要音程正

---

① 兰盖克认为位置侧面和构型侧面分别适用于不同的认知域，但克劳斯纳和克罗夫特通过论证指出，同一个认知域可同时支持位置和构型两个侧面。

确，不管在哪里，一个 OCTAVE 就是一个八度（Clausner & Croft 1999: 10）。更概括地说，像 PITCH（音高）、LENGTH（长度）这样的可量度一维度标域可拥有位置和构型两个侧面。像 TALL/SHORT（高/矮）这样的反义形容词（参见第七章）侧显的是度标域上的某个位置或方向。量度单位如 INCH（英寸）或 FOOT（英尺）侧显的则是度标域上的构型：不管所量区间的位置在哪里，一英寸的长度不变。

2.4.2 述义辖域

在§2.2 一节中，我们以 NIECE（侄女；外甥女）为例，论证了要想对其下一个合适的定义，就要先了解亲属关系体系。但是，在理解 NIECE 这一概念时，我们不需要整个亲属系统。如图 2.2 所示，我们所需要的只是其中的一小部分，即代表中性的方块符号部分（我们用方块形符号表示性别中性，因为位于中间层的可以是 NIECE 的男性亲属也可以是女性亲属："我"可以是男性，也可以是女性；NIECE 可以是"我"哥哥或弟弟的女儿，也可以是"我"姐姐或妹妹的女儿）。

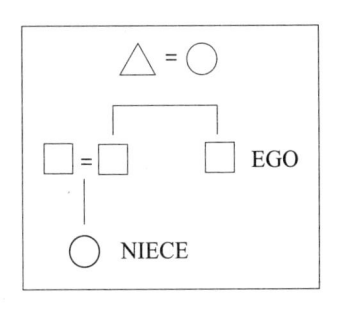

图 2.2 NIECE

对 NIECE 进行定义时，相关的亲属系统被称为该概念的述义范围（scope of predication）（Langacker 1987: 118-119），后又被称为直接范围（immediate scope）（Langacker 1999: 49）。

例如，我们可以通过人类身体部位之间的关系，发现不同的述义范围（Langacker 1987:119）：KNUCKLE（指关节）⊂ FINGER（手指）⊂ HAND（手）⊂ ARM（手臂）⊂ BODY（身体）。以上每一个概念都以其后第一个概念为述义辖域。如果表示整体的领属关系结构（possessive constructions）位于述义辖域之内，是可接受的，如果位于述义辖域之外则显得怪异（同上: 119；另见§6.2.1.7）：

（18）a. A body has two arms.
　　　　人有两条胳膊。
　　　b. A hand has five fingers.
　　　　一只手有五根手指。
　　　c. A finger has three knuckles and a fingernail.
　　　　一根手指有三个指关节和一片指甲。
　　　d. ? An arm has five fingers.
　　　　?一条手臂有五根手指。
　　　e. ?? A body has twenty-eight knuckles.
　　　　??人体有二十八个指关节。

述义辖域的这种嵌套可以推广到整个框架/域。

2.4.3 域与域之间的关系

域与域之间的关系更为复杂。这不难理解，因为它触及了人类认知在大脑中的组织。

侧面-框架/域关系存在链条现象，这一点非常重要。我们在上文已经提到过，只有通过概念 CIRCLE（圆），才能理解概念 RADIUS（半径）。但要理解 CIRCLE 这一概念，又必须根据二维 SPACE（空间）概念。也就是说，单词 *circle* 在对概念 CIRCLE 进行侧显时，要参照 SPACE 框架。换句话说，一个概念在为另一个概念提供参照框架/域的同时，它本身也是其他概念框架/域的侧面。再换言之，一个概念结构是侧面还是框架/域，取决于我们对它的识解（见§2.3 及§3.2）。

当涉及人类体验时，侧面-框架关系链条并没有最终触底。概念 SPACE 是人类体验的一个很好例子。兰盖克将与人类体验直接相关的域称为基本域（basic domain）（同上：148），将非基本域称为抽象域（abstract domain）。即使是最为抽象的概念，最终都要借助人类的直接体验来理解。这是莱考夫和约翰逊认知语言学研究的一个重要观点（Lakoff & Johnson 1980, ch. 12; Johnson 1987; Lakoff & Johnson 1999）。除了 SPACE，基本域还有 MATERIAL（物质）、TIME（时间）、FORCE（力）以及感知觉概念（颜色、硬度、音量、饥饿、疼痛等）。情感和其他心理状态及过程，以及社会属性、社会关系和社会过程，都不需要以其他概念为前提。究竟哪些心理和社会域属于基本域，会因心智和社会互动理论（theory of mind and social interaction）不同而不同。因此，我们在此不提供任何具体建议。

抽象域和作为其前提条件的基本域之间不是分类学关系，或兰盖克所谓的图式关系（schematic relation）。它是概念与其背景或预设之间的关系。这种区别在英语中有时不太清晰。例如，

shape 作物质名词时表示整个域，而作为可数名词时（a shape），它表示的是包含 [CIRCLE]（圆形）、[SQUARE]（正方形）、[TRIANGLE]（三角形）等在内的较一般的或图式性概念。一个较一般或图式性概念不是特定概念的域；事实上，图式性概念本身也在同一个域中被作为该域的实例进行侧显。我们在下文将会发现，有时将分类关系与侧面-框架关系区分开来是有一定难度的。

兰盖克认为，有些域会涉及多个维度（dimension）（同上：150-151）。空间就是一个很好的例子。空间有三个维度（有些概念如 CIRCLE 只有两个维度，有些概念如 LINE 只需要一个维度）。很多根植于我们感知经验的物理属性如 TEMPERATURE（温度）和 PITCH（音高）等都是一维的。另一些如 COLOR（颜色）等可以分为 HUE（色调）、BRIGHTNESS（亮度）和 SATURATION（饱和度）。总体而言，当一个概念在一个域中被侧显时，它会将该域的所有维度同时作为其预设条件。这一点至关重要，因为一个概念可同时预设几个不同的维度。

事实上，一个概念可预设几个不同的域，或者说在几个不同的域中被侧显。例如，对人的定义必须以物理客体、生物和意志主体等域（及其他几个域，如情感）为基础。像 HUMAN BEING 这样的概念所同时预设的多个域被称为域阵（domain matrix）。兰盖克强调，从原则上讲，一个域的不同纬度之间和域阵的不同域之间只有程度上的差别（Langacker 1987: 152）。实际上，如果一个语义结构能为多个概念的侧显提供参照，我们往往将该结构看作域；如果一个语义结构无法单独为任何概念提供参照，却能与另一语义结构一起共同为某些概念提供参照的话，我们往往将这两个语义结构看作同一个域中的两个纬度。"域"中隐含着一定程度的认知独立性，而我们在纬度当中找不到这种独立性（另见§5.3.1）。

一个概念所预设的域的结构可能会极其复杂。让我们考虑一下如何对字母 T 进行定义。字母似乎是一种物理实体。我们可以直接将其定义为字母表上的一个字母；因此字母表是它的基体/域。字母表本身又是一个以书写系统为前提的抽象域——它不仅仅是书写系统的一个实例，因为书写系统不仅涉及像字母表这样的一套符号，还涉及将这套符号组合在一起的方法，包括字母的书写方向、单词所占空间等。要想准确理解书写行为，必须借助人类交际概念和视觉感知。人类交际又以意义概念为前提。我们可以将意义概念看作一个基本域，因为符号关系似乎无法再做进一步的简化。书写行为以视觉感知为前提，是因为对字迹的感知是通过视觉而非听觉或手势来完成的。因为书写是一种行为，书写的域阵还涉及时间域和力量或动因域（都属于基本域；见§3.5）。书写行为又涉及时间上的持续，因为字母 T 是书写行为的产品。又因为书写是一种人类行为，这种行为必定与人有关。人类是具有意志、意图、认知、情感等心智能力的生物；意志、意图、认知、情感等本身又是心智域中的纬度，或更确切地说是心智域阵中的域。生物又是拥有生命的物理实体。物理客体具有物质性，因此是空间实体（spatial entities）[尽管物质客体（material objects）都占据一定的空间，像几何图形这样的空间客体（spatial objects）却不是物质性的存在]。

在对字母 T 进行定义时，我们可以用图 2.3 来展示所要参照的所有基本域与抽象域之间的关系（根据 Croft 1993 [2002]: 170, 图 2.1; 黑体表示被侧显的概念，全大写单词表示基本域）。

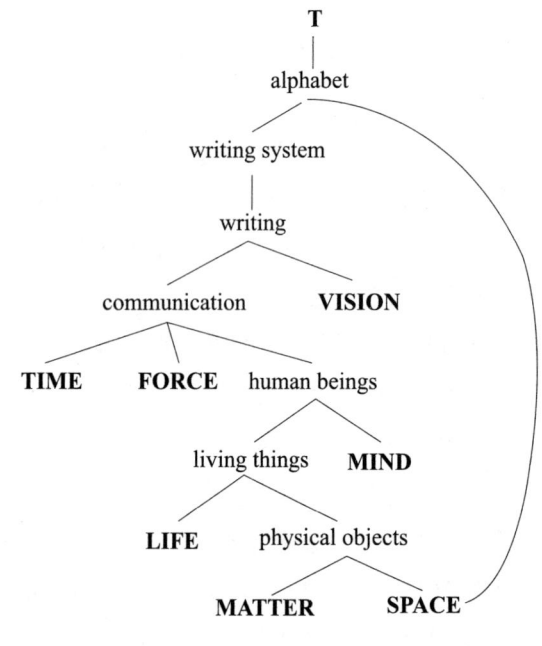

```
                    T
                    |
                 alphabet
                    |
              writing system
                    |
                 writing
                 /      \
        communication   VISION
         /    |    \
       TIME FORCE human beings
                  /          \
             living things   MIND
                /      \
             LIFE    physical objects
                      /        \
                  MATTER      SPACE
```

图 2.3　字母 T 概念下的域结构

一般情况下，非形式的域理论往往会将字母 T 简单地描述为书写域中的一个概念。但由上文的论述可知，这种观点是不对的。绝大多数概念都属于抽象域，而抽象域的侧显要参照复杂的域阵；域阵往往也是抽象的，因此要以大量的基本域作为前提条件。这些数量众多的基本域被称为域结构（domain structure）（Croft 1993 [2002]: 169）。域结构相当于兰盖克的最大辖域（maximal scope）

(Langacker 1999: 49）。

我们很难将侧面-基体关系与分类关系/图式关系区分开来（即类型与实例的区别）。例如，书写是人类交际的实例，还是只有通过人类交际目的才能理解的活动实例？从图2.3可以看出，后者的描述更为准确。而且，尽管书写是一种人类活动，人类活动却没有作为书写活动的所在域出现；出现的倒是作为书写活动前提条件的时间域、变化域、力量域、意志域等。这是因为人类活动的所有先决条件也都是人类活动具体实例的先决条件。

我们也很难确定哪个是直接参照域、哪个是间接参照域。我们在对"弧"进行定义的时候，并没有直接参照二维空间，而是将"圆"作为其直接预设；"圆"所预设的才是二维空间。因此，我们先将"弧"理解为圆的一部分，然后才将其理解为一个二维物体。同样，T先被理解为字母表中的一个字母，然后才被理解为一种形状。问题是，我们是先将T看作字母表中的一个字母，然后才将其理解为一种形状的，还是先将其理解为书写活动的物理产品，然后才将其理解为一种形状的？图2.3表明，我们最好还是将其描述为前者，因为字母符号就是一套图形。

在这个例子中，还存在另一问题，即心智能力域的位置问题。书写活动体现人的意图、遵从人的意志，因此以心智能力域为先决条件。书写活动以心智能力为先决条件，是因为书写活动预设着人类的参与，而人类的参与涉及意志和意图。对于一个概念被侧显时所参照的诸域，要想准确了解它们的结构，就要对这些概念的定义进行仔细研究。

侧面和域阵之间关系的复杂性还体现在一个方面，即一个词有时侧显的只是域阵里某个域中的概念,有时就是该域结构中的一个域。我们可以通过 PERSON(人)和 BODY(身体)这两个概念对这种不同进行说明。对 PERSON 进行侧显时参照的是 HUMAN BEING(人类)这一抽象域(以及 MAN、WOMAN 等)。对 HUMAN MAN 这一概念进行侧显时参照的是"LIVING THING + MIND"(生物+心智)这样的域阵:人类是具有某些精神状态和能力的生物(这让人想到人是理性动物这一经典定义)。在对 LIVING THING 侧显时,因为生物是具有生命的物体,所以参照的是 PHYSICAL OBJECTS(物体)和 LIFE(生命)两个域。概念 BODY 表征的是人的物理现实性(不区分是活的还是死的)。然而,尽管 BODY 的基体是 HUMAN BEING,或更确切地说是 ANIMAL 这一抽象域,它侧显的却只是 HUMAN BEING 域结构中的物体域。BODY 与 SOUL(精神)的区别是,SOUL 侧显的是人类域阵中的非物理性域,即出于方便我们一直将之称为 MIND(心智)的域;BODY 与 CORPSE(尸体)的区别是,CORPSE 侧显的是物体域,同时还侧显生命域中的特定区域,即 DEAD(死的)区域。

2.5 域和理想认知模式

透过菲尔莫尔和莱考夫对框架/域的早期研究,我们深刻地认识到,框架知识本身也是对经验的概念化,常常与现实不一致。在对这一点进行论证时,BACHELOR(单身汉)是学者们运用最多的例子;不仅认知语言学文献引用,哲学、心理学和人工智能

第二章 框架、域、空间：概念结构的组织

等涉及认知的文献也常常引用（Fillmore 1975: 128-129; 1977a: 68-70）。简单地说，BACHELOR 是 ADULT UNMARRIED MALE（**成年未婚男子**）。在大多数情况下，该定义是合适的。但在有些情况下，言者不确定是否该将某人描述为单身汉：

(19) a. The Pope
 教皇
 b. Tarzan
 人猿泰山
 c. An adult male living with his girl friend
 与女友同居的成年男子
 d. A male homosexual
 男性同性恋者
 e. A seventeen-year-old living on his own, running his own Internet firm, and dating several women. [cf. a seventeen-year-old living with his parents and going to school, who virtually all agree is not a bachelor]
 一名拥有自己的网络公司、经济独立、同时与几位女性约会的 17 岁男子。[请比较：与父母住在一起、正在读书的、几乎所有人都认为不是单身汉的 17 岁男子]

将 BACHELOR 定义为"成年未婚男性"是有问题的，但问题的根源显然不是该定义过于简单。因为在某种意义上，"单身汉"确实是"成年未婚男性"。该定义的问题在于，在对 BACHELOR 这一概念进行侧显时，所参照的框架无法涵盖现实世界中实际存在的各种社会身份（Fillmore 1977a: 69; 1982a: 117-118）。BACHELOR 所参照的框架代表的是世界的理想状态，不可能涵盖现实世界中所有可能出现的情况。莱考夫将这种框架称为"理想认知模

式"（idealized cognitive model; ICM）（Lakoff 1987, ch. 4）。

上文的分析似乎告诉人们，现实常常与理想化的框架不符，要比理想认知模式或框架中的信息即"成年未婚男性"复杂。但事实并非如此。BACHELOR 的理想认知模式，更确切地说是 ADULT、UNMARRIED 和 MALE 的理想认知模式，所包含的信息必须远多于我们常常认为的这些标签所携带的信息。"成年"的理想认知模式必须包括居住安排、和父母之间的关系、职业活动等信息（参见19b 和 19e）。"未婚"的理想认知模式必须包括由不同人生阶段所构成的序列；在此序列之中，在青春期之后和结婚之前的这段时间内，一个人没有发誓独身禁欲，却没有稳定持久的两性关系（参见例 19a 和 19c）。从生殖的角度判断，"男性"的理想认知模式还必须包括性取向（参见例 19d 和 19e）。换言之，要将 BACHELOR 所隐含的"理想"生活史和生活方式描述出来，其所参照的诸理想认知模式就要基于现实，尽量详细。

塞尔（Searle 1979）认为，事实上任何词汇概念所在的框架都会非常复杂。塞尔感兴趣的是对词语字面义进行定义时所需的信息。他将这样的信息叫作背景假设（background assumptions）。如用框架语义学的术语进行表述，背景假设就是用来理解语言表达字面意义的框架。根据塞尔的观点，我们可以罗列出某个语言表达可能出现的语境，但我们不能用这种方法来对与其意义相关的背景知识进行罗列。换言之，确定一句话字面意思所需的背景假设可以说是无穷的，因此，确定一句话在语境中的使用是否恰当所需要的背景假设，也基本上是无穷的。请思考下面的句子（Searle 1979: 127）：

第二章　框架、域、空间：概念结构的组织

(20) Give me a hamburger, medium rare, with ketchup and mustard, but easy on the relish.

给我来份汉堡，牛肉三分熟，加番茄酱和黄芥末，少放点开胃菜。

我们认为我们理解这句话的意思；我们援用了快餐馆、点餐、上餐、汉堡制作和加配菜等的背景框架。但这不是事情的全部：

例如，假想我收到的汉堡是装在一只一立方码大小的固体透明塑料盒里，盒子封得太紧，用凿岩锤才能将其敲开，或者假想这只汉堡有一英里大小，为了"运送"到我这里，先将餐馆的墙拆了，然后将其边缘滑进我的房子里。(Searle 1979: 127)

在现实生活中，我们常常可以遇到未婚但与女友同居的男子或同性恋男子，却不可能遇到上述这些情况。因此，在餐馆买汉堡的框架中，汉堡不应该太大，不会装在很结实的透明塑料盒里，也不会出现与汉堡没有关系的事物。

兰盖克用类似的例子做过相似的分析（Langacker 1988: 16）：

(21) He is barely keeping his head above the water.

他在经济上仅能勉强应付。

我们可能认为我们知道这句话的意思，但是请思考下面这种情况：

想象一场海上直升机比赛，在比赛中，参赛选手必须用绳子将一只斩断的头颅吊在直升机上，将它从起飞处运送到终点；只要选手所运送的斩断的头颅浸到了水中，就宣告他这场比赛失败。(Langacker 1988: 16-17)

也就是说，为了确定一句话的准确意义，我们必须调用全部知识，或更准确地说，调用我们所掌握的全部知识。

按照认知语言学的观点，要想正确理解一个概念，我们必须运用我们的百科知识。这种说法更为常见。有些语义学家一直认

为，单词的语义仅仅表征了相关概念的一小部分知识；这就是语义的词典观（dictionary view）。但是，框架语义学观点认为，语义的词典观存在很多不足（Fillmore 1982a: 134; 1985: 233）。词典观的不足在于，词典一般只描述概念的侧面，或者充其量只是概念侧面所隐含的很简单的概念框架（详见 Haiman 1980；以及 Quine 1951 [1961]）。词语或构式象征概念，确切讲象征概念侧面；一旦我们想明确概念侧面所在框架的结构，语义结构就会快速扩展，从而囊括言者所拥有的与该概念有关的全部知识即百科知识。

当然，这种百科知识在我们的大脑中都是相互联系的。如果单词的词义是由框架及侧面构成的，那么我们就必须抛弃词语意义可切分为小的概念结构离散块的观念。兰盖克提出了另一种词义模式，在知识网络中加入了存取节点（access node）(Langacker 1987: 161-164)：

> 因此，我们可以将符号单位所指称的实体看作通向知识网络的入口（point of access）。符号单位的语义值取决于各种关系；这些关系的数量是开放式的……并由存取节点连接。每一种关系都是认知上的常规经验。又因为这些关系相互之间至少有一个共同点，激活一个常规经验，有助于激活另一个常规经验（尽管未必总是如此）。

（同上：163）.

所以，词义是我们透过单词所侧显的概念，是看待世界知识的视角。这种词义观与认知心理学中的概念范畴观并无太大的区别。认知心理学认为，概念范畴是获取范畴个体更多信息的手段。这种词义观同样强调，选词择句是一种方式，是对交际内容与交际者已有知识之间关系的不同识解。

第二章　框架、域、空间：概念结构的组织　　　　　47

在上文 bachelor（单身汉）一例中，我们列举了对其理想认知模式的一些偏离；之所以会产生偏离，是因为我们不清楚在这些情况下使用 bachelor 是否恰当。还有一些词，通过添加修饰语，来表示对理想认知模式的偏离。例如，莱考夫在描述 mother 的理想认知模式时指出，该理想认知模式涉及由几个不同的理想认知模式构成的集群（cluster）（Lakoff 1987: 74-76）：

（22）BIRTH: the person giving birth is the mother
生育 ICM：生育者为母亲
GENETIC: the female who contributed the genetic material is the mother
基因 ICM：提供基因物质者为母亲
NURTURANCE: the female adult who nurtures and raises a child is the mother of that child
养育 ICM：抚育某一孩童的成年女性为该孩童的母亲
MARITAL: the wife of the father is the mother
婚姻 ICM：父亲的妻子为母亲
GENEALOGICAL: the closest female ancestor is the mother
宗谱学 ICM：宗谱上最近的女性先辈为母亲

莱考夫所提出的集群 ICM 实际上就是域阵。在当今世界，医学技术发展迅速，社会传统悄然变化，就出现了许多偏离 MOTHER 集群 ICM 的情况。这些偏离情况在语言上表现为惯用复合词和"形容词+名词"的表达形式：

（23）a. 继母：适合养育模式（NURTURANCE model）和婚姻模式（MARITAL model），但不适合其他模式；
b. 养母：适合养育模式（NURTURANCE model），但不适合其他模式；

c. 生母：适合生育模式（BIRTH model），但不适合或完全不适合其他模式；

d. 基因母亲：适合基因模式（GENETIC model），但不适合其他模式；

e. 未婚母亲：除了婚姻模式（MARITAL model），也许适合其他所有模式。

然而，即便某位女性属于以上范畴中的任何一个，如果我们问她是不是孩子"真正的母亲"，仍会出现不同的答案（参见第五章）。

还有一些情况，尽管存在着理想认知模式，人们在语言使用过程中，却习惯上在未加修饰的情况下用一个单词来描述一些缺少 ICM 部分属性的情景。菲尔莫尔用 breakfast（早餐）的 ICM 为例进行说明。breakfast 所在框架是一个就餐周期，其侧显的是"早上醒来后所吃的、菜单比较特别的那顿饭"（Fillmore 1982a: 118）。但是，我们也可以整夜工作，在天亮的时候吃一些鸡蛋、吐司等，将这顿饭称为 breakfast；我们也可以从夜晚睡到上午，起来后吃块巧克力奶油饼，喝杯马提尼酒，将这样的饭称为 breakfast（同上：118-119）。与 BREAKFAST 的理想认知模式相比，这两种情况分别缺少了一个特征。我们也可以将既非早上、又非睡了一觉之后吃的饭叫作 breakfast：有些餐馆二十四小时提供早餐（同上；与其他两种情况相比，这种情况下的菜单特征似乎更为重要）。

lie（谎言）是另一个例子，它的理想认知模式与 BREAKFAST 相似（Coleman & Kay 1981）。假如言者（speaker）为 S，听者（addressee）为 A，命题（proposition）为 P，而 P 是谎言，那么 LIE 的理想认知模式为：

（24）a. P is false.

P 为假。

b. S believes P to be false.

S 认为 P 为假。

c. In uttering P, S intends to deceive A.

S 说 P，目的是欺骗 A。

科尔曼（Coleman）和凯（Kay）做了一个实验，在实验中设计了一些场景，对例 24 中所列特征进行各种组合，以此来检测被试的判断。他们发现，总体而言，如果三个属性即 24a/b/c 出现越多，被试越容易认为它是谎言。在至少两种情况下，我们所使用的习惯表达是对理想认知模式的偏离。对于 *What a lovely party!*（多么令人愉快的聚会啊！）或 *How nice to see you!*（很高兴见到您！）等礼貌性社交谎言，24a 和 24b 成立，而 24c 不成立。而在例 25 中，24c 成立，24a 和 24b 不成立：

（25）John: Where are you going?

约翰：你到哪儿去？

Mary: [out to buy John's birthday present] We're out of paprika.

玛丽：[去买约翰的生日礼物] 我们的辣椒粉用完了。

例 25 与社交谎言相反。在这种情况下，英语人士可以说玛丽 *is being economical with truth*（隐瞒事实）。

就 *breakfast* 和 *lie* 而言，单词的侧面被扩展到了许多特征各异的情景。然而，似乎有一个大家公认的、能够作为这些单词理想认知模式的情景。因此，理想认知模式是判断范畴成员梯度中心性（graded centrality）的依据和基础；而梯度中心性常常被认为是一种元型现象（见 Lakoff 1987 和本书第四章）。

2.6 心理空间

语义框架/域只是概念结构两大组织原则之一。另一个组织原则可通过下列例子进行具体说明:

(26) a. Gina bought a sports car.
吉娜买了一辆跑车。
b. Giorgio believes that Gina bought a sports car.
乔治认为吉娜买了一辆跑车。
c. Paolo believes that Gina bought a pickup truck.
保罗认为吉娜买了一辆皮卡。
d. Gina wants to buy a sports car.
吉娜想买一辆跑车。
e. Gina will buy a sports car.
吉娜将要买一辆跑车。
f. If Gina buys a sports car, then she will drive to Paris.
如果吉娜买一辆跑车,她就会开着去巴黎。

26a 是对一个情景的断言即侧显,从而引发商业交易框架/域。26b 所表征的情景与 26a 相同,但其表征的不是一个事实,而是一个信念(belief)。26c 表明,这样的信念会与事实不符,也会与其他信念相左。在 26d 中,所表征的显然是相同的情景,其状态却不相同:所述事件只是吉娜所想,而非已经发生。事实上,即便是跑车,也可能只存在于吉娜的想象世界。即使例 26e 是对现实世界的预言,它与 26d 之间的相似性要大于其与 26a 的相似性,因为事件还未发生。最后,例 26f 中的事件同样是假设的,其结果从句中的事件亦是如此。

如用真值条件语义学来分析，26a 没有问题，26b-f 却都有问题。在 26d 和 26e 中，"吉娜买了一辆跑车"是虚假的，但在 26b 和 26c，甚至 26f 中未必是虚假的。在对某种情景进行真假判断时，我们必须区分它是现实世界中的情景，还是信念或欲望世界中的情景，亦或现实世界另一个时间点上的情景。

真值条件语义学的一个标准做法是将情景分为现实世界与可能世界。可能世界不是现实，也未必能成为现实；它是人的信念、愿望或其他心态（mental attitude）。然而，对很多人来说，可能世界存在形而上的问题。存在可能世界吗？如果有，它们在哪里？如果没有，它们又怎会出现在思维里？

福科尼耶提出另一种知识状态表征模式（Fauconnier 1985，1997；另见 Fauconnier & Sweetser 1996）。该模式在哲学上更具吸引力，也能为语义和语用分析中的一些难题提供令人信服的解释。福科尼耶用"心理空间"（mental space）来取代"可能世界"这一观念，认为心理空间是一种认知结构。更确切地说，"吉娜的愿望""保罗的信念"或者"假设情景"等都是言者和听者心智的产物，存在于人类的大脑，而非某个未明的超自然场所。因此，福科尼耶提出一套原则，来对言语进行解释，并将不同的情景分配到相应的心理空间。在此，我们将对福科尼耶的模式和一些例子进行简单介绍；如果读者希望详细了解该模式在解释某些现象时如何优于真值条件模式，请阅读他本人的著作。

我们通常认为，26a 这样的言语将事件或状态置于基础空间（base space）（Fauconnier 1997: 38-39）；而这样的基础空间一般为当前现实，更准确地说是交际双方都知晓的世界［Fauconnier

(1985)将其称为"现实空间"]。在 27b-f 这样的语句中,存在福科尼耶称之为空间建构语(space builders)的成分:这些空间建构语的意义是搭建与基础空间不同却又相联系的新空间。空间建构语类型很多,既包括与逻辑语义学中的可能世界相对应的语义现象,又包括各种算子(operators),如时间表达(27a;Fauconnier 1985: 29-30;33-34;Fauconnier 1997, ch. 3)、图像或"图画名词"语境(27b;Fauconnier 1985: 10-12)、虚构情景(27c;Fauconnier1985: 73-81)、游戏及其他系统(27d;Fauconnier 1985: 31)、否定和析取(disjunction)(27e-f;Fauconnier 1985: 92, 96-98)、各种量化形式(27g;Fauconnier 1986):

(27) a. In 1770, France was a monarchy.
在 1770 年,法兰西是一个君主国。

b. In the photo, she has black hair.
在照片中,她的头发是黑的。

c. In the movie, Ian McKellen is Gandalf.
在电影中,伊恩·麦克莱恩是甘道夫。

d. In this game, aces are low.
在这个游戏中,王牌是小的。

e. I don't have a car.
我没有汽车。

f. Either you take a cab or you walk home.
你要么乘出租车要么步行回家。

g. Every guest got a receipt.
每位客人都得到一张收条。

这些例子有一个共同之处,即每一个句子都建构了一个心理空间,某个情景只在该空间中是"真实的"。从更宽泛的角度而

第二章　框架、域、空间：概念结构的组织

言，我们可以说单词和构式构建了空间，至少是"构建"或引发了基础空间，正如单词和构式引发语义框架/域一样。因此，相关单词或构式按照惯例，表明所断言的情景在合适的空间中是成立的。

基础空间的元素与增建空间（built space）的元素之间存在着映射。许多有趣和令人困惑的语义、语用现象，都与空间之间的可能映射有关。我们可将此总结为两个问题。首先，增建空间中的明示元素（如 Gina 和 sports car）是否与基础空间中的元素相对应？其次，基础空间中什么样的概念结构可以出现于增建空间，增建空间中什么样的概念结构也可以出现于基础空间？下面我们先讨论第一个问题。

对于例 26d，我们似乎可以直截了当地说，由 Gina wants... 所构建的欲望空间中的 Gina，被映射到基础空间中的 Gina 上。但是，作为宾语的 a sports car 在基础空间中可能有对应元素，也可能没有任何对应物：Gina 可能已看到停车场上的某辆汽车，也可能她心目中还没有任何具体的汽车。前者是对 26d 中 a sports car 的具体解读，而后者为非具体解读。我们可以通过图 2.4 对具体解读和非具体解读之间的区别进行直观展示。

福科尼耶还提出了空间映射中角色（roles）和值（values）的概念。这种区分至关重要。"角色"是描述某一范畴的语言表达；"值"是能够由该语言表达进行描述的个体。"角色"可以是一个范畴或类型，拥有各种实例；sports car 是一个角色，因为有很多跑车的实例即值。"角色"也可以是这样的范畴，即在某一时间只有一个范畴成员，但随着时间的推移会拥有多个范畴成员；"美国总统"就是这样的角色。对单个心理空间而言，角色和值都是明确的，而不同空间中相对应的角色与值的关系，必须由交际者通过认知建立。

具体解读　　　　　　　　非具体解读

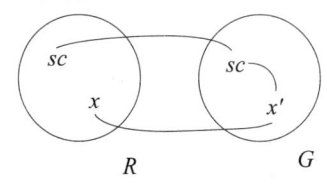

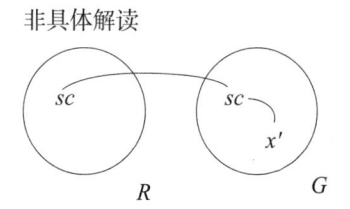

sc: 跑车（角色）
R: 现实空间
G: 吉娜的希望空间

图 2.4　无定名词（indefinites）的具体与非具体解读

通过图 2.4，我们很容易发现具体解读与非具体解读之间的差别。在对 26d 的具体解读中，吉娜欲望空间 G 中的值 x' 在现实中有对应的值 x（她在停车场看到的汽车）。在非具体解读中，没有与现实相对应的值：她想要一辆跑车，但这辆跑车只是想象中的跑车，与任何已有跑车都无关。

福科尼耶的重要见解之一是，一个空间中的值可由另一空间中其对应事物所拥有的角色来描述，即使该角色对第一个空间中的值是无效的；许多令人困惑的语义现象由此造成。这就是"可及性原则"（Access Principle）[Fauconnier 1997: 41；该原则在 Fauconnier（1985: 3）中被称为"身份认同原则"（ID Principle）]。例如，例 28 的表述并不矛盾（Fauconnier 1985: 29）：

（28）In 1929, the lady with white hair was blonde.
　　　在 1929 年，这位白发女士是个金发女郎。

在 1929 年这一时间空间中，金发女郎是该空间的值；而该值通过基础空间即当前现实中的角色 the lady with white hair（这位白发女士）来描述。

第二章 框架、域、空间：概念结构的组织

在提出可及性原则并对基础空间与增建空间、空间内角色与值、跨空间的角色与值进行区分之后，福科尼耶根据这些区别，对很多语义和语用现象进行了解释。我们在此仅选取其中的一部分进行介绍。

我们可通过例29对指称不透明性（referential opacity）现象进行阐释：

(29) Oedipus wants to marry his mother.
俄狄浦斯想娶他的母亲为妻。

在希腊神话中，如果我们将 his mother 解读为"你我都知道是 Oedipus 母亲的那个人"，例29是真；如果我们将 his mother 解读为"Oedipus 认为是他母亲的那个人"，则例29为假。之所以有这种区别，是因为 Oedipus 不知道 Jocasta（伊俄卡斯忒）是他的母亲。用心理空间的术语而言，尽管被称为 Jocasta 的值可以填充现实空间中 his mother 这一角色，她却不能填充 Oedipus 信念域中 his mother 这一角色。参见图2.5（改编自 Fauconnier 1985: 49）。

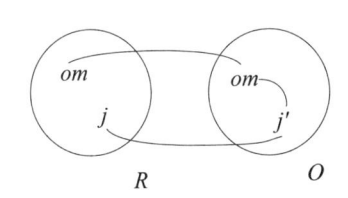

om: Oedipus的母亲（角色）
j: Jocasta（R中的值）
j': Jocasta（O中的值）
R: 现实空间
O: Oedipus的信念空间

图2.5 例29的心理空间示意图

在对例 29 的正确解读中，*his mother* 所指称的是现实空间中的 j，按照可及性原则，这一描述被用来指称 *Oedipus* 信念空间 O 中的值 j'。在对例 29 的错误解读中，*Oedipus* 信念空间 O 使用了 *his mother*，而这一描述对 O 中的 j' 却不适用。（我们也可用这种方法来分析指称歧义/定语歧义；同上：159-160。）

我们再举几个例子来说明福科尼耶的模式如何处理各种复杂的指称和身份现象（同上：45, 36, 32, 39, 31, 155）：

(30) a. Rose is blonde, but George thinks she's a redhead.
罗斯是金色的头发，但乔治认为她长了一头红头发。
b. Hitchcock saw himself in that movie.
希区柯克在那部电影中看到了自己。
c. I didn't buy a car. Otherwise, I would drive it to work.
我没买车。不然我会开车上班的。
d. Your car is always different.
你的汽车总是不同的。
e. If I were a millionaire, my VW would be a Rolls.
如果我是百万富翁，我的大众就会是一辆劳斯莱斯了。
f. Hesperus [the Morning Star] is Phosphorus [the Evening Star].
赫斯珀洛斯［晨星］是福斯福洛斯［晚星］。

在 30a 和 30b 中，*George* 的信念和 *that movie* 分别为增建空间，而 *the blonde Rose* 和 *Hitchcock* 分别为基础空间；两句中的代词通过参照基础空间中的指代事物，分别确认增建空间中一个值的身份。在 30c 中，代词指代的为否定空间中的一个值，而该值在现实中没有对应物（*otherwise...would* 引发同一个否定空间；可参见例 32）。在 30d 中，*your car* 是角色，而述语描述了该角色的值在一系列时间空间中的变化。在 30e 中，有一违实空间（counterfactual space），a Rolls 是该空间中的角色；有一现实空间，其角色为 my VW；充当违实空间中角色的值，被视为现实空间中角色的值。例 30f 是一个经典的哲学例子。该句有一个先前的现实空间和一个当前的现实空间；在先前的现实空间中有两个不同的值，而这两个不同的值在当前现实空间中被确认为一个值。

福科尼耶探讨的第二种现象是，基础空间的概念结构也可以出现于增建空间，反之亦然。例如，在 26d 中，有多少现实知识应该进入假设空间？显然，我们不能将 Gina 还没买跑车这一事实放在假设空间里，因为这正是假设空间所要断言的内容。另一方面，假设空间至少可以接纳与 Gina 和跑车有关的其他信息，更不用说很多常识性的信息了。

福科尼耶首先探讨了预设问题（Fauconnier 1985, ch. 3）。我们已在 §2.1 提到过，预设是在概念框架中没有被声言、却是概念框架有机组成部分的情景。问题是，增建空间中的预设与基础空间中的预设之间存在什么样的关系？我们以例 31 为例进行说明（同上：89-90）：

(31) a. If Max has gone to the meeting, then Max's children are alone.
如果麦克斯去开会了，麦克斯的孩子们就没人照看了。
b. If Max has children, Max's children are American.
如果麦克斯有子女，麦克斯的子女是美国人。

短语 Max's children 预设着 Max 有孩子；换言之，指称词语预设着所指对象的存在。对该句的传统语用分析是，我们必须根据各部分的预设，来确定整句话的预设（此即"预设投射"；参见 Levinson 1985: 191-225 等）。在 31a 中，"Max 有孩子"这一预设被"投射"到基础空间。但在 31b 中，因为先行假设条件句已声言基础空间即现实中的 Max 可能有子女也可能没有子女，"Max 有孩子"这一预设不会被"投射"到基础空间。

对此，福科尼耶提出了"预设漂移原则"（principle of presupposition float）："通俗地讲，预设会从增建空间向基础空间漂移，直至遇到它自己或其对立面"（Fauconnier 1997: 61）。在例 31a 中，增建空间预设 Max 有子女，但没有声言出来。因此，该预设可以漂移到基础空间。但在 31b 中，增建空间已声言 Max 有子女，因此该预设无法从增建空间漂移到基础空间。

例 32 和 33 是两个更为复杂的例子（Fauconnier 1985: 95, 93）：

(32) It is possible that John has children, and it is possible that John's children are away.
约翰可能有子女，而且约翰的子女可能不在身边。

(33) Luke believes it's raining and hopes that it will stop raining.
卢克认为天在下雨，他希望雨停下来。

例 32 和 33 表明，空间建构语可以建构相同的空间或相关的非真实心理空间。在例 32 的第一个并列句中，*it is possible* 建构了一个可能性空间，在第二个并列句中，*it is possible* 可被识解为引发了相同的可能性空间。在此例中，第一个分句的假设空间声言了"John 有子女"这一预设，因此，该预设不能漂移到基础空间。例 33 表明，有些增建空间以允许预设漂移的方式相互关联（另见 McCawley 1981 [1993]: 415-430）。人们可以根据自己的信念，来构建对某个情景的希望。因此，在例 33 的第二个分句中，"天在下雨"是其预设，而这一预设是第一个分句所声言的信息（因而无法漂移到基础空间）。两个空间不能置换，因为信念不能建立在希望之上：

(34) ??Luke hopes that it is raining and believes that it will stop raining. 38
??卢克希望天正在下雨，而且相信雨会停下来。

福科尼耶接着研究的是违实条件句（counterfactual conditional）（Fauconnier 1985, ch. 4; 1997, ch. 4）：

(35) If Boris had not come, Olga would have come anyway.
如果鲍里斯没来，奥尔加无论如何也该到了。

违实条件句构建一个空间，在此空间中，先行从句 *Boris does not come* 与基础空间 *Boris did come* 正好相反。在此，我们再问一个同样的问题，即基础空间中的什么结构可以出现于增建空间？福科尼耶认为，真值条件语义学的方法会尽可能地将基础空间的结构转移到违实空间（Fauconnier 1985: 118）。福科尼耶则主张，与违实推理相关的结构才会被转移到违实空间。他认为，违实条件句具有极大的灵活性，从而阻碍了太多的基础空间结构进入违实空间；请见例 36（Fauconnier 1985: 118）：

(36) a. If Napoleon had been the son of Alexander, he would have been Macedonian.
如果拿破仑是亚历山大的儿子，他就是马其顿人了。

b. If Napoleon had been the son of Alexander, he would have won the battle of Waterloo.
如果拿破仑是亚历山大的儿子，他就会打赢滑铁卢之战了。

c. If Napoleon had been the son of Alexander, he would not have been Napoleon.
如果拿破仑是亚历山大的儿子，他就不是拿破仑了。

d. If Napoleon had been the son of Alexander, Alexander would have been Corsican.
如果拿破仑是亚历山大的儿子，亚历山大就是科西嘉人了。

福科尼耶写道：

> 对于这些表述，纠结它们是否具有"绝对"真值是没有意义的。但是，仅借助极少的 H（即违实空间）的建构方法，这些例子就可用来说明一点……这样的例子表明，在从 R（即基础空间）到 H 的映射中，不存在通用的语言算法（linguistic algorithm）(Fauconnier 1985: 118)

在其较近的著作（Fauconnier 1997, ch. 6; Fauconnier & Turner 2002; 以及 Coulson 2002）中，福科尼耶和特纳强调，来自两个不同空间的信息，如例 36a-d 违实条件句中的信息，会在结果空间中进行混合（blended）；该混合过程不仅仅会出现在违实条件句中，在很多语境中都会出现。如例 37 涉及两次海上航行，一次是在 1853 年，*Northern Light* 快速帆船从波士顿驶往旧金山，另一次是在 1993 年，*Great America II* 双体船沿同一条航线进行的航行（Fauconnier 1997: 155–156; Fauconnier & Turner 1994）：

（37）At this point, *Great America II* is barely maintaining a 4.5 day lead over *Northern Light*.

在这个位置，"大美洲 2 号"与"北方之光号"相比，保持了近四天半的领先优势。

虽然 *Northern Light* 在 1993 年早已消失得无影无踪，但在例 37 中，通过将 1853 年的时间空间与 1993 年的时间空间相混合，我们就可以判断出 *Great America II* 在航程上"领先多少"。在福科尼耶和特纳的混合理论中，例 37 引发四个心理空间，即两个"输入空间"（input spaces）、一个"类属空间"（generic space）、一个"混合空间"（blended space）。两个输入空间分别是 1853 和 1993 两个时间空间；从两个输入空间提取的共性（路线、航行距离、所用时间等）构成类属空间，从而决定着两个输入空间之间元素的跨空间映射；混合空间创造一种新奇表达效果，此处是创造一幅现代帆船与十九世纪双体船之间展开竞赛的意象。福科尼耶和特纳（Fauconnier & Turner 2002）认为，混合（blending）是一个空间映射过程，普遍存在于人类的推理；他们通过各种语言现象，尤其是隐喻，对混合现象进行了探究。

至此，混合理论已与心理空间理论拉开了一定的距离。心理空间理论阐释的主要问题包括：言语如何引发语义框架？言语又如何引发信念空间、欲望空间、假设空间、违实空间等与现实相对的心理空间？语言如何利用不同空间之间的联系来指称个体？知识如何从一个空间漂移到另一空间？混合理论的研究焦点与心理空间理论的研究焦点有所不同，它阐释的是来自两个空间的信息是如何结合在一起从而产生新奇概念结构的。我们在本书§8.3.3讨论概念隐喻的时候，也对混合理论的这一方面进行了讨论。在本章，我们对心理空间理论的介绍主要集中在两个方面：一是对语义框架/域无法解释的概念知识结构化（structuring）的一个重要方面进行描述，二是为许多语义难题和语用难题提供解决方案。

第三章　概念化和识解操作

3.1　引言

我们在第一章曾提到，用兰盖克的话说，语义就是概念化；这是认知语言学的基本假设之一。该假设是对真值条件语义学观点的挑战。真值条件语义学认为语义学完全建立在真值条件基础之上。我们在第二章已通过例子说明，真值条件语义学无法对所有的语言表达进行解释。我们可以用不同的方式对情境进行框定（to frame），而这些不同的框定方式将言者对事物的不同概念化传递给听者。如我们在§2.1举过一个例子，即"我爸几乎将那个上午都浪费在公交车上了"；在这句话中，言者用了"我爸"而非"爸"或"父亲"，用了"浪费时间"而非"花费时间"，从而表征了言者对父亲与子女的关系、所描述情境的积极或消极属性、甚至所描述情境的实质（用金钱来描述时间）的概念化，并将这些概念化传递给听者。

我们在第二章进行过论述，每一个语言单位都会引发一个框架。因此，框架化（framing）在语言中普遍存在。然而，概念化在语言表达中无处不在，框架化只是概念化的一部分。对于一个

第三章 概念化和识解操作

情境，符合语法的描述会涉及许多方面，而所有这些方面都会涉及概念化，其中包括屈折形态、派生形态，甚至基本词性。只要我们开口说话，就会无意识地给我们意欲传递的经验的每一个方面提供结构。本章将主要介绍人类在语言中所使用的概念化加工或识解操作（construal operations）的范围。

在同一种语言中，按照真值条件，相互可以替换的表达指称的似乎是等价的情境。在这种情况下，语言中概念化的作用才最为明显。在上文所举框架化的例子中，"爸"与"父亲"、"花费"与"浪费"分别被置于不同的框架，否则它们似乎在真值条件上属于等价表达（我们之所以用"似乎"一词对"在真值条件上属于等价表达"进行模糊限定，是因为我们常常遇到一些情境，在这些情境中一种概念化远比另一种概念化合适，以至于另一种概念化的表达不被接受，因此这两种表达在真值条件上并不总是等价）。同样，我们很容易找到除了在屈折和派生方面不同、其他方面在真值条件上大致相同的表达：

(1) a. leaves on the tree
树上的叶子

b. foliage-Ø on the tree
树上所有的叶子

(2) a. Conor lives in New York City.
康纳常住纽约城。

b. Conor **is** liv**ing** in New York City.
康纳现在住在纽约城。

(3) a. The chimney is **above** the window.
烟囱位于窗户的上方。

b. The window is **below** the chimney.
窗户位于烟囱的下方。

（4） a. Something **moved** in the grass.
当时有东西在草丛中移动。

b. There was a **movement** in the grass.
当时草丛中动了一下。

（5） a. The car brushed the bicycle.
汽车擦碰了自行车。

b. The bicycle **was** brush**ed by** the car.
自行车被汽车擦碰了。

（6） a. **There was Sam** sitting on the floor.
萨姆当时就坐在地板上。

b. **Sam was** sitting on the floor.
萨姆当时坐在地板上。

1a 和 1b 之间的区别在于名词屈折变化不同，前者为可数名词的复数形式，而后者为物质名词。2a 和 2b 之间的区别在于动词屈折变化不同，前者为一般现在时第三人称单数形式，后者为现在进行体。例 3a 与 3b 之间的区别在于作为功能词的介词不同，而且主语互换、介词性补足语颠倒。例 4a 和 4b 之间在派生方面不同，前者为动词过去式，后者为派生名词。例 5a 和 5b、6a 和 6b 之间为语法构式上的区别：例 5 为主动语态和被动语态上的不同，例 6 为描述性与一般陈述性之间的不同。这些句子从真值条件上看都是等值表达。这似乎是一种浪费。但对英语而言并不是没有必要，因为每个例子中的 a 和 b 都是对经验的不同概念化。我们将在下文对这些例子进行更为详细的解读。

同一个单词在使用中可以有两种不同的屈折变化、派生形式

第三章 概念化和识解操作

或构式类型，而且在两种用法中会有细微却明确的、规约性真值条件方面的差异：

(7) a. We have chocolate-Ø for dessert.
我们用巧克力作甜点。
b. We have chocolate**s** for dessert.
我们用巧克力糖作甜点。

(8) a. Ira **is** a nuisance.
伊拉是个讨厌鬼。
b. Ira, stop **being** a nuisance!
伊拉，别再这么令人讨厌了！

(9) a. Timmy is **in front of** the tree.
提米站在树前。
b. Timmy is **behind** the tree.
提米站在树后。

(10) a. Jill is **fussy**.
吉尔总是大惊小怪。
b. Jill is **a fussbudget**. (Bolinger 1980: 79)
吉尔是个大惊小怪的人。

(11) a. The dog chewed the bone.
狗啃了骨头。
b. The dog chewed **on** the bone.
狗啃了骨头上的肉。

在 7a 中，物质名词指称的是巧克力这种物质，而在 7b 中，同一个词被用作可数名词，指称一种物体，该物体上面包裹有巧克力这种物质，其内部可能是巧克力，也可能不是。在 8a 中，一般现在时描述的是 *Ira* 的行为特征，而 8b 描述的是他的具体行为。9a 和 9b 的区别在于以树作为参照点，言者对 *Timmy* 位置的判断不同；要想让 9a 和 9b 在真值条件上等值，言者要移动到树的另一侧。例 10a 描写的是 *Jill* 的行为特征，而 10b 将同样的特征描述为 *Jill* 人格的一个令人讨厌的方面。在例 11a 中，*the bone* 是对象角色，表明骨头本身受到狗的行为的影响；但在 11b 中，*the bone* 是间接角色，表明受影响的是骨头上的肉和软骨。

与例 1—6 一样，通过例 7—11，我们同样可以发现识解在语言中的作用。例 7—11 在真值条件上的差异表明，概念化具有主观倾向性。而这种主观倾向性可使识解从一个情境扩展到另一情境；对于后者，我们无法采用或很难采用可供选择的另外的识解。例如，有些甜食可以分成一个个的小块儿，根据这一事实，我们可以将物质名词 *chocolate* 识解为可数名词，然后我们再对其词义进行扩展，用来指称那些仅表面覆盖有巧克力的甜食。在词义扩展上与 *chocolate* 类似的还有 *I'd like an orange juice, please.*（请给我来个橘子汁）这样的例子。即使 *a chocolate* 与巧克力这一物质之间的关联性可能比 *an orange juice* 与橘子之间的关联性弱，*a chocolate* 和 *an orange juice* 有一个共同之处，就是两者均被识解为个体化的单位。事实上，在认知语言学中，概念化是最基本的语义现象，而相互可替代的识解是否会导致真值条件上的差异属于衍生出来的语义问题。

有时候，与识解相伴的还有真值-功能语义转换（truth-functional semantic shift）。在这种情况下，英语言者可以将"识解＋转换"明确地表达出来。如：

(12) Stop **act**ing **like** a nuisance!
别再表现得像个讨厌鬼！

（13）I'd like a **glass of** orange juice, please.
请给我来杯橘子汁吧。

在例12中，用来指称行为的是动词 act 的进行形式和方式构式；在例13中，对果汁进行个体量化的是容器名词 glass 和表量构式。然而，在英语中，将"识解+转换"明确表达出来并不是普遍现象，如 a chocolate 就没有使用表量构式来表现个体化，例11a 和 11b 中也没有明示咀嚼动作的不同类型。

有些语言与英语不同，要求将"识解+转换"明示出来。例如，像例7展示的那样，英语可以将物质名词用在可数名词构式中，反之亦然，而越南语却不能这样换用；在下列俄语例子中，必须对物质名词与可数名词、重复性行为与一次性行为进行明示，英语却没有这样的要求：

（14）a. soloma　　straw [mass]
　　　　麦秆［物质名词］
　　　b. solom-**ink**-a　　a straw [count (American English)]
　　　　一根麦秆［可数名词（美式英语）］

（15）a. On kričal.　　He cried/was crying [multiple times]
　　　　他当时哭了/在哭［重复地］
　　　b. On krik-**nu**-l.　　He cried [once]
　　　　他当时哭了。［一次性地］

在14b中，俄语的物质名词词干 solom- 要想用于可数构式，就要在表示"性-格"（gender-case）的屈折后缀 -a 之前添加表示单数的后缀 -ink；而英语的 straw 既可用于物质构式又可用于可数构式，同时伴随有真值条件语义转换。在15b中，俄语的延展活动动词（extended-activity verb）词干 krik- 用于单次构式（once-only construction）时，要求在过去时屈折后缀 -l 前嵌入表示一次性事件的（semelfactive）后缀 -nu；而英语直接使用 cry 的一般过去时态或过去进行体形式，同时伴随相应的语义转换。

因此，"识解＋真值条件语义转换"是否通过语言形式进行明示，不仅存在跨语言差异，同一语言内部也不尽相同。我们将"识解＋真值条件语义转换"在语言表达中的明示称为"转换明示"（conversion），而将"识解＋真值条件语义转换"在语言表达中的隐含称为"转换压制"（coercion）①。根据概念语义学的观点，"转换明示"和"转换压制"并没有根本性区别；因为与识解相伴而生的真值条件语义转换在语言中都是约定俗成的，一种语言中的真值条件语义转换在另一种语言中可能不会出现，甚至不会出现在同一语言的其他词语上。对于这两种情况，我们感兴趣的是两者的共同之处，即识解过程。

认知语言学家，及持概念主义语义学观点的语言学家，已经确认了许多识解操作。在对相关的识解操作进行归类方面，存在着不同的观点。塔尔米和兰盖克所进行的分类是其中最全面的两种。塔尔米提出意想系统（imaging systems）四分法（Talmy 1977, 1978a, 1988a, b）②：

---

① 遗憾的是，目前文献中的术语还不统一，而 coercion、conversion 和 shift 一直都用于隐性的情况。
② 塔尔米后来在 Talmy（2000）中对这种分类进行了修改，并将其改称为"图式系统"（schematic systems）。除了将第一个范畴更名为"组态结构"（configurational structure），前三个范畴基本保持不变；在完全废弃力动态的同时，添加了仅包括空间域和时间域的"域"系统。"域"范畴包括由名词和动词表征的识解（参见§3.2和§3.5）。我们认为，作为一个识解系统，力动态应该予以保留；参见表 3.1。

（16）I. 结构图式化（Structural Schematization）
　　 II. 视角配置（Deployment of Perspective）
　　 III. 注意力分配（Distribution of Attention）
　　 IV. 力动态（Force Dynamics）

兰盖克的识解操作分类体系名为焦点调适（focal adjustments）；在这一体系中，他对大量的识解操作进行了考察（Langacker 1987, §3.3）。具体而言，焦点调整分类包括以下几个方面：

（17）I. 选择（Selection）
　　 II. 视角（Perspective）
　　　 A. 图形/背景（Figure/Ground）
　　　 B. 视点（Viewpoint）
　　　 C. 指示（Deixis）
　　　 D. 主观性/客观性（Subjectivity/Objectivity）
　　 III. 抽象化（Abstraction）

塔尔米的分类体系和兰盖克的分类体系有共同之处。例如，两者都有视角范畴，塔尔米的注意-意想系统（attentional imaging system）包括兰盖克的选择焦点调整和抽象焦点调整。但这两种分类体系都不全面。例如，菲尔莫尔的"框定"也是一种识解操作，无论是塔尔米的分类体系，还是兰盖克的分类体系均没有将其涵盖在内；莱考夫和约翰逊（Lakoff & Johnson 1980）的隐喻理论是另一个广为熟知的语言概念化的例子，而塔尔米和兰盖克均没有明确对其进行讨论；兰盖克本人还提出了扫描（scanning）、比较（comparison）、实体/互联（entity/interconnection）等识解操作，但这些识解操作都没有包括在其焦点调整体系中。

在认知语言学中，意象图式（image schemas）是和经验概念化有关的另一个理论构念（Lakoff 1987; Johnson 1987; Lakoff &

Turner 1989; Johnson 1987; Clausner & Croft 1999）。意象图式是意象的图式版本。意象是具体体验的表征（参见 Fillmore 1975: 123; 1977a: 73-74）。如果一个域能够产生意象，则该域被认为是体验性的（embodied）(Lakoff 1987: 267; Johnson 1987: 19-23）或有体验基础的（grounded)(Lakoff & Turner 1989: 113）。我们曾在§2.4明确提到，这些体验的或有体验基础的域都是基本域。意象图式不是具体的意象，而是图式性的（schematic）。意象图式表征的是图式性结构；而图式性结构来自容器、路径、连接、力、平衡等在各种体验域中反复发生并构成我们身体经验的意象域（Lakoff 1987: 453; Johnson 1987: 29）。意象图式可以是各种感官道的，不唯某一感觉形态所独有（Lakoff 1987: 267; Johnson 1987: 24-25）。意象图式不仅为我们的身体经验提供结构（Talmy 1972, 1977, 1983），还通过隐喻为我们的非身体经验提供结构（Lakoff 1987: 453; Johnson 1987: 29; 参见本书第八章）。该解释可以很好地消除人们在以下问题上的困惑：人们发现，有时候对意象图式的描述似乎是矛盾的，因为一方面，意象图式是抽象的，即图式性的，另一方面，它又不是抽象的，而是体验性的。

在克劳斯纳和克罗夫特（Clausner & Croft 1999: 15）的基础之上，我们对约翰逊（Johnson 1987）及莱考夫和特纳（Lakoff & Turner 1989）提到的意象图式进行了归纳和盘点，罗列如下（标题和斜体部分为克劳斯纳和克罗夫特添加的内容）：

（18）*SPACE*　　　　　　UP-DOWN, FRONT-BACK, *LEFT-RIGHT*,
　　　（空间）　　　　　　NEAR-FAR, CENTER-PERIPHERY,
　　　　　　　　　　　　　CONTACT

	（上-下，前-后，左-右，近-远，中心-边缘，接触）
SCALE （度标）	PATH （路径）
CONTAINER （容器）	CONTAINMENT, IN-OUT, SURFACE, FULL-EMPTY, *CONTENT* （容纳，内-外，表面，满-空，*内容*）
FORCE （力）	BALANCE, COUNTERFORCE, COMPULSION, RESTRAINT, ENABLEMENT, BLOCKAGE, DIVERSION, ATTRACTION （平衡，反作用力，强迫，约束，赋能，阻滞，转移，吸引）
UNITY/MULTIPLICITY （*单一性/多样性*）	MERGING, COLLECTION, SPLITTING, ITERATION, PART-WHOLE, MASS-COUNT, LINK （合并，收集，分裂，反复，部件-整体，物质-可数，连接）
IDENTITY （*身份*）	MATCHING, SUPERIMPOSITION （匹配，叠加）
EXISTENCE （*存在*）	EREMOVAL, BOUNDED SPACE, CYCLE, OBJECT, PROCESS （移除，有界空间，循环，物体，过程）

意象图式也是经验识解，尽管它们也呈现了域的一些特点（见§3.5）。

在本章，我们采用新的分类法来介绍认知语言学家讨论过的所有识解操作和意象图式[①]。表 3.1 就是该分类法的具体呈现。

---

① 该分类的较早版本出现于 Croft & Wood 2000。

该分类体系展现了语言学家提出的识解操作与认知心理学家和现象学家提出的心理过程之间的密切关系。这是该分类体系的一个主要目的。如果语言识解操作确实是认知的,那么它们应该与心理学家所假定的一般认知过程密切相关,或者完全相同。事实上,即便不是全部,这些识解操作中的大部分都是心理学和现象学所描述的一般认知过程的特殊情况。该观点是由认知语言学的基本假设即语言是一种一般认知能力推导出来的。

我们在表 3.1 中罗列了识解操作的分类,并不是说识解操作可约简为四个过程。四个标题之下列出的各种识解操作都是不同的认知过程,是四个基本认知能力在经验的不同方面上的表现。在本章接下来的部分,我们将对这四个标题下的识解操作进行描述和例解。

表 3.1　一般认知过程及其语言识解操作类型

I. 注意/凸显性(Attention/salience)
　A. 选择(Selection)
　　1. 侧显(Profiling)
　　2. 转喻(Metonymy)
　B. 范围/辖域(Scope/dominion)
　　1. 述义范围(Scope of predication)
　　2. 搜索域(Search domain)
　　3. 可及性(Accessibility)
　C. 度标调整(Scalar adjustment)
　　1. 定量(抽象)[Quantitative(abstraction)]
　　2. 定性(图式化)[Qualitative(schematization)]
　D. 动态(Dynamic)
　　1. 虚拟运动(Fictive motion)

2. 概览扫描/逐序扫描（Summary/sequential scanning）
II. 判断/比较（包括身份意象图式）（Judge/comparison）
   A. 范畴化（框定）[Categorization（framing）]
   B. 隐喻（Metaphor）
   C. 图形/背景（Figure/ground）
III. 视角/情景适配（Perspective/situatedness）
   A. 视点（Viewpoint）
     1. 立足点（Vantage point）
     2. 取向（Orientation）
   B. 指示语（Deixis）
     1. 时空（包括空间意象图式）（Spatiotemporal）
     2. 认识（Epistemic）
     3. 共情（Empathy）
   C. 主观性/客观性（Subjectivity/objectivity）
IV. 构成/完形（包括大多数其他意象图式）（Constitution/Gestalt）
   A. 结构图式化（Structural schematization）
     1. 个体化（有界性、单一性/多样性等）（Individuation）
     2. 拓扑/几何图式化（容器等）（Topological/geometric schematization）
     3. 度标（Scale）
   B. 力动态（Force dynamics）
   C. 关联性（Relationality）

3.2 注意/凸显性

在认知心理学中，注意是一个常识性基本现象。它似乎与蔡菲（Chafe 1994: 26–30）提出的"意识焦点"（focus of consciousness）极其相似。注意具有程度上的差异，因此在心智的神经网络模型中，常通过概念结构的激活程度来对其进行描述。注意与人类的认知能力有关。但是，在被感知的世界中，被感知现象的自然属性也会影响人类的注意。人们认为，这些属性会增强现象的凸显性，从而更能引起人类的注意。

注意是一个复杂的心理能力。借助视觉能力，我们很容易对其不同方面进行说明：我们可以对关注对象进行选择；注意焦点位于注意范围的中心；我们可以对一个场景进行粗略浏览，也可以精细观察；我们可以对一个场景进行凝视，也可以扫视。注意的这四个方面存在于所有的思维领域。

3.2.1 选择

对注意对象进行调整和选择是一种能力。这种能力可以使我们仅关注与当前目的相关的经验，而忽视无关部分。在第二章，我们对语义框架中的概念侧显现象进行过详细介绍，而概念侧显就是一种选择。在大多数情况下，语义框架或域中的不同词语代表了我们对框架中不同元素的关注。例如，在 CIRCLE 框架中，"半径""弧""圆周"就是我们对"圆"这一框架中不同元素进行选择性关注的结果。在另一些情况下，单词的派生形式使侧面发生转换。如 write 侧显的是过程，而 writer 中的派生后缀 -er 将过程侧面转换为施事侧面。后缀 -er 所选择的参与者并不固定于某个参与角色，选择哪个角色要看其凸显性；这种凸显性通过常规形式如 stapler（订书机）显示出来，或通过新奇形式如 clapper（一种拍手即亮的灯）等显示出来。

由单一的非派生词干进行的侧显选择也不是固定的，而是取决于识解。例如，在英语中，很多名词可以用作动词（Clark & Clark 1979）：在 GOLDSEEKING（淘金）框架中，我们既可将

pan 识解为对金属物品（淘洗盘）的侧显，又可识解为对过程（淘金）的侧显。在这一框架中，淘金过程和用于淘金的金属器皿都具有凸显性。因此，我们选择一个单词来对两者进行表征。同样，在英式英语中，言者既可将 bin 识解为对废纸篓的侧显，又可将其识解为把废物扔进垃圾篓这一动作的侧显。

在分析这些例子的时候，我们往往没有考虑识解问题，因为对单词词义而言，侧显自然极其重要，侧显上的任何转换都会导致真值条件方面的变化。然而，有两个语义过程涉及更加细微而且/或者更加系统的侧面转换，需要进行识解分析。

第一个例子涉及对同一事物不同义面（facets）的强调（参见本书第五章），或对域阵（domain matrix）中不同域的强调。如：

（19）a. Where is the *Sunday Times*? (physical object or tome)
《星期日泰晤士报》放哪儿了？（物理载体）

b. Have you read the *Sunday Times*? (semantic content or text)
你读了《星期日泰晤士报》了吗？（语义内容）

（20）a. Paris is a beautiful city. (location)
巴黎是一座美丽的城市。（场所）

b. Paris closed the Boulevard St. Michel. (government)
巴黎封闭了圣米歇尔大道。（政府）

c. Paris elected the Green candidate as mayor. (population)
巴黎选举绿色候选人作为市长。（市民）

（21）a. The *Chronicle* costs a dollar. (tome)
《纪事报》一美元一份。（物理载体）

b. The *Chronicle* called for his resignation. (editor)
《纪事报》要求他辞职。（编辑）

c. The *Chronicle* went bankrupt. (company)
《纪事报》破产了。（公司）

（22）a. The window is dirty. (pane)
窗户脏了。（窗玻璃）
b. She came in through the bathroom window. (opening)
她从卫生间窗户进来的。（开口处）

报纸、书籍或其他具体文本都是物理载体，同时又是具有意义的语篇。但是，19a 选择的是物理载体，而 19b 则选择了语篇。一个单词可能有较多可以得到侧显的义面。例如，20c 选择的是选民，但 All Paris turned out to see the king（整个巴黎都出来看国王了）选择的人口覆盖面更广（但仍非全部）。20b 中的政府是市政府，但 Paris opposes any reform of the Common Agricultural Policy（巴黎反对任何共同农业政策方面的改革）侧显的是用首都 Paris 代指的法国政府。我们不清楚不同的义面是否可以看作不同的词义；进一步的讨论请参见§5.3.1。

第二个需要进行识解分析的侧面转换的例子是转喻。笼统地讲，转喻就是用一个单词表示一个概念，而该概念不是该单词的"字面"意义。例如（Nunberg 1995: 115; Langacker 1991b: 189）：

（23）That french fries is getting impatient.
那个炸薯条等得不耐烦了。
（24）They played lots of Mozart.
他们演奏了很多莫扎特。
（25）She heard the piano.
她听到了钢琴。
（26）I'm in the phone book.
我在电话本里。

根据认知语言学的观点，转喻是言者根据不同的语境，在域或域阵中选择相应凸显的概念侧面，而非该单词通常所象征的概念侧面。在例 23 和例 24 中，发生概念侧面转换的分别是名词 *french fries* 和 *Mozart*。我们可以从句子的语法中得到这种分析的证据。在例 23 中，尽管 *french fries* 是复数形式，对其进行限定的指示词和动词均采用了单数形式，表明 *french fries* 侧显的是点了炸薯条的某位顾客。在例 24 中，尽管 *Mozart* 是可数名词，对其进行限定的数量词一般用于物质名词，表明 *Mozart* 侧显的是 *Mozart* 创作的抽象的音乐作品。

然而，兰盖克认为，在例 25 和 26 中，发生概念侧面转换的是动词。这种动词概念侧面中的转换是兰盖克所提出的"活跃区域分析法"（active zone analysis）的一个例子。根据活跃区域分析法，动词、形容词、副词或介词等关系述义会调整其意义，以顺应其语义论元，并将其"字面"论元吸纳进其活跃区域。因此，在例 25 中，*heard* 的含义是"主语听到宾语的声音"，即 *She heard the sound of the piano*（她听到了钢琴声）；该动词含义中的活跃区域是由宾语所指发出的声音。在例 26 中，*be in (the phone book)* 的意义是"主语的姓名被印在表示地点的宾语里"，其活跃区域是姓名及其与主语所指之间的关系。

兰盖克认为，不是因为句法上的差异，而是因为我们对形容词的识解不同，才导致例 27a、27b 和 27c 的不同：

（27）a. To play Monopoly is fun.
玩"地产大亨"很有趣。

b. Monopoly is fun to play.
"地产大亨"玩起来很有趣。

c. Monopoly is fun.
"地产大亨"很有趣。

在转换生成分析中，27b 中的 *be fun* 在语义上与 27a 中的 *be fun* 完全相同，而 27b 在句法上是通过将 *Monopoly* 移动（"硬移动"）到主句主语位置后派生而来的。在兰盖克的分析中，27b 在句法上并不是由 27a 派生来的；27b 中的 *be fun* 与 27a 中的 *be fun* 在语义上是不同的。27a 以实体作主题，把作用于主题所指的活动作为活跃区域。27c 可为活跃区域分析提供支持：在句法分析上，引出主题的小句没有出现，但 27c 是可以接受的，而且对 *be fun* 的解读与对 27b 中 *be fun* 的解读相同。

对例 25 和例 26 进行的活跃区分析，与对转喻的传统分析相反。在转喻的传统分析中，发生侧面转换的是名词短语：*the piano* 转换为 *the sound of the piano*；*I* 转换为 *my name*。动词（形容词、介词）语义转换，与常见的动词短语类转喻有很大不同，如 *go to the bathroom* 转喻性替代 "完成某些身体功能"；*If you want to find out, you've only got to pick up the phone*（如果你想弄清楚，你只须拿起电话）中的 *pick up the phone*（拿起电话）转喻性代指一个更为复杂的行为。在这样的例子中，侧面从一个事件转换到同一个语义框架中的一个相关事件。在对例 25 和例 26 的活跃区域分析中，关系谓词的语义转换所起的作用不同。

根据例 23 和例 24 中的语法行为，农贝格（Nunberg 1995）提出，应该区分名词语义转换和动词语义转换（动词语义转换相当于活跃区域分析）。但其所用的术语不是语义转换，而是"谓词转移"（predicate transfer）。

为什么 *Roth is Jewish and widely read* 这样的句子没有使用轭式搭配？根据活跃区域分析法，我们可以将 *widely read* 的主语看作是作者而非其书籍；因此，"作者"和"书籍"这两个主语是真正的互参关系。农贝格认为这是活跃区域分析法的一个优点（Nunberg 1995: 122-123）。我们在§5.3.1对相同现象提供了另外的分析方法。

针对例25和26这样的句子，不管哪种是最佳分析方法，侧面转换即语义转换现象似乎是由凸显性导致的。兰盖克指出，在例25、26及27b和27c中，语义转换的作用是让一个更为凸显的实体成为动词的语义以及句法论元（*I* 而非 *my name*，*the piano* 而非 *the sound of the piano*，*Monopoly* 而非 *to play Monopoly*；Langacker 1991b: 193）。农贝格认为，在语境中，谓词与其论元关系的显著性，是谓词转移的主要"语用"限制，用认知语言学的话描述，就是在语义框架中的凸显性。例如，一位艺术家在谈到自己的油画时说，*I'm in the Whitney Museum*（我在惠特尼博物馆），这句话赋予该艺术家一个显著特征，即一家著名博物馆展出她的作品，说明她在艺术上有很高的造诣；还是这位艺术家，如果她说 ??*I'm in the second crate on the right*（我在右边第二个板条箱里）则不会产生同样的作用（Nunberg 1995: 113）。农贝格还指出，显著性取决于识解：一个心怀妒忌的艺术家可能会说 *Those daubers get one-person shows while I'm relegated to a crate in the basement*（那些涂鸦者都办了个人画展，我却被束之高阁，放在地下室的板条箱里）（Nunberg 1995: 129, 注7）。

3.2.2 注意范围（辖域）

注意焦点就是所选择的注意对象；注意有一个范围，而注意焦点位于该范围之中。换句话说，意识有一个边界，对注意而言，边界内的实体都具有可及性。这是注意的第二个方面。(Chafe 1994: 29) 在§2.4中，我们举过一个和注意范围有关的例子，即例18e，我们在此再举一次：

(28) ??A body has twenty-eight knuckles.
??身体有二十八个指关节。

在述义的范围内，侧显概念直接预设的域是可及的，而间接预设的其他域是不可及的（请参见§2.4的例18）。该问题与识解有关，因为在适当的语境中，述义的范围可以发生变化。如：

(29) A: We've found every bit of the body, sir—even the knuckles.
长官，我们找到了身体的所有部分——就连指关节也找到了。
B: How many did you find?
你找到了多少个？
A: Twenty-seven, sir.
二十七个，长官。
B: Come on, now! How many knuckles does a body have?
拜托！人体一共有多少个指关节啊？
A: Oh, you're right, sir. Twenty-eight.
哦，我搞错了，长官。是二十八个。

用来描述位置的方位表达，是与注意范围有关的语法限制的另一例子：

(30) The money is in the kitchen, under the counter, in the lefthand cabinet, on the top shelf, behind the meat grinder.
钱放在厨房案台下左侧橱柜的上层，绞肉机后面。

一个方位表达会为其后的方位表达确定一个范围；后一个方位表

达会在这一范围内侧显一个实体；也就是说，这些方位表达所确定的搜索域（search domains）是逐渐缩小的（Langacker 1987: 286）。如果打乱这些方位表达的顺序，就会造成认知上的混乱： [51]

（31）The money is on the top shelf, in the kitchen, under the counter, behind the meat grinder, in the lefthand cabinet.
钱在上层，在厨房里，案台下，在绞肉机后面，在左侧的橱柜里。

在语篇中，所指的可及性（accessibility）也与注意范围有关（Ariel 1990; Gundel et al. 1993; Chafe 1994）。我们从电影《梨子的故事》的口述部分摘取一个片段作为例子（Chafe 1980）：

（32）And then definitely when he's up there,
... a kid comes by on a bicycle.
From the direction where the goat man left,
okay?
A-nd ... u-m the bicycle's way too big for the kid.
I'm giving you all **these details**.
I don't know if you want **them**.
然后，当他到了那里，
……一个小孩骑着自行车经过。
从牵羊人离去的方向来。
这样可以吗？
还-有……嗯，对那个小孩来说自行车太大了。
这是所有的**细节**。
我不知道**它们**是不是你想要的。

在对第三人称代词 *them* 进行识解时，我们将其所指对象置于听者的注意焦点上。在例32中，这种识解是合理的，因为在此之前刚刚提到过 *details*。然而，当 *details* 第一次出现的时候，并不处于注意的焦点位置,因为它并没有作为注意的焦点提出;但它位于注意的范围之内,因为其前的描述都与电影的细节有关。*these*是近指指示形容词;选择使用 *these details*,就是将 *details* 置于听者的注意范围之内,但不是焦点(Gundel *et al.* 1993: 275)。

兰盖克(Langacker 1999, ch. 6)用辖域(dominion)这一高度概括的概念来表示范围。辖域可通过参照点(reference point)得到,而参照点最初具有注意焦点的功能。对领属构式(possessive construction)的识解主要与参照点和辖域有关: *my watch*(我的表)、*your anxiety*(你的焦虑)和 *Lincoln's assassination*(林肯的被刺)等例子中"领主"的功能是充当确立辖域的参照点;只有在辖域中,才能为中心名词选择合适的所指。兰盖克还用这种方法来分析转喻。例如,在上文的例 20c 中,言者用 *Paris* 将听者的注意引导到巴黎这座城市上。那么,巴黎的作用就是充当参照点,其范围或辖域包括其居民。因此,对谓词而言,巴黎居民位于主语所指的备选范围之内,即具有可及性。如果 20c 选用的是 *The people of Paris* 而非 *Paris* 的话,我们就会有不同的识解,这时就会将"市民"放在注意的焦点位置,而不是将其放在另一个注意焦点即"巴黎"的辖域内。

3.2.3 度标调整

注意的第三个方面是对注意程度的调整。我们可以通过视觉例子进行说明(Talmy 1983: 238):

(33) a. She ran across the field.
　　　她跑过田野。

b. She ran through the field.
她穿过田野。

例33a和例33b描述的可能是同一个事件,但33b使用了一个三维空间介词,引导听者关注田野上的茂密植被;而33a将田野识解为一个没有涉及植被的二维平面。为描述这类例子所涉及的概念化,学者们常常使用放大隐喻(metaphor of magnification),或者说粒度隐喻(metaphor of granularity)。我们从例33a得到的是粗粒度的(coarse-grained)田野景象:我们似乎从远处观察田野,看不到田野上的植被情况。例33b为我们提供的是细粒度的(fine-grained)田野景象:这种景象似乎被放大了,植被的情况得以显现。下面是与粒度有关的更为复杂的例子:

(34) a. We drove along the road.
我们一路开了下去。
b. A squirrel ran across the road.
一只松鼠横穿过道路。
c. The construction workers dug through the road.
建筑工人挖穿了道路。

在例34a中,我们观察道路的粒度非常粗,将道路概念化为一条线,从而为运动提供一个路径。像33a与33b在粒度上的区别一样,34b和34c之间也存在着粒度上的不同:在34b中,我们将道路识解为可以横越的二维平面,而在34c中,我们将道路识解为一个三维空间,在此情况下,其厚度可以成为一种障碍。在粗粒度观察中,道路的宽度和厚度得到弱化而消失,从而使道路变成一维的线条。在细粒度或放大了的观察中,可以说我们看到了道路的宽度;如果粒度再细一些,或再放大一些,我们也可以看到道路的厚度。

例 33 和 34 说明的是定量度标调整（quantitative scalar adjustment）：①通过调整粒度的等级来对物体进行的识解。在这两个例子中，定量度标调整涉及的是空间纬度。其他可以量度的事物也存在度标调整现象。如在§3.1中，例 2a-b 和 8a-b 在识解上的差异，部分原因就是因为时间度标的调整。在这两个例子中，与一般现在时相比，进行体所引发的粒度更为细腻。在例 8a 中，伊拉的讨厌在很长时间内存在，也许他一辈子都会如此；但在 8b 中，伊拉的讨厌存在时间很短，是由他令人讨厌的行为引起的。根据例 2a，我们认为康纳是纽约的永久居民，或至少长期居住在纽约；而在例 2b 中，我们将之识解为短期或临时住在纽约。

在同一个范畴中，兰盖克还提出了图式化（schematization）概念。图式化就是通过一个涵盖面更广的范畴来观察某个事物，属于定性度标调整（qualitative scalar adjustment）：事物所失去的不是可以衡量的度标或者纬度，而是不相关的属性。例如，*triangle* 指明了形状的边数，我们也可以用图式性更强的 *polygon*（多边形）来指称同一个形状，但在图形的边数上，该词是模糊的（Langacker 1987: 135）。由语义属性导致的单词或构式语义模糊而非歧义，与图式化有关。拥有一个不确定性属性或非限制性属性，与该属性的缺失是两回事：尽管多边形概念在边数上具有不确定性，

---

① 兰盖克所用的术语是"抽象化"（abstraction）；但是，即便在认知语言学中，这个术语也可用来表示众多的理论概念。因此，我们在此选择一个更为精确的术语。

多边形是有边的。图式化现象与注意有关：三角形概念明示了边的数量，而在多边形概念中，任何子类的边数都被忽视了。我们也可以在框架及侧面中发现图式化上的差异。我们用§2.3中的一个例子来进行说明。与德语的 *essen* 和 *fressen* 不同的是，英语单词 *eat* 的框架是模糊的，因为我们不清楚这个动作的行为者是人类还是动物。更概括地说，在指称一个物体时，我们可以选择不同范畴化层次上的单词（详见本书第四章）；这种选择是在不同的图式化层次上对该物体进行的识解。

3.2.4 动态注意

注意焦点、注意范围和注意度标（scale）都是对场景的静态识解。与注意有关的第四个方面是其动态性，即人的注意可以从一个场景转移到另一个场景。注意的动态性与概念化有关，不仅仅是一个与世界有关的事实，如（参见 Talmy 2000, ch. 2）：

（35）The road winds through the valley and then climbs over the high mountains.
道路在山谷里蜿蜒曲折，然后爬过一座座高山。

道路并没有去任何地方，而是我们将其这样概念化的。可以说，是我们的心目代表我们沿着道路前行。这是用动态词语来识解静态场景。塔尔米将这种现象称为虚拟运动（fictive motion）。当然，在大多数情况下，言者会对静态场景进行静态识解、对动态场景进行动态识解；这是状态谓词不同于过程谓词的基础（参见§3.6）。但是，例35及很多相似的例子表明，这种语义属性很容易受识解的影响。

兰盖克在论述识解的时候，也将静态注意与动态注意的对照用到了不同的现象上。根据兰盖克的观点，作为谓词的元型性动词，和作为论元或修饰语的名词或形容词之间的基本区别，在于对场景进行扫描的模式不同。兰盖克提出概览扫描（summary scanning）和逐序扫描（sequential scanning）两类扫描模式。前者是将场景作为一个整体进行扫描，而后者是按照想象而非客观的时间先后进行扫描（Langacker 1987: 144-145, 248-249）。例如，在 *Boston Bridge collapsed* 中，动词 *collapsed* 是按照时间顺序对事件进行扫描的。与此相对，当动词被名词化后用于指称表达中时，我们是将事件作为一个整体进行概览扫描的，即便从客观上讲该事件会持续一段时间，也不需要按照时间顺序进行逐序扫描。如 *the collapse of Boston Bridge* 中的 *collapse*，就是由动作动词经过名词化而变成的事件名词；§3.1 中例 4a 和 4b 的 *move* 和 *movement* 也属于这种对比。对于指称表达中用来指代物体的名词（如 *the tree* 或 *the lamp*）和修饰语（如 *the tall tree* 中的 *tall*）一般都属于概览扫描。

概览扫描及逐序扫描与虚拟运动不是一回事。虚拟运动表征的是状态识解和过程识解，而概览扫描和逐序扫描为非断言状态短语（nonpredicated states of affairs）和句子述谓结构相区别的表现之一。兰盖克认为，*The road winding through the valley*（蜿蜒穿过山谷的道路）涉及的是逐序扫描，因为这是一个述谓结构，而 *The road is in the valley*（道路位于山谷之中）涉及的是概览扫描，因为没有对道路的虚拟运动进行断言。

3.3 判断与比较

康德认为判断（judgment）是一种基本的认知能力，是比较（comparison）的一种："总体而言，判断是将个别事物归于一个普遍规则的能力"（Kant 1790 [1952]: 18）。在对亚里士多德以来的西方哲学传统进行总结的基础上，胡塞尔赋予判断一个更一般性意义，即判断是对两个实体进行的比较："谓词判断（predicative judgment）的最一般性特点是它有两个成员：一个是要对其进行断言的'基底'（substrate）；一个是对其进行的断言"（Husserl 1948 [1973]: 14）。兰盖克也认为比较是一个基本的认知操作（Langacker 1987: 103-105）。因此，我们可以将作为哲学基本概念的判断与作为认知心理过程的比较联系起来。

3.3.1 范畴化

范畴化也许是对比较进行的最基本的判断。在第二章描述框定的时候，我们曾介绍过范畴化。范畴化行为就是在交际中将单词、词素或构式应用于某个经验。在进行范畴化时，先将所论及的经验与先前的经验进行比较，然后判断该经验是否与该语言表达所适用的先前经验属于同一类。将一个情境与先前经验进行比较并判断它们是否相似的方法有很多。我们在§2.3讨论过，与先前情境框架进行比较，是选择语言范畴的基础，而这种选择就是用不同的方式对当前情境进行识解。如"胚胎"相对于"未出生的婴儿"、"节俭"相对于"吝啬"。通过与先前情境比较，从而对某一情境进行框定时，言者拥有一定的灵活性。此外，言者在将当前情境与先前情境进行对比从而对框架重新定义时，也有一定的灵活性。例如，在米兰机场上空即将进入等待空域航线的时候，一个飞行员说"我们将进入他们称为跑道的路线；实际上就是有着两条直边的圆"。显然，飞行员对 CIRCLE 范畴重新概念化了。

兰盖克将当前情境与其所适配范畴的比较描述为裁适（sanction）（Langacker 1987: 66-71）。他将裁适分为完整裁适（full sanction）和部分裁适（partial sanction）。这两种裁适之间存在度标变化。完整裁适是将当前的新情境毫无疑问地纳入所配置的范畴；当新情境是其所配置范畴的扩展时，就是部分裁适。范畴化既涉及图式化（参见§3.2）又涉及判断：在将新经验与先前经验进行比较然后选择一种方式对其进行归类时，我们会关注某些特点而忽视另一些特点。我们已在第二章讨论过范畴化过程中识解的普遍性，我们还将在第四章详细探讨。

3.3.2 隐喻

在认知语言学中，隐喻是另一种被广泛讨论的识解操作。隐喻也涉及判断或比较。隐喻涉及源域（source domain）与靶域（target domain）之间的关系；源域为隐喻表达的字面意义所在的域，而靶域是隐喻真正描述的经验域。例如，*waste time*（浪费时间）这一隐喻表达用 MONEY（**源域**）来理解 TIME（**靶域**），可用莱考夫的隐喻表达式表征为 TIME IS MONEY（Lakoff & Johnson 1980）。人们将时间识解为有价值的东西，可以像使用金钱那样"使用"时间。

选择哪种隐喻来描述某一认知域中的情境,就是按照这种隐喻来对该认知域的结构进行识解;选择的隐喻不同,识解的方式也不同。例如,*stockmarket crash*(证券市场崩溃)是一种隐喻表达,该隐喻将市场的低位识解为一种反常和错误操作的结果,而将高位(上涨)行情识解为正常现象。另一方面,*stockmarket correction*(证券市场修正)将市场的低位识解为正常现象,而将市场的高位识解为不正常现象。

隐喻表达中源域和靶域之间的关系,正是认知语言学的核心问题。隐喻和范畴化一样,对概念化而言非常重要。所以在本书中,我们用整整一章(第八章)的篇幅来对它进行详细的讨论。

3.3.3 图形-背景组配

将比较看作语言识解的第三类例子是图形-背景组配(figure-ground alignment)。尽管图形-背景组配受识解的左右,可以通过各种方式撤销,场景的客观属性对图形-背景组配的影响非常大。图形-背景区分源自格式塔心理学(如 Koffka 1935, ch. 5),后由塔尔米引入认知语言学(Talmy 1972, 1983, 2000)。

塔尔米通过图形-背景关系,来解释自然语言中的空间关系表达。在语言中,不管是对方位的描述(例36),还是对运动的描述(例37),所有空间关系都是通过以一个物体为参照点,来确定另一物体的位置;参照点就是背景(ground),被确定位置的物体是图形(figure)。有时候背景不止一个(如例 38 和 39):

(36) The book [*figure*] is on the floor [*ground*].
书 [*图形*] 在地板 [*背景*] 上。

(37) Sheila [*figure*] went into the house [*ground*].
希拉［图形］进了房子［背景］。

(38) The Isaac CDs [*figure*] are between Compère [*ground*] and Josquin [*ground*].
艾萨克的唱片［图形］位于孔佩尔［背景］和若斯坎［背景］之间。

(39) Greg [*figure*] drove from San Rafael [*ground*] to Trinidad [*ground*] in five hours.
从圣拉斐尔市［背景］到特立尼达岛［背景］格雷格［图形］开车用了五个小时。

图形和背景具有非对称性。在空间上，尽管 *near*（靠近）是一个对称性介词，与40a相比，40b听起来不太自然（Talmy 2000: 314）：

(40) a. The bike is near the house.
自行车靠近房子。
b. ??The house is near the bike.
??房子靠近自行车。

同样，我们找不到与例41a中介词 *in* 相反的介词（引自 Leonard Talmy），因为这样的图形-背景的排列方向是非常奇怪的：

(41) a. There's a crocodile in the water.
水里有条鳄鱼。
b. ??There's water "being-a-suspending-medium-for" the crocodile.
??鳄鱼周围有作为悬浮介质的水。

塔尔米将空间关系认知域中图形和背景的特征总结如下（基于 Talmy 1983: 230-231; 见 Talmy 2000: 315-316）：

(42) 图形　　　　　　　　背景

位置不太确定	位置较为确定
较小	较大
移动性较强	较为固定
结构较为简单	结构较为复杂
较为凸显	不太凸显
最近才意识到	较早存在于场景或记忆

然而，图形-背景关系是可以进行调整的。同一个物体在一个语境中充当的是图形，在另一语境中却可能充当背景，例43a和43b即为此类例子；像例44所示的那样，通过合适的语境化，也可以将原本常规性的图形-背景识解推翻，从而将图形-背景的排列方向颠倒过来：

（43）a. The cat [*figure*] is on the table [*ground*].
　　　　猫［图形］在餐桌［背景］上。
　　　b. I found a flea [*figure*] on **the cat** [*ground*].
　　　　我发现猫身上［背景］有一只跳蚤［图形］。
（44）[*The speaker is composing a scene for a photograph*:]
　　　　I want the house [*figure*] to be behind Susan [*ground*]!
　　　　［言者正在为拍一张照片进行场景设计：］
　　　　我想将房子［图形］放在苏珊［背景］的后面！

在包括事件之间关系的其他认知域中，也存在图形-背景关系（Talmy 1978; Croft 2001, ch. 9）。例45a中的事件有主次之分，主要事件是图形，从属事件是背景，这是对两者关系的非对称性识解；而在45b中，两个事件是并列关系，是对两者关系的对称性识解：

（45）a. I read while she sewed.
　　　　她做针线活的时候我在阅读。

b. I read and she sewed.
我阅读,她做针线活。

此例中的从句事件是背景,而主句事件是图形;从句事件被概念化为主句事件的基础,即从句事件是主句事件的原因或前提条件。图形-背景的非对称性会导致句子的完全异常,如例46（Talmy 2000: 325）:

(46) a. He dreamed while he slept.
他睡着的时候做梦了。
b. *He slept while he dreamed.
*他做梦的时候睡着了。

这两个事件在时间上有可能是同延的（coextensive）,但因做梦是依睡眠而定的,睡眠必须充当背景,所以46a是正常的表达,而46b则是异常的表达。

对绝大多数从属连词而言,其所描述的图形-背景关系无法进行颠倒（Talmy 2000: 326）:

(47) a. She slept until he arrived.
她一直睡到他到来。
b. ??He arrived "immediately-and-causally-before-the-end-of" her sleeping.
??他"刚好在他吵醒她的那一刻"到了。

(48) a. We stayed home because he had arrived.
因为他来了,我们就待在家里了。
b. ??He arrived "to-the-occasioning-of-(the-decision-of)" our staying home.
??他的到来"引发我们待在家里的（决定）"。

对于像 before 和 after 这样的少数例子,找到在句法结构上可以颠倒的语义关系并不难。但是，因为选择了不同的事件作为图形，对两种结构的识解是有差异的。如（Croft 2001: 331）：

  （49）a. After Tom resigned, all hell broke loose.
    汤姆辞职之后，情况变得一团糟。
    b. Tom resigned before all hell broke loose.
    在情况变得一团糟之前汤姆辞职了。

在例49a中，混乱被认为是由汤姆的辞职引发的；而对于49b，我们的解读是当汤姆发现事情不妙后（或者在其行为造成的后果暴露之前），成功地全身而退。

  同样，像 when 这样的表示同时并存的从属连词，在时间上是对称的。但如果对图形事件和背景事件选择不当，就会使人感到怪异。如（Croft 2001: 330）：

  （50）a. When Jerry was chair of the department, everything was all right.
    在杰里当部门主管的时候，一切正常。
    b. ??When everything was all right, Jerry was chair of the department.
    ??当一切正常的时候，杰里是部门的主管。

例50a蕴涵着部门的良好局面是杰里治理的结果；50b听起来有点奇怪，因为杰里看起来像一个机会主义者，在部门局面良好的时候才出来担任主管。

  图形-背景组配涉及场景中两个元素之间的对比，因此也是一种比较；但这种比较与概念化和隐喻不同，因为它是一种对立关系而非相似关系。兰盖克也明确地提到图形-背景与比较的关系，认为典型的图形-背景组配关系不属于其场景扫描认知事件的比较模式（Langacker 1987: 121-122）。[①]

3.4 视觉属性/情景适配

在识解操作中，最明显、讨论最多的可能是视角，尤其是指示语（deixis）。对空间描述而言，视角尤为重要。视角取决于言者的相对位置和视点，这是一个众所周知的事实。但是，非空间域中也存在视角问题：对知识、信念、态度、时空方位等认知域的识解也涉及视角。学界一般认为，人在世界上某一位置的情景适配（situatedness）是一个与视角最为相关的认知属性。情景适配是一个哲学概念，而位置（location）必须是一个比较宽泛的概念，既包括空间位置，又包括时间位置、认识位置（epistemic location）和文化语境中的位置。对位置的广义解读与现象学哲学家海德格尔的"在世之在"（being-in-the-world）有关。海德格尔认为，存在不是简单的空间包容关系，而是从各个方面对存在进行情景适配（Heidegger 1927 [1962]: 79-80; 参见 Dreyfus 1991: 40-45）。也就是说，我们总是位于某一情景中，并从某一视角来对该情景进行识解。

[①] 尽管如此，兰盖克将图形-背景看作视角下焦点调适的一种。事实上，兰盖克本人进行过论证，认为图形-背景组配与前景-背景视角属于两个不同的概念现象（参见§3.4）。兰盖克还认为，图形-背景组配与注意焦点也属于不同的概念现象；这表明图形-背景的区分也不属于注意范畴［Talmy 1988a: 195; 在 Talmy（2000）中，其图式系统并没有包括图形-背景问题］。

兰盖克使用更多的是射体（trajector）和界标（landmark）概念。射体是关系侧面中的图形（Langacker 1987: 217; 参见§3.5中对关联性的解释）；界标是射体的背景。

3.4.1 视点

用空间表达来说明识解的视角性特征是最为简单易行的办法。兰盖克认为,"视点"(viewpoint)是一种焦点调适(focal adjustment),又包括"立足点"(vantage point)和"取向"(orientation)两个方面(Langacker 1987: 122-126)。在§3.1中,我们通过例9a和9b对立足点进行了说明:根据言者的立足点,可以将提米的位置描述为"在树的前面",又可以描述为"在树的后面"。[①] 每一个立足点都会向某一场景强加一个图形-背景组配(Langacker 1987: 124-125)。[②] 当言者改换自己所处的位置,对提米所处的位置就会有不同的识解。也就是说,用语言描述的空间关系取决于言者的情景适配。立足点很容易受识解的影响;在例51中,是通过听者的立足点来解读 behind 的:

> (51) Follow my instruction carefully. Enter the woods by the south gate. Follow the path until you come to the big oak tree. You will find the box behind it.
> 请严格按照我说的行动。从南门进入树林,一直沿着小路走,你会遇到一棵大橡树,箱子就在树的后面。

取向是与言者直立姿势相垂直的垂线。在§3.1中,例3a和3b对

---

① 这种分析只能结合 *in front of / behind* 所在语境进行。在例9a和9b这样的例子中,选择什么样的介词只能根据言者、Timmy 和树三者之间的相对位置而定。而 *The cat is in front of the house* 这样的句子却是另一种解读:房屋本身就具有方向性,即不管言者站在什么位置进行描述,大门所在的一侧就是前面。我们在本段中进行的说明只涉及纯情景性解读。

② 一些语言学家将主句和从句的关系看作前景(foreground)和背景(background)关系,但如果将其作为图形-背景关系进行分析可能会更为合理(Talmy 1978, 2000; Reinhart 1984; Croft 2001)。

above 和 *below* 的选择（同时对图形-背景配置进行了转换）就与取向有关：3a 和 3b 所描述的烟囱-窗户的实际取向与言者自然的直立取向有关。在取向方面，可供选择的识解非常少，因为我们几乎不会头下脚上地倒立在地上，也几乎不会脚上头下地倒悬于空中。

3.4.2 指示语

指示语（deixis）与言语事件中主语的情景适配有关。具体而言，主语的情景适配就是把主语看作言者，然后以言者为中心来组织信息。指示语就是用来指代主语所在场景中某个事物的词语或结构。学界已对指示语进行了广泛的研究（参见 Levinson 1983, ch. 2），而我们关注的是与其相关的识解问题。人称指示语是"你""我""他/她/它""你们""我们""他们/她们/它们"这样的代词。只有将言者作为参照点，才能对人称指示进行描述；而选择什么样的人称指示语要依语境而定；所以，人称指示语的选择是不同识解的一种表现（参见§2.1）。同样，只有通过参照言语事件的发生场所和时间，才能对 *this*、*that* 这样的指示语和现在时态、过去时态这样的时间标示进行界定。

时空指称具有情景相对性，或要参照言语事件中的视角；除此之外，我们还可以将另一时间和地点识解为指示中心。在例 52a 和例 52b 中，识解所参照的是叙述中的地点和时间；52c 比较怪异，因为在呈现的信息中，立足点与描述对象在空间方位上相冲突（Fillmore 1982b: 262-263）：

（52）a. He was coming up the steps. There was a broad smile on his face.
他当时正拾级而来，笑容满面。

b. He was going up the steps. There was a wad of bubblegum on the seat of his pants.

他当时正拾级而上,裤子的臀部粘了一坨泡泡糖。

c. He was coming up the steps. There was a wad of bubblegum on the seat of his pants.

他当时正拾级而来,裤子的臀部粘了一坨泡泡糖。

例 53b 使用了所谓的叙事现在时,而例 54b 使用了"体育节目解说员的现在时"。这种用法也是对语言事件中时间的识解,其效果是在概念上拉近了所报道事件与听众之间的距离(在这种识解中,还涉及"移动的"指示中心,即所报道的事件每变换一次,指示中心就变化一次):

(53) a. He came up behind me, I stopped suddenly, and he rammed into me.

他从我身后跑了过来,我突然停下来,于是他撞上了我。

b. He comes up behind me, I stop suddenly, and he rams into me.

他从我身后跑过来,我突然停下,于是他撞上我。

(54) a. He hit the ball and the first baseman missed it.

他将球击了出去,而一垒手没能接住。

b. He hits the ball — the first baseman misses it…

他击球——一垒手没接住……

也就是说,指示成分常常展现出两个层面的概念化:一个与言语行为参与者的情景适配有关,而另一个识解将言语行为参与者的实际情景适配替换成另一时间和地点。

言语行为参与者的情景适配以另一种方式影响话语结构,其意义也更为深远。言语行为参与者话语的组织有赖于双方共有的知识、信念和态度,即常说的交际者的共同基础(common ground)[如 Clark(1996); Langacker(1987: 127)称之为认识论基础(epistemic ground)]。正如克拉克在很多场合指出的,我们要表达什么及如何表达,在很大程度上取决于我们认为什么属于共同基础,或什么不属于共同基础;共同基础为我们提供一个将言者和听者都纳入情景之中的认知视角。

定冠词和不定冠词的使用是与认知视角有关的最简单的例子。如例 55a 和例 55b 就是对听者所知情况的不同识解:

(55) a. Did you see a hedgehog?
你看到一只刺猬没有?
b. Did you see the hedgehog?
你看到那只刺猬没有?

例 55a 将刺猬识解为听者未知的事物,而例 55b 将刺猬识解为交际双方共同基础的一部分。例 55b 的识解也可用于这样的语境:此时听者并不知道那只刺猬,但言者通过操纵与指示有关的识解,来让听者对这一发现感到惊讶。

但事实上,从句的结构化取决于共同基础中的认识视角。这种结构化常以信息结构或信息包装(information packaging)的名目出现(Lambrecht 1994)。§3.1 中的 6a 和 6b 说明,信息结构不同,对一个场景的识解不同。6a 为存现句(presentational sentence),也称为句子焦点结构(Lambrecht 1994: 177),其功能是将所有信息作为指向听者的断言部分呈现出来。6b 为普通的话题-评述句(topic-comment sentence),或称为二分判断句(categorical sentence)、谓语焦点句(predicate-focus sentence),其主语所指是当前关切的前提,因而也是交际者共同背景中的一部分,而谓词是断言部分（同上：121）。事实上，在对同一场景进行有别于真值条件观的识解时，信息结构是最为清晰易懂的句法例子之一。

共情（empathy）（Kuno & Kaburaki 1977）是另一种视角识解（perspectival construal）。一直以来，语用学导向的语言学家对共情的探讨要比认知语言学家多。根据久野暲和镝木悦子（Kuno & Kaburaki），所谓共情，是指言者从事件参与者的视角来描述事件。共情与视角有关，因而会有不同的识解。这两位学者认为，一些语法构式的语义研究与共情有关。例如，当我们将 Bill 描述为 John's brother（约翰的兄弟）时，其身份是通过与 John 的关系确定的，而不是与 John 无关；这种描述意味着言者强调的是 John，而不是 Bill。同样，选择被动语态的 Bill was hit by John（比尔被约翰打了），而非主动语态的 John hit Bill（约翰打了比尔），意味着言者采取了与主语所指即 Bill 相同的视角、怀有相同的感受（请比较§3.1 中的 5a 和 5b）。因此，与 56a、56b 相比，56c 显得非常怪异，因为在共情识解上发生了冲突：言者对 Bill 的描述隐含着言者的共情者是 John，但描述中的被动语态又隐含着言者的共情者是 Bill（Kuno 1987: 203-206）：

(56) a. Then John$_i$[①] hit his$_i$ brother.
然后约翰打了他的兄弟。
b. Then Bill was hit by John/his brother.
然后比尔被约翰/他兄弟打了。
c. ??Then John's brother$_i$ was hit by him$_j$.
??然后约翰的兄弟被他打了。

---

① 下标 i 表示 John 的共情者是言者本人；其他的下标 i 与此功能相同。——译者

有些语言学家认为，在语法关系上，主语和宾语之间的区别是指示或共情上的区别。德兰西（DeLancey 1981）在对分离作格（split ergativity）和主语身份（subjecthood）进行分析时提出，非标记性主语范畴包括言者对事件的时间起点和因果起点的取向的识解。另一方面，兰盖克（Langacker 1991a: 305-317）通过最为凸显的图形，结合对注意、判断的识解操作，来对主语身份进行界定；注意识解操作的对象是最为凸显的部分，而判断识解操作涉及图形的选择。至于哪种分析正确，我们无法得出确切的答案，因为不同语言对主语身份可能有着不同的识解。但不管哪种分析是正确的，其意义在于像主语这样的基本语法范畴代表了对话语情景中所指的一种识解，而这种识解分析可以预测像例 56a-c 所表现出来的可接受性模式或不可接受性模式。而在有些句法理论中，人们认为像主语这样的基本语法范畴是"没有意义的"。

3.4.3 主观性

在图 3.1 中，与视角有关的最后一种识解操作是兰盖克提出的主观性和客观性（subjectivity/objectivity）概念，即言者如何对其所在的场景进行概念化。我们可以用两个简单的例子对这两种识解进行说明（Langacker 1987: 131）：

（57）[said by mother to child:]
　　　[妈妈对孩子说:]
　　　a. Don't lie to me!
　　　　 别对我撒谎！
　　　b. Don't lie to your mother!
　　　　 别对你妈妈撒谎！

在 57a 中，指示性人称代词表明了言者在言语行为情景中的身份，而这是一种较为常见的主观识解（subjective construal）。在 57b 中，言者在描述与自己相关的情景时，采用了独立于该情景的视角，这种策略就是客观化（objectification）识解操作。

我们还可以对实体指称进行主观化（to subjectify）（同上：132）：

（58）That's me in the top row. [*said when examining a photograph*]
我在最上面那一排。[*在仔细查看一张照片时说*]

在例 58 中，照片中的物理图像是一个实体而非言者本人，在描述时却使用了指示代词 *me*。这种用法在所谓的图片名词语境（picture noun contexts）中很常见（可参见§2.6）。另一个更为普遍的、与主观化识解有关的例子是，在某些空间表述中，作为参照背景的物体未被表达出来（Langacker 1991b: 326, 328）：

（59）a. Vanessa is sitting across the table from Veronica.
凡妮莎此时隔着餐桌坐在维罗尼卡的对面。
b. Vanessa is sitting across the table from me.
凡妮莎此时隔着餐桌坐在我的对面。
c. Vanessa is sitting across the table.
凡妮莎坐在餐桌的对面。

59c 是对 *across* 短语进行主观化的例子：该句话所描述的情景只能是 *Vanessa* 隔着餐桌坐在言者的对面（这与 59a 不同），但与 59b 不同的是，作为参照的言语行为参与者没有明确表述出来。兰盖克认为，对许多语法表达以及语言变化中的语法化过程而言，主观化至关重要（同上，ch. 10; 1998）。遗憾的是，受篇幅所限，我们不能在此详细介绍兰盖克的分析。

之所以有视角识解，是因为我们以某种方式存在于世界的某个地点。根据纯粹的体验观，我们以自然直立的姿势位于某一空间位置即立足点。从交际的视角来看，我们是言语事件的参与者；而言语事件决定我们在时间和空间中的位置，也决定我们在言语事件中的角色（指示语和此有关）。然而，我们在言语事件中的角色，又决定我们在谈话中将要交流的情景的状态［涉及认识指示（epistemic deixis）］、我们对该情景的态度（涉及共情）及我们在该情景中的自我展示（涉及主观性）。

3.5 构成与完形

本节将要介绍的识解操作与场景中实体结构的概念化有关。正如格式塔完形心理学家（Koffka 1935; Wertheimer 1923 [1950]）和现象学家（如 Husserl 1948 [1973]）所论述的，我们将要介绍的是经验的构成及赋予该经验以结构或完形的识解操作，该识解操作属于最基本层次的识解操作。例如，完形心理学中有许多原则，如邻近性（proximity）、封闭性（bounding）、连续性（good continuation）等，都是对人类心智如何通过似乎支离破碎的感知觉识解单个复杂对象的分析。在认知语言学中，作为结构图式化意想系统理论（Talmy 1988a）和力动态理论（Talmy 1988b）中的一部分，塔尔米对构成识解的讨论最为详细；塔尔米后来又对意想系统理论和力动态理论进行了修订和扩展（Talmy 2000）。另外，在莱考夫、约翰逊和特纳所描述的意象图式中，大部分都是对实体结构的识解。

3.5.1 结构图式化

结构图式化（structural schematization）是对实体的拓扑结构（topological structure）、部-整关系（meronomic）和几何结构及其组成部件的描述。表3.1试图对各种结构图式化进行分类（更完整的清单请参见Talmy 2000: 47-68）。第一个小类是个体化（individuation）。个体化包括：实体是否被赋予个体性即有界性；如果被赋予了个体性，其整体及其部件之间的关系；多个实体被识解时所呈现的多样性。

实体的基本结构属性表现在对可数名词、物质名词或仅有复数形式的名词（pluralia tanta form）的选择，以及动词的体和态的屈折形式上。即便是这些属性，也是识解的结果。person（人）、star（星）和island（岛）所表征的是时空上具有边界的个体；team（团队）、constellation（星座）和archipelago（群岛）也是有边界的实体即可数名词，只是言者将它们识解为由不同部件构成的整体；就连hole（孔洞）或intermission（间歇）等事物中的虚无，也可识解为拥有边界的事物（Langacker 1987: 200-201）。

在许多情况下，有些事物表面上似乎相同，但我们对其结构的识解不同，因而对这些事物会有不同的表达（参见Wierzbicka 1985）。§3.1节中的1a和1b就是这样的例子：1a中用的是可数名词复数形式的leaves（树叶），而1b中使用的是物质名词foliage（树叶[总称]）。foliage将树叶识解为具有内部同质性的物质，没有具体的边界（一堆树叶可由长在多棵树上的树叶构成）。leaf将树叶这一实体识解为有边界的个体，而且是某一棵树的众多树叶中的一片；leaves 使个体变成群体，在适当的语境中，按照真值条件的标准，它可与 foliage 拥有相等的语义值。这两种识解在英语词汇中都有反映。这里还涉及数量度标调整问题：leaves 所引发的识解的颗粒度要比 foliage 的细致。同样，作为物质名词，chocolate（巧克力）指称的是内部同质的无边界物质，而 a chocolate（一块巧克力）是有内部结构、有边界的个体，是典型的可数名词识解，也是一种约定俗成（见 7a 和 7b）。再者，物质名词表征的是颗粒较大的度标调整。可数性也与定性度标调整相互影响：chair（椅子）将其表征的实体识解为个体化的物体，并属于具体的类型；而 furniture（家具）在粗粒度图式化中将其与餐桌、沙发、床等一起识解为抽象的物质。

正如§3.1节中 8a 和 8b 所表明的，我们也可以将结构的有界/无界图式化应用于状态和过程（Croft 1998a）。Ira is a nuisance. 采用的是一般时和一般体，这就将 Ira 令人讨厌的行为识解为在时间上无界的行为特征，而不是 Ira 偶尔为之的令人讨厌的个别实例。另一方面，Ira, stop being a nuisance! 使用的是进行体，为我们提供了一个粒度较细的度标调整，所识解的是 Ira 个别的有界行为。

容器意象图式或平面意象图式表征的是对物体拓扑或几何结构的识解，较为具体。赫斯科维茨（Herskovits 1986）对几何结构进行了详细且见解深刻的识解分析。我们从中选取两例在此进行说明。有些物体的属性让人自然而然地将其识解为容器或扁平物体，如 in the box（在盒子里）或 on the carpet（在地毯上）；但也存在对同一物体进行不同识解的例子（Herskovits 1986: 76）：

（60）a. There is milk in the bowl.

　　　碗里有牛奶。

　　b. There is dust on the bowl.

　　　碗上面有灰尘。

如果灰尘很多，或者牛奶只有几滴，60a 和 60b 中图形和背景在空间组构上的差别不是太大。但是，因为碗的功能是盛装适于饮用的液体，60a 通过 *in* 将碗识解为容器；因灰尘被认为是一种与碗的功能无关的物质，60b 通过 *on* 将碗识解为平面。

对物体的几何识解往往需要选择性注意（Herskovits 1986: 65, 67）：

（61）a. She is under the tree.

　　　她在树下。

　　b. The cat is under the table.

　　　那只猫在餐桌下面。

　　c. One could see the shiny silver carp under the water.

　　　人们可以看见水下面那条亮闪闪的银鲤。

在 61a 中，*she* 不大可能位于地下或位于树干里面（尽管可能会有这种识解，比方说当犯罪嫌疑人领着警探去指认藏匿受害人尸体的地方时，就可以对 61a 进行这样的识解）。在对树叶进行常规性识解时，我们只能选择树叶的下表面作为树叶的背面。在 61b 中，识解选择忽略了餐桌的腿，而且度标调整将桌面简化为一个二维的平面。在 61c 中，根据百科知识，只有选择水面作为侧显的对象，才能确定图形-背景关系。当然，对这些例子的识解，都是按照言者的自然垂直站姿进行的。

在识解中强制出现结构的另一个意象图式是度标意象图式

(scale image schema)。度标意象图式主要与属性有关,为属性认知域提供一个可分级的纬度,不管这一纬度是否具有可测量性。在识解中,至于一个实体拥有一个度标还是拥有多个度标的问题,我们将在§7.4详细论述。在此我们仅想指出:对于同一个域,我们可以用度标对其进行识解,也可以用极性对其进行识解,如62a-b 和 63a-b;我们常常认为不可测量的域,也可以被识解为能够准确测量,如例 64:

(62) a. Sally's pregnant.
萨莉怀孕了。
b. Sally's very pregnant.
萨莉现在孕味十足。

(63) a. Here is a used washing machine.
这里有一台二手洗衣机。
b. Let me offer you this slightly used washing machine for only $ 300!
我这里有一台没怎么用过的二手洗衣机,只卖300美元!

(64) a. This Sauternes has a fragrant bouquet.
这种苏玳白葡萄酒有一种芳香。
b. The bouquet of the Fargues is twice as fragrant as that of the Climens.
法歌的酒香是克利芒的两倍。

3.5.2 力动态

构成性识解的第二个主要类型是事件概念化的力动态模式(force dynamic model)(Talmy 1976, 1988b, 2000)。力动态模式是对致使概念的泛化。致使过程涉及不同的力,这些力以不同的方式对事件的参与者施加影响。例 65 是塔尔米所提出的部分力动态模式：

(65) a. I kicked the ball.
　　　我踢球。
　　b. I held the ball.
　　　我控制住球。
　　c. I dropped the ball.
　　　我丢了球。

65a 表征的是元型性致使类型：一个对抗体（antagonist）即致使者，促使倾向于静止的主动体（agonist）即受使者（ball）移动。65b 将致使概念扩展到对静止状态的保持：对抗体抵制住主动体的移动倾向。65c 将致使概念进一步扩展到允能（enablement）概念：对抗体的行为致使主动体的移动倾向得以实现。

克罗夫特（Croft 1991, 1998b）认为，事件的力量-动态结构主要对主语、宾语和谓词间接格论元（oblique arguments）的编码起支配作用。例如，在 I baked brownies for Mary（我为玛丽烘焙了布朗尼巧克力蛋糕）中，之所以选用介词 for，是因为 Mary 是终点，是烘焙事件的受益者；而在 I beat the eggs with a fork（我用餐叉敲鸡蛋）中，之所以选用介词 with，是因为餐叉作用于鸡蛋，是力量-动态链条中的中间参与者。我们在 §3.1 举过两个例子即 11a-b，chew the bone（啃骨头）和 chew on the bone（啃骨头上的肉）中的宾语受动性（affectedness）是不同的；造成这种差异的原因在于前者的 bone 是宾语，而后者的 bone 是间接格，这种对照所唤起的对骨头受动性的识解不同。

选择不同的动词，或不同的语态形式，或不同的论元-连接构式（argument-linking construction），都是对事件的力动态结构的不同概念化。例如，66a 将情景的力动态识解为中性的（即该情景为静态的），而在 66b 的识解中，有一个力阻止了某种未特别指出的施力过程所产生的结果发生。

（66）a. The bowl was on the table.
　　　　碗在餐桌上。
　　　b. The bowl stayed on the table.
　　　　碗停留在餐桌上。

在例 67 中，a 为及物构式，而 b 为不及物构式；及物构式将事件识解为由外力引起的，而不及物构式将事件识解为自发性的。当没有外部施事或者没有明显的外部力量时，或者当言者希望如此识解事件时，就会使用 67b 这种构式：

（67）a. She opened the door.
　　　　她打开门。
　　　b. The door opened.
　　　　门开了。

力和抗力在语义域的识解中而不是在致使关系识解中发挥作用。例如，塔尔米（Talmy 1988b）和斯威策（Sweetser 1990, ch. 3）认为，像 68a 中 *may* 这样的道义情态动词（deontic modals），将道义情态（deontic modality）识解为允许致使行为发生或抗力缺位（请与 65c 比较），而像 68b 中 *must* 这样的情态动词将道义情态识解为施加驱力（请与 65a 比较）：

（68）a. You may leave.
　　　　你可以离开。
　　　b. You must leave.
　　　　你必须离开。

斯威策对这种分析进行隐喻性扩展,将其扩展到例 69 中情态动词的认识情态义(epistemic meanings):

(69) a. She may be ill.
她也许病了。
b. She must be ill.
她肯定病了。

69a 中的 *may* 表明,在推断 She is ill 这一命题为真时是没有抗阻力的;而 69b 中的 *must* 强制我们得出 She is ill 为真这一结论。

3.5.3 关联性(实体/互联)

在实体的构成属性中,关联性尤为重要;该属性也受识解的支配。许多语义学家区分关联性实体(relational entity)和非关联性实体(nonrelational entity)。关联性实体天然地隐含着另一实体的存在。例如,如果不考虑圆形物体,我们就无法想象 ROUND 这一形容词概念;如果没有奔跑者,我们就无法想象 RUN 这一动词概念。非关联性实体可以这样理解:我们在想象 TABLE 这样的名物性概念时不需要参照另一实体。

兰盖克认为,名词[他用的概念术语是"事物"(things)]与形容词或动词的区别在于,后者是关联性的,而前者是非关联性的(Langacker 1987: 214-217)。因此,在兰盖克的概念架构中,动词[他用的术语是"过程"(processes)]被识解为关联性的,并被逐序扫描(参见§3.2);形容词及其他限定词[他用的术语是"不受时间影响的关系"(atemporal relations)]被识解为关联性的,但所接受的扫描是概览性的;名词被识解为非关联性的,并被概览扫描。

兰盖克对关联性的解释建立在他对事物/名词性（things/nounhood）解释的基础之上。他认为，名词性将一个概念识解为一个区域（region）或"互联实体的集合"（Langacker 1987: 198）；实体是非关联性的。通过对非关联性事物和关联性事物的对比分析，兰盖克认为关联性概念侧重的是实体间的互联关系，而名词侧重的是互联的实体（同上: 216）。例如，我们可以将非关联性名词 *circle* 看作对构成圆周的各点（实体）的侧显，而关联性形容词 *round* 侧显的是决定圆周曲率的相互关系。

兰盖克对关联与非关联的阐释表明，将名词性识解为一个实体（或一个实体集），要优于将其识解为一个区域。像 *round* 这样的动词或形容词概念涉及区域，但这样的概念侧显的是其互联关系而非其实体。另外，兰盖克的"圆"与"圆的"例子还表明，实体和互联关系不是既定的事物（givens），而要经过概念化加工。名词 *roundness*（圆性）所侧显的不是构成圆形事物的点或实体；它所表示的事物与 *circle*（圆圈）的不同，甚至与 *round object*（圆形物体）所表示的事物也不同。*roundness* 将形状识解为一个实体，而不是形容词 *round* 所识解的互联关系。事实上，兰盖克指出过，包括互联关系在内的任何事物都可识解为实体（同上: 198）。与此相反，像 *be a circle* 这样的述名构式（predicate nominal construction）将实体的集合识解为一种互联关系，即个体与该名词所描述的类型之间的关系。在许多语言中，*be a circle* 的名词 *circle* 会像动词性谓词那样发生屈折变化。

§3.1 中的 10a-b 为实体-互联关系识解提供了例证。*Jill is fussy*（吉尔总是大惊小怪）将 *Jill* 的行为特征识解为关联性的，因而在一定程度上将行为特征和人（即句子主语）进行了分离。*be a fussbudget*（是个爱大惊小怪的人）将该特征识解为非关联性的，因此，我们将 *Jill is a fussbudget* 的 *Jill* 识解为爱大惊小怪这类人中的一员。所以，和 10a 相比，10b 让我们感觉 *Jill* 的行为问题更为严重。

构成性识解操作与注意、比较、透视这些认知能力所引发的识解操作有些差异。构成识解操作为所交流的经验提供一个结构。就此而言，构成识解操作与域别无二致，这与我们所提到过的意象图式的情况一样：大多数意象图式是构成识解操作（Clausner & Croft 1999: 16-25）。有许多单词，如 *more*、*very*、*in*、*part*、*alike*、*force* 等，所表示的概念必须在意象图式域中进行侧显（参见§2.2）。事实上，此类单词构成了《罗氏同义词词典》（*Roget's Thesaurus*）的第一部分和第二部分。意象图式和域一样，也有复杂的内部结构：

> ……意象图式完形有相当复杂的内部结构，不同的意象图式完形之间并不是没有区别。就是因为意象图式完形有内部结构，才使得它们在我们的经验和理解中成为有意义的、基本的模式。这些完形的图式由部件和纬度构成，而这些部件和纬度之间形成各种关系，据此我们才能理解我们的经验。（Johnson 1987: 61）

约翰逊指出，许多意象图式是同时起作用的，并将此描述为图式的叠合（superposition）。在论述图式的叠合时，他使用的例子都是我们所共同经历的事物，即离我们很近、对我们的立足点（vantage point）非常重要的事物，以及那些离我们很远、处于边缘的事物："中心-边缘（CENTER-PERIPHERY）图式，几乎从来都不会以一种孤立或独立的方式,出现于我们的经验之中……如果给我们一个中心和一个边缘,我们还会有沿着感知视角或概念视角向远处延伸的 NEAR-FAR(远−近)图式体验"(Johnson 1987: 125)。意象图式叠合与域阵中域的组合完全相同。例如,我们对重量大小的体验将 SCALE(度标)意象图式和另一个基本域即 WEIGHT(重量)结合起来。我们很难将重量概念与度标概念分开,但从某种意义上来说,重量概念和度标概念也代表了域阵中两个域(即兰盖克所描述的域的两个方面)之间最紧密的关系(参见§2.4)。

不同构成性意象图式的功能是不同的识解操作;将这些构成性意象图式作为意象图式域(image-schematic domains)来分析,与其作为识解操作的功能并不冲突,因为域本身也是认知识解,是用一定的方式对用于交流的经验进行框定。在此,我们对意象图式进行单独的分析,是因为它们普遍存在于我们的经验之中:经验交流之前必须通过基本结构、度标和力动态进行识解。

3.6 结语

前述讨论表明,任何句子都要对所交流的经验进行识解。从词语和词性的选择,到构成句法结构的屈折变化和构式,都涉及概念化问题。即便是基本的概念属性,如经验的范畴化及其结构,也都是识解的结果。这一事实向我们提出了两个问题,一个关乎技术,一个涉及哲学。

技术层面的问题是:识解操作是如何相互作用的?对于这个问题,学界有两个一般观察。首先,识解操作可以嵌套(nested)

或重复（iterated）(Talmy 2000: 84-88; Herskovits 1986: 57-59; Langacker 1987: 138-146)。塔尔米在对识解嵌套进行说明时用了一组例子，这是一个逐步建立起来的结构图式化集（structural schematizations）(Talmy 2000: 84)：

>（70）a. The beacon flashed (as I glanced over).
>（我目光瞥过去时）信标闪了。
>b. The beacon kept flashing.
>当时信标一直在闪。
>c. The beacon flashed five times in a row.
>信标连闪了五次。
>d. The beacon kept flashing five times at a stretch.
>当时信标以五次为一组连闪。
>e. The beacon flashed five times at a stretch for three hours.
>当时信标以五次为一组连闪了三个小时。

在70a中，*flash*（闪）被识解为个体化的单一事件。在70b中，*kept flashing*（不停地闪）被识解为不断重复的事件。在70c中，重复次数使重复性事件成为有边界的实体；在70d中，70c中的有界多次重复事件作为一个事件单位进行重复；而在70e中，70d中重复发生的事件组被赋予了边界。

赫斯科维茨将嵌套的几何识解操作描述成不同的语义功能，并以例71中的形式展现出来（Herskovits 1986: 59-60）：

>（71）a. The bird is in the bush.
>鸟在灌木丛中。
>b. Included (Part (Place (Bird))), Interior (Outline (Visible Part (Place (Bush)))))
>被包括的（部分（地点（鸟））, 内部的（边线（可视部分（地点（灌木丛）))))

在 71b 中，公式所描写的是对 71a 最自然的识解：介词 in 的意义是，视线将灌木丛所占据的空间区域分成内外两部分，视野内的灌木丛形成一个有界的空间区域，在其内部至少有一部分被鸟儿占据。

其次，识解操作的层级性，必定会产生一个概念上统一的话语意义识解（Croft 1993 [2002]: 163, 194-199）。克罗夫特认为，一个小句中的所有概念，都必须作为一个一体化的域中的组成部分进行识解。① 例如，例 72 中的概念，必须全部放在情感域中进行识解，而例 73 中的概念，必须全部放在语义内容域中进行识解；这种识解要求对例 72 中的介词 in 进行隐喻性识解，对例 73 中的专有名词 Proust 进行转喻性识解（同上：195）：

(72) She's in a good mood.
　　她心情好。
(73) Proust is tough to read.
　　普鲁斯特难读。

在例 72 和 73 中，对小句中单词（in, Proust）的别样识解，受到小句中另一个单词或短语（mood, read）的正常或"字面"识解的驱动。然而，最重要的是，对整个小句的识解是在单个域中进行的。在对整个小句进行识解时，也有可能出现不同的识解结果，从而出现歧义现象（如例 74），或者导致不同于单词任何"字面"意义的识解（如例 75）（Croft 1993 [2002]: 198, 199）：

---

① 在其 1993 年的原创性论文中，克罗夫特提出，只有小句的直接成分必须在概念上构成一个统一体；论元短语的内部结构可以围绕另一个域进行一体化。农贝格对转喻的分析表明，即使是论元短语，也必须服从域的统一性要求（Nunberg 1995; 另见 §3.2.1）。

（74）This book is heavy. (*physically weighty or emotionally powerful*)
这本书厚重。(物理意义上较重或在情感意义上具有感染力)

（75）The newspaper went under. (*construed in the domain of business activity*)
这份报纸破产了。(放在商业活动域中识解)

域的概念统一性只是小句必须遵循的三个概念统一性当中的一个。在我们对小句所指对象进行识解时，必须将这些所指对象放在同一个心理空间中的同一个时间和地点来识解（Fauconnier 1985; Croft 1993 [2002]: 200）。因此，在例 76 中，听者必须将 *her sister* 的所指对象放在 *Margaret* 的信念空间中进行识解（*Margaret* 在现实中是否有一个妹妹，或者 *her sister* 这一描述是否对 *Margaret* 信念空间中的所指对象适用），也必须将 *a car* 的所指放在同一个空间中进行识解（现实中是否有一辆汽车符合这一描述）：

（76）Margaret believes that her sister bought a car.
玛格丽特认为她妹妹买了一辆汽车。

小句中的所指也必须与事件参与者的单一实例化保持一致（Croft 1993 [2002]: 201）。这种选择上的统一性，可以为动词的体、名词的数和副词的识解等之间的相互作用提供解释：

（77）a. Sally drinks wine.
萨莉喝红酒。

b. Sally spilled wine on the carpet.
萨莉把红酒洒在地毯上了。

（78）a. Dan wrote the letters in two hours.
丹在两个小时之内写完了这些信件。

b. Dan wrote letters for two hours.
丹写了两个小时的信件。

77a 中的情景被识解为一种一般行为，因而是无界的，不涉及具体的事件；所以，wine 必须被识解为一类物质。77b 中的情景被识解为一个具体的有界事件，所以 wine 被识解为一种具体的、在数量上有界的液体。在 78a 中，定名短语和与之相一致的副词短语 in two hours 将该句中的情景识解为有界的事件；所以 write 被识解为有界的行为。在 78b 中，副词短语 for two hours 将该句中的情景识解为无界的具体行为，所以无界的光杆复数名词 letters 被识解为具体的事物（而不是像 I hate to write letters 中的类属性事物），write 被识解为具体的无界行为。

识解所引发的哲学问题是，语言、思维和经验之间存在什么样的关系？这种关系有没有制约因素？如果有，制约因素的作用方向是什么？是从语言到思维再到经验，还是相反，还是两种方向都有？

我们在本章的很多地方都提到过对某个经验的典型识解，如我们一般不将怀孕识解为等级性的，一般将较小的、可移动的物体识解为图形，一般用逐序扫描的形式来扫描动作，等等。很多情况下，经验的本质属性使我们偏爱某些识解。就是这些普遍的、典型的或默认的识解，才让语义学家们设想语义和经验之间存在一个比较严格的映射模式。认知语言学家强调，在理解概念化时需要一定的灵活性，而这种灵活性源自人类心智在认知外部世界时所表现出来的自然属性。但人类经验对概念化的确有一定程度的制约，使得有些识解很难出现，而有些识解几乎不可能出现。

因为概念化在语言表达中普遍发挥作用，所以在对语言与思维关系的处理上，似乎蕴含着一种相对论的方法：我们思考经验的方式取决于语言的语法结构。然而，我们在认知语言学中找不到这种具有浓厚相对论色彩的表述。

兰盖克认为，特定语言的语义结构必须与普遍的概念结构区分开来（Langacker 1976）。有人认为，"我们可以用一种目前尚不清楚却可能很简单的方法，直接将语义结构与思维和认知联系起来，即认知中所使用的结构与句子的语义结构在本质上是相同的"，而兰盖克拒绝接受这种观点（同上）。沃尔夫（Whorf）曾将英语中的 *He invites people for a feast*（他邀请人们参加宴会），与非洲努特卡语（Nootka）中最为接近的表达进行比较；如果按字面意思，努特卡语中的对等表达可大致翻译为 *He goes for eaters of cooked (food)*（他去请饭菜的食客）。在对该例进行讨论的时候，兰盖克认为，两种语言所表达的可能是同一个认知经验，却运用了不同的语义结构（Langacker 1976: 342-344）。正如莱考夫所言，"经验不会决定概念系统，只是促使概念系统的形成"（Lakoff 1987: 310）。

兰盖克将特定语言的语义结构称为规约性意象体系（conventional imagery）。我们在本章中举的许多例子都来自认知语法；认知语法的语义表达式（semantic representations）是用来描述该规约性意象体系的，而非这些规约性意象（conventional images）所识解的普遍认知结构。兰盖克在论述其研究路向的时候，使用了描述身体状态的例子：操英语者说 *I am cold*（我冷），法语按字面译成英语则是 *I have cold*（我有冷），现代希伯来语按字面意义翻译成英语则是 *It is cold to me*（对我冷）。在兰盖克看来，"尽管这些表达指称的是相同的体验，它们在语义上是不同的，因为它们在对同一个基本概念内容进行结构化时,使用了不同的意象"（Langacker 1987: 47）。

我们到现在还没有回答规约性意象在思维中的状态问题。兰盖克认为,规约性意象在思维中相对而言比较短暂:

  当我们使用某个构式或语法形素（grammatical morpheme）的时候,就是出于交际目的,由此选择一个意象来对所思考的情景进行结构化。因为不同语言在语法结构上是不同的,这些语言的使用者按照语言规约所运用的意象体系也是不同的。这一相对论观点本身并没暗示词汇语法结构会对我们的思维过程施加显著限制。事实上,我认为该观点相当肤浅（参见 Langacker 1976）。一般而言,一种语言的符号资源为某一场景的描述提供了一组供选择的意象,而我们常常可以在一个句子的范围内,很灵活地将一个意象转换成另一个意象。语言表达所调用的规约性意象体系是一种转瞬即逝的东西,既不能定义我们的思维,也不能约束我们的思维。（Langacker 1991b: 12）

斯洛宾（Slobin 1991）的观点与此有点相似,他将之描述为"为言而思"（thinking for speaking）:语法中的经验概念化是为了交际,却未必是为了其他的认知活动。

然而,并不是所有的识解都是规约性的;很多情况下,新奇的语言表达就是新奇识解的外显,而且所有规约性识解最初都是新奇的。甚至有些规约性识解现在仍被认为是"加载上的"（loaded）。克罗夫特（Croft 2001, ch. 3）认为,主动识解发挥的作用更大,他称之为规约性普遍主义（conventional universalist）立场。当我们首次或最初几次使用一个语法结构来识解某个经验的时候,它确实会影响我们思考该经验的方式。但是,当该语法表达向这个新经验的扩展约定俗成之后,即当它成为谈论该经验的标准甚至是唯一方式的时候，最初的识解就不再对言者如何思考该经验产生约束作用。该扩展构式的语法行为与最初的识解不一致，却可用于所交流的经验。该事实被用作支持规约性普遍主义立场的证据。例如，在法语中，表示身体状态的表达被识解为一种拥有；请将79a 和 79b 进行对比：

(79) a. J'ai froid. "I am cold." [lit. "I have cold."]
我冷。[字面意思是"我有冷。"]
b. J'ai une voiture. "I have a car."
我有辆汽车。

在法语中，也可以将身体状态识解为可分级的事物，但这种程度性识解与"拥有"概念不相容（Croft 2001: 115）：

(80) a. J'ai très froid. "I am very cold." [lit. "I have very cold."]
我感到非常冷。[字面意思是"我有非常冷。"]
b.*J'ai très une voiture. [lit. "I have very a car."]
[字面意思是"我有非常一辆车。"]

识解是语言的核心问题，也是语言与思维关系的核心问题；但是，识解受规约的限制，也受经验本身的限制。下一章对范畴化的研究，就是建立在这种假设的基础之上的。

第四章　范畴、概念与意义

4.1　引言

范畴化（categorization）是人类最基本的认知活动之一。在认知上比较抽象的事物，会有不少或实际或潜在的实例（instantiations）。范畴化就是对某个实体尤其是经验实体是否为某个抽象事物的具体表现的判断。例如，我们可以将某一动物识解为 DOG（狗）这一物种的实例，将一片颜色识解为 RED（红）这一属性的实例。我们将这种抽象的心理构念（mental construct）称为概念性范畴（conceptual category）。概念性范畴可被看作各种认知工具，具有以下几个功能：

（a）**学习功能**（learning）。人的经历绝不会原模原样地重复。因此，如果我们不能将当前的情况与类似经历联系起来，即不能将当前的情况归并到相同的概念性范畴中，我们就无法做到温故知新、稽古振今。

（b）**规划功能**（planning）。设定目标和制订实施计划也需要对不同个体进行抽象，并形成作为实体范畴（categories of entities）表现形式的概念。

（c）**交际功能**（communication）。语言是通过概括性的词语即范畴发挥作用的。任何语言表达，不管它多么详细，最终表示的都是由所指对象构成的范畴。

（d）**经济功能**（economy）。知识不需要或不完全需要与个体相关，因为我们可以将大量的知识储存在由个体构成的群组中。通过与个体互动而获得的知识，很容易推而广之，应用于范畴的其他成员。反过来，如果根据数量有限的标准，判定某个个体隶属于某个范畴，我们就可以获取更多与该个体有关的信息。

将 CAT（猫）和 TERRORIST（恐怖主义者）这样的类属概念（generic concepts）与 TONY BLAIR（托尼·布莱尔）和 CLEOPATRA（克利奥帕特拉）这样的个体概念区别开来是很重要的。范畴化的过程要以一个更基本的分类过程为前提；这一更基本的分类过程就是将某些经验归类为同一个体经验的过程。这两个过程都会形成格式塔完形，但这两个格式塔完形属于不同的类型。在我们看来，两者都是识解的结果。成年人可识别数千种事物，这些事物中不仅有人，还有物体、地方等。我们谈论和有意识地思考的那些事物，很大一部分在本质上都是个体。因此，占据我们意识的主要是各种个体。类属概念的功能，主要是对个体进行识别和/或描述。每个个体概念也都是不同的知识体，该知识体可能非常丰富，也可能极为粗略。个体概念本身并不是最终的识解结果，因为在识解的过程中，我们几乎可以不断地进行调制（modulation），尤其是通过限定性指称语所描述的内容（如"那个站在钢琴旁贼头贼脑的人"）。该内容具有双重功能：一是缩小指称对象所在的搜索空间（search space），二是对某一概念的最终识解进行调制。不论是认知心理学还是认知语言学,大多数实验和理论建构所关注的都是类属概念而非个体概念(individual concepts)。

我们可以从不同的视角来探讨概念范畴。尽管这些视角相互关联,却应清楚地加以区分。在此,我们主要讨论其中的三个。首先,我们可以将概念范畴看作由个体构成的集合。集合的属性与其成员的属性不同。对于这两种属性,我们主要关注其两个方面,即范畴的边界和梯度中心性(graded centrality)。梯度中心性是指在一般情况下,范畴都会有核心与边缘之分,范畴成员的典型性从核心向边缘递减。第二,我们可以从概念范畴的个体着手,来对概念范畴进行研究:这些个体有什么特征?如何将它们与其他范畴成员区别开来?第三,我们可以对范畴化的层次进行研究。范畴化层次与涵盖性(inclusiveness)有关,即一个范畴会涵盖一些次级范畴。因此,范畴化层次是一个相对属性(relative property)。但要注意的是,根据有些特征,我们也可以提出绝对层次(absolute levels)。我们认为,范畴化层次取决于对范畴成员进行描述时的信息类型和信息量。

在认知心理学和语言学中,一直占据主导地位的观点是,概念范畴是固定的认知实体,与语言表达之间具有稳定联系。然而,最近出现了动态概念观。该观点认为,概念是在使用的时候创生的(being created),概念范畴的所有方面都取决于识解。本书采用的就是这一范畴观,以及与之相随相伴的词义观。在详细论述动态识解路向(dynamic construal approach)之前,我们先对概念结构理论进行简要介绍。该理论在认知语言学的形成中发挥了极其重要的作用。

4.2 概念结构的传统模式

所谓概念范畴的传统模式，就是用一组充分必要特征来对范畴进行界定。这些特征之所以是必要的，是因为要想成为某个范畴的成员，必须拥有该范畴的所有这些特征；这些特征之所以是充分的，是因为只要拥有这些特征，就是该范畴的成员。因此，COLT（小雄马）这一范畴可以通过［马科动物］［雄性］［年幼］[1]这些特征来界定。这一范畴观有着悠久的历史。后被柯林斯和奎利恩（Collins & Quillian 1969）等心理学家采纳；受此启发，结构主义语义学将其运用到自己的理论框架中，后被卡茨和福多尔（Katz & Fodor 1963）的分解语义学采纳。在卡茨和福多尔的体系中，有些特征是二元的（binary），而另一些特征是一元的。二元特征只有两个语义值（values），即"在场"（present）或"缺位"（absent）。例如，FILLY（小雌马）的定义与COLT定义的差别在于性别特征：COLT的义素是［马科动物］［雄性+］［成年-］，而FILLY的义素是［马科动物］［雄性-］［成年-］；MARE（**雌马**）的义素为［马科动物］［雄性-］［成年+］；STALLION（公马）的义素为［马科动物］［雄性+］［成年+］。像［马科动物］这样的非二元义素属于"反义N元"集合（antonymous n-tuples sets），在任何一个集合中，只能出现一个这样的非二元义素。也就是说，

---

[1] 在原著中，义素是将全大写单词放在方括号中表示的。在译文中，我们用方括号加正白体表示。——译者

像［马科动物］［犬科动物］［猫科动物］这样的义素是无法组合在一起的。对范畴结构的这种描述一般都会与"嵌套论"（nesting assumption）（Hahn & Chater 1997: 47）相伴而生。根据嵌套论，上位概念的区别性特征会作为一部分嵌套在下位概念的区别性特征之中。如 BIRD（鸟）的特征会作为一部分嵌套在 Robin（知更鸟）的特征中。构式语法（construction grammar）将这种现象称为特征的"继承性"（inheritance）（参见 §10.2.1）。柯林斯和奎利恩（Collins & Quillian 1969）将概念的特征描述法与特征嵌套论结合起来，提出语义记忆的层级模式（hierarchical model of semantic memory）。

　　传统模式为范畴设定了清晰而严格的边界。学者们也注意到了范畴之间的包含与被包含关系，但无法对范畴化的绝对层次（absolute levels）做出解释（见下文）。传统的定义不是对事物或事物之间关系的完整描述，人们所要做的是将个人的经验和知识与某一事物如小猫的定义即［猫科］［驯养＋］［成年－］进行比较。认识到这一点是很重要的。

　　概念范畴的传统模式面临很多问题。学者们经常提到的不足有三点，并为克服这些不足提出了替代理论。首先，正如维特根斯坦通过其著名的 GAME（游戏）例子指出的那样，我们根本无法用充分必要条件给很多日常概念下适当的定义。而且，就像菲尔莫尔（Fillmore 1975）在分析 bachelor（单身汉）这一概念时所指出的，即便有些概念似乎有定义，这些定义也只适用于具体的情况（参见§2.5 部分对 bachelor 的探讨）。第二，对传统范畴观而言，上文提到的"梯度中心性"现象也是一个难题。梯度中心性现象就是有些范畴成员比其他成员更为典型，或更能代表其所在的范畴。而传统范畴观认为范畴中的所有成员都是平等的。第三，在实际使用过程中，范畴的边界是模糊的，而且可以变化。范畴的传统模式无法对此做出解释。作为范畴结构的模式，理应能够解释人在记忆、计划、推理等心智活动中如何借助范畴的问题。但在这个方面，传统的定义显得力不从心，因为传统的定义提供的信息寥寥无几。

对于自然范畴的本质属性问题，学者们提出了好几种理论，大部分出现于心理学文献之中。在认知语言学的发展过程中，影响最大的无疑是元型理论（prototype theory）。

4.3 范畴结构的元型模式

在元型理论的形成过程中，进行开创性实验和理论研究的是罗施及其同事们（Rosch 1973, 1978; Rosch & Mervis 1975）。当然，他们的研究也是建立在前人思想基础之上的，特别是维特根斯坦（Wittgenstein 1953）和布朗（Brown 1958）的研究。

4.3.1 梯度中心性

不是所有的范畴成员都有相同的范畴地位。直觉告诉我们，有些范畴成员比较典型，而另一些不那么典型。范畴中最典型的成员位于范畴最中心的位置。认知心理学家就成员身份契合度（Goodness-Of-Exemplar；GOE）问题做了大量的实验研究。这些实验的最基本步骤是，给被试一个范畴和一些该范畴假定存在的成员，然后要求被试根据这些假定成员的典型性分别给它们打分；分值从 1 到 7 分为七个档次，1 表示最为典型，而 7 表示最不典型或不是该范畴的真正成员。据称被试都明白要求他们做什么。另外，假如被试来自同一个言语社团，而该言语社团内部差异性不大，实验结果将会集中在某些数值上（这说明被试不是随意进行评判的）。将大量被试的评分结果整合起来，就可发现范畴的最佳成员：这些成员一般被称为元型（prototypes）或元型性成员（prototypical members）。例如，若该范畴是 VEGETABLE（蔬菜），英国被试对不同项目的评级结果如下（均引自其中的一位作者）：

	GOE 评级
韭葱，胡萝卜	1
西兰花，欧防风	2
芹菜，甜菜根	3
茄子，小胡瓜	4
欧芹，罗勒	5
大黄	6
柠檬	7

成员身份契合度的评级在很大程度上会受文化左右。（熟悉程度无疑是影响评级结果的一个因素，但我们不能说评级结果完全受熟悉程度左右。）例如，在英国语境中（如一个典型的本科班），对 DATE（椰枣）在 FRUIT（水果）范畴中成员身份契合度的评级一般为 3—5，而一群约旦人却会不约而同地将其成员身份契合度评为 1。

实验表明，范畴成员身份契合度与一些独立于范畴的属性紧密相关，从而进一步凸显了成员身份契合度的重要意义。下面是我们从这些特点中挑选出的几个("高成员身份契合度分值"表示该分值接近1)。

(i)**被提及的频率和先后顺序**。当实验者要求被试在规定时间内尽可能多地列出某一范畴的实例时,发现某一事物出现的总频与其成员身份契合度分值有着很强的相关性,而一个事物在成员名单中的平均位置与成员身份契合度逆相关。

(ii)**习得的先后顺序**。总体而言,儿童对范畴元型性成员的掌握要早于边缘性成员。(但这可能与儿童听到这些单词的频率有关。).

(iii)**家族相似性**。成员身份契合度评级较高的事物与范畴中其他成员的家族相似性(family resemblance)较高,而与其他范畴的成员的家族相似性较低。

(iv)**确认速度**。在典型的实验中,两个单词闪现在被试面前的屏幕上。被试要在尽可能短的时间里,判断第二个单词的所指是否为第一个单词所代表范畴的成员[例如,VEGETABLE: CARROT(蔬菜:胡萝卜); VEHICLE: CHAIR(车辆:椅子)]。实验者将被试的反应速度记录下来。结果发现,对于典型性评级较高的事物,被试的反应速度较快。

(v)**启动效应**。在启动实验(priming experiments)中,经常运用词汇判断法:实验者会向被试展示一串字母,然后要求被试以最快的速度说出这串字母是否是一个单词。如果给被试一个在语义上相关的单词,或同一个单词,会加快被试的反应速度:这种现象就是启动(priming)。当启动物(prime)为FRUIT(水果)这样的范畴名称时,就是我们目前要讨论的情况。辨识速度的提高就是启动效应。启动效应与范畴成员的典型性评级有关。例如，对于英国人，FRUIT（水果）可提高其对 APPLE（苹果）的反应速度，且提高的程度要大于对 DATE（椰枣）的程度。

人们认为，在与成员身份契合度相关的事物中，确认速度和启动效应这样的心理语言变量（psycholinguistic variables）尤为重要，因为它们都是下意识的反应，因而可以说揭示了范畴的深层属性。

对于成员身份契合度与其范畴隶属度（degree of membership; DOM）之间的关系，学界一直没有达成一致意见。有学者认为，被试在对成员身份契合度进行评级的时候，事实上给出的是隶属度。然而，这种观点是有问题的。被试要做的就是评判事物在某一范畴中的典型程度。被试评判的是隶属度的说法，属于后来的解读。反对将成员身份契合度等同于范畴隶属度的学者，如莱考夫（Lakoff 1987: 45）、普尔曼（Pulman 1983）、克鲁斯（Cruse 1992b）等，借助 BIRD（鸟）范畴中 OSTRICH（鸵鸟）的例子来说明自己的观点。他们说，毫无疑问，鸵鸟是鸟范畴中不折不扣的成员，但不可否认的是，其成员身份契合度很低；因此，成员身份契合度和范畴隶属度是两个需要分开讨论的问题。昂格雷尔和施密特（Ungerer & Schmid 1996）声称不应将此看作一个难题，但他们没有对此进行任何解释。泰勒（Taylor 1989 [1997]）认为，对鸵鸟的两种评判都是对隶属度的判断，但两种评判所依据的是不同的范畴。一个是"专家"的范畴，一个是普通人的范畴；专家的范畴有着明确的成员判断标准，而普通人的范畴没有清晰的成员判断标准；按照"专家"的范畴，OSTRICH 是不折不扣的

BIRD 范畴成员，而按照普通人的范畴，OSTRICH 在 BIRD 范畴中的隶属度较低。这种解释别具匠心，我们也赞同对同一个词项所代表的范畴进行不同识解的观点，但泰勒的论述经不起仔细的推敲。

首先，在许多语义域中，是否判断识解和梯度判断（graded judgments）识解同时存在，并可相互替换。下面以 dead（死的）和 alive（活的）为例进行说明。我们可以将此称为"生命状态"域。对该域的识解往往是二元性的：如果说 John is dead（约翰死了），一般说明一个事实，即 John is not alive（约翰不在世了）。但我们也可以说 John is more alive than Mary（约翰比玛丽更有活力）。这句话并没有改变生命状态域，却将其识解为具有程度特征的事物了。同样，范畴成员也有这种情况。就 BIRD 范畴而言，无论是专家的范畴还是普通人的范畴，任何动物只要位于边界之内，就是范畴的一员；与此同时，根据不同的中心性（centrality），我们又可对范畴成员的身份进行梯度识解（gradable construal），认为有些成员比其他成员更靠近范畴的中心位置。因此，将成员身份契合度解读为范畴隶属度是情有可原的。

与此同时，如果说鸵鸟只有 30% 是鸟，直觉告诉我们这种说法是有问题的。所以，隶属度这个术语也许应该留给一个不同的属性。我们可以将范畴理解为容器，也就是将域理解为莱考夫式的 CONTAINER（容器）意象图式。如果将一个物体描述为"30% 位于容器之中"，一般情况下我们会怎么理解？肯定会理解为像泰迪熊玩具那样，部分在箱子里面部分露在外面，而不会理解为靠近箱体而非位于箱子正中吧？在范畴问题上也有类似的情况。比如，当我们说牧师"在某种程度上是社会工作者"时，我们实际上部分地将他归到社会工作者的范畴了（参见 Lakoff 1973）。也就是说，在我们对 PRIEST（牧师）和 SOCIAL WORKER（社会工作者）两个范畴进行识解的时候，将它们部分重叠起来了。显然，该观点在阐释隶属度时更为有用。[请注意：我们在此提出的有关隶属度的观点，与克鲁斯（Cruse 1992）的观点有着明显的不同。]

在此，我们也可以向大家简要地介绍一下与成员身份契合度实验及结果相关的两个问题。一个问题与下面句子的意义有关：

How good is X as an example of category Y?
X 在 Y 范畴中的身份契合度有多高？

我们究竟如何解读"身份契合度有多高"的问题？在自然的交际语境中，"身份契合度高"（good）和"身份契合度较高"（better）一般不会给交际造成困难。例如，儿童宠物狗的典型性，会与看家护院狗的典型性或田园狗的典型性不同。虽然这不会对成员身份契合度观念造成破坏，却表明既要对相关范畴又要对"身份契合度高"的意义进行具体识解，才能得到真正重要的结果。我们可以对各种观念的至少部分有别的"身份契合度"进行梳理[参见 Lakoff（1987：84-90）等]。以下是其主要类型：

（i）**典型性/代表性**。典型性或代表性是指，仅凭对一个下位范畴（subcategory）的熟悉程度来了解一个范畴，了解其准确度或有用性程度的高低。典型性或代表性与使用频率紧密相关。莱考夫指出，人们更倾向于用典型范畴成员的属性来理解非典型范畴成员，而非相反。在有些情况下，一个广为人知的范畴成员可能会被认为是其所在范畴的典型成员（假如某人对该范畴所知有限）。

(ii)**与理想成员之间的距离**。这与克鲁斯（Cruse 1990）所谓的"品质"相关。克鲁斯所用的例子是绿宝石。价值最高的绿宝石是深绿色的，没有瑕疵；但这样的绿宝石也是最稀有的，而且越大越稀有，所以无论如何我们都不能说它们是典型的绿宝石。正如莱考夫所言，理想成员会在很多领域发挥作用。它们会像绿宝石一样是一组抽象属性的化身，或集中体现在某一成员身上。莱考夫将这样的成员称为"典范"（paragon）。

(iii)**意象的刻板印象程度**。意象的刻板印象程度（stereotypicality）与典型性不一样，这很让人感兴趣。但对于两者之间的区别，至今没有令人信服的解释。莱考夫（Lakoff 1987: 85-86）的阐述给人以启发，但论述并不充分。他认为，对典型性的应用往往是无意识的和自主性的，而对刻板印象（stereotype）的运用却是有意识的。这似乎有一定道理。他还认为，刻板印象会发生变化，而典型性在人的一生中都不会改变。但是，典型性也会随着现实的改变而发生变化，如汽车、电脑或照相机的典型性，而刻板印象却不会受变化的影响。一般情况下，刻板印象也与评价性特征（evaluative features）相关。

另一个问题是，在许多经典的实验中，实验对象是作为范畴成员的下位范畴而非个体。例如，在实验中会给被试一个诸如**水果**这样的范畴，以及一些水果类型，如 APPLE（苹果）、STRAWBERRY（草莓）、MANGO（芒果）、PASSION FRUIT（百香果）、DATE（椰枣）、OLIVE（橄榄），然后让被试对这些水果的成员身份契合度进行评级。另一些实验针对的则是个体：如罗施就元型色彩展开的研究（Hinder 1971, 1972; Berlin & Kay 1969）

等；还有一些对儿童展开的实验，基本上也是针对个体而非范畴的。两者确实存在着差异。如果将某些范畴作为另一范畴的示例，那些能被用来确定成员身份契合度的属性则无法发挥作用。上文所描述的品质就是如此。另一个例子是良构性属性（property of well-formedness）：苹果是水果中最典型的示例，这样说一点问题都没有，但如果是坏苹果呢？就个体而言，良构性就是成员身份契合度的另一种表述。

4.3.2 范畴概念的表征

根据心理学家汉普顿（Hampton 1997）的观点，元型理论有两个版本。梯度中心性和最佳示例（best examples）这两个相互关联的概念在两个版本中都拥有核心地位。（语言学家往往不会对这两个版本进行清楚的区分。）在对概念进行表征时，其中一个版本使用的是范畴成员的属性清单方式。这一版本的元型理论与传统定义模式相似，区别仅在于元型表征不需要充分必要条件，尽管个别特征可能是必要的或充分的。一个事物在范畴中的中心性取决于它拥有多少相关特征：拥有的相关特征越多，成员身份契合度越高。在其他方面都相同的情况下，如果一个特征的出现导致了成员身份契合度的提高，那么该特征就是必要的。在有些版本中，可以根据特征对范畴中心性所起的作用，对特征进行加权（be weighted），然后设定一个总的加权分，来作为评判范畴成员身份的标准。在整个范畴中，可能没有一个成员会拥有该范畴的全部特征。在这种情况下，拥有最多特征的一个或多个成员就构成了该范畴的核心；此时真正的元型将是由全部特征构成的理想化成员。

元型理论的另一个版本以相似性为基础。该版本认为概念是通过理想范例（ideal exemplar）即元型表征的，其他事物的成员身份和中心性取决于他们与元型的相似性。汉普顿强调，不能将这两个版本的元型理论混为一谈。像色彩或形状这样的简单概念，用相似性方法分析会比较好，而像 BIRD（鸟）或 VEHICLE（车辆）这样的复杂概念，最好用特征清单模式来应对。（参见 Hampton 1997: 88）我们无法用充分必要特征来定义像 GAME（游戏）这样的维特根斯坦式范畴（Wittgensteinian categories）。在这样的范畴中，成员之间存在家族相似性关系。而特征清单式元型理论可以对这样的范畴进行解释。当被试按照要求提供一个范畴的属性的时候，他们不仅提供该范畴中所有成员都拥有的特征，还提供大多数范畴成员所具有的特征。这也印证了不存在充分必要特征这一事实。汉普顿认为，元型理论的两个版本都对范畴边界情况做出了令人满意的解释。然而，有一种现象令人感到不解：假设范畴特征总数为 Y，X 是 Y 清单中的部分特征；一个系统根据 X 个特征来确定范畴成员身份，另一个系统根据 Y 个特征来确定范畴成员身份；与后者相比，前者会产生更多的边界实例。另一方面，我们可以发现以相似性为基础的体系是如何放弃边界情况的，特别是在相似性不断变化的情况下。

4.3.3 范畴化层级

元型理论也能用来对范畴化层级进行解释。范畴会有不同层级的涵盖能力（inclusiveness），较具体的范畴会嵌套在涵盖性较强的范畴之中。如：

(1) a. 车辆——**汽车**——掀背车
　　b. 水果——**苹果**——澳洲青苹果
　　c. 生物——动物——**狗**——西班牙猎狗
　　d. 物品——器械——刀具——**刀**——面包刀
　　e. 物品——家具——**桌子**——牌桌

一般情况下，每一组都有一个基本层级（basic level）（Rosch et al. 1976）或类属层级（generic level）（Berlin et al. 1973）。该层级具有特殊的地位和重要性。（在例1中，基本层级事物均以粗体表示。）除了基本层级，还有上位层级（superordinate level）和下位层级（subordinate level）。这两个层级在具体性上存在程度差异，各有特点。对上位层级和下位层级的区分，依据的不仅仅是它们在层级链中的位置，还要根据大量的不同特点。（有关概念层级结构更详细的论述，请参见 Murphy & Lassaline 1997）。

4.3.3.1 基本层级范畴

基本层级范畴具有以下主要区别性特征：

(i) 基本层级范畴是具有互动行为特征的最高层次。

为更好地理解这一点，想象一下请人模拟对狗做出的动作：这不是太难，大多数人会做出轻拍和轻抚狗的动作。但设想一下让人模仿对动物做出的动作：除非该人知道是哪种具体动物，不然会非常困难。"家具"与"椅子"、"勺子"与"餐具"之间的情况也是如此。

(ii) 基本层级范畴是可以形成清晰视觉意象的最高层次。

如果让人想象一下范畴中的某个成员，我们会得到与模拟动作类似的效果：我们很容易对非特定的狗、椅子或苹果形成心理意象，如果没有具体对象，要想形成动物、家具或水果的心理意象几乎是不可能的。在图片-单词配对实验中，被试在该层级上的反应速度最快。

（iii）基本层级范畴是具有部件-整体信息的最高层次。

这包括部分与部分之间的关系。对 TOOL（工具）、CUTLERY（刀具）、CLOTHES（衣物）或 FURNITURE（家具）等作为上位范畴的人工制品而言，大多数成员没有部件-整体结构。生物类上位范畴在部件-整体方面更有规律，但在部件与部件之间的关系方面缺少共性。

（iv）基本层级范畴是日常指称中所使用的范畴。

如例1所示，一组词语按照具体程度排列，构成一条词语链，而这条词语链上的词语都可用来指称某一实体。因此，我们可以同时用西班牙猎狗、狗和动物来指称某一条狗。然而，除非另有目的，我们在交际中指称事物时，所使用的一般都是基本层级词语（详见 Cruse 1977）：

（2）A : I can hear something outside.
　　　我听到外面有什么东西。
　　B : It's just a dog/?spaniel/ ?animal.
　　　就是一条狗/?一条西班牙猎狗/?一个动物。

人们常常认为基本层级词语，即在缺省状态下被识解为基本层级范畴的词语，就是所指的"真正"名称。跨语言研究表明，在形态上，基本层级词语一般是单词素结构，比其他层级的词语短；在语义上，基本层级词语为最初词义，而非通过隐喻扩展从其他认知域借来的词义。(Berlin et al. 1973) 在与孩子交谈时，父母常用基本层级词语。因此，儿童最早学会的词语是基本层级词语就不足为奇了。

> (v) 人们将物品归类为基本层级范畴成员的速度要快于将其归类为上位层级或下位层级范畴成员的速度。

例如，人们将照片中的西班牙猎狗归到"狗"范畴的速度要比归到"动物"范畴或"西班牙猎狗"范畴的速度快。

以上这些特征都看作墨菲和拉萨利纳（Murphy & Lassaline 1997: 106-107）所谓的对基本层级特征"差异化解释"的结果。依据以下三个标准，基本层级范畴是其直接上位范畴所能细分的最佳层级：

> 范畴成员之间的区分度，及与相邻范畴成员的区分度；
> 范畴内部的同质性（homogeneity），即范畴成员之间的相似度；
> 信息性（informativeness），即除上位范畴所提供的信息之外，所能提供的新信息量。

我们以"动物""狗""西班牙猎狗"三个词语为例进行说明。ANIMAL（动物）范畴与 BIRD（鸟）、FISH（鱼）、INSECT（昆虫）等相邻范畴[①]之间的差别较大，信息量也足够大，但与 DOG（狗）范畴相比，ANIMAL 范畴成员之间的相似度比较低。在 SPANIEL（西班牙猎狗）范畴中，成员之间的相似度很高，范畴成员之间的区分度却很低，能提供的额外信息量也很小。无论从哪种标准衡量，DOG 范畴的分值都是最高的。

---

① 原著作者将"动物"范畴与"鸟""鱼"和"昆虫"等范畴并列，所用词语为 neighboring（相邻的）。——译者

4.3.3.2 上位层级范畴

上位层级范畴具有以下特点（请注意："上位"一词在这里的用法与纯粹表示词义关系的"上义关系"不同）：

(i) 尽管上位范畴的成员与相邻范畴的成员之间有较大的区别，范畴内部的相似性却相当低。所以上位层级范畴的典型性没有基本层级范畴的典型性高。

(ii) 与基本层级范畴相比，上位层级范畴的定义特征（defining attributes）较少。

在罗施等人（Rosch et al. 1976）所做的实验中，要求被试罗列同一个上位层级范畴中的基本层级事物的属性，结果几乎没有找到可以作为上位范畴定义特征的属性。然而，正如克鲁斯（Cruse 1992b）所表明的，这可能不是引出上位范畴属性的最好的方法。一个范畴最显著的属性是那些能将该范畴与其默认对照组中其他其成员区别开来的属性。马的最显著特征是能将其与其他动物区别开来的特征。如果要求被试罗列马的属性，他们不大可能将"有骨头""会呼吸"等罗列在内，因为对照组中的其他成员也有这些属性；他们更有可能提到的属性是"可以骑""有鬃毛""有长尾巴""会嘶鸣"等。获取 ANIMAL 重要特征的唯一方法是将其与 FISH、PLANT、INSECT 等范畴对照。同样，被试对椅子、桌子等的反应无法为我们提供**家具**的重要特征。如果让被试罗列能将家具与窗帘、地毯、器具、壁炉和窗户区别开的特征，也许更能说明问题。如果用这种方式来思考，我们就会发现，家具一般是硬的（不同于地毯），可以挪动（不同于壁炉），是事物发生变化的场所（不像器具，器具是做事的工具）。[博林格（Bolinger 1992）对 FURNITURE 范畴做过类似而单独的分析。〕然而，上位范畴的特征仍然较少。其结果是，上位范畴中的家族相似性不明显。

  （iii）基本层级范畴的直接上位范畴与更高层级的上位范畴之间是单属性关系（a single-attribute relation）〔如 FOOTWEAR（鞋类）之于 SANDAL（凉鞋）、UNDERWEAR（内衣）之于 VEST（背心）〕。

  （iv）在语言层面上，当基本层级词语是可数名词时，上位范畴的名称常常是物质名词。

这方面的例子有：

  crockery (*cups* and *plates*)〔陶器（口杯和盘子）〕
  cutlery (*spoons* and *forks*)〔餐具（勺子和叉子）〕
  furniture (*tables* and *chairs*)〔家具（桌子和椅子）〕
  footwear (*boots* and *shoes*)〔鞋类（靴子和鞋子）〕
  (*computer*) *hardware* (*hard disks* and *modems*)〔（计算机）硬件（硬盘和调制解调器）〕

也有相反的情况，不过例子较少，上位范畴是可数名词，而基本层级范畴是物质名词。如：

  metals (*iron* and *copper*)〔金属（铁和铜）〕
  beverages (*beer* and *wine*)〔饮料（啤酒和红酒）〕
  spices (*pepper* and *coriander*)〔香料（胡椒和芫荽）〕

在基本层级和下位层级词语之间绝不会出现这种相互矛盾的情况。上位层次词语常常在形态上比较复杂或为多音节。

4.3.3.3 下位层级范畴

下位层级范畴（subordinate level categories）具有以下特点：

  （i）下位层级范畴没有基本层级范畴那么理想，因为尽管下位层级范畴的成员之间相似度很高,它们与相邻范畴成员之间的区分度却较低。
(ii) 与其直接上义范畴(hyperonymic category)相比,下位层级范畴的信息量较小。因此,当被试按要求列举区别性特征的时候,他们所列举的区别性特征与作为其直接上义层次事物的区别性特征相差无几。
(iii) 在形态上,下位层级范畴常常是多词素的词,最普遍的形式为偏正式结构(如 *teaspoon*、*rocking-chair*)。

昂格雷尔和施密特(Ungerer & Schmid 1996)等以此说明,可用一个属性而非百科知识将下位范畴与基本层级范畴区分开来(如 *teaspoon*、*rocking-chair*)。然而,我们需要将命名行为与概念内容区别开来:"单一属性"与命名有关,却总会有没被编码的百科式区别性特征。例如,尽管 *spaniel*(西班牙猎狗)是单词素词,而 *long-tailed tit*(长尾山雀)是包含属性(即有长尾巴的)复杂表达形式,与基本层级范畴相比,两者更大的具体性都是百科知识性的。

以上描述与墨菲和拉萨利纳(Murphy & Lassaline 1997)等认知心理学家的观点类似。人类语言学家也对范畴的层级结构进行了广泛的研究(参见 Brown 2002 等)。在研究路径方面,他们与心理学家多有不同。首先,他们侧重于跨语言研究。其次,绝大多数研究与生物分类有关;这类研究经常涉及生物的"民间分类"和"专家体系"之间的区分,并且绝大多数研究与前者有关;有些研究(如 Atran 1990)认为,只有生物分类才是真正的层级性分类,而且在生物类型概念中,只有动物、狗、西班牙猎犬、山毛榉、紫叶欧洲山毛榉、灌木丛等"通用型"(general purpose)范畴才具有等级性，蔬菜、杂草或宠物等实用型范畴（utilitarian categories）则没有等级性。再次，他们发现更有"深度"的分层，并用不同的术语表示各个层级。如（括号里为相应的心理学范畴）：

（3）初始层（beginner）　　　植物（plant）
　　　生命形式（life form）　　灌木丛（bush）(＝上位层次)
　　　类属层（generic）　　　　玫瑰茶（rose）(＝基本层次)
　　　具体层（specific）　　　 混合茶（hybrid tea）(＝下位层次)
　　　品种层（varietal）　　　 和平冰茶（Peace）

　　类属层的属性并没有明显加强上文有关基本层级的论述。在不同的文化中，范畴的层级结构具有明显的稳定性。这说明范畴层级结构在认知上具有普遍性，而且可能是人类与生俱来的认知能力。至于形成分类系统的动因，人类学家之间存在不同的观点。一个学派认为，功用性目的是形成分类系统的驱动因素，即范畴化是人类生存的手段之一。另一学派认为，人类对不同生物种类的区分源自人类的求知欲。后者提出几个理由：尽管世界各地文化不同、环境各异，分类体系却非常相似；有些方面存在差异，但这些差异在其各自的文化中并没有实用价值；这些分类体系往往与科学分类高度一致。布朗（Brown 2002）承认这些论据有一定的说服力，但同时也指出，与居所固定的农业社群相比，以狩猎和采集为谋生手段的社群，在范畴数量上要少得多。这表明范畴数量的多寡有功用方面的原因。在人数上，小的农耕社团也往往比猎采社团多。在收成不好之时，获取替代食物就非常重要了。因此，对事物的详细了解有助于生存，具有生存价值。与之相对，猎采社群的人数一般较少，其生活方式具有流动性，这使得他们对某一地区食源的依赖性较低。因此，对当地动植物群落的详细了解并没有太大的价值。

4.3.4 元型理论的不足

对于元型理论，学界已指出了不少问题。下面是其中几个主要的问题。

4.3.4.1 特征清单方式过于简单化

相对于传统范畴观而言，范畴结构的元型理论不以充分和必要的标准来衡量范畴的特征。即便如此，特征清单的做法将本来非常复杂的问题过于简单化。这是范畴元型观为人诟病的地方。相对来说，巴萨卢（Barsalou 1992b）等学者的框架（即由方面和值构成的结构化清单）理论要复杂精致一些。但是，自然事物等概念的属性往往非常"丰富"，它们相互联系，互为因果，交织在一起。即便是这些复杂精致的范畴理论，在描述时也会顾此失彼，无法做到全面周到。这种过分简单化体现在不同的方面。一方面，特征清单方式没有考虑到语境的影响。研究表明，在判断哪些为范畴最佳成员的时候，不同的语境会导致不同的判断结果（Barsalou 1987）。拉波夫（Labov 1973）的研究也发现，如果考虑语境特征，就会使相邻范畴的边界发生变化。另一方面，成员身份契合度不能简单地通过特征的多寡来衡量。另外，特征之间也会相互影响：一个特征是否出现会取决于其他特征是否出现，也取决于其他特征的特征值（values）。举一个简单的例子，如果勺子较小，WOODEN（木质）特征将会降低勺子的成员身份契合度（GOE），但如果勺子较大，则不会。像这种相互影响的例子数不胜数，有些还同时涉及数个特征。

4.3.4.2 奇数悖论问题

"奇数悖论"是针对元型理论提出的。阿姆斯特朗等人（Armstrong et al.1983）发现，人们认为 ODD NUMBERS（奇数）在中心性上具有等级差异，尽管 ODD NUMBER 范畴根据充分必要条件有着清楚明确的定义。为解释这种现象，他们将元型范畴观与传统范畴观结合起来，提出所谓的"双重表征"（dual representation）假设（Smith et al. 1974）。该观点认为，概念拥有两种功能各异的表征。其中一个为"核心"表征，相当于传统定义。该表征支配概念的逻辑属性。另一表征是一种元型系统。在这种元型系统中，特征越典型越重要。该体系的功能是对事物进行迅速范畴化（即分类）。有了这种区分，奇数难题迎刃而解。然而，新理论由两种理论混合而成，同时也继承了两种理论原有的大多数难题：特别是该理论使元型理论希望解决的传统理论中的问题死灰复燃，即对于绝大多数日常概念而言，都没有核心定义。

4.3.4.3 与特征相关的问题

所有建立在特征基础之上的概念结构模型，都受一个问题的困扰。这些概念结构模型是什么？它们从哪里来？在绝大多数的论述中，这些概念结构模型似乎被简单地描述为其他的概念。换言之，概念就是概念网络中的节点。这不禁让人联想到结构主义者对词义特征的描述（参见 Lyons 1963，1968 等）。在结构主义者的描述中，概念体系独立于外部世界，人类心智活动很难在概念解释中发挥作用。特征要想真正发挥解释作用，就必须"以次级符号层次为基础"（be grounded in a subsymbolic level）（Hampton 1997: 91），也就是说，这些特征必须是来自知觉、行动、意图等的非语言特征，或者必须证明与这些非语言特征系统性相关。汉普顿发现了一个更为棘手的循环论证问题。当我们用"有一颗"将 BIRD（鸟）与 HEAD（脑袋）连接起来的时候，如果我们不清楚这颗脑袋是大象脑袋还是鸟的脑袋，就会漏掉很多信息。

4.3.4.4 对照范畴问题

像 CAT（猫）、DOG（狗）、LION（狮子）、CAMEL（骆驼）等相互对照的范畴也给元型理论提出了难题。我们无法对这些范畴之间相互排斥的关系做出解释。对"狗"而言，"有绒毛""被抚摸时发出咕噜声""跳跃前行""体型比普通人大""有鳞片"都有负权重（negative weighting）。如果我们不将负权重与元型表征特征结合起来，对这些范畴之间相互排斥关系的解释是不合逻辑的。但到目前为止，似乎没人采用这种策略。

4.3.4.5 元型理论的边界问题

对于范畴边界和位置问题，元型理论学者关注不够，许多认知语言学家也是如此。从下面的引述中可以看出，兰盖克似乎不承认边界的存在："如果分类者感知能力正常或足够聪明，只要能找到某事物与典型实例的相似点，就能将该事物归于典型实例所在范畴。至于该事物离元型的距离，没有具体的界限"（Langacker 1991: 266）。

莱考夫承认范畴存在着边界，但很少进行探讨。在汉普顿（Hampton 1991）等少数几个心理学家提出的元型模式版本中，范畴是有明确边界的。然而，在范畴的所有属性当中，边界无疑是最基本的属性。范畴就像一个容器，主要功能之一就是将世界上的事物分成两类，一类位于容器之内，一类位于容器之外。如果没有边界，范畴就无法发挥这一功能。

范畴边界观念的存在几乎不需要详细证明。如果 A 说"那是一个 X"而 B 说"它不是一个 X"，要么两人对"那"所指称的事物有不同的理解，要么对范畴 X 边界的位置存在分歧。有些形容词，像 *artificial cream*（人造奶油）中的 *artificial* 和 *fake Monet*（伪造的莫奈画作）中的 *fake*，表明所指事物不属于名词所标示的范畴；*Mark Spitz is a regular fish*[①]（马克·施皮茨是一条真正的鱼）中的 *regular* 要求听者意识到 *Mark Spitz* 事实上不是鱼。[②]

显然，只有通过改变范畴边界的位置，才能对下列句法合规但推理模式有错的句子进行解释：

　　（4）a. A car seat is a kind of seat.
　　　　汽车座椅是一种椅子。
　　　　b. A seat is an item of furniture.
　　　　椅子是家具。
　　　　c. ? A car seat is an item of furniture.
　　　　? 汽车座椅是家具。

汉普顿给予的解释（在第六章将有些许变化）是，只要一个

---

　　① 该句为莱考夫（Lakoff 1973）所举的例子。马克·施皮茨是游泳运动员，获得 9 枚奥运会金牌，35 次打破自由泳和蝶泳世界纪录，人称"飞鱼"。为国际奥委会授予的 5 名"世界最佳运动员"之一。——译者
　　② 需要强调的是，正如史密斯等人（Smith *et al.*1974）提出、汉普顿（Hampton 1997: 93）称之为"双重看法"（binary view）所示，存在范畴边界并不意味着存在按照充分必要条件所下的"核心定义"。

典型的 X 位于 Y 范畴之内，就可使 An X is a Y 成立；但并不能保证所有的 X 都属于 Y 范畴。因此，例 4 中的推理模式是否具有可接受性，可通过图 4.1 中边界配置进行解释（阴影区域表示元型核心）：

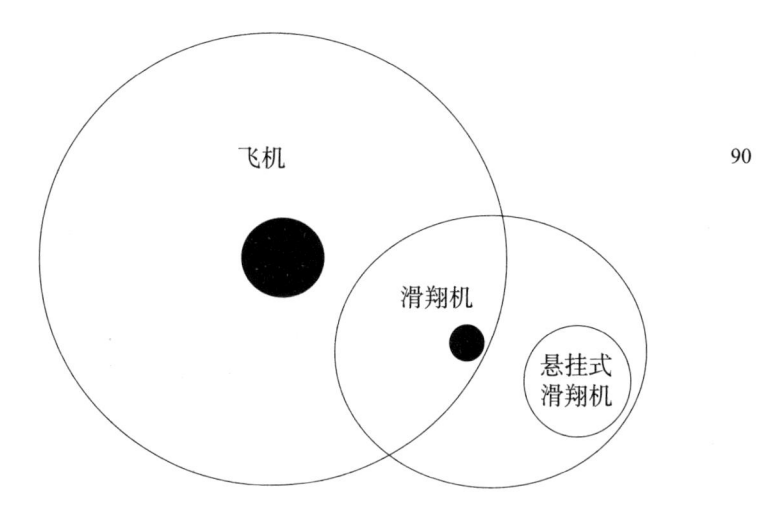

图 4.1　飞机、滑翔机和悬挂式滑翔机的边界

在上图中，GLIDER（滑翔机）的元型位于 AIRPLANE（飞机）范畴的边界之内，而 HANG GLIDER（悬挂式滑翔机）则位于 AIRPLANE 范畴的边界之外。

心理语言学的实验发现，范畴边界的位置与被试在分类任务中的反应速度有关。如果让被试判断一件物品是否属于某一范畴，被试的反应速度取决于该物品离范畴边界的远近：离边界越近，反应越慢。因此，在例 5 中，被试对粗体单词所指称的事物反应最慢：

(5)(水果)苹果……**西红柿**……土豆
(车辆)汽车……**自行车**……椅子
(单词)hand...**malk**...pkhq

下面是事物位于范畴边缘的另一个表现。我们以 CLOTHES（**衣物**）范畴的成员 SHOE（**鞋子**）为例进行说明。如果一只手提箱中除了内衣、衬衫、短袜、夹克衫和裤子别无他物，我们会毫不犹豫地说这只箱子"只装了衣物"。然而，如果是一只装满鞋子的箱子，我们会犹豫是否该说箱子里只装了衣物；另一方面，如果箱子里装的全是衬衫，我们就不会有这样的犹豫。显然，这是鞋子位于范畴边缘而衬衫位于范畴中心的一种反映。当我们面对包括边缘衣物在内的各种衣物时，我们似乎对 CLOTHES 范畴有不同的识解，即衣物范畴涵盖的类型更多；当我们面对一堆鞋子的时候，我们将 CLOTHES 范畴和 SHOE 范畴识解为相互排斥的。

范畴边界的位置与其元型无关，即两个范畴可能拥有相同的元型却拥有不同的边界；同样，两个范畴可能拥有相同的边界却拥有不同的元型。我们以法语单词 *corde* 及其英语对应翻译 *rope*（绳子）为例进行说明。在分别询问以两种语言为母语的人之后，我们发现两个范畴的元型非常接近：讲法语者和讲英语者都把同类事物作为最好的例子。但两个范畴的边界不同。《小拉鲁斯词典》(Le Petit Larousse)将 *ficelle* 定义为 *une corde mince*（一条细绳）；如果英语将 *string* 定义为 *a thin rope*（一条细绳），似乎非常怪异。也就是说，*ficelle* 自然位于范畴 CORDE 之内，而 *string* 却在范畴 ROPE 之外。我们可以用英语中的 *courage*（勇气）和 *bravery*（勇敢），来对另一种情况即边界相同而核心不同的情况进行说明。我们很难说一种行为是 *courage* 的表现而非 *bravery* 的表现，反之亦然，但它们的核心区域有着明显的差异。我们请学生对 6a 和 6b 中的行为进行评级，判断它们是（ⅰ）brave 行为，还是（ⅱ）courageous 行为。

> (6) a. A person jumps into a fast-flowing river in an attempt to save someone who has fallen in.
> 跳进湍急的河流，试图救起落水者。
> b. A person risks his/her career and livelihood by exposing malpractice and injustice at the heart of government.
> 揭露政府要害部门营私舞弊，使自己的事业和饭碗受到威胁。

很多人认为 6a 是 bravery 的表现，而 6b 是 courage 的表现。

对边界而言，一个根本性问题是它们不会随元型表征自然出现。即使在汉普顿的元型模式版本中，也只是以一种任意的方式进行约定（stipulate）。元型理论学家一般会说，自然概念范畴的边界是模糊的。其实，这也是反对传统模式的主要论点之一。据称发现范畴边界具有模糊性的线索是，在对范畴边界位置进行判断时，不同的被试会有不同的结果，而且相同的被试在不同的语境下会做出不同的判断。上文所引心理语言学实验也表明，范畴边界是一个区域，而非清晰的线条。然而，应该指出的是，即使范畴边界是模糊的，也有其位置。我们将在下文对模糊边界概念进行批判性分析。

4.3.5 基于框架理论的元型效果阐释

对概念范畴的表征而言，特征的清单式罗列显得太过简单。

第二章所描述的框架构念（notion of frame）将概念视为由相互关联的知识构成的复杂结构体，从而提供了一个更为合理的工具。借此，我们就可以对梯度中心性进行更为灵活的阐释。我们可将梯度中心性视为某一个体的相关特征与范畴理想成员的特征框架中某个或某些方面之间的吻合度。

92　　人们发现在三种情况下会出现梯度中心性现象。首先，在个体与框架中被凸显的区域交汇的时候。我们以 VEHICLE（车辆）范畴中的"汽车"和"拖拉机"为例进行说明。绝大多数被试会认为"汽车"的成员身份契合度（GOE）要比"拖拉机"的成员身份契合度高。之所以如此，可能因为理想的车辆是在道路上而非在田野里行驶的，因此 CAR（汽车）与 VEHICLE（车辆）的吻合度高于 TRACTOR（拖拉机）与 VEHICLE（车辆）的吻合度。出现梯度中心性的第二种情况涉及"单身汉"这类拥有传统定义的事物。在这类情况中，个体的实际背景与理想背景域之间的相似性会出现梯度中心性。我们在前文已经进行过论述，在与适婚年龄相关的文化背景下，"单身汉"的定义才能发挥作用。尽管罗马天主教牧师能够满足单身汉的基本定义，我们却认为他不是一个很好的单身汉例子。因为与牧师有关的背景假设与我们对"理想"单身汉的背景假设不相吻合。第三种情况是，当一个概念如 MOTHER（母亲）（参见§2.5）通过一个理想认知模式的集群进行说明的时候，会出现梯度中心性。此时，理想认知模式的作用相当于特征，理想认知模式集群中的成员在具体实例中出现的越多，该实例在范畴中的地位越靠近中心。

4.4 概念范畴的动态识解路径

大多数有关范畴属性的观点都有一个共同之处，即认为每一个范畴下面都有某种恒定的心理表征。然而，最近出现的新范畴观对这种假设发起了挑战。例如史密斯和塞缪尔森对"固定范畴"观点进行了尖锐的批判："范畴稳定、概念稳定的基本观点一直没有什么变化。与之相反，各种概念理论走马灯似地提出、抛弃，重新启用、再抛弃。"(Smith & Samuelson 1997: 163)

史密斯和塞缪尔森引用一些实验结果来印证自己的观点，即拥有永久表征的固定范畴是个神话。其中一个实验是巴萨卢（Barsalou 1983）做的。该实验以没有规约性名称的范畴为实验对象，如"放在桌子上用来钉钉子的东西"，或者"野餐时用的东西"。被试轻而易举地就形成了新的、在语境上具有一致性的范畴[①]；这些范畴与已有范畴的特点相同，包括梯度中心性和特有特征（characteristic features）。因此他们认为，范畴本来就不是一成不变的，而是根据需要在线创生的。惠特尔西（Whittlesea 1997）支持该路径的总体思路，认为没有确凿的证据表明存在着单独的抽象知识体系，也没有确凿的证据表明所谓的固定概念会有其他的解释。

根据斯史密斯和塞缪尔森的观点，形成概念的要素都是过去的历史、最近的历史、当前的输入。过去历史就是由过去经验积累的记忆。该历史表明，经验会对我们的"认知方式"产生永久

[①] 即在相同的语境中会形成相同的范畴。——译者

的影响。因此两位学者进一步说道:

> 辩证地看,在持续变化的体系中,这些日积月累的长期变化[1]具有一定的稳定性。如果在我们反复出现的经验之中存在统计学意义上的规律和模式,那么随着认识的层层叠加,以某些方式进行表现和思考的倾向将会由弱变强,有时会强到很难扰动的程度,因而显得很稳定。(Smith & Samuelson 1997: 175-176)

过去经验记录下来的事物包括凸显的语境因素、感知到或推理出的逻辑关系(因果关系等)、伴随的语言等。概念创生的第二个因素是其直接的前心理活动。史密斯和塞缪尔森将启动实验(priming)的普遍效应看作这一前心理活动的例子。具体而言,他们在概念形成方面是这么认为的:

> 相邻的两个思维活动之间要有连贯性(coherence),因为事件的意义取决于其在事件流中的位置。先想到吃、后想到青蛙,与先想到池塘、后想到青蛙的思维活动是不一样的。(Smith & Samuelson 1997: 175-176)

对直接语境的识解是概念创生的最后一个因素。直接语境包括语言、感知、社会、心理等方面;而心理语境又包括当前目标和计划、推理和预期结果、感知到的因果关系等。

下面我们将简要说明这种动态概念观对概念三个主要特征即边界、框架和层级(levels)的影响。

4.4.1 对范畴边界的影响

同一个单词在不同语境中会有不同的识解,从而导致范畴边

---

[1] 此处指经验的积累。——译者

界的位置发生变化。想找到这样的例子不难。英语 pet（宠物）就是一例。现在出现了一些被称为"电子宠物"的电子产品，它们可以模仿动物的一些特征，而且对人类的要求不多、省心省力。假如我们就这些物品的宠物身份提出这样一个问题：

　　（7）Is a cyberpet a pet?
　　　　电子宠物是宠物吗？

面对这样的问题，来自一个典型本科班级的典型结果是，少数学生认为"是"，多数学生认为"不是"。回答"是"的学生人数虽少，却也足以引起关注。当然，这是一个典型的"模糊"结果。我们现在换一种问法：

　　（8）Is a cyberpet a real pet?
　　　　电子宠物是真的宠物吗？

这一次绝大多数学生回答"不是"，因为 real（真的）一词引导学生对范畴边界的位置进行识解。我们还可假设另一种情形，比方说一位教育心理学家，正就一名儿童出现的行为问题，向其父母提出如下建议：

　　（9）I advise you to get her some kind of pet — even an electronic
　　　　one might be beneficial.
　　　　我建议你们给她弄个宠物——即使是电子的对她也是有好
　　　　处的。

对于这种情况，即使 pet 一词将电子玩具包括在内，在一个典型班级中，没有一个学生认为心理学家的话有什么不妥。因为语境中有 some kind of（某种）和 even（即使），我们所识解的宠物范畴在外延上会更大。

我们再以 *dog*（狗）为例进行说明：

（10）A dog has four legs.
狗有四条腿。

乍一看，这似乎是明摆着的事实。但是，对于那些在事故中失去一条或多条腿的狗而言，这还是事实吗？在对例 10 进行解读时，我们所识解的狗范畴只包括肢体健全的狗。下例是对狗范畴边界的另一种识解：

（11）Dogs are mammals.
狗是哺乳动物。

我们在此识解的是一个生物学意义上范畴，其成员包括三条腿的狗和野狗。接下来请考虑另一种情况：

（12）A dog makes an excellent companion for an old person.
对老人来说狗是很好的伙伴。

对于这种情况，我们识解的是一个社会行为学意义上的范畴，其成员只有宠物狗。

最后，让我们将例 13 中对 *bird* 的识解，与例 14 中对 *bird* 的识解进行对比分析：

（13）I wish I could fly like a bird.
我想像鸟儿一样飞翔。

（14）We get lots of birds in our garden.
在我们的花园里有很多鸟。

在对例 13 中 *bird* 的识解中，我们必须将不会飞的鸟和受伤后无法飞翔的鸟排除在外。如果例 14 出自一位地道的曼彻斯特郊区居民之口，那么鸵鸟和雕是不会出现在花园里的，在这一假设基础之上，我们将 *bird* 识解为"最常见的园林小鸟"。

综上可知，范畴结构的传统模式存在着不足。缺点之一就是，该模式建立在范畴具有清晰的边界这一假设之上，人们却发现自然范畴的边界是模糊的。然而这种观点也需要重新审视。范畴边界具有模糊性的依据是，对于范畴边界的位置，不同的被试会有不同的判断，而相同的被试在不同的识解条件下也会有不同的判断。但是范畴边界模糊性的所有证据都来自对孤立词项的反应，而非来自具体语境中的识解。尽管对范畴边界的识解会随语境的改变而不同，我们却没有理由认为，这些被识解后的不同边界具有模糊性。边界是一条分隔"里""外"的线。按照动态识解的观点，边界原则上是清晰的。然而，我们对范畴边界的了解会有程度上的差别。例如我们可能只知道它位于某个可能的范围之内。范畴边界位置的不确定性与边界的清晰性完全可以并存不悖。

下面我们以"死"和"活"之间的边界进行说明。判断标准会随语境和话题的改变而不同。就人类而言，"死""活"之间的边界充满了争议。我们可再思考一下堕胎辩论中"人类"的边界。这两种情况中的边界位置都有分歧和不确定性，却并不模糊，对争论者而言，边界肯定是清晰的。争论的前提是，一个确定的边界有两种识解。

在判断具体事物是否属于某一范畴时，才会出现对范畴边界的识解。也就是说，我们识解的是局部边界，而非范畴的整个边界。莱考夫（Lakoff 1987）针对范畴模糊性问题举了一个例子，即具有梯度属性的 TALL MAN（**高个子**）。然而，根据动态识解观，即使这类根据具体语境而定的范畴，识解时在相关度标上也要有具体的参照点（详情参见第八章）。

总而言之，这种范畴边界的模糊观是没有意义的，因为正常的、确定的边界都会有不同的识解，我们可以用它来描述任何事物。

4.4.2 框架

框架或理想认知模式（ICMs）是由菲尔莫尔和莱可夫提出的，有时也称作理想认知模式集群（cluster ICMs）。它们是一些相对固定的结构，与词项之间有着稳定的对应关系；根据所感知的现实与框架因素之间的契合度，对词项所代表的范畴的边界可以有不同的识解。但是，与边界相比，尽管框架具有一定的稳定性，动态识解观同样适用。我们在上文介绍过巴萨卢的实验。实验发现，可以形成一个临时范畴，该范畴拥有已有范畴的所有特点。这表明框架可以进行在线识解。*dogs and other pets*（狗和其他宠物）中的 DOG（狗）范畴和 *Dogs are mammals*（狗是哺乳动物）中的 DOG 范畴是不同的。这种变化可以通过与 DOG 框架中恒定因素的契合度变化来解释，但用框架调制（modulation of frame）来解释似乎更有说服力。在任何情况下，不管框架是否受识解的左右，都需要边界定位机制进行阐释。

4.4.3 范畴化层级

因为层级地位是内容及内容之间关系的反映，所以，不同的人对层级有不同的识解、同一个人在不同时间和不同场合对同一层级的识解会有差异，就不足为奇了。

不同的人会将相同的事物划归到不同层级，这样的例子不少。

与单词 bird（鸟）相关的范畴就是一例。对有些人而言，bird 指代一个位于上位层级的范畴即 AVES（鸟类）。AVES 与 ANIMAL（兽类）、FISH（鱼类）、INSECT（昆虫）等是姊妹范畴，其下位层级是基本层级范畴，该下位层级中的成员包括 SPARROW（麻雀）、THRUSH（鸫）、BLACKBIRD（乌鸫）等。对于另一些人而言，bird 的默认所指是一个基本层级范畴，其中包括常见的园林鸟，不仅 CAT（猫）、DOG（狗）等是其姊妹范畴，TURKEY（火鸡）、OSTRISH（鸵鸟）、EAGLE（雕）等不常见的鸟类也是其姊妹范畴（Jolicoeur et al. 1984）。THRUSH 和 BLACKBIRD 等都是 BIRD 的次级范畴。第一种情形在生物学上更有意义，因为这些物种都位于基本层级上。但很多人坚定地认为，与猫和狗之间的区别相比，麻雀与鸫之间的区别，和柯利牧羊犬与西班牙猎犬之间的区别"更为相似"。在缺省状态下，将 bird 识解为鸟的人也可能会将其识解为 AVES。同样，如有需要，认为"鸫"是基本层级范畴并在缺省状态下将 bird 识解为 AVES 的人（就像本书作者这样的人），可以运用另一系统进行认知操作。

问题是，作为基本层级的 THRUSH 与作为下位层级的 THRUSH 有什么不同？一个重要因素似乎在于知识、记忆、联系等内容的丰富程度。基本层级范畴天然拥有丰富的内容，并与相邻的姊妹范畴有着清晰的界限。称职的博物学家会拥有相对丰富的鸟类知识，如山雀、燕子、鸫等的具体区别。城镇居民也可能知道这些鸟的名称，但除此之外，对其他的知识知之甚少。名称只不过充当了潜在知识的占位符（placeholder），因此城镇居民无法形成符合要求的基本层级范畴。也许城镇居民能够形成园林鸟的类属意象，却没有足够的经验或知识来形成具体鸟类品种的思维图像；其针对所有园林鸟的行为模式也都非常相似。城镇居民对"鸟"的识解分为上位和基本两个层级。但它们不是在两个层级上对同一个范畴的识解，而是在两个层级上对两个不同范畴的识解。如果一个人能用两个系统进行操作，会出现什么样的结果？设想有一位养狗的人，在其工作环境中，从他身上看到的是与 SPANIEL（西班牙猎犬）、COLLIE（柯利牧羊犬）、ALSATIAN（阿尔萨斯牧羊犬）、TERRIER（㹴犬）这些基本层级范畴相关的特有行为。当他与一个行外人士交谈的时候，会出现什么样的情况呢？很多人至少会根据场合在认知上进行调整，重新使用这些词语的社会默认识解。但是，他们真的会替换范畴吗？或者他们只是在一个新的层级上对这些范畴进行识解？如果他们通过与职业环境高度相关的背景知识等，确实对这些范畴进行了重构，那么他们实际上就是在创生新的概念范畴。我们似乎有理由认为，对范畴层级的识解不能脱离内容，也就是说，分类层级的任何上下变动，都是对词项所代表的范畴进行不同识解的结果。

4.5 意义的动态识解

在词库（lexicon）中，词汇有确定的结构特征；而在语境中，词汇的意义明显具有灵活性。要想对词汇和其意义之间的关系进行令人满意的解释，我们就要将二者有机地结合起来进行考虑。一个相当普遍的做法是认为在词库中词汇拥有稳定的语义结构，或至少能从词条中推理出来，然后用各种语用规则和原则来对语义结构变化进行解释。本书将探究另一种方法。该方法认为意义和结构关系并不是词库固有的,而是在实际使用中"在线"识解的。这并不是新观点。语言学界最早提出该观点的是穆尔和卡林(Moore & Carling 1982),现在已被认知语言学界广泛接受(如 Lakoff & Sweetser 1994、Croft 2000);另外,我们在上文已经提到,认知心理学就概念问题提出了类似的观点。但是,持有该观点的学者一般不会将其应用到结构主义语言学家所关心的问题,如语义关系、词汇场、语义成分分析等(多义现象得到广泛研究,但这类研究对语义边界这样的结构特征没有给予足够的重视)。当然,不可否认的是,语言表达为意义识解提供了至关重要的原材料。但是,我们将在下文表明,语言表达只是几个成分中的一个。[98]根据这种观点,单词并没有真正的意义,句子本身也没有真正的意义:意义是我们以语言成分的属性为部分线索,结合非语言知识、语境信息和对听者精神状态的了解和推测等,所识解出的东西。

我们将运用概念范畴动态识解理论中的基本观点来解释单词的意义,尽管形式上有所改动。然而,概念不必与语境中识解的语义相同,也不必与我们所说的解读(interpretation)相同,对此我们应铭记在心。请思考以下例句:

(15) Dogs are not allowed in this building.
　　　这座楼里不能养狗。
(16) I like cats, but I can't stand dogs.
　　　我喜欢猫,不喜欢狗。

不管在何种场合说这两句话,对 *dog*(狗)的理解都会与同一语境中所识解的概念 DOG 相同。然而,此类例子尽管常见,却为数不多。如例17的内容与宠物狗有关，它的主人忘了给它吃午饭了：

> （17）Oh, look: that poor animal hasn't had anything to eat since this morning!
>
> 噢，瞧瞧：那只可怜的动物从早上到现在没有得到任何食物。

对此，我们可以说 animal（动物）一词所引发的识解是 ANIMAL 这一概念范畴。但是，充分识解后的意义涉及一个具体概念即宠物狗，而宠物狗这一概念本身还需要根据语境因素进行进一步的识解。其中一个语境因素就是用了 animal 这个上位范畴词而非基本层级词 dog 来指称所描述的对象。即便没有统计学上的论据，我们也似乎有理由推测，在日常交际中，所涉及的基本上都是具体的事物或人，而不是种类。

我们对意义的描述涉及四个基本概念，即语境化解读、词语意旨（purport）、限制因素和识解。下面将依次探讨这四个概念。

4.5.1 语境化解读

在真实语境中，每个词的使用都会有其特别之处。正如维特根斯坦所言，"每个符号本身似乎是死的。是什么赋予其生命？在使用中它才有生命。是使用赋予它生命？还是使用就是它的生命？"（Wittgenstein, 转引自 2001 年 9 月 7 日《卫报》）

我们认为，符号的"生命"是在我们对其进行语境化解读时赋予它的。一个孤立的符号当然拥有与语义相关的属性和语义潜势（semantic potential），而且这些属性会影响最终解读。但是，我们应该将这些属性与解读本身区别开来。[我们在孤立词语上被弱化的意义直觉（attenuated intuitions of meanings）都可归结为某种缺省识解。]下面我们将用具体例子进行说明[下列例子取自米内特·沃特斯（Minette Walters）的小说 *The Breaker*（《暗潮》）]：

(18) Bertie was lying on the doorstep in the sunshine as Ingram drew the jeep to a halt beside his gate…The dog raised his shaggy head and thumped his tail on the mat before rising leisurely to his feet and yawning.

当因格拉姆将吉普车停在他的大门口的时候，伯蒂正躺在阳光下的门前台阶上……狗扬起毛茸茸的脑袋，尾巴噗噗地扑打着垫子，然后慢悠悠地站起来，打了个哈欠。

(19) Bibi…sat cross-legged on the floor at Tony's feet…nervously [she] raised her head.

毕毕……盘腿坐在托尼旁的地板上……[她]抬起头，神情紧张。

我们没必要纠结这两个段落的细节。引用它们的目的只是想让大家注意，与解读的生动性相比，单个符号是没有活力的。想想 thump、raise、rise 等单词在词典中给出的意义，并对比上面所引段落中唤起的详细情景。然后对比 the dog raised his shaggy head（狗扬起了毛茸茸的脑袋）与 nervously she raised her head（她紧张地抬起了头）中的 raise。这是两个不同的动作，不仅仅因为一个是狗的动作而另一个是小女孩儿的动作，还因为相对于地面而言，狗确实将头部抬高了，而女孩儿只是扬起头以便朝上看。

当然，在对这些情景进行识解的时候，我们要借助大脑中存储的与女孩、狗的动作行为有关的经验知识：如果毕毕趴在地板上，下巴下垫着一本书，而有人想看这本书，那么 *Bibi raised her head*（毕毕抬起了头）中的抬头动作，将与 *The dog raised his head*（狗扬起了脑袋）中的抬头动作非常相似。显然，这些细微区别不是 *raise* 这个单词固有的，但它们是语境中识解意义的一部分，而且是 *raise* 一词所引发的直接识解（参见§2.1 中对菲尔莫尔理解语义学的讨论）。

在正常的交流过程中，当我们听到或读到一段话语的时候，会有一个理解的瞬间，一种对意义感知的结晶阶段（crystallization）——我们知道某人说了或写了什么。这类似于我们认出了一张熟悉的面孔，或意识到我们看见的是一条狗。对于面孔而言，我们不仅认出其为何人，而且在同一瞬间还会发现该人面露倦色或忧心忡忡、头发在风中飞舞等。如作进一步思考，我们可能会推断该人一直在做什么，或者为何事担忧。这种信息加工可以一直持续下去，但总会有我们无法继续识别下去的那一刻。

当我们遇到一段语言的时候，也会出现相似的情况。我们立刻就能明白这是一段什么样的话，但我们可以继续进行因果分析和作进一步的推论，而且这个过程可以无限地进行下去。我们在此所说的对某一表达的解读，就是在我们理解时构成关注焦点的东西。从现象学上讲，这是一个相当明确的事件。如果我们将过程分为预结晶过程（pre-crystallization processes）和结晶后过程（post-crystallization processes），将会有助于我们的理解。预结晶过程就是在结晶前发生并导致结晶的过程。研究意义的方法有多种，在解读意义的时候，许多方法有明确的出发点却没有明确的终点。例如在关联理论（the Relevance Theory）（Sperber & Wilson 1986）中，起点是一个显义（explicature），终点（如果有的话）

却是一系列语义强度逐渐减弱的隐义（implicature）。我们目前采用的语义理解模式没有确定的起点（只有一个意旨），却有确定的终点。

解读就像图画，不容我们通过语义特征之类的事物进行穷尽性描述。特征本身也是识解。当然，在某种意义上，语义必须有其穷尽性神经表征。但构成该表征的元素更像电脑屏幕的像素：最后形成的图像是一个格式塔完形，同样，一种解读也是一个完形。对我们来说，这种体验的本质依然很神秘。

请注意，以上论述关注的都是听者。也许在讲话之前，言者大脑中就有了某种东西；但是，从某种意义上讲，言者在对自己的言语进行加工的时候，是不知道之前别人说过什么的。言者的主要任务是设计话语，以引导听者在大脑中形成自己想要的解读。

4.5.2 词语意旨

每个词项（单词形式）都与一个概念内容体相联系。我们在此将这样的概念内容体称为"词语意旨"（purport）。解读的识解过程建立在两部分知识的基础之上：一部分是为解读提供原材料的词语意旨，另一部分是对解读进行限制的一组规约性限制因素。词语意旨不对应于任何具体解读，甚至也不对应于抽象的解读；一般而言，单词与具体的概念范畴之间也没有稳定持久的联系。与此同时，我们有一种直觉：一个单词的大多数用法之间存在一致性。毫无疑问，之所以会有这种直觉，部分原因在于单词形式与词语意旨之间的恒常关联。

词语意旨可以是相对连贯的内容体，也可表现为相对离散的部分（如传统的"同形异义现象"中的不同部分）；事实上，我们可以说，词语意旨是除没有连贯性的内容外，具有各种关联程度的内容体（我们不讨论像 bank 这样的单词，它们的词语意旨是离散型的，即这类单词有两个或两个以上的词语意旨。对极端情况而言，这样说也不会有太大的危害，但是它模糊了一个事实，即"离散性"（disjunctness）是个连续渐变体，而这些情况位于连续渐变体的两端。）

我们不能将词语意旨理解为识解意义（construed meaning）的一种变体。词语意旨之于解读，就像鸡蛋之于鸡蛋饼，或者面粉之于面包：两者属于不同的本体论范畴。词语意旨是意义的构成要素（ingredient），而不是组成部分（constituent）。一般而言，我们不能将词语意旨解释为一种在语境中变得具体的抽象意义或上位意义。解读不是词语意旨在语境中的具体化，而是词语意旨在语境中的变形（transformations）。

单词在具体情景中的使用（即得到识解），会形成与该单词有关的过往经验；而词语意旨是这种过往经验的某种功能。正因为如此，词语意旨在不断发展：单词每使用一次，都会在某种程度上改变该单词的词语意旨。

4.5.3 限制因素

当然，对解读作出的识解不是没有限制的，而是有各种各样的限制因素。这些限制因素在限制强度上有所不同，而且可能会相互加强，也可能会互相抵消（有关相互冲突的限制因素的例子，请参见第五章有关多面义和微意义的例子）。我们也可以通过认知努力来克服这些因素的限制；而且，限制因素的限制力越强，我们通过识解来对抗限制时所付出的认知努力也越大。这些限制因素在稳定性上也会随语境而变化。我们将限制因素大致分成四类。

4.5.3.1 人类的认知能力

人类认知系统的本质特点是一类非常基本的限制因素。我们在此思考的既有积极的方面，如图形-背景结构的普遍倾向，或格式塔完形的其他原则，如闭合（closure）原则等，也有消极的方面，如记忆力和注意力的局限性等。

4.5.3.2 现实的本质

我们将第二类限制因素称为"现实的本质"，尽管这样的说法显得很天真。对于某些事物，经验的某些方面引导人们自然而然地采取某种识解而非其他识解。举一个简单的例子，当我们谈起属性的时候，我们可以选择将它们识解为在场，也可以选择将它们识解为缺位，或者将它们识解为不同程度的在场。比如说结婚状态：我们将其识解为二元对立的事物（已婚的：单身的），要比将其识解为具有程度性的事物（非常已婚的、稍微单身的）容易得多。另一方面，如果我们考虑的是线性空间，将其识解为具有程度性的事物，要比识解为二元对立的事物容易得多。与此类似，我们在识解 bank 的两个词义的时候，很难将两者识解为没有意义边界的事物，这与客观现实有关：河流的 banks（堤岸）与金钱的 banks（银行）是两个不同的事物。

4.5.3.3 社会规约

另一个非常重要的限制因素是规约。规约是我们所在的社会习惯性识解某些情景的方法或对某些词语的习惯性使用等。有关规约的理论及其局限性，请参见刘易斯（Lewis 1969）、克拉克（Clark 1996）和克罗夫特（Croft 2000）。规约又分为两个方面。一个方面是单词形式与概念内容区域之间的映射。映射本身就是一种限制因素：一个单词的语义潜势，与另一个单词语义潜势的不同，根源在于词语意旨的不同。规约的另一个方面是对词语意旨进行识解时所面临的局限性。因为限制因素的作用，有些识解是在默认状态下发生的，如果想进行不同的识解，就要付出额外的认知努力。规约性限制因素往往和语境有关；也就是说，对于具体语境或语境类型中的具体词语意旨，规约性限制因素会倾向于某些识解而抑制另外的识解。

4.5.3.4 语境因素

最后一个限制因素是语境。放在最后讨论并不是因为它的重要性最小。总体而言，语境性限制因素相当于克拉克（Clark 1996）的共同背景（common ground）。

（a）**语言语境**

这是克拉克称之为"个人共同背景"中的一个组成部分，即行动基础（the actional basis）。我们可以将语言语境分为三个方面：

（i）**前语篇**：即某句话语之前刚刚说过的内容，显然会构成限制力很强的限制因素。

（ii）**直接语境**：在对一个单词进行识解时，其所在的短语或句子会施加强有力的限制。举一个简单的例子，我们一般会对例 20 和例 21 的 *bank* 进行不同的解读，就是因为其所在的直接语境不同：

(20) We moored the boat to the bank.
我们将船停泊在岸边。

(21) I've got no money—I'll call in at the bank on the way home.
我没钱了——在回家的路上我想顺道去一下银行。

（iii）**语篇类型**：包括体裁（genre）、语域（register）和语场（field of discourse）。体裁可分为诗歌、小说、教材、新闻报道、私人书信、友好对话、警察讯问，等。语域分为正式语域和非正式语域；如果是正式语域，是科技的还是非科技的；如果是非正式语域，是不是逗乐的，等。语场分为法律语场、教会语场、运动语场、政治语场，等。

（b）**物理语境**

参与者在身边环境中的所见所闻也同样重要。这相当于克拉克提出的个人共同背景的知觉基础（perceptual basis）。

（c）**社会语境**

社会语境指参与者所处的情景以及参与者之间的关系（包括权势关系）。这些都会对识解产生强烈的影响。

（d）**知识储备**

所有话语的加工处理，都要以存储在大脑中的大量经验和知识为背景。因此，这些存储的经验和知识会对某些识解产生影响。例如，在上文所举的 *bank* 例子中，如果我们知道言者是个古怪的隐居者,会将钱藏在盒子里然后埋在河堤上,对例 21 会有不同的解读。第三项和第四项是克拉克的公共共同背景(communal common ground)中的构成部分。

4.5.4 动态识解

兰盖克所提出的识解概念,在我们对词汇语义学的论述中,是一个非常重要的概念。就是通过一系列的识解过程,一个本质上非语义的词语意旨才被转换成完全语境化的意义。有关识解过程的详细讨论请参见第三章的内容。

4.5.4.1 识解链和预备意义

正如我们在此所描述的,对一个意义的识解过程不是一次性完成的,而是一系列基本过程的结果;这些基本过程有些是首尾相继地排列,有些是并行发生。我们将看到,在许多情况下,词语意旨和解读之间的识解过程由多个阶段构成,这些阶段有着重要的语义特征。我们将这样的中间阶段称为"预备意义"(pre-meanings)。例如,对边界的识解会创生具有逻辑属性(logical properties)的预备意义。而这些逻辑属性独立于其后的或伴随的识解过程(请参见第五章中有关自主意义单元和第六章中范畴涵盖性的讨论)。

4.5.4.2 默认识解

在一个言语社团中,只有在语言的用法保持稳定的情况下,人们才能进行交际,而规约性限制因素在保持语言用法的稳定方面发挥着至关重要的作用。规约性限制因素存在于个体言者的头脑中,但其根源来自个体之外的言语社团。规约性限制因素不同,其限制强度也不相同。弱限制因素所产生的至多是一种识解倾向或者可能；而这种倾向或者可能很容易被语境性限制因素消除。要想克服强限制因素的影响，就需要相应的较大的认知努力。识解的不同方面会受不同的规约性限制因素的制约。所以，一个全面识解的意义不可能是一个限制因素作用下的结果，而一个限制因素作用下的识解更像是一个预备意义，设置一个边界，留出一个范围，以便通过识解进行进一步的丰富。规约性限制因素未必独立于语境而存在：有些规约性限制因素只有在特定的语境类型中才能发挥作用。规约性限制因素也可在不同的具体性层次上发挥作用，宽域限制因素的工作要由窄域限制因素来细化。有些限制因素可以废止，但如果我们从语境中得不到指示或得不到足够的指示来进行其他的识解，它们就会对识解的某个方面进行操纵。这些限制因素产生的结果将起到默认识解的作用。默认识解也可以是语境依赖性的。也许就是因为存在默认识解，才给人一种错觉，认为语义具有固定性。

4.6 意义的结构和逻辑

词义动态识解路向的一个主要目标，是对词义的软硬两个方面、弹性和刚性做出统一的解释，从源头上对这些乍一看相互矛盾的属性进行分析。词义的"硬"属性包括下义关系（hyponymy）、不相容性（incompatibility）、部整关系（meronymy）、反义关系（antonymy）等语义关系，结构化词汇集（词场），以及蕴涵（entailment）这样的逻辑属性。例如，我们一般都能接受 *It's a dog*

（这是条狗）蕴涵着 It's an animal（这是个动物）这样的逻辑关系。但这意味着什么？如果 dog 和 animal 没有固定的含义，情况会怎么样？我们认为，这些属性都属于预备意义，而这些预备意义主要来自对边界的识解，以及对度标（scales）和参照点的识解。我们之所以能够对脱离语境的句子蕴涵进行自信断言，是因为我们对边界有默认识解。因此，弹性源自词语意旨的本质属性和识解过程对语境因素的敏感性；规约性限制因素确保语境的可变性保持在一定的限度之内。刚性源自对容器图式、度标图式这样的意象图式操作。边界识解也可以对词义中出现的组合（componentiality）进行解释，而不必假设语义特征是单词意义始终不变的元素。

组合性原则规定，一个复合表达式的意义是其组成部分的意义的组合函项。本书所阐述的词义观，显然会对该原则及其有效性的理解产生很大的负面影响。我们要说的第一点是，如果复合表达式的"部件"是单词的话，那么根据当前的路向，因为单词是没有意义的，因此我们对该原则无法进行解读。然而，我们可以将"意义"看作"识解意义"，这样我们只须对该原则稍加修改：

> (22) The construed meaning of a complex expression is a compositional function of the construed meanings of its parts.
> 一个复合表达式的识解意义是其组成部分的识解意义的组合函项。

然而，这种表述还是站不住脚，因为它没有考虑到语境在复合表达式意义识解中发挥的作用。我们可以对该原则进行进一步的修改，以将语境的作用添加进去：

(23) The meaning of a complex expression is the result of construal process one of the inputs to which are the construals of its constituent parts.

一个复合表达式的意义是通过识解而得到的结果；整个识解过程涉及多种输入，而对复合表达式组成部分的识解是其中的一种。

这种表述允许语境在两个层面发挥作用：一个是单词层面，对词义的初始识解发挥作用；一个是整个表达式层面，对整个表达式的意义识解发挥作用。但是，这种表述与最初的组合性原则相去甚远。这更容易让人想起烹饪。烹饪是一门组合性艺术吗？当然，最终的结果取决于（a）烹饪的原料，（b）烹饪的过程，因此这里面有组合性的元素。但在组合性原则支持者的心目中，这与他们平常所认为的不一样。如果我们考虑整体识解，那么它们的组合性几乎肯定属于烹饪这一类的。但是，意义的有些方面确实遵循经典原则，至少在一定程度上如此。逻辑属性取决于边界所处的位置，那么由边界识解所创生的预备意义也许是以经典的方式发挥作用？这似乎有一定的道理：当我们识解所 *red hats*（红帽子）的时候，我们识解的范畴有两个，一个是红色事物范畴，一个是帽子范畴，因此，结果范畴似乎必然是两个范畴的交集。然而，这只对范畴成员的身份有解释力：比如说，我们无法保证所识解的结果是元型帽子，也不能保证帽子的颜色是元型红色。换言之，对于意义的某些方面，在识解的某些层面，经典的组合性是有道理的，但并不是对所有的方面或在所有的层面上都能站得住脚。

4.7 第一部分：结语

至此，我们对认知语言学基本原则和核心概念的阐述告一段落。在接下来的各章中，我们将对这些原则和概念进行细化、扩展，并通过其在第二部分中词义分析方面的应用和第三部分中语法上的应用，对其进行进一步的阐释。我们的目的是向读者展示，语言研究的认知路向不仅拓宽了语言研究的视野，而且以一种更加令人信服的方式解决了语法学家和语义学家所关切的传统问题。

第二部分

词汇语义分析的认知路向

第五章 多义关系：对意义边界的识解

5.1 引论

我们在此是从广义上对一词多义关系进行理解的，即单词的使用场合不同，我们对其进行的识解也会不同。单词的所有意义构成总的意义潜势，而我们在此将多义关系看作在不同情境下对总的意义潜势的切分。我们认为，将意义潜势的一部分分离出来的过程就是创造意义边界的过程，通过这一过程赋予意义的自主单元以边界。例如，在例1中，*river bank*（河岸）的意义似乎与该单词意义潜势中的剩余部分分隔开了，所呈现的只是功能上相关的部分。bank 也可以用来指称金融机构，但这个事实被压制了：

（1）John moored the boat to the bank.
约翰将小船停靠在岸边。

此例中的操作因素就是其即时语境。本章所阐释的多义现象，在某种程度上比传统词典中包含清晰、明确意义的通用意义更为宽泛。但是，我们也将传统观点作为多义现象的一个特例，也许可以从某些方面将其看作多义现象的元型情况。

根据当前的论述，有界的意义单元不是此类词项的一个属性，而是词项使用时的不同识解。[在当前的阐释中，意义边界是清晰的，但会受识解的影响；该观念与克鲁斯（Cruse 2000）的论述不同，也与迪恩（Deane 1998）、格拉茨（Geeraerts 1993）等人质疑意义边界存在的论述有别。]当我们从心理词库中搜索某个单词时，并不会出现一整套现成的意义边界线。我们所得到的是一个词语意旨和一组规约性的限制因素。然而，在有些情况下，会出现有力而稳定的限制因素，促使我们朝着某些意义单元进行识解。如果反复出现的限制性因素一直强有力地促使我们朝着一个方向进行识解，将势必会出现与之相抗衡的反作用力。如果反复出现的限制因素较弱，意义边界是否被识解出来将会取决于另外的因素；而这些因素主要是语境因素。我们可以将一个单词所有的意义潜势描述为概念空间中的一个区域，而每个解读就是该区域中的一个点。通过这种方式来理解，单词的意义潜势就不是一个均匀的连续体：不同的解读往往会群集在一起，形成不同的群组（groups），不同的群组则具有不同程度的凸显性和凝聚力（cohesiveness）；而群组之间是意义相对稀少的区域。我们可以用英语中众所周知的 *bank* 一词，来对该现象进行简要的说明。在表示吸纳存款和保管资金或其他商品这一概念时，该词有多种用法，如 *a high street bank*（商业街上的银行）、*The World Bank*（世界银行）、*a blood bank*（血库）、*a data bank*（数据库）等。这些用法形成了一个集群（cluster）。直觉告诉我们，这些用法与以下用法之间存在着一个清晰边界：*We moored the boat to the bank*（我们将小船停靠在了岸边）、*The banks of the* stream were covered with brambles（溪流两岸长满了荆棘）、He slid down the bank into the water（他从岸上滑入了水中）、I know a bank whereon the wild thyme blows（Shakespeare）（我知道一处野生百里香盛开的河岸［莎士比亚］）以及 Ye banks and braes o'Bonny Doon（Burns）（邦尼杜恩的河岸与山坡［彭斯］）。这就形成了一条对边界识解起到促进作用的天然"断层线"。在"保管"语义集群中，我们可以发现多个子集群（subcluster）。其中一个子集群必须与金钱的保管有关。即便如此，该子集群还会有自己的子集群。就意象唤起、会话含义等方面而言，bank 的确切意义在以下句子中是不同的：She works in a bank（她在一家银行工作）、I must hurry—I want to get to the bank before it closes（我得赶快——我要在下班前赶到银行）和 I got an unpleasant letter from my bank this morning（我今天上午收到了一封令我不快的银行来信）。

　　总的来说，多义关系这一标题所涵盖的不同意义单元，与第四章所界定的解读不同：大多数情况下，这些意义单元都是所谓的预备意义（pre-meaning）；也就是说，与成熟的解读相比，这些意义单元位于识解过程的上游。我们曾说过，一种解读可能是一连串识解过程的结果：一个预备意义还会得到进一步的识解。然而，与"原始"意旨相比，预备意义要更详细一些。预备意义可以出现在识解链的不同阶段，其结果就是一组预备意义可以嵌套在一个较大的预备意义中，并且会出现数个嵌套阶段。（这并不是说，从同一个意旨识解出来的所有意义单元，可以构成单一的层级结构。）

　　词义的划分有几个方面：一个方面是出现不同单元的实质；另

一个方面是将邻近单元分离开的区别性因素的实质；第三个方面是边界的实质——边界会导致哪些结果及边界自身是如何呈现出来的？这些方面都很重要，也都值得关注。我们将首先思考完全意义的边界及其所界定的单元。

5.2 完全意义的边界

有了完全意义边界，我们就可以对意义单元进行界定；传统词典中所罗列的意义单元，就是通过完全意义边界进行界定的。我们认为，通过完全意义边界进行界定的意义单元在范围上要更广，因为在语言中固化程度很高并受规约强力限制的意义单元，才会被传统词典收录；然而，在一次性识解中，也存在完全意义边界特征。

5.2.1 同形异义关系和一词多义关系

在词典中，编纂者对词条进行排列时，通常会将同形异义关系和一词多义关系按照不同的对象对待：人们认为，同形异义词是在拼写和/或发音上碰巧相同而意义不同的词，因此赋予同形异义词以不同的词目（main heading）；多义词的多个意义被认为是"同一个单词的不同意义"，因而只有一个词目。在当前的论述中，我们不会过多地讨论同形异义关系和一词多义关系之间的区别。因为对边界效应或有界单元的本质而言，两者之间的区别没有太大的意义。

对于同形异义关系和一词多义关系，我们既可以进行历时区别，又可以进行共时性区分。历时区分是比较传统的做法：同形异义单元在词源上不同；它们在书写或发音上之所以相同，是因为语言变化导致最初差异消失，或是因为借自其他语言的形式恰巧与该语言的某个单元相同；而同一个单词的多个意义单元拥有相同的词源，是同一个词源通过隐喻或转喻进行扩展的结果。

历史事实是同形异义关系和一词多义关系进行历时区分的依据，这是一个是或否的问题。如果在实践中不能将两者区分开来，我们可以在原则上解决这一问题。从共时角度对两者进行区分的基础并不是那么可靠，而且涉及程度问题。关键是一个单词的两个解读之间是否存在可感觉到的语义关系。更准确（但仍然不是太准确）地说，是一种解读是否为另一种解读的合理扩展。这种阐释面临几个难题：一是合理性具有程度上的差别，那么合理与不合理之间的分界线在哪里？二是我们如何才能准确界定"合理"的含义？这一问题也许更难回答。以下三种说法之间均存在着差异：(ⅰ)"我觉得这两个意义之间存在联系"；(ⅱ)"我理解你对一个意义如何衍生出另一个意义的解释"；(ⅲ)"尽管我以前从来没有遇到过意义 B，而只知道意义 A，如果有合适的语境，遇到该词的 B 意义时，我也会理解的"。

5.2.2 固化

词汇学家所感兴趣的是词义的不同方面。词义的这些方面受规约性限制因素的制约，具有稳定性，并被赋予某种默认的地位。对于同形异义关系和一词多义关系，词汇学家的区分不是那么细致，而是比较粗糙。这并不是对词汇学家们的批评。任何单词都可能有无数种解读。因为一部词典只能罗列一定数量的释义，哪些释义可以入选必然在很大程度上取决于编纂者的选择。在没有清晰标准的情况下，必然导致不同词典对不同释义做出不同的区分，尤其是区分较细的时候，或者是规约无法提供较为清晰的限制的时候。在目前的讨论中，在对有界单元的边界属性或实质进行解读时，我们将不考虑哪些属于已经固化的解读、哪些属于临时性解读的问题。

5.2.3 边界效应

意义边界有各种表现形式。我们可以将这些表现形式看作有界单元（delimited unit）的不同类型的自主性（autonomy）。所谓"自主性"，是指一个单元在被识解的时候，拥有不依赖同一语境中其他单元而独立发挥作用的能力。

5.2.3.1 注意自主性

通过对抗（antagonism）特征，我们可以将完全意义单元与其他类型的单元区分开来。简单地说，对抗就是两个意义单元不能同时作为注意焦点，而是相互排斥。两个意义单元之间存在竞争关系：如果一个意义单元位于注意的焦点，另一个单元则被排除在外。下列例子可以清楚地说明这一点：

（2）We finally reached the bank. (margin of river, financial institution)
我们终于抵达 bank。（河岸，金融机构）
（3）Mary was wearing a light coat. (light in color, light in weight)
玛丽当时穿了一件 light 外套。（颜色浅的，重量轻的）

（4）He studies moles. (animals, skin defects, industrial spies)
他研究 moles。(鼹鼠，痣，经济间谍)
（5）If you don't do something about those roses, they will die. (bushes, flowers)
如果你对那些 roses 听之任之，它们会死掉的。(灌木丛，花朵)

注意对抗会产生两个重要结果。第一个结果是众所周知的同一性限制（identity constraint）：

（6）Mary was wearing a light coat; so was Jane.
玛丽当时穿了一件 light 外套；简也穿了一件 light 外套。

在强力因素的限制下，我们识解出两个自主性预备意义，即"颜色浅的"和"重量轻的"。因为对 light 的两种解读是相互对抗的，使我们的识解受到强烈的限制，从而对两个并列句中的 light 进行相同的解读。在此我们想提醒大家两点。首先，同一性限制不是绝对的，对于例6的两个并列句中的 light，我们可以进行不同的解读，但这需要付出更多的认知努力，而且这种解读方式会给人一种要贫嘴的感觉。其次，如果我们所构建的句子中没有动词短语的逆向照应，却仍然存在某种压力促使我们对 light 进行同一种解读，那么同一性限制的力量就会弱很多：

（7）Mary was wearing a light coat; Jane was wearing a light coat, too.
玛丽当时穿了一件 light 外套；简当时也穿了一件 light 外套。

当一个单词同时唤起两个相互对抗的解读时，就会出现对抗的第二种结果。人们用一语双关（punning）、轭式搭配（zeugma）或一语双叙（syllepsis）等各种称谓来指称这种效应。(有些学者认为，尽管引发这些效应的原因是相同的，这些现象本身并不完全相同。对于它们之间的区别,我们在此将不作进一步的探讨。)当出现这种效应的时候,我们会凭直觉立刻将其识别出来;而且两种解读会相互竞争,从而创生一种认知张力,这种认知张力往往会产生某种喜剧效果:

(8) John and his driving license expired last Thursday.
在上个星期四,约翰像他的驾照一样到期了。

(9) Dogs can become pregnant at twelve months, but usually live longer than bitches.
狗一岁大时就可怀孕生仔儿,但往往比母狗活得时间长。

所谓的"轭式搭配检验"一直受到批评,原因在于这种检验的结果并不一致。因为两个对比语义在有些语境中可以产生轭式搭配,在另一些语境中却不会出现轭式搭配,而且最具杀伤力的是在有些语境中,即便是元型性歧义语例也不会产生轭式搭配。例 10 所示是其中的一种类型:

(10) (*B is doing a crossword puzzle*)
(B 正在做填字游戏)
A: The answer to 21 across is *bank*.
第 21 个空格串的答案是 bank。
B: But the clue doesn't say anything about money.
可是没有任何线索提到钱的事儿啊。
A: True, but not all banks are money banks, you know.
没错;但你知道吗,不是所有的 banks 都是金钱 banks。

如果 bank 真正具有歧义性和轭式搭配检验具有可靠性(论证就是在此基础上展开的),在 A 的回答中,第一个 bank 应该是轭式搭配,但大部分人觉得它不是轭式搭配。我们应该清楚的是,按照我们在此所采用的方法,不会出现这样的问题。以前的观点是,只有当边界是单词的内在属性时，才会出现"一致性"；而我们认为单词没有内在的意义边界，在有些情况下，是否会出现意义边界取决于识解。就此处的 *bank* 而言，确实存在着很强的规约性限制因素，促使我们为其识解出一条边界。这意味着在大多数语境中，我们都会将其识解为有边界的事物。然而在例 10 中，对 *bank* 的识解没有出现边界（两种解读被"统合"[unification] 在一起了；参见下文的讨论），而且上面所出现的 *bank* 也没有歧义性。这种情况只出现在为数不多的几类语境中（顺便提一下，任何两种解读都能以这种方式进行统合）。然而，我们并不能将此作为质疑轭式搭配检验效度的正当理由。

5.2.3.2 关系自主性

如果出现了对抗，表明此时的语义自主性最为显著。语义自主性还有其他一些表现形式，不过这些表现形式也会出现于自主性的较低层次上，因而无法用来对完全意义边界进行诊断。其中一个表现形式是，两个解读各自拥有不同的语义关系集。一般而言，意义关系本身就是对语境非常敏感的识解；这导致上面提到的这一特征变得更为复杂。因此，意义关系越稳定，规约性程度就越高，受到的限制就越强；这些意义关系对解读自主性的支持力度就越大，从而为意义边界的存在提供更有力的证据。例 11 中的 *light* 就是这样的例子：

(11) Mary is wearing a light coat.
玛丽穿着一件 light 外套。

此句中的 *light* 有两个不同的反义词，即 *dark*（深色的）和 *heavy*（厚重的）。我们应该将 *light* 这样的情况与 *old* 的情况区别开来。也许有人会认为，*an old car*（*new*）和 *an old man*（*young*）中的 *old* 拥有两个不同的反义词。然而，我们有充分的理由认为 *new* 和 *young* 共同构成了 *old* 的反义词。*new* 和 *old* 有一个共同的语义成分：*new* 的语义是"存在的时间比较短"，而 *old* 的语义是"存在的时间比较长"，两者构成了一对理想的反义词。例 12 中没有出现轭式搭配，这一事实可以为 *old* 的语义统合提供支撑材料：

（12）John's car is almost as old as he is.
约翰的汽车几乎和他本人一样 old。

当我们所讨论的关系属于不同的类型或部整关系时，不同的自主性解读应该分属不同的词汇场（lexical fields），这一点尤为重要。*bank* 的两个预备意义就是很好的例子。*the bank of the river* 中的 *bank* 是与"源头""河床""河口"共有同一整体的部分词，但没有明显的下义词（hyponym）或上义词（hyperonym）；而在 *the bank in the High Street* 中，*bank* 有 *building society*（购房互助会）、*insurance company*（保险公司）这样的下义词，也有 *financial institution*（金融机构）这一上义词；就部分词而言，它们可以作为银行的不同部门。

5.2.3.3 组合自主性

在自主性的较低层面上，组合自主性（compositional autonomy）显得较为重要，但肯定也适用于由完全意义边界分隔出来的单元。组合自主性是指在形名搭配的组合过程中，一个构成成分只与另一个构成成分的部分意义建立关系，或者将其作为自己的语义范围。我们就说该语义部分具有组合自主性，并认为该语义部分与其他语义部分之间存在边界。

对于由完全意义边界分隔出来的单元，组合自主性所发挥的作用非常明显。例如，在 a steep bank（陡岸）中，形容词 steep 事实上将金融机构这一意义完全忽略，就好像该词义不存在一样；同样，在 a high-street bank（商业街上的一家银行）中，"河岸"之义被排除在外，不产生任何作用。

5.2.4 完全意义单元的实质

致使完全意义单元之间相互对抗的原因是什么？一个显而易见但不太充分的答案，是它们在语义上的差别一般都很大。例如，它们往往没有共同的构成成分，属于不同的域，属于不同的实体类型，等等。最典型的实例是，完全意义单元在一个或多个方面存在语义距离；一般而言，两种解读之间的语义距离越大，它们之间越容易出现对抗。然而，这并不是事情的全部。因为有些非常近的解读也是相互对抗的。我们可以通过 month 进行说明。month 有两个界定清晰的意义单元，分别用来指称"四周时间"和"一个月的时间"。当我们使用 month 这个单词的时候，我们必须在两个意义单元中选取一个：a month's supply of tablets（一个 month 的药量）中的 month 一般表示 28 天，而 the first three months（本年度前三个月）中的 month 肯定会被识解为日历上的自然月。在单元之间的语义距离上，也许我们很难再找到一个比 month 更近的歧义词了。

还有一个更具启发性但在有些方面仍显玄虚的方法，即认为对抗性解读之所以相互对抗，是因为它们抗拒统合。统合有三种相互关联的模式：(i) 将两件物品归并（assimilate）为同一整体的部件；(ii) 将两类事物吸纳（include）为一个上位种类的子类；(iii) 将两个完全不同的事项作为组成部分囊括（englobe）在格式塔完形中。根据这种观点，完全意义就是强烈抗拒统合的各种解读。我们可以用 bank 为例进行解释。我们很难将不同类型的 bank 看作一个整体的部件，或者囊括进一个格式塔完形之中。我们也许可以想出一个能涵盖两类 bank 的概括性非常强的范畴，如"实体"，甚至是"地点"，但这样的做法仍不够理想，因为它无法将 banks 和 non-banks 区分开来。实际上，在非常有限的语境中，我们可以统合 bank 的两种解读（这也是我们不能说相互对抗的解读一定不可统合的原因）。我们在上文引用过一个例子，大部分人都会认为它没什么问题：

(13) Not all banks are money banks.
　　　不是所有的 banks 都是金钱 banks。

在这个例子中，第一个 banks 所表征的就是对两个语义单元的统合。此处的语境强制我们为两类不同的 bank 寻找一个能将两者统合起来的属性。实际上，尽管这样做需要将概念层级切换到元语言层面上，做到这一点并不太难。在该例中，将两个概念统合起来的因素是它们由同一个单词形式进行标示或映射。

5.3　具有近义属性的下义单元

我们一直将意义单元之间的对抗看作高度自主的标志。然而，有一些意义单元在许多方面与完全意义相似，却没有表现出对抗性，或者即便有对抗性，也只出现在有限的语境中（正如完全意义单元只能在有限的语境中进行统合一样)。这些意义单元之间没有出现对抗，意味着这些单元可以进行统合。我们可以根据统合类型，对这些意义单元进行简单的分类。有些意义单元具有很高程度的自主性，却可以被统合进一个上位范畴；我们将这类意义单元称为"微义"（microsense）（我们当前的论述主要基于 Cruse 2002a）。有些意义单元虽然有很高程度的自主性，却可以被统合成一个格式塔完形；我们将这类意义单元称为"义面"（facet）（参见 Cruse 2000a，2000b，尤其是后者）。似乎只有这两种可能性。尽管对组合性分析而言，一个整体中的部件可以独立发挥作用（详见下文），但我们似乎找不到与微义相对应的部件-整体关系。

5.3.1 义面

义面是一个整体中可以辨识的组成部分，但又不能作为下义词归并在同一个上义词之下。

5.3.1.1 引言

尽管义面表现出显著的自主性，但我们往往认为它们表征的不是传统意义上的一词多义关系。比方说，它们在词典中一般没有单独的定义。*bank*（金融机构义）和 *book* 有多种解读，是多义面单词的元型例子：

（14）bank=[PREMISES]　　The bank was blown up.
　　　［营业场所］　　　　这家银行发生了爆炸。
　　　[PERSONNEL]　　　　It's a friendly bank.
　　　［工作人员］　　　　这家银行对客户很友好。

　　　　　　　　　[INSTITUTION]　　　The bank was founded in 1597.
　　　　　　　　　［金融机构］　　　　这家银行成立于1597年。
　　　（15）book=[TOME]　　　　　　a red book
　　　　　　　　　［物理载体］　　　　一本红色封面的书
　　　　　　　　　[TEXT]　　　　　　an interesting book
　　　　　　　　　［文本内容］　　　　一本有趣的书

例 16 所例示的，是拥有与［物理载体］和［文本内容］类似义面的 4 个单词：

　　　（16）a. letter:　　a crumpled letter
　　　　　　　　　　　　一封揉皱的信
　　　　　　　　　　　　a moving letter
　　　　　　　　　　　　一封令人感动的信
　　　　　　b. CD:　　　an indestructible CD
　　　　　　　　　　　　一张不会损毁的 CD
　　　　　　　　　　　　a beautiful CD
　　　　　　　　　　　　一张美妙的 CD
　　　　　　c. film:　　 a 16mm film
　　　　　　　　　　　　一部 16 毫米的电影
　　　　　　　　　　　　a sad film
　　　　　　　　　　　　一部令人伤感的电影
　　　　　　d. speech:　a deafening speech
　　　　　　　　　　　　一场震耳欲聋的演讲
　　　　　　　　　　　　an incomprehensible speech
　　　　　　　　　　　　一场晦涩难懂的演讲

例 17 中的三个句子所例示的是 *Britain* 的三个义面：

　　　（17）a. Britain today lies under one meter of snow. [LAND]
　　　　　　　今天，英国的积雪厚达一米。［国土］
　　　　　　b. Britain is today mourning the death of the Royal corgi.

[PEOPLE]

今天，英国因皇室柯基犬的死而悲伤。[国民]

c. Britain declares war on Germany. [STATE]

英国向德国宣战。[国家]

与义面有关的例子还有 mother[养育者][生育者] 和 chicken [活禽][食物]。

我们应该牢记的是，像这样的义面不是意义（meaning），而是预备意义（pre-meaning），而且两者都是识解的结果，同时都可以作进一步的识解。我们将通过 book 的 [物理载体] 和 [文本内容] 两个义面来对义面属性进行例示。（在 Cruse 2000b 中，作者展现的证据表明，book 拥有第三个义面；该义面可以描述为 [物理文本]，并通过"印刷质量差的""版式糟糕的""西里尔字母的""伤眼睛的"等谓词表现出来；[物理文本] 与 [物理载体] 不同，如前者是二维平面的而后者是三维立体的。尽管只有少数几个义面会受到规约性限制因素的限制，从原则上讲，我们没有理由认为一个语义的多个义面可以构成一个确定的集合。）

5.3.1.2 义面的自主性

我们在上文介绍了自主性的三种主要表现形式，而 book 义面的自主性可通过其中两种方式清晰地表现出来。

（a）关系自主性

义面在语义关系上完全独立，即每个义面都有自己的语义关系，而不受其他义面的影响。例如，在大部分语境中，book 的下义词形成两个平行的分类系统（taxonomy），但这两个分类系统之间没有关系：

（18）Some of the books we read were novels and others were biographies.
在我们读过的书中，有些是小说，其余的是传记。

在我们的识解中，例 18 中 book 的义面为 [文本内容]，而 [文本内容] 这一义面作为上义词，分别与 novel 和 biography 这两个不相容下义词的义面构成上下义关系。

（19）Some of the books were paperbacks, most were hardbacks.
有些书是平装本，大多数为精装本。

在我们的识解中，例 19 中 book 的义面为 [物理载体]；这一义面作为上义，分别与 paperback 和 hardback 这两个不相容下义词的物理载体义面构成上下义关系。

（20）*Some of the books [GLOBAL] were hardbacks, the rest were novels.
*有些书 [全局] 是精装本，其余的是小说。

如例 20 所示，novel 和 hardback 分属两个不同的域，不能将其放在同一个语境中进行识解。21a 和 21b 是去语境化的一般性陈述，其语义是正常的，这表明，对 book 义面的识解在很大程度上受规约性限制因素的制约：

（21）a. A novel is a kind of book.
小说是一种书籍。

b. A paperback is a kind of book.
平装本是一种书籍。

(b) **组合自主性**

谓词可对不同的义面进行独立描述：

（22）a red book; a dusty book
一本红色封面的书；一本布满灰尘的书

（23）an exciting book; a difficult book
一本有趣的书；一本难懂的书

在例 22 的两个短语中，形容词所限定的只能是 book 的［物理载体］义面，而在例 23 的两个短语中，形容词所描述的只能是 book 的［文本内容］义面。

这种现象本身只是自主性相对较弱的表现。一个词汇上没有歧义、句法上也没有歧义的短语却有歧义解读，这种语言现象中的自主性更加引人注目。只要一个谓词可以描述两个义面，就会产生一种不是由词汇或句法造成的歧义：

（24）a. two books
两本书
b. two books in one
两本一套的书
c. a new book
一本新书
d. a long book
一本长书

24a 既可指同一文本的两份（即两个"物理载体"），又可指两个文本内容；24b 很有趣，因为数字 two 和 one 分别修饰不同的义面却没有出现轭式搭配；a new book 可以是用新的物理载体对一部古老文本的复制，也可以是新近写就的文本而无论其是否处于原始状态；a long book 可以指这本书的文字很多，也可指这本书具有非常规的物理形状（请注意，two long books 中的 long 和 two new books 中的 new，也有相同的歧义性。）

在合适的语境中，我们既可以如实地对有关 book 的问题进行肯定回答，又可以进行否定回答。也就是说，对这些问题的回答，可以与一个义面有关而同时排除另一个义面。请对例25进行思考：

（25）Do you like the book?
你喜欢这本书吗？

如果不考虑具体语境，我们一般只会将这句话解读为［文本内容］义面。但是，如果要设想出可将其识解为［物理载体］义面的场景并不难。在这种情况下，yes 和 no 都有可能是正确的答案。

（c）核心自主性

对于自主性，有一种有趣的表现形式值得我们关注。请思考例26和例27:

（26）I'm not interested in the contents, etc., I'm interested in the book itself.
我对内容等不感兴趣，我感兴趣的是书本身。

（27）I'm not interested in the binding, etc., I'm interested in the book itself.
我对装帧等不感兴趣，我感兴趣的是书本身。

通常情况下，例26和例27都可以进行解读，而且要对 the book itself 进行不同的解读，即例26中为［物理载体］、例27中为［文本内容］。我们认为，这种现象表明 book 拥有两个"核心"（cores）。然而，当我们将同样的描述方式应用于 novel 后，会出现不同的情况：

（28）?I'm not interested in the plot, etc., I'm interested in the novel itself.
?我对情节等不感兴趣，我感兴趣的是小说本身。

(29) I'm not interested in the binding, etc., I'm interested in the novel itself.
我对装帧等不感兴趣,我感兴趣的是小说本身。

我们似乎很容易将 *novel* 的[文本内容]义面剥离出来,却很难识解出一个自主的[物理载体]义面。相对于 *a red book*、*a dusty book* 和 *a shiny book* 而言,*a red novel*、*a dusty novel* 和 *a shiny novel* 显得很怪异性,这也表明,*novel* 没有自主的[物理载体]义面,至少在缺少更具体语境的情况下如此(我们还将在下文对 *novel* 问题进行探讨)。

(d)其他自主性

没有文本内容的物理载体和没有物理载体的文本内容都可以用 *book* 进行标示:

(30) I've got a book to write the minutes of the meeting in.
我有一个本子用来记会议记录。

(31) A: How's your book going?
你的书进展得怎么样了?
B: Oh, it's all in here (pointing to head), but I haven't written anything down yet.
噢,(指着脑袋)都装在这儿呢,但我还没有动笔。

我们可以将这种现象和不同义面的独立可数性,看作一定程度的指称明晰性的标志。

另外,每一个义面都可以有独立的隐喻扩展。要对例32进行合理的解读,我们必须借助[物理载体]义面:

(32) a book of matches
一板火柴

最后,每一个义面都可拥有各自的专有名称。《米德镇的春天》(Middlemarch) 是一个文本内容的名称，而非一件物品的名称，也不是文本与物品复合体的名称。

（e）注意自主性

要想通过义面来说明注意自主性（attentional autonomy）是极为困难的。当义面为完全意义时，大多数情况下都会出现轭式搭配，却不会出现注意自主性：

（33）It's a very helpful book, but rather heavy to carry around.
这本书很有帮助，但太重了，不便携带。

然而，可能存在例34所描述的情况：

（34）?John wrote a red book.
?约翰写了一本红色的书。

所写的是文本内容，而红色是物理载体的属性。所以，将两者结合起来在认知上似乎存在困难。我们不清楚此处导致轭式搭配的条件有哪些，因为例35中似乎没有轭式搭配：

（35）John wrote that red book on the top shelf over there.
约翰写的是那边书架顶层上的红色封面的书。

然而，在绝大多数语境中，不同义面的同时激活并不会导致轭式搭配。

5.3.1.3 义面统合

也许会有人根据以上证据，认为 book 的不同义面是与不同概念相关的不同语义。然而，义面的独特性有时被夸大了。例如，《牛津高阶词典》(Oxford Advanced Learner's Dictionary) 为 book 的两个义面提供了两个单独的词条，列为 1a 和 1b。因此，这两个义面无异于两个不同的语义。克鲁斯（Cruse 1986）也认为，这两个义面是不同

第五章　多义关系：对意义边界的识解

的语义。然而，有证据表明，与 BOOK 这一整体概念相对应，存在着一个 book 的整体意义，该整体意义所表征的是两个义面的统合。这也证明，义面不具备词汇意义完全地位的观点是合理的。下面我们将对该证据进行简要的介绍。（请注意，我们不能将义面作为一个整体范畴的部分词进行统合，因为不存在能将"物理载体"和"文本内容"作为成员的范畴。义面也不是通常意义上的整体的部件。）

（a）元型性同现

如果我们将 book 看作一个基本层次单词，很明显其元型拥有两个义面：尽管每一个义面都可以独立于对方而存在，但只有一个义面的情况至少可以说是边缘性的。不知道书籍具有双重性的被试在了解到这种情况时，都会感到惊讶（但很快就理解了）。

（b）同构属性

同构属性的一个方面是谓词可以同时与两个义面建立联系：

（36）to publish a book
　　出版一本书

我们在出版一本书时，不可能只出版没有物理载体的文本内容，或只出版没有文本内容的物理载体。

我们已在上文提到了同构属性的另一个方面，即没有轭式搭配的序列组合（serial composition），也就是语义之间会出现对抗而义面之间却不会出现对抗的语言结构：

（37）This is a very interesting book, but it is awfully heavy to carry around.
　　　这是一本非常有趣的书，但它太沉了不便携带。

在例 37 中，interesting 修饰［文本内容］义面，而 heavy to carry around 修饰的是［物理载体］义面。

(c) 联合词汇关系

联合词汇关系（joint lexical relation）是一种语义关系，即包括两个义面的整体解读。publication（出版）和 book 之间的上义词/下义词关系就是一个这样的例子。这样的例子还有 educational establishment（教育机构）和 school（学校）之间的关系、tourist accommodation（旅游接待设施）和 hotel（旅馆）之间的关系，以及 the building society（购房互助会）和 bank 之间的不兼容关系。

(d) 全局指称

像 the red book 或 that friendly hotel 这样的名词短语，实际指称的是形容词所修饰的目标义面，但在形式上指称的是相关的事物整体。我们将这种语言现象称为全局指称（global reference）。

(e) 联合语义扩展

要想对有些语义扩展进行合理解读，就必须同时考虑两个义面：

(38) I can read him like an open book.
　　　我读他就像读一本打开的书。

要对例 38 中的 read 进行解读，我们必须借助与文本加工有关的知识；要解读 open，就需要借助书籍具有物理载体的知识。我们将这种现象称为联合语义扩展（joint extensions）。

(f) 共名关系

《林迪斯法恩福音书》（The Lindisfarne Gospels，一本诞生于中世纪的书）是［文本内容］和［物理载体］两个义面共有的名称。这种现象就是共名关系（joint reference）。

5.3.1.4 为什么义面不是完全意义？

bank 的概念表征给我们施加一种强劲的压力，促使我们进行分裂式解读，而例 39 和 40 中的 teacher 没有任何自主性的表现，其概念表征给我们施加一种强劲的压力，促使我们进行统合性解读。

（39）Our teacher is on maternity leave. (construed as "female teacher")
我们老师正在休产假。（被识解为"女老师"）
（40）Our teacher is on paternity leave. (construed as "male teacher")
我们老师正在休陪产假。（被识解为"男老师"）

就 book 而言，惯常的限制因素似乎没有强制我们偏向两个方向中的任何一个，因此，当受到语境或交际目的等其他限制因素影响时，在对义面的自主性或统合性进行识解方面，我们就会相对自由一些。这不完全是因为概念的限制因素没有出场，或者不能发挥作用，主要是因为这些限制因素在两个相反的方向上发挥作用，即在一个方向上发挥作用，就完全抵消了在另一个方向上的作用。

"概念/语义距离"是衡量义面自主性的一个因素。我们已在上文提到过，两个解读越相似，越容易进行统合，却越难在两者之间识解出一条边界；反过来，如果两个解读差别越大，一般而言越难进行统合，但越容易将其识解为自主性义面。显然，基本的本体类型上的差异，如"具体"与"抽象"之间的差别，代表了实质性的语义距离，因此应该作为抵制统合的一个限制因素。book 的两个义面，以及我们所确认的所有多义面单词的义面，都属于不同的本体类型。因此，它们表现出自主倾向完全不会让人感到意外。

实质上，义面的难题就是如何解释为什么具有清晰概念的义面却很容易统合的问题。一种可能性是，在这种现象中存在一个反限制因素（counterconstraint）。首先，这两个义面往往会在一些语境中同现——事实上，它们一般都会同现；其次，它们不是简单地同现，而是在某种功能性共生（functional symbiosis）中发挥作用。之所以会出现［物理载体］，唯一的原因是要使［文本内容］得到具体显现；如果没有实体表现，文本内容就无法发挥作用。如果用兰盖克的术语表述，我们可以说它们是在同一个域阵（domain matrix）中得到了联合侧显（jointly profiled）。这是一个强有力的限制因素，促使统合的发生。因此，就义面而言，有一些重要的限制因素促使我们对其进行统合性识解（unified construal），还有一些重要的限制因素促使我们在这些义面之间识解出一条边界。当出现这种情况的时候，在具体语境中是否会识解出边界将取决于其他的因素。如在上文例 28 和 29 中，语境有力地促使听者寻找被第一个并列结构排除掉的解读，即识解出一条边界。

5.3.1.5 "小说"难题

下面我们将对"小说"难题进行简要说明。在没有语境的情况下，为什么 a red book 是正常的，而 a red novel 却有点怪异？我们似乎很难识解出 novel 的［物理载体］义面。有一些表达乍一看似乎能用来证明 novel 也存在［物理载体］的解读（因为即便没有具体的语境，这些表达也是正常的）：

（41）a. A novel of some three hundred pages
　　　 一部大约三百页的小说

b. A thick novel with many colored illustrations
一部带有很多彩色插图的大部头小说
c. A paperback novel
一部简装本小说

一般情况下，我们都不会将小说解读为［物理载体］。然而对于这点，以上这些表达并不是真正的反例。因为我们可以将这些物理特征识解为与小说文本相关的信息。（参见 Kleiber 1996）但是，即便是 *a red novel*，在一个阐述充分且合适的语境中，也可以变为正常的表达（要得到正确的解读，需要运用特殊的语调）：

（42）All the novels are on the right and the travel books are on the left. Incidentally, I want to show you something — pass me that red novel on the top shelf.
小说都放在右侧，旅游书都放在左侧。顺便说一下，我想给你看一样东西——把那本放在书架顶层的红色封面的小说递给我。

例 43 中的情况与上例大体相似（参见 Fauconnier 1994，第 143 页中的例 1）

（43）A: Pass me the Keats and the Wordsworth: Keats is red and Wordsworth is green.
把济慈和华兹华斯递给我：济慈是红色的，华兹华斯是绿色的。
B: I can see a blue Keats, but not a red one.
我看到的是蓝色的济慈，不是红色的。

以上这些例子非常具有说服力，但很难编造出来，而且显然需要特殊语境才能进行合理的解释。但是，还有一些与 *novel* 相关的事实需要解释。例如，我们在前文提到过，为什么下列表达在没有具体语境的情况下显得怪异,而与之相对等的带有 book 的表达却很正常?

(44)[①] a. ?a red novel
　　?一部红色的小说
b. ?a dirty novel (in the physical sense)/?This novel is dirty.
　　?一部脏兮兮的小说(物理意义上的)/?这本小说脏了。
c. ?a dusty novel
　　一部满是灰尘的小说

再者,在有些语境中,带有 book 的表达明显具有歧义性,而对于带有 novel 的表达,我们需要付出相当大的认知努力才能将其识解为歧义性的:

(45) a new novel
　　一部/本新小说
two novels
　　两部/本小说

正如我们在前文指出的,最引人注目的是,当 X itself 构式中的 X 是 book 时有两种解读,是 novel 时却只有一种解读:

(46) I'm not interested in the typography or the cover design, I'm interested in the novel itself.
　　我对版面设计或封面设计不感兴趣,我感兴趣的是小说本身。
(47) ?I'm not interested in the plot or the characters, I'm interested in the novel itself.
　　?我对故事情节或人物不感兴趣,我感兴趣的是小说本身。

---

① 与英语相比,汉语中小说的物理载体义面和文本内容义面在自主性上似乎更为明显。我们可以在量词分工上找到相关证据:在汉语中,量词"部"所量化的是文本内容,而"本"所量化的是物理载体。因此,我们在翻译时通过"部/本"这种并列形式来与英语表达中的义面歧义相对应。——译者

我们至少可以说，尽管［物理载体］解读充分反映了我们与小说之间的日常关系，因为这样或那样的原因，对 novel［物理载体］的识解，要比对 book［物理载体］的识解难得多。

那么，为什么 novel 的表现与 book 不同呢？对该问题进行解答的一种方法，是关注能将 book 和 novel 的表现区分开的意义特征。有人可能会认为，小说的特别之处是其文本内容，而非物理形式；有人甚至会说，默认情况下，与 novel 形成直接对照的是其他的文学体裁，如诗歌或短篇小说等。另一方面，就 book 而言，其两个义面的自主性可能较为均衡。与书有关的对比有两种：一种是与诸如时钟、花瓶、首饰或公文格等日常物品形成的对比，一种是与诸如报纸、杂志、广告手册、电话号码簿等形成的对比。

这种解释似乎有一定的道理，但仔细检查后发现，事情远非这么简单。下面以 dictionary 为例进行说明。词典最明显的特征是其文本内容。然而，在表现上，词典类似于 book 而不同于 novel。如 two dictionaries 既可以理解为"两个不同的词典文本"，又可以理解为"同一词典文本两个复本"。此时有人会指出，小说没有独特的格式而词典有，至少元型性词典有，而这一点可以说明词典的［物理载体］义面更为凸显。对此，我们提出两点异议。首先，有一些实体在外观上与书相似，在内容上具有独特的格式，但在表现上与小说类似。thesis（学位论文）就是这类实体中的一个。至少在英国的大学里，学位论文有严格的格式要求。然而 two theses 只能是两篇不同的文本内容，而非同一篇学位论文的两个复本。其次，元型性小说也有独特的格式，或者至少有一些书的格式会与小说不同，如特色大幅面艺术书籍或者地图册。

另一个论点认为，不存在 novel 难题，因为 novel 的行为并没有超出人们的预期。dictionary 的难题在于，尽管它像 book 一样，起决定性作用的是其内容，而它与 book 不同的是其表现出乎人们的预期。在这一点上，bible（《圣经》）是一个相关的例子。一本书是不是《圣经》取决于其内容，但"两本《圣经》"通常指相同文本的两个复本。这也许是因为根据我们的日常经验，《圣经》的文本是独一无二的，没有相同类型的其他文本。有人提出，对普通人而言，The Dictionary 与《圣经》的情况相同。也就是说，因为没有相关经验，普通人会天真地认为 The Dictionary 只有一个文本，从而迫使人们在解读其［物理载体］时赋予其复数形式；类似的情况也会出现于 two David Copperfields（两本《大卫·科波菲尔》）。人们往往将 Look it up in the dictionary 和 Look it up in a dictionary 混为一谈，正好说明了这一点。这种提议有一定的合理性。

然而，还有另一个难题。请考虑以下情况：

（48） a. a tall secretary
　　　　一个高个子秘书
　　　b. a burly barman
　　　　一个魁梧的酒吧男招待
　　　c. a fair-haired professor of linguistics
　　　　一位金发的语言学教授

正如 novel 的区别性特征在于其文本类型，secretary、barman 和 professor of linguistics 的区别性特征在于他们的工作性质。然而，与 novel 和 thesis 一样，我们似乎不能禁止使用"不相关"形容词来对这些词进行修饰。这也许是与活跃区制约因素（restrictions on active zones）有关的更大难题中的一个方面：例如，为什

么我们可以用 *Mary is fair* 来表示她的头发是金色的，在没有具体语境的情况下却不能用 *?Mary is blue* 来表示她的眼睛是蓝色的？

5.3.1.6 义面的近邻

单词的不同词义与实体上不同的组成部分之间存在联系，而义面就出现于这样的联系域中。然而，这些组成部分相互整合的程度是不同的，而似乎当整合位于中等程度时才会出现义面识解。当整合程度较低时，构成成分的表现与完全意义更为相似；而当整合程度较高时，义面就会失去其自主性。请思考在鼻子上猛击一拳这一概念。在此，我们将具体的动作与心理上的感觉联系起来。然而，我们看不到义面性（facethood）的迹象，因为 *intense*（强烈的）与 *pain*（疼痛）搭配是正常的，而修饰 *punch on the nose* 时却是不正常的：

(49) *an intense punch on the nose
* 在鼻子上强烈猛击一拳

如果能将动作和感觉识解为不同的义面，情况就会与预期相反。*factory* 就是一个更具义面性的例子：

(50) a. The factory was blown up. [PREMISES]
工厂被炸了。[经营场所]
b. The whole factory came out on strike. [PERSONNEL]
整个工厂都罢工了。[工作人员]
c. (50%?) The factory that was blown up came out on strike.
(50%?) 发生爆炸的那个工厂罢工了。

然而，对一个具有代表性的班级调查发现，只有一半的学生认为 50c 是正常的。与此形成对照的是，全班学生一致认为 51c 是正常的：

(51) a. A red book
一本红色封面的书
b. A funny book
一本滑稽的书
c. You'll find that red book on the top shelf very funny.
你会发现书架顶端的那本红色封面的书非常滑稽。

这表明，与 book 相比，factory 的组成部分在整合程度上要低一些。然而，有些概念似乎具有双重特征（dual-nature）。与 book 相比，这些概念的组成部分在整合程度上甚至更高，因而在义面行为上的表现明显较少。woman 就是一个例子，而且许多对人类进行指称的词都有相似的情况。尽管受访者在直觉上不愿将 woman 与 book 归到同一个语义范畴，该词的确表现出一些义面特征。为方便起见，我们用 [BODY]（[身体]）和 [MIND]（[心智]）来指称其两个义面，不过我们这样的做法与哲学无关。woman 的义面行为表现之一是，两个义面分别有自己的限定形容词：

(52) a. A tall woman [BODY]
一名高个子女子 [身体]
b. An intelligent woman [MIND]
一名睿智的女子 [心智]

部分词（meronyms）的不同为关系自主性的存在提供了一些证据；而且身体类型和人格类型各自有不同的分类体系。请对下面的情景进行思考。假设我们用导线把玛丽连接到计算机上，然后将其大脑中的每一个神经元联结精确地映射到计算机，从而复制出能与我们交流的心智；但不幸的是，在此过程中将玛丽原有的大脑功能摧毁了。于是，我们将得到一具没有心智的躯体和一个没有躯体的心智。那么，哪一个是"真正的"玛丽呢？可以说，有人会认为两者都是玛丽。但是，其他自主性迹象似乎很弱。例如，我们很难找到只有借助义面才能进行解释的歧义性语境；而且许多受访者认为 woman 无法通过 X itself 检测：

（53）I'm not interested in the woman's body, I'm interested in the woman herself.
我对她的身体不感兴趣，我感兴趣的是她本身。

（54）?I'm not interested in the woman's mind or personality or feelings, I'm interested in the woman herself.
?我对她的心智或人格或情感不感兴趣，我感兴趣的是她本身。

另一个例子与动词 weigh 有关。该词涉及一个与心理行为相结合的身体行为：

（55）a. John weighed the potatoes with trembling hands. [PHYSICAL ACTION]
约翰用颤抖的双手给土豆称重。[身体行为]
b. John weighed the potatoes accurately. [MENTAL ACTION]
约翰给土豆准确地称重。[心理行为]

在两个假定的义面中，真值条件独立性不足，说明此处出现了整合。在回答 Did John weigh the potatoes?（约翰给土豆称重了吗？）这一问题时，我们只能将回答建立在全局解读（global reading）上。也就是说，要想给土豆称重，仅仅将土豆放进秤盘是不够的。同样，不存在无载体的文本或无文本的载体之类的事物。在产生歧义的方式上，John weighed the potatoes calmly（约翰冷静地给土豆称重）也

似乎与 *John writes beautifully*（约翰的文笔很优美）不同，甚至与 *Did you write the letter?*（你写信了吗？）（即"信的内容"和"物理意义上的文字"）不同。这并不意味着 *woman* 或 *weigh* 有什么不同寻常的地方。我们有理由相信，对非典型情况进行表征的就是义面。义面与具有程度特征的整合及实体区分有关；可以说，在由整合与实体区分两个方面构成的理论空间中，义面所占据的地位相对有限。当整合程度较低的时候，义面就是通过转喻关系联系起来的同一个单词的多个词义；当整合程度较高的时候，义面就会失去其独立性。实体区分度的降低也会导致义面自主性的消失，从而变成复杂事物或事件中的姊妹部件。

5.3.2 微义

微义是一个单词在不同语境中的不同意义单元，而且这些意义单元的默认识解在同一个层级上处于一种相互不兼容关系；这种相互不兼容关系类似于猫、狗、绵羊、奶牛、猪、马等动物名称之间的关系。在具有微义的单词中，*knife* 和 *card* 是典型的例子。请思考在下列语境中如何理解这两个单词：

(56) John called the waiter over to his table and complained that he had not been given a knife and fork.
约翰把侍者叫到自己的餐桌旁，向其抱怨自己没有刀叉。

(57) The attacker threatened the couple with a knife.
袭击者用刀威胁夫妻俩。

(58) I got a card the other day from Ralph, who's on holiday in Tenerife.
几天前我收到了拉尔夫的一张卡片，他正在特内里费岛度假。

（59）Let me give you my card; let me know as soon as you have any news.

我给你一张我的名片吧；一有消息请告诉我。

对例 60 和 61 中 knife 和 card 的解读，分别是 56—59 中两个词的上义解读（hyperonymic reading）。我们将两个词在例 56—59 中的解读与例 60 和 61 中的解读对比，看看有什么区别：

（60）You can buy any kind of knife there.

你可以在那里买到各种刀具。

（61）The box was full of cards of various sorts.

箱子里装满了各种卡片。

像 knife 和 card 这样的单词，都有一个上义解读和一簇下义解读；在默认识解下，这些下义解读是不相容的姊妹解读。这些语义单元均表现出显著的自主性。而这些具体的语义单元就是微义（microsenses）。微义承担了词汇的大部分"语义工作"，而上义识解的作用是次要的。因为只有在明确的语境压力下才能将上义识解激活，所以它从来都不是默认选择。例如，在例 60 和 61 中，any kind of 和 of various sorts 就是进行上义识解的语境触发器（contextual triggers）。此外，相对而言，上义角色的界定不是那么清楚，其在任何词汇场中都没有确定的位置。通过 knife 和 card 这两个单词，我们发现一种可以称之为默认具体性（default specificity）的现象，即在遇到这些词的时候，我们的第一反应是认为要对其进行具体识解，然后寻找证据以确定是哪种具体的识解。

人们会自然而然地认为这就是一个语用问题，因为对上面例子中 knife 和 card 的识解，与对例 62 和 63 中 friend 的识解（分别为"女性朋友"和"男性朋友"）没有什么区别：

(62) My best friend married my brother.
我最好的朋友嫁给了我哥哥/弟弟。
(63) My best friend married my sister.
我最好的朋友娶了我姐姐/妹妹。

然而，两类识解之间存在显著差别。首先，在例 62 和 63 中，我们发现的只是同一意旨在不同语境中的识解，而该意旨在性别方面基本上是中性的。"女性朋友"和"男性朋友"这两个解读没有展示出自主性。在例 62 和 63 中，*friend* 的中性意旨在推理过程中以不同的方式得到丰富，以便与 *married my brother* 和 *married my sister* 这两个语境元素保持一致。如果没有语境压力，我们将会对 *friend* 进行中性解读。这种中性解读不会创生一个自主的中间语义单元。我们将这种解读称为语境调制（contextual modulation）。而另一方面，微义被视为自主性语义单元，对它们的上义解读需要在语境压力下才能实现。

为证明微义具有特殊地位这一观点的合理性，我们有必要对其进行详细的阐述。首先，我们需要证实微义不是语境调制；然后，我们需要对微义与完全意义和义面进行区分。

5.3.2.1 为什么微义不是语境调制

我们可以从两部分的证据来证明微义不是语境调制：具体解读拥有太多的自主性的证据和上义解读不具备默认地位的证据。

我们可以从许多方面找到具体识解自主性的证据。首先，具体识解可以表现出关系自主性，即每个具体识解都有自己的一套独立的语义关系。例如，*knife* 的微义引发属于不同分类的识解，而不同分类的识解各自拥有不同的上义词和下义词，也各自拥有不同的朋辈下义词（co-hyponym）：

(64) cutlery: **knife**, fork, spoon
餐具：刀，叉，勺子
weapon: **knife**, gun, cosh, grenade
武器：刀，枪，金属短棒，手榴弹
instrument: **knife**, scalpel, forceps
器械：刀，手术刀，镊子
(garden) tool: **knife**, spade, fork, trowel, rake
园艺工具：刀，锹，叉，小铲子，耙子
(DIY) tool: **knife**, screwdriver, hammer, plane
自己动手工具：刀，改锥，锤子，木工刨

微义具有显著个体性的第二种证据是其表现出真值条件上的自主性。出现真值条件自主性的表现是，当一个是否问句根据一个微义可以如实回答"否"的时候，而根据上义解读或另一个微义的解读却要求进行肯定回答。如下面两例所示：

(65) Mother: (*at table; Johnny is playing with his meat with his fingers*) Use your knife to cut your meat, Johnny.
妈妈：（在用餐；约翰尼用手指摆弄面前的肉）你没刀吗，约翰尼？
Johnny: (*who has a pen-knife in his pocket, but no knife of the proper sort*) I haven't got one.
约翰尼：（口袋里装有一把铅笔刀，但没有用餐时使用的餐刀）没有。

(66) Tom: (*who has a football under his arm*) Let's play tennis.
汤姆：（腋下夹着一只足球）我们打网球吧。
Billy: Have you got a ball?
比利：你有球吗？

Tom: No, I thought YOU had one.
汤姆：没有，我原以为你有一只。

当然，在此例中，通过语境就可以弄清楚谈论的是哪种球。这也表明，如果没有合适的微义供我们选择，语境调制也会引导我们推理出与之差别不大的语义。然而，我们有必要强调，真值条件自主性不是那些在语境中得到丰富的解读的自动属性（automatic property）。例如，在例 67 中，尽管通过语境可以弄清楚哪种类型的车合适，我们不能将 B 的回答建立在通过语境得到明确的解读之上：

（67）A: (*There are 6 people to transport*) Do you have a car?
（有六个人要送）你有车吗？
B: (*Who has a 2CV*) *No.
（有一辆两座雪铁龙 2CV）* 没有。
Yes, but it's too small to take us all.
有，但太小了，我们人太多坐不下。

微义还会引发同一性限制。在对下列句子中第二个并列句进行解读时，我们很容易觉察到一种压力，促使我们按照对第一个并列句中粗体单词的解读进行识解：

（68）a. John sent a **card**; so did Mary.
约翰送了一张 card；玛丽也送了一张。
b. John has some **equipment**; so has Bill.
约翰有一些 equipment；比尔也有一些。
c. John needs a **knife**; so does Bill.
约翰需要一把 knife；比尔也需要一把。

这种限制在有些情况下较强，而在另一些情况下较弱。这也反映出自主性具有程度上的差别。但是，尽管在例 69a 和 69b 中没有同一性限制，两者之间的差异也显而易见：

（69）a. John has a cousin; so has Mary.
约翰有一个 cousin；玛丽也有一个。
b. John has a car; so has Mary.
约翰有一辆 car；玛丽也有一辆。

微义在母域中是作为基本层次义项（item）发挥作用的；这是其个体性（individuality）的一个重要方面。例如，在餐桌上，*knife* 与 *spoon*、*fork* 等同为基本层次义项（对 *fork* 的相关解读也是一个微义），并表现出基本层次义项所有的特有属性。它不是任何类型的刀，而是上义词"餐具"的一个具体类型（至少在英式英语中如此）。尽管还有其他类型的刀具，在合适的语境中，不需要进行具体说明的限定形容词（specifying epithet）；况且大多数人也很难提供一个这样的词。与微义形成对照的是，像例 62 和 63 中通过语境调制得到的解读不会作为基本层次义项发挥作用。

对微义复合体（microsense complexes；即上义词加上一组微义）的上义性解读，与语境调制在几个方面存在差异。对于那些拥有一组微义的上义词，最显著的属性之一是其默认具体性。像 *knife*、*card* 和 *equipment* 这样的单词，都有强烈的具体用法倾向，这使得它们在语境信息不足时会出现不同程度的怪异感觉：

（70）a. Do you have any equipment?
你有 equipment 吗？
b. Do you possess a card?
你有一张 card 吗？
c. Do you have a knife?
你有 knife 吗？

我们可以将例 70 中的句子与例 71 中的句子进行对比:

(71) a. Do you have any children?
你有孩子吗?
b. Do you have a car?
你有车吗?

在例 70 的前两个问句中,没有寻找具体所指的压力,而且在不允许出现较为具体解读的语境中,(在不加思索的情况下)并不能发现它们有什么反常之处。默认具体性的必然结果是,要想激活对 knife 等单词的上义解读,就要有公开的语境压力:如果没有具体的描述,是不足以激活上义解读的。因此,尽管例 70 中的问句在某种程度上显得怪异,例 72 中的问句和例 73 中的短语却很正常:①

(72) Do you have a knife/card/ball of any kind?
你有 knife/card/ball 吗,不管哪种类型?
(73) a knife wound; a knife-sharpener
一处刀伤;一块磨刀石

一组微义的上义词似乎和非元型概念相对应。例如,它们

---

① 克鲁斯(Cruse 2000a)对默认具体性的阐释存在问题。他认为,如果语境不允许选取一个微义,像例 70 中的问句就显得怪异。然而,克鲁斯还认为,有一些情景语境(situational contexts),如露营,是没有相应的微义的。由此我们似乎可以推理出,像例 70 中的问句在这样的语境中总是很奇怪的。但这并不是事实:(i)似乎很正常:
(i) (in a camping context) I need to cut this rope. Do you have a knife?
(在露营语境中)我需要砍断这条绳索。你有刀吗?
在此处,对相关性的思考会缩小合适刀具的范围:它们必须能砍断相关绳索。但看起来与语境调制相似,而非选取一个微义。因此,任何类型的详述似乎都可以使默认特定性限制得到满足,不管该详述是否涉及一个微义,在对上义词进行无限制的解读时,才要求在语境中公开进行合理的解释。

似乎没有清晰的关系属性，或者至少其关系属性不那么容易发现。尽管"刀"是一种日常器具，如果让人们为其提供一个上义词，他们会显得非常犹豫；然而，对 dog 一词以及 knife 的一个微义而言，却没有问题。另外，根据下位层级概念范畴、基本层级概念范畴和上位层级概念范畴之间的区别，对 knife 的上义解读似乎与上位层级概念范畴有关联。在涵盖范围较广的 KNIFE 范畴与 FURNITURE 这样的典型上位范畴之间，存在很多相似点。例如，典型的基本层级范畴具有丰富的内涵，与典型的基本层级范畴不同的是，作为上位范畴的 KNIFE 和 FURNITURE 在本质上都是图式性的，缺少具体的属性。而且，两者都没有清晰的视觉形象或与之相关的行为模式。

令人感到奇怪的是，尽管在语言上没有得到训练的人很乐意接受像 book 这样的多义面词的双重性（dual nature），他们却不愿意接受 knife 的复合性（composite nature）。似乎该概念的统合比其组成部分更加突出。人们可以轻而易举地提供诸如"有柄有刃、用于切割的工具"这样的典型统合性定义（unified definition）。然而，稍微仔细检查，我们就会发现，最初凭直觉所认为的该定义的合理性消失了。首先，该定义无法将刀与锯、凿及其他切割工具区分开来；其次，该定义包含了几个与 knife 一样拥有不同微义的单词，因此该定义必须如此进行解释："刀是一种工具，拥有刀的刃口和刀的手柄，用来像刀一样进行切割"；换句话说，在我们凭直觉对该定义进行充分理解之前，我们需要知道什么是刀。

5.3.2.2 微义不是完全意义或者义面

微义不是清晰的语义，因为它们可以统合在一个上义词下面，因而按照通常标准，它们之间不存在对抗。微义之所以不是义面，是因为义面属于不同的本体类型，不能归并（subsumed）在同一个上义词之下。

5.3.2.3 微义和义面的对比

在某些方面，微义与义面是相反的。因为对义面而言，尽管本体类型的不同会促使我们认为它们是自主的，而事实上其默认识解却是统合性的；就微义而言，其高度相似性促使我们对其进行统合性解读，而事实上从某种意义上讲，具体解读才是其默认解读。因此，对微义而言，我们需要找到一个强有力的与统合性解读相抗衡的限制因素，从而在这些微义之间识解出各种边界。问题的答案似乎再一次指向微义所在的域。域概念的提出是为了对义面进行统合，而对微义而言，就是因为其发挥作用的域不同，才使它们相互之间具有区分度。因此，不同解读之间的语义距离会被强烈的共同关联倾向抵消，而不同解读之间的语义邻近性会被惯常语境的不同抵消（请记住，对义面和微义而言，相互抗衡的限制因素充分抵消之后，语境限制因素才能发挥重要作用）。

5.3.2.4 以兰盖克为代表的微义行为解释

我们在此将探讨两条主要的解释路线。第一条解释路线大体上以兰盖克为代表（见 Tuggy 1993）。在这一框架内，对微义复合体有两种未必不一致的解释方法。第一种方法以固化程度为基础：上义解读和具体解读都涉及不同层次的固化（我们将固化程度等同于规约性限制因素的强度）。如例 74 所示：

(74) *cousin*: 　　　　　　　　上义解读：重度固化；丰富
　　　　　　　　　　　　　　具体解读：在语用中产生
　　　knife: 　　　　　　　　上义解读：轻微固化；稀疏
　　　　　　　　　　　　　　具体解读：重度固化；丰富
　　　card (paper vs. plastic): 　上义解读：在语用中产生
　　　　　　　　　　　　　　具体解读：重度固化
　　　bank: 　　　　　　　　上义解读：不存在
　　　　　　　　　　　　　　具体解读：重度固化

　　从上义词到下义词，强调重点呈梯度变化；尽管展现出来的只有四个阶段，其程度应被看作连续性的。我们需要对 card 的表征作进一步的解释。不同类型的"纸"卡片之间的区别，与不同类型 knife 之间的区别相似。例 74 所例示的是纸质卡片和塑料卡片之间的区别。许多人报告说，他们很难理解像例 75 这样的句子会包含两种材质的卡片：

(75) The box contained various types of cards.
　　盒子里装着各种类型的卡片。

然而，在例 76 这样的特殊语境中，塑料卡片和纸质卡片可以统合在一起：

(76) The box contained a variety of plastic and other sorts of cards.
　　盒子里装着各种塑料卡片和其他类型的卡片。

此处涉及两类不同的解读，一类是必须由语境"公开许可"的上义解读（如对 *knife* 的解读），一类是必须通过语境"强制进行"的具体解读（如对 *card* 的解读）。强制性具体解读是通过语用产生的，而不是固化的。当然，这仍是一个连续渐变的程度问题，只不过涉及的是抗拒统合的程度，而且该连续渐变体的界限具有一定程度的任意性。

上文的描述能在多大程度上说明微义复合体的本质呢？让我们假设，具有某一解读的单词每用一次，都会使该解读的固化程度提高一点；而随着固化的不断加强，该解读在永久性（permanence）、凸显性（salience）和可及性（accessibility）上的固化也不断增强。

显然，与上义解读相比，具体解读具有更大的可及性。因此，如果有适合语境的具体解读，我们往往会首选这一解读。如果我们假设，每个解读都分别代表侧面-基体链（profile-base chain）上的点，或者兰盖克域阵中多条侧面-基体链的一个交点，我们就可以对更多现象进行解释。我们现在可以假定，参照不同基体进行的侧显具有不同程度的凸显性。因为在一组微义中，所有成员共有一个上义词，所以它们必须拥有参照同一个基体进行的侧显。但让我们假设，这一侧显对它们而言都不是最凸显的，即每一个微义各自都有参照不同基体的最凸显的侧显（请思考 *knife* 的"厨具""武器""手术刀"等微义的情况）。

一个似乎比较反常的现象是，同一个词形可以拥有多组互不兼容的解读。而上面的假设可以对该现象提供解释。这些解读之间并非存在真正的竞争，因为姊妹意义单元之间只是同父异母或同母异父的姊妹关系。该假设还可以合理解释这些解读的真值条件自主性。如果不用域将微义固定下来，我们就很难解释为什么常被用来指称 *boy* 和 *girl* 的 *child*，没有形成与 *boy* 和 *girl* 相对应的微义。那么，这可能是因为仅凭出现频率不足以形成自主性，还必须具备某种差异化因素（differentiating factor）。就微义而言，该差异化因素很可能是在不同域中的出现频率；就义面而言，尽管它们不是根据域来区分的（姊妹义面往往相伴出现），但它们却是通过本体类型进行区分的。

该论述无法解释两个明显存在矛盾的现象。首先，它无法解释为什么人们凭直觉作出的第一反应是选择上义解读。换句话说，人们需要确认该单词所表明的是默认具体性：根据直觉，人们意识到的往往是 knife 的统合性（unity），而非多元性（plurality）。其次，假若如此，在一个无法选取具体解读的语境中，会出现什么样的解读呢？难道不是上义解读吗？没错，不会出现上义解读，因为只有得到语境的明确许可，才能出现上义解读。也就是说，上文的论述没有对默认具体性的一个构成要素进行说明。

在兰盖克的理论框架中，还有一种对微义复合体进行解释的方法。在上一种解释中，微义被含蓄地看作由"固化+区分因素"而形成的统合性解读。对于 knife 这类的词，这也许能解释人们为什么会在直觉上产生统合性解读，但该设想并不完全合理。一个更为合理的设想是，我们最初得到的是不同的解读，然后才是统合性解读。兰盖克的网络模式（network model）就是这样的工作原理（参见 Langacker 1991: 266-271）。knife 最初所标示的是某一具体类型的刀具，然后该词的词义通过隐喻的方式扩展，被用来指称另一种器具，该器具和原来的刀具有足够的相似性，使其有理由使用同一个单词；然后逐渐形成一个上义解读，从而将两种具体解读归并在一起。在这种情况下，如果不考虑差异性固化（differential entrenchment），从具体解读中提取的共同内容的多寡，会决定结果概念的"丰富性"程度。显然，如果 child 是通过这种方式形成的，那么所提取出来的共同内容将会非常丰富，但对 *knife* 而言，所提取的共同内容要少得多。

然而，人们对 *knife* 进行解读时首先出现的是上义解读。对此，这种"自下而上的"设想无法给予解释。一种可能的解释是，语言的元语言功能遵循不同的"真实情境使用"（actual situated use）规则。也许对元语言目的而言，语义相似性是较强的限制因素，而在日常使用中，对所在域的忠诚更为重要。在 *knife* 等词的微义之间，也许存在足够的语义共性，来激发元语言反思功能（reflective metalinguistic use）中的统合性反应，而在正常的情境使用中却不足以抵消域的独特性（distinctness）。如果真是这样，我们就可以将"元语言"框架看作进行上义识解的"显性语境许可"（overt contextual sanctions）。

5.3.2.5 隐伏义

还有一种现象，尽管拥有许多与微义相似的特征，却很难用上文探讨微义的方法进行描述。因为我们无法将这种现象与微义进行清晰的区分，只对微义进行描述而不对该现象进行说明的论述必定不完整。马修斯（Matthews 1981: 125）将该语言现象称为隐伏义（latency）。

下面是与隐伏义有关的典型例子：

（77）Look out, Mary's watching!
小心，玛丽正在注视！

在此例中，听者必须根据语境来对具体的直接对象进行复原。请注意，在下例中，同一性限制发挥了作用：

(78) John's watching; so is Bill.
　　约翰正在看；比尔也在看。

与该例不同的是，例 79 中没有出现同一性限制：

(79) John's reading; so is Bill.
　　约翰正在阅读；比尔也在阅读。

另外，不同的解读都有真值条件自主性：

(80) Is John watching?
　　约翰在观看吗？

对于例 80 这个问题，我们只须根据隐伏的直接对象进行回答。假如隐伏的元素是"我们"，那么，只要约翰注视的不是我们，他注视什么都没关系，我们都可以回答 No。另请注意，在对象非常明确的语境中，自主性可被推翻；例 81 不是轭式搭配结构：

(81) John is watching Mary, and Bill, Susan.
　　约翰正注视着玛丽，而比尔注视着苏珊。

当然，这个有关隐伏义的例子在本质上与句法有关，而隐伏的元素是一个单独的词。cub 也许是和当前关切相关度稍高一点的例子：该词有一种默认具体性，与 knife 的别无二致；如果没有明确指出是哪种 cub，该默认具体性就要求对其进行确认。因此，如果 cub 的类型无法识别，结果就很怪异：

(82) I was walking through the woods this morning and I spotted a cub.
　　今天上午穿过树林的时候我看到了一只幼崽。

如果例 83 中的"我"看到的是狮子、狐狸和熊的幼崽，该句话同样显得怪异：

(83) I saw three cubs this morning.
　　我今天上午看到三只幼崽。

对例 84 的解读也要受到同一性限制的制约：

(84) John saw a cub, and so did Mary.
约翰看到一只幼崽，玛丽也看到了。

而且，不同的解读有不同的真值条件。

如果交流的话题是狐狸，而讲话者没有看到狐狸幼崽，不管他是否看到过其他动物的幼崽，对"你看到过幼崽吗？"这一问题，都可以如实回答"没有"。如果幼崽类型得到明确，各种限制因素就会被移除，这样就可以进行上义解读了：

(85) The lioness and the vixen were playing with their cubs.
当时，雌狮们和雌狐们正在陪它们的幼崽玩耍打闹。

很多单词都有这种表现，如 *handle*、*wheel*、*cover*、*blade*、*lid*、*leg*、*thigh*、*top*、*patient* 等。[在不知道约翰是谁的患者的情况下，我们能理解 *John is a patient*（约翰是个患者）这句话吗？没有"单纯的"患者这样的事。]

这些隐伏义和微义之间存在一些明显的相似性。我们已经分析过，通过隐伏元素，我们可以发现默认具体性，即在语境压力、同一性限制和独立真值条件作用下才能形成的上义解读。这似乎与我们所发现的微义的情况非常相似。因此，一种可能是，*knife* 类单词和具有隐伏特征的单词都是相同现象的典型例子。也就是说，在对这类单词进行理解之前，必须根据语境将省略的明示性表达复原，而微义可能与这些表达相对应。这种解释与上文我们对微义的解释不同，尤其当我们将 *knife* 的词义作为一个复杂概念上的单一映射进行考虑的时候。这种解释与纯粹的语用学更为接近，因为只有一个词义会被映射到上义概念，而将详细的解读留给语境限制因素，而不是从已经固化的备选项中进行选择。然而，这仍然不是简单的语境调制，因为这种具体化具有强制性。

可能有人不同意我们对微义隐伏义进行的分析。首先，有人会认为，尽管在有些情况下，可以找到与微义（如 *postcard*、*Xmas card* 等）相对应的明示性表达，在很多情况下，人们似乎很难找到限定词。例如，对餐桌上使用的 *knife* 和 *fork* 以及方便交流的、上面印有姓名、地址的 *card* 而言，这是事实。对于我们在餐桌上谈论刀叉时会将明示性限定词省略的说法，这一事实似乎提供了反证。这些概念都是典型的基本层级概念，也似乎与 *cub* 的各种解读不同。其次，有人认为隐伏义具有"开放性"。如果我们将一切都归结为语用问题，那么我们可以将各种可能性没完没了地罗列下去。然而对 *knife* 类单词的解读范围似乎受到高度制约：例如，*ball* 的限定词可能包括 *tennis* 和 *golf*，但不包括 *small*、*soft*、*green* 和 *rubber*。

然而，当我们对上文提出的隐伏义进行考察时，发现在很多情况下这种现象并不是完全开放的，至少在具体表达的选择范围上如此。没错，在例 78 和 79 中，除了 *watch* 的语义本身以及纯粹的语境因素，*watch* 的直接对象似乎不受限制。但是，在其他例子中，使用隐性修饰语（implicit qualifier）的自由度是不同的。例如，对 *thigh* 而言，只要是有大腿的动物，其名称词都可以充当 *thigh* 的修饰语，而且这类名词在数量上是开放的，因为新发现的动物可即刻添加到名单中去；但 *plump*（丰满的）、*long*（长的）或 *sunburnt*（晒黑的）这样的词会被排除在外。对 *cub*（幼崽）而言，其受到的约束甚至更大：只允许使用动物类型词，而非 *young*（年轻的）、*small*（小的）、*brown*（棕色的）等诸如此类的词；而且，即便是动物类型词，也只有部分动物名称词可以用作 *cub* 的限定词，而 *cat*（猫）、*dog*（狗）、*sheep*（绵羊）、*horse*（马）等动物名称词不行。我们在上文用 *ball* 作例子，对微义复合体进行了说明；乍一看，*cub* 的情况与 *ball* 没有太大的区别［令人感到好奇的是 *ball* 和 *cub* 与 *kind of* 概念之间的关系，如我们可以说 *a tennis ball is a kind of ball*（网球是一种球），但不说 **a large ball is a kind of ball*（*大球是一种球）；就 *cub* 而言，其修饰语必须是动物的种类或类型词。Cruse 1986、Cruse 2002b 和本书第六章对此现象进行了讨论。］

换句话说，在选择上的限制越多，就越难将隐伏义描述与微义描述区分开来。就 *sentir* 而言，我们几乎无法在两种描述上作出区分。在有些语境中，该词既可表示"闻"又可表示"尝"：

（86）Jean peut sentir l'ail.
让能闻到大蒜的气味/尝出大蒜的味道。

这实际上是一个歧义句：讲法语的受试说因为在"闻"和"尝"上不能含糊其辞，他们必须在两个意义中选一个。此外，在例 87 中存在强有力的同一性限制：

（87）Jean peut sentir l'ail; Marie aussi.
让能闻到大蒜的气味/尝出大蒜的味道，玛丽也能。

然而，在感官道得到确认的情况下，这两个解读可以相互协调而不会出现轭式搭配：

（88）Jean sentait l'odeur du citron et le goût de l'ail.
让感觉到了柠檬的气味和大蒜的味道。

因此，将以上这些现象看作一条连续统也许是最好的解决办法；该连续统的范围从纯粹的隐伏义（如 watch "填充词"的选择纯粹取决于语用目的）开始，到某一方面的选择具有开放性而其他方面的选择受到限制的现象（如 cub），再到只能在被固化的单元内进行选择的现象（如 knife）。但是，对于不同类型间的区别，我们仍然没有找到一个令人满意的解释。

5.3.3 观察路径义

观察路径（ways-of-seeing）源自普斯特约夫斯基（Pustejovsky 1995）的物性角色（qualia roles）。物性角色在某些方面与题元角色（thematic roles）类似，但物性角色决定谓词依附于名词的方式，而不是论元依附于动词的方式。普斯捷约夫斯基提出了四种物性角色：

> 构成角色（constitutive role）：构成角色描述的是物体内部的构造，涉及材料、重量、部件和成分。
> 形式角色（formal role）：形式角色是物体的一些特征，通过这些特征，可以在一个较大的域中，将拥有这些特征的物体与其他物体区别开来；形式角色包括方向、大小、形状、颜色和位置等属性。
> 功用角色（telic role）：功用角色指物体的用途和/或功能。
> 施成角色（agentive role）：施成角色是指物体是如何形成的，是人造的还是天然的，由何人或者何物创造的，是什么原因导致的，等等。

我们在此对物性角色重新进行定义，将其称为观察路径（以下简称 WOS）：

  部件-整体 WOS（part-whole WOS）：将实体视为由部件构成的整体（如从兽医的视角来看一匹马）。
  种类 WOS（kind WOS）：将一个实体看作与其他种类实体并存的一类（如从动物学家的视角看一匹马）。
  功能 WOS（functional WOS）：从实体之间相互作用的视角来观察一个实体（如从赛马骑师的视角看一匹马）。
  存在史 WOS（life-history WOS）：从存在史尤其是形成史来看一个实体（如从作者或出版商的视角来看一本书）。

  观察路径的自主性程度要比义面或微义的程度低。观察路径与不同的概念之间不是对应关系，而且观察路径没有指称上的区别：它们表征的是观察同一事物的不同方式。通过观察路径的关系自主性，我们可以将观察路径与下文将要讨论的活跃区域（active zones）区别开来。但与观察路径关系自主性有关的证据比较少。下面以 *hotel* 为例进行说明。我们可以将其看作不动产，此时它与房屋、办公室、工厂等形成对比；或者将其视为一种提供膳宿的场所，此时它与 B&B[①]、青年旅馆等形成对比。观察路径能为某些情况提供解释。如在有些短语中，构成短语的单词没有歧义，短语的句法意义也很明确，但是在整体上这些短语却有歧义；也就是说，这类短语显然具有组合自主性：

  （89）a complete soldier
    部件-整体 WOS："一名身体部件完好无损的士兵"（来地

---

 ① 提供床位和早餐的家庭旅馆。——译者

第五章　多义关系：对意义边界的识解

　　球采集人类标本的外星人的视角）
　　　　种类 WOS："一名具备所有规约性品质的士兵"
（90）an expensive hotel
　　　　种类 WOS："一个售价较高的旅馆"
　　　　功能 WOS："一个房价较高的旅馆"
　　　　存在史 WOS："一个造价较高的旅馆"
（91）a delightful house
　　　　部件-整体 WOS："一座各部分在空间分布上比较和谐因而看起来赏心悦目的房子"
　　　　功能 WOS："一座住起来很舒适的房子"

　　观察路径解释法也存在一些问题。与义面观或微义观相比，观察路径解释法的支撑证据较少。例如，我们不清楚观点之间的自主性是否比观察路径之间的自主性强。我们无法将一些与 WOS 类似的识解明确归为四种观察路径中的哪一类。而且，观察路径的类型数量具有很大的任意性。同时，我们还需要在义面、纯粹的构成特征和活跃区之间插入一个识解出来的预备意义单元。这与我们在此采用的方法完全一致：我们没有将所有可能的观察路径列举出来，而是仅仅将上面举出的例子看作特别凸显、相对容易识解出一条次要意义边界的情况。

5.3.4 语义成分和低自主性活跃区

　　有些活跃区（参见§3.2.1）和语义成分在自主性程度上极低，而且这些单元只在组合自主性（compositional autonomy）上有表现；它们并不构成完全意义上的预备意义。语义成分在本质上是内涵性的（intensional）：它们是更具包容性的意义的构成部件，而该包容性较强的意义在组合性上比较活跃；活跃区域拥有外延上或指称上的基础：它们是某个事物的部件，为了进行成分分析而被分离出来。

下面将举例说明语义成分问题。请考虑 an overworked stallion，及 overworked in terms of stud duties（在履行种马职责上过度劳累）和 overworked in terms of pulling carts（在拉车上过度劳累）这两个解读。我们可以将 stallion 分析为 [EQUINE][MALE]（[马科动物][雄性]）。对于该歧义现象，一种可能的解释是，overworked 可以对两个不同的意义单元进行修饰：

(92) ([EQUINE][MALE]) (overworked)
　　　([马科动物][雄性])（过度劳累）
　　　[EQUINE](([MALE](overworked))
　　　[马科动物]([雄性](过度劳累))

即该动物要么作为雄性而过度劳累，要么作为一匹马而过度劳累。换句话说，[雄性]可以识解为一个独立的语义单元，并在功能上充当谓词[过度劳累]的语义范围（请注意，我们无法轻易地对 an overworked husband 进行同样的识解）。这两个解读在不出现轭式搭配时也可以并列：

(93) Dobbin is overworked both as a begetter of foals and as a puller of haycarts.
　　　多宾在作为小马驹之父和作为拉车者两个方面都累坏了。

下面是一个含有否定的例子。

(94) It is not a mare.
　　　它不是母马。

在此例中，将[雌性]隔离出去的边界识解似乎就是默认识解，因为一般情况下我们都会将这句话中的动物理解为一匹雄性马；在将［马科动物］预设为参照特征时，被否定的是［雌性］特征。然而，在合适的语境中，当雌性特征非常突出时，该动物也可能是一头奶牛；也就是当［雌性］预设为参照特征时，被否定的是所有"母马"。还有一种语境，可能将"可接受的生日礼物"预设为参照特征。

an old friend（一位老朋友）可能是一个类似的例子：

（95）［人］　　（老）
　　　　｜
　　　［关系］　（老）

同样，我们会将否定优先应用到［关系］成分上。

（96）The astronaut entered the atmosphere again.
　　　该宇航员再一次进入大气层。

我们既可以将其解读为"又（［变成］［在里面］）"，又可以解读为"［变成］（又［在里面］）"。

（97）I almost killed him.
　　　我差一点杀了他。

既可以解读为"几乎（［致使］［变成］［死的］）"，又可以解读为"［致使］［变成］（几乎［死的］）"。

在一些语义研究方法中，这些语义成分被认为是词项的内在属性，也就是其意义的永久成分。但在当前的研究方法中，这些语义成分不是固定的，而是识解和需要的结果。当然，有些识解本身就比另一些识解容易，而有些识解比另一些识解更容易受到规约性限制因素的制约（这两种情况之间显然存在着联系）。在 *stallion* 中，［雄性］语义成分的固化程度如此之高，以至于 *not a stallion* 就是 *mare* 的默认识解。但是，要想设计出以下场景并不难：*not a horse* 没被识解为"某种不是马的动物"，而是被识解为"某种不是马的运输工具"。由此看来，哪个语义成分凸显取决于具体的情况；从原则上讲，似乎可以出现各种可能。

有些活跃区域与语义成分有着同样程度的自主性，也就是说，只有通过语义成分分析，这些活跃区域才能表现出来。像语义成分一样，它们可以造成歧义，如 *red eyes*（充血的眼睛；摄影等中的红眼；虹膜是红的）和 *a red pencil*（写出的字是红色的；铅笔的外观是红色的）。请注意，在现实中，尽管与形容词 *red* 相关的铅笔部件很容易辨识，而且可以指出来（不像 *stallion* 的[雄性]和[马]这两个语义成分），像 *that red pencil* 这样的确指性名词短语，不论给予哪种解读，都不会指称相应解读中所涉及的部件，而是指称整个铅笔。

5.3.5 语境调制义

在 *My cousin married an actress* 这句话中，对 *cousin* 的 *male cousin*（堂兄弟/表兄弟）解读涉及语境调制；语境调制义位于自主性度标（scale）的末端，即自主性度标的零点位置。不同的语境调制义肯定代表着不同的识解，因此，从交际效果来看，其重要性绝不比微义或义面差。语境调制义与微义和义面之间的区别在于，在整个识解过程中，它们不要求对自主性预备意义进行识解。语境调制义的具指功能（specifying features）似乎是由语境提供的，而不是由语境选择出来的，或者说不是在语境触发下创生的。

5.4 自主性：总结

对意义单元中自主性的识解，是多种限制因素之间复杂互动的结果。而且，一般而言，它们与具体词项之间没有内在的联系。尽管在特定情况下，语境限制因素的强度会给人一种内在性错觉。事实上，规约限制、认知限制和语境限制之间的平衡会随具体情况的不同而随时发生变化，而对于这种变化，内在性假设不能给出一个令人满意的一般性描述。同时，自主性本身也是一个变量，而不是一个非有即无的属性。要想对变化多端的词义进行充分的描述，就绝不能忽视自主性特征。

第六章　意义关系的动态识解 I：上下义关系和部整义关系

从结构主义时期至今，词汇语义学家们对上下义关系（hyponymy）、不兼容性（incompatibility）、反义关系（antonymy）等意义关系一直抱有浓厚的兴趣（参见 Coseiu 1975; Geckeler 1971; Lyons 1963, 1968; Cruse 1986 等）。尽管莱昂斯（Lyons 1968）宣称，所有的意义关系都具有语境依赖性，包括莱昂斯在内的几乎所有的学者，都一直将它们作为个体词项稳定的属性对待。

大部分认知语言学家很少对意义关系进行探讨。在本章及下一章，我们将运用意义的动态识解研究法，来重新审视一些意义关系。意义关系不是单词之间的语义关系，而是单词在特定语境中所进行的识解之间的关系。我们想说明两点：对认知语言学家而言，意义关系也是一个值得研究的对象；动态识解研究法可以让我们对这些意义关系的本质有新的认识。本章主要探讨上下义关系和部整义关系（meronymy）。

6.1 上下义关系

6.1.1 导语

下面是一些语言表达式，其语义良构性（semantic well-formedness）建立在上下义关系的基础之上（X 是 Y 的下义词）：

(1) Xs are Ys (**Koalas** are **marsupials**)
Xs 是 Ys（*考拉*是*有袋类动物*）

(2) Xs and other Ys (**Koalas** and other **marsupials**)
Xs 和其他的 Ys（*考拉*和其他的*有袋类动物*）

(3) Of all Ys, I prefer Xs. (Of all **fruit** I prefer **mangoes**.)
在所有的 Ys 中，我最喜欢 Xs（在所有的*水果*中，我最喜欢*芒果*。）

(4) Is it a Y?
Yes, it's an X. (Is it a **tit**? Yes, it's a **coal-tit**.)
它是个 Y 吗？对，它是 X。（它是只*山雀*吗？对，它是只*煤山雀*。）

(5) There was a marvelous show of Ys: the Xs were particularly good. (There was a marvelous show of **flowers**: the **roses** were particularly good.)
Ys 展真是太棒了：Xs 尤为出色。（*花*展真是太棒了：*玫瑰*尤其漂亮。）

以上各例均与名词有关。其他词性的单词之间也有类似的关系：

(6) Did she **hit** him?
Yes, she **punched** him in the stomach.
她打他了吗？

打了，她用**拳猛击**了他的腹部。

（7）Is your new skirt **red**?
　　　Yes, it's a **maroon** velvet.
　　　你的新裙子是**红色**的吗？
　　　是，它是**褐红色**天鹅绒的。

然而，由上下义关系联系在一起的词项，在名词中出现的频率远高于在形容词或动词中出现的频率。

原则上讲，上下义关系是一种简单的语义关系（这与 Cruse 2002b 所表达的观点相左），可以看作莱考夫容器意象图式功能的一个实例（参见 Lakoff 1987: 271-273）。我们可以将上下义关系看作一种简单的类包涵关系（class inclusion）：

（8）a. the class of dogs is a subset of the class of animals
　　　　犬类是动物的子类
　　　b. the class of instances of water is a subset of the class of instances of liquid
　　　　水是液体的子类
　　　c. the class of instances of murdering someone is a subset of the class of instances of killing someone
　　　　谋杀是杀人的子类
　　　d. the class of scarlet things is a subset of the class of red things
　　　　猩红色物品是红色物品的子类

我们还可以对"包涵"概念进行深入的探讨，并从中得到深刻见解。因为我们现在探讨的是意义问题，所以对包涵概念的探讨与人们关心的语义问题更直接相关。因此，包涵概念有望为我们提供更强的解释力，但同时也给我们出了一些难题。要想深刻描述上下义关系的特征，我们需要如下的表达式：

（9）If X is a hyponym of Y, then the semantic content of Y is a proper subpart of the semantic content of X.

如果 X 是 Y 的一个下义词，那么 Y 的语义内容就是 X 语义内容的一个真子部分。

从某种意义上说，用该表达式来描述上下义关系显然足够了。例如，如果我们假设上下义关系既适用于语义上的复合表达式，又适用于单个的词项，那么 *a red hat*（红色帽子）就是 *a hat*（帽子）的下义词，因为 *a red hat* 是 *a hat* 的真子类。如果仔细思考，从单纯的构成性观点判断，我们就会发现，*hat* 的语义作为真子部分包涵在 *a red hat* 的语义之中。我们似乎很容易将这幅画面切换到诸如 *stallion*（公马）和 *horse*（马）这样的单个词项上："公马"的词义可以分析为"马"+"雄性"，所以"马"的词义是"公马"词义的一个真子部分。[只要"雄性"和"马"不被看作"公马"这一单词的固有属性，而是看作对"公马"具体识解中潜在的自主性构件（autonomous components），这与第五章的分析并不冲突。]

分析句子（称为"命题"可能更为恰当）之间是否存在蕴涵关系，是检验是否存在意义包涵的一种方法；所采用的句子的特点是，在对应位置上包含相关的词项。我们将这种验证方法公式化如下（该公式不限于名词）：

（10）X is a hyponym of Y iff F(X) entails, but is not entailed by F(Y).

当且仅当 F(x) 蕴涵 F(y) 但不被 F(y) 蕴涵时，X 是 Y 的下义词。

最早提出这类定义的是莱昂斯（Lyons 1963），只不过他的描述与该公式的形式不完全相同。在此，F(-)是由 X 和 Y 满足的句子函项（sentential function）。

因此，*It's a dog* 单方面蕴涵 *It's an animal*。这一事实表明 *dog* 是 *animal* 的一个下义词。该定义背后的推理很明显。蕴涵的这一定义的优点是，我们不需要说明其构件 A、B、C 具体是什么。遗憾的是，它也有两个不足之处。首先，X 和 Y 之间的上下义关系未必都能推导出 F(x) 和 F(y) 之间的蕴涵关系。如 *Basil became a Catholic*（巴兹尔成了天主教徒）并没有蕴涵着 *Basil became a Christian*（巴兹尔成了基督教徒），因为他可能一开始就是一个浸礼会教友。其次，F(x) 和 F(y) 之间的蕴涵关系并不能保证上下义关系的出现。如 *The wasp stung John on the knee*（黄蜂蛰了约翰的膝盖）蕴涵着 *The wasp stung John on the leg*（黄蜂蛰了约翰的腿），我们却不能推导出"膝盖"和"腿"之间存在上下义关系，因为膝盖不是腿的下义词。然而，从理论上讲，我们没有理由认为这些不足之处不能通过更为周延的验证公式进行克服。

6.1.2 上下义关系与语境

克鲁斯（Cruse 2002b）曾提到过上下义概念中一个难以处理的问题，即没有经验的被试会将 *dog*：*pet* 这样的成对单词归到下义词和上义词的类别，尽管 *It's a dog* 并不蕴涵 *It's a pet*。另外，从表面上判断，尽管 *dogs and other pets* 不是上下义关系，我们却似乎应该将其理解为上下义关系，并认为这种表达完全正常。克鲁斯（Cruse 1986）将 *dog* 和 *pet* 之间的关系标示为"类上下义关系"（para-hyponymy）。克鲁斯（Crose 2002b）提出，上下义关系的正确定义应该符合母语者的直觉，但他没能提供这样的定义。

运用目前我们所讨论的研究方法，就不会出现这样的难题。意义关系不是单词之间的关系，而是具体的单词识解之间的关系。所以，dogs and other pets 是正常表达，dog 和 pet 之间却不存在蕴涵关系，这两者之间未必存在不一致性。Xs and other Ys 这种结构会诱导人们将 X 识解为 Y 的下义词。莱昂斯（Lyons 1968）特别强调意义关系的语境依赖性，但在他的词汇语义学中，语境的作用小到令人惊讶的地步。对语境作用的重视，是我们目前研究方法的一个重要特征。严格地讲，对上下义关系起限制作用的只是识解的一个方面，即对边界的设置。因此，我们可以说，上下义关系是预备意义之间的关系。

在 §5.4.2.1 中，我们详细介绍过边界设定会随语境改变而变化的情况。在此，我们将重点关注与上下义相关的变化。

在同一个语篇中，我们要对不同单词进行识解；这些识解之间的语义关系非常重要。因为它们对语篇衔接和推理模式的良构性（well-formedness）而言常常是必要的。我们可以用一个简单的表达模式作为例子进行说明。该表达模式的良构性取决于 X and other Ys 这样的上下义关系。请考虑 dogs and other pets 的情况。大多数言者会认为，这种表达完全正常。他们声称，在此语境中，对 dog 和 pet 的识解类似于 dog 是 pet 的一个下义词，因为犬类是宠物类的一个真子类。这种观点罔顾一个事实，即大多数言者断定 This is a dog 为真并不能保证 This is a pet 为真。

如何才能调和这两个明显对立的立场呢？两者可以调和，因为对 dog 有两个不同的识解。在对 This is a dog, therefore it is an animal 的识解中，对 dog 和 animal 的识解属于默认识解；这种识解要么出现于最小语境，要么由陌生句子唤起"逻辑"域，再由"逻辑"域引发；另一方面，对 *dogs and other animals* 的识解受 X and other Ys 格式强力约束，该格式要求对 X 和 Y 的识解进行调整，以使上下义关系成立。这种调整要么对 X 产生影响，要么对 Y 产生影响，要么对两者都有影响：如果没有其他语境，所进行的调整是最容易的那个，也就是说，得到的结果是最容易获取的识解［可能还有一个可将结果语境化的因素（factor of contextualizability）］。例如，对 *dogs and other pets* 中 *dog* 的识解，可能比零语境下的默认识解更为具体，但也容易获取；然而在 *handbags and other weapons*（手袋和其他武器）中，对 *weapons* 的识解就没有零语境默认识解具体了。

可识解性（construability）的可变性不是无限的。当规约性限制因素的约束力足够强时，可以阻止上下义关系识解的出现。例如，在几乎所有的语境中，我们都无法对 *dogs and other cats*（狗和其他的猫）进行识解，至少从字面意义上无法对其进行识解。还有另外的约束因素。例如，尽管对 *dogs* 的有些解读可以满足上下义关系的要求，*dogs and other dogs*（狗和其他的狗）是不可接受的。这也许因为，如果要进行不同的解读，会有一个限制因素阻碍同一个语言表达形式重复出现。

正如上文所界定的，上下义关系是一种以包涵为基础的传递关系（transitive relation），而包涵也具有传递性。在文献中，有些例子被认为具有非传递性（nontransitivity），但我们认为上下义关系不允许这种非传递性出现。在不同语境中，同一个单词会有不同的识解，而明显的传递失败的情况为我们提供了这方面的有趣例子。如：

(11) A car seat is a type of seat.
汽车座椅是一种坐具。
A seat is an item of furniture.
坐具是家具。
*A car seat is an item of furniture.
*汽车座椅是家具。
(12) A hang glider is a type of glider.
悬挂式滑翔机是一种滑翔机。
A glider is a type of aeroplane.
滑翔机是一种飞机。
*A hang glider is a type of aeroplane.
*悬挂式滑翔机是一种飞机。

这些例子是以被调查者的反应为基础的（见 Hampton 1991）。我们在前文已经提到过汉普顿对该难题的解决办法，简而言之，要让 *X is a type of Y*（X 是一种 Y）具有可接受性，只要元型性 Xs 都分布在 Y 范畴的边界之内，就能满足要求。这种观点想当然地将 X 和 Y 看作词项，并认为它们指代固定的概念范畴。我们对该问题有不同的解释，即调查对象是以语境中的识解为基础进行的判断。我们认为，对于听到的话语，听者倾向于寻找非异常性解读（nonanomalous interpretation）；因此如果人们对 X 和 Y 的识解具有很强的可及性，如将 X 识解为 Y 的下义事物，那么 *X is a type of Y* 这样的话语就是可接受的。例如，*A car seat is a type of seat* 被判断为正常表达，因为对 *seat* 的可及性识解包括汽车座椅。*A seat is an item of furniture* 被判断为正常，因为 *seat* 被识解为 *furniture* 的下义事物（也许是惯常的默认识解），而且将汽车座椅排除在外。因此，我们认为，这些例子并不能说明传递性出现了问题。对例9的解释与此相似。对于上下义关系传递性所出现的真正断裂，我们没有发现任何让人信服的例子。

传统语义学对"纵聚合关系插槽"（paradigmatic slot）进行了严格的定义。在传统上，意义关系一直被看作能够出现在这些插槽的词项之间的关系。该观点具有认知效度和交际效度。对纵聚合集中任何一个词项的选择，都携带着与该词项意义相关、与其他可能选择共有的隐含信息，还携带着将其他意义排除在外的信息；对一个词项的选择也开启了通往特定范围内更多具体意义的大门，这些具体意义多多少少都会对所传递的信息产生影响。然而，传统语义观认为，单词具有内在的词义。这种假设导致的结果是，纵聚合集及其内部成员之间的相互关系，被看作相对稳定的结构。我们承认纵聚合观点具有合理性，但我们认为纵聚合的项目不是词项，而是词项在语境中的识解；而且纵聚合集内部成员的关系，是同一语境中已选词项的识解与其他备选词项潜在识解之间的关系。

例如，请思考下面的对话（读者可以通过想象构建一个更为丰富的语境）：

(13) A: What's that noise?
那是什么声音？
B: It's just a dog.
就是一条狗。

要想完整理解B的回答中 *dog* 的意义，至少需要：

（a）结合该语境，对有可能发出噪音的施事域的识解；
（b）对被排除在外的事物的识解（*just* 暗示除狗之外，还有其他可能发出噪音的事物，而且这些事物所造成的后果可能会更严重）；

(c) 对该语境中 *dog* 所引发的一系列可能性的识解。

这些不同的识解之间存在上下义关系和不兼容关系。

对于意义关系的蕴涵观而言，纵聚合观点是其基础。根据蕴涵观，意义关系是通过 F(x) 和 F(y) 之间的真值条件关系进行定义的。然而，我们需要根据目前的研究方法，对语义蕴涵进行仔细的再思考。按照传统的研究方法，*It's a dog* 单方面蕴涵 *It's an animal*，所以 dog 是 animal 的下义词；另一方面，*It's a dog* 并不蕴涵 *It's a pet*，因此 dog 不是 pet 的下义词。根据现有的研究方法，这些结果只有在具体语境中才能站得住脚。此处的语境似乎只有 *It's a(n)* -。但是，这种看法可能是错误的：只要请人们判断是否存在蕴涵，就会创生某种思维定势，而该思维定势会影响识解词项的方式（值得注意的是，就 *It's a dog* 和 *It's a pet* 而言，我们常常不得不劝说学生们接受"正确的"思维定势，否则在本不应该出现蕴涵关系的地方，他们会认为存在蕴涵关系）。

6.1.3 词项之间的关系

我们一贯认为，意义关系不是词项之间的关系，而是语境中对词的识解的关系。然而数十年来，人们通常将意义关系说成单词之间的关系。但是，仅仅指出传统的意义关系存在缺陷是不够的。因此，接下来要探讨的是有没有办法来拯救上下义关系是词与词之间关系这一传统观点。

有两种方法可以将上下义关系确立为词汇关系。一种方法是，在任何特定的语境中，如果对 A 的识解总是对 B 识解的下义，单词 A 和单词 B 之间则存在一种特定的关系。这似乎指明了单词之间的一种重要关系。就 *dog* 和 *animal* 之间的关系而言，根据直觉，我们会认为这是事实。果真如此的话，这就意味着尽管识解本身具有语境依赖性，某些词项识解之间的关系是不依赖语境的。问题是，这种不受语境制约的关系是否存在。多种迹象表明，从严格意义上讲，不存在这种关系。我们可借用莱昂斯有关 *horse* 和 *mare*（母马）的例子进行说明：*It's a mare* 单方面地蕴涵 *It's a horse*，但在 *Our horse has just given birth to a foal*（我们的马刚生了一只马驹）和 *Our mare has just given birth to a foal*（我们的母马刚生了一只马驹）中，*mare* 和 *horse* 是同义词。原则上讲，在适当的语境中，所有传统的上下义词对，似乎都可产生这种结果。因此，沿着这条思路来探究上下义关系的实质似乎没有前途。

另一种可能的方法是通过某种享有特权的识解（privileged construal），来具体说明单词之间的关系。也许我们在此可以借用默认识解的观念，即零语境下的识解。例如，我们可以说，因为 *koala*（考拉）的默认识解是 *marsupial*（有袋目哺乳动物）默认识解的下义识解，单词 *koala* 与单词 *marsupial* 存在一种特定的关系。这有一定的合理性。

就 *dog* 和 *pet* 的情况而言，这种方法会为我们带来什么样的结果呢？此时此刻，在默认识解的观念上，我们遇到了某种不确定性。有人认为，对普通的西方城市居民而言，"狗"的概念是非标记性的，指的是家犬，在这种情况下，我们不得不将 *dog* 看作 *pet* 的真正下义词。但是，这种识解真的不受语境限制吗？如果答案是否定的，还有没有不受语境限制的识解呢？还有另一种可能的方法。在对 *dog* 进行识解的时候，如果我们将野狗识解为狗范畴的成员，*dog* 的识解就成了 *animal* 而非 *pet* 的下义识解。这样的识解就有了某种科学的依据。将这种识解看作默认识解的论据似乎不太充分，因为出现这种识解的频率相对较低。因此，也许我们需要一种所谓的"核心"识解，这种识解以一种自然的方式产生于词语意旨。如果我们将这一观念应用于 *pet*，其核心识解会将电子宠物排除在外，这似乎是显而易见的。证据就是我们对 *Is an electronic pet a real pet?*（电子宠物是真正的宠物吗？）的限制性解读：*real* 的功能是将我们的注意力引导到核心识解上。然而，这样的分析仍然没有回答该核心的实质是什么的问题。

6.1.4 分类关系

莱昂斯认为，词汇分类等级（taxonomic lexical hierarchies）是由上下义关系（类包涵）和不兼容性（类排除）构成的。这种说法本身没有什么问题，但我们有必要对两种包涵关系进行区分。第一种包涵关系可以用 *An X is a Y* 结构表示，这种包涵关系对应于"简单的"上下义关系；第二种包涵关系可以用 *An X is a kind/type of Y* 这种判断结构来表示，这种包涵关系与其说是上下义关系，不如说是一种判别关系，属于分类学中的"垂直"关系。克鲁斯（Cruse 1986）将第二种关系称为"分类关系"（taxonymy）。值得注意的是，维日比茨卡（Wierzbicka 1996）将 *a kind of* 看作一种语义基元（semantic primitives），认为我们无法对其作进一步的分析。在此，我们尝试着对其实质作出解释（下面的例子主要来自 Cruse 2002b）。

分类学上的分类显然不是简单地将一个大类分成若干小类。有些逻辑上无可挑剔的细分，未必是严谨的分类方法：

（14）?A stallion/mare/foal is a kind/type of horse.
?公马/母马/马驹是一种/类马。
(A stallion is a horse.)
（公马是马。）

（15）?A blonde/queen/actress is a kind of woman.
?金发女郎/女王/女演员是一种女人。
(An actress is a woman.)
（女演员是女人。）

（16）?A red/green/blue hat is a kind of hat.
?红色/绿色/蓝色帽子是一种帽子。
(A red hat is a hat)
（红帽子是帽子。）

（17）A mustang is a kind of horse.
野马是一种马。
An ash-blonde is a kind of blonde.
长着浅灰金色头发的女人是一种金发女郎。

（18）A Stetson is a kind of hat.
牛仔宽边帽是一种帽子。

显然，*is a kind/type of* 这样的表达会对成对的事物施加一种选择压力。当然，对一个单词来说，其所指事物是其他事物的子类这一事实可能具有任意性，必须通过学习才能一个一个地掌握。例如，[KIND OF HORSE] 这一特征可能是 *mustang*（野马）语义描述中的一部分，而 *stallion*（公马）没有这种特征。一个更有趣的可能性是，存在一个分类学细分原则，使得分类关系可以根据相关词项的意义进行预测。

一种路向是根据分类目的,来思考作为结果的子范畴及它们之间相互关系的本质。分类学是以最为有效的方式来阐明域结构的学科。它要求"好"的范畴应该(a)内部具有一致性;(b)外部具有区别性;(c)提供最大信息量(参见§4.3.3有关基本层次范畴的讨论)。有时候,一个好下义词未必是其上义词的好分类词。在这种情况下,我们常常用该上义词加上一个特征,直接对该下义词进行定义。如:

（19）*stallion* = male horse

公马 = 雄性马

kitten = young cat

小猫 = 年幼的猫

另一方面,有相当多的理想分类词(taxonyms)不容易通过其上义词进行定义,而是需要百科全书式的描述,如我们无法通过单一特征将 *animal* 和 *horse* 区别开来。克鲁斯(Cruse 1986)认为,一般而言,能够用单一特征进行定义的分类词都不是好分类词,因为它们创生不了最佳范畴。然而,这种分析也存在问题。令人满意的分类法似乎也可以建立在单一属性区分的基础上。想找到这样的例子并不难。*spoons*（勺子）就是这样的例子。它们的分类依据是其盛舀对象（*teaspoon*、*coffee spoon*、*soup spoon* 等）。值得注意的是,*large spoon*、*metal spoon*、*round spoon* 和 *deep spoon* 都不是 *spoon* 令人满意的分类词:

（20）a. a teaspoon/soup spoon is a type of spoon.

茶勺/汤勺是勺子的一类。

b. ?A large/metal/round/deep spoon is a kind of spoon.
?大/金属/圆形/深勺是一种勺子。

如何解释这种现象？答案也许在于特征的本质。有些特征从概念上看比较"简单"（如 LARGE、ROUND 等），有些较为"复杂"（如 FUNCTION）：也许复杂的特征能更好地用于分类？假若如此，那么如何对金发女郎的细分进行解释？对其细分的依据是其头发颜色的色调，如 *An ash-blonde/strawberry blonde is a kind of blonde*（浅灰金发女郎/金红色头发的女郎是金发女郎中的一类）。事实上，我们有理由认为，仅仅根据子范畴的特征，是无法解决分类上的难题的。具体而言，理由如下：

首先，以 BLONDES 域为例。*ash-blonde* 和 *strawberry blonde* 都是 *blonde* 令人满意的分类词。但它们绝不是 BLONDE 的理想子范畴。如果我们将该域划分为 BLONDE HOUSEWIVES（金发家庭主妇）、BLONDE DOCTORS（金发医生）、BLONDE TEACHERS（金发老师）、BLONDE LAWYERS（金发律师）等次域，要比 ASH BLONDE 和 STRAWBERRY BLONDE 要"好"得多，但这些都不是 *blonde* 的好的分类词。

其次，假设某种鸟有几个不同的品种，而且雌雄之间有明显的差别。在这种情况下，我们不难想象，按照雌/雄分类可以得到最佳范畴，因为不同品种的雄鸟之间的相似性，要大于同一品种的雌鸟和雄鸟之间的相似性。然而，即使这种情况真实存在，以性别为基础的划分在分类学上仍然是"错误的"。

再次，某一范畴可以是一个上位范畴令人满意的下位范畴，却不能作为另一个上位范畴的下位范畴。例如，我们不能说 ?*A*

lumberjack is a kind of man（？伐木工人是一类人），却可以说 *A lumberjack is a kind of manual worker*（伐木工人是一类体力劳动者）。如果关键因素在于结果范畴的本质属性，我们很难对这种情况做出合理的解释。

在对分类关系的范畴化中，好范畴原则可能起到了一定的作用，但显然无法提供充分的解释。

那么，令人满意的分类似乎与上义词意义中的某个方面有关。克鲁斯（Cruse 1994）认为，分类词（taxonym）与其上义词之间必须有相同的视角。对 *horse* 而言，*stallion* 不是一个好的分类词，原因在于该词拥有一个"性别"视角，而 *horse* 没有；对于 *woman* 而言，*blonde* 不是一个好的分类词，原因在于 *blonde* 采取了"头发颜色"的视角，而 *woman* 没有。另一方面，*ash-blonde* 与 *blonde* 一样，同样采取了"头发颜色"的视角，这就是为什么它是一个令人满意的分类词。视角的观念还需进一步阐明；该观念与§3.4 中所定义的视角观念不完全相同，因此为避免混淆，从现在开始我们将用焦点取向（focal orientation）来指代该观念。

我们可以选出该路向中两种具有代表性的研究思路。第一种思路采用了兰盖克的侧显概念（参见§2.2）。该思路认为，一个分类词所侧显的内容，必须对上义词所侧显的内容作进一步的说明。由此可以解释，*stallion* 和 *foal* 之所以不是 *horse* 的合适分类词，是因为 *stallion* 和 *foal* 所侧显的分别是"雄性"和"幼小"，与 *horse* 所侧显的内容不同。我们可以对 *blonde* 和 *woman* 之间的关系进行相似的解释。同样，*lumberjack*（伐木工人）和 *navvy*（挖土工）也不是 *man* 的合适分类词，因为 *lumberjack* 和 *navvy* 的侧

面不是 *man* 所侧显事物的详述（specifications）。但这两个词是 *manual worker*（体力劳动者）的合适分类词，因为它们对 *manual worker* 所侧显的内容即工作类型作进一步的侧显。（分类词和上义词所引发的域之间的关系，似乎受到某种约束，但目前还不清楚这种约束是什么。）

对上文焦点取向观念进行阐述的第二种思路更具尝试性，但也可能更接近事实。该思路是，好分类词的"核心特征"必须是对上义词"核心特征"的详述。（考虑到当前目的，我们应对"核心"一词进行深入思考。）假如 *blonde* 的核心特征是拥有金色头发，那么 *blonde* 的分类词都必须是对金色头发的更细致的区分；如果为了金钱而从事体力劳动是 *manual worker* 的核心特征，那么其分类词必须对各种体力劳动作进一步的区分；如果 *spoon* 的核心特征是实现某种功能，那么 *spoon* 的分类词必须将更为具体的功能作为其本质特征。如果是这样的话，*horse* 的核心特征是什么呢？想确定 *horse* 的核心特征，难度似乎比较大。但有一种可能性，即 *horse* 的核心特征是其种类：从直觉上讲，对于同一个核心特征[①]，*mustang* 似乎有一个限定更为严格的边界。

此时我们有一个相关的问题，即被侧显的特征与核心特征是否为同一个事物？有迹象表明，侧面与核心特征未必是相同的事物，而且当它们为不同事物的时候，对分类作出正确预测的是核心特征。下面以 *woman* 为例进行说明。我们似乎有理由认为，*woman* 是以 [HUMAN] 为基体对 [FEMALE] 的侧显。假设分

---

① Cruse（2002）所使用的术语是"本质特征"（essence）。

类受侧显的支配,我们可以预测,*woman* 的分类词将会对性别进行更为细致的详述。因此,我们会认为 *lesbian*(女同性恋)是一个令人满意的分类词。但这似乎不是事实。在对女性进行分类的时候,人们往往将女性分为 *career woman*(职业女性)、*nest-builder*(家庭主妇)、*femme fatale*(祸水红颜)等。尽管这种分类中有些与性别有关,但这种分类不是性别上的细分,而是在人格或性格上的细分;而且,将这些特征作为女性特征中的核心部分是有一定道理的,甚至是可靠的。我们较难想到与此平行的男性范畴的细分,但 *machotype*(有大男子主义的男子)、*new man*(新派男子)和 *lady's man*(讨女人喜欢的男子)可能是对男性范畴的细分。

目前,对分类进行解释的核心观还不太成熟,仍需更为详实的描述。然而,我们还需要考虑到一点。按照我们在此所采取的词义研究路向,范畴的核心特征和分类关系,原则上都是识解,都要受到语境的约束。此外,尽管在现阶段不可能作出明确的陈述,核心特征和分类关系受语境变化的影响没有受边界位置变化的影响大。

6.2 部件-整体关系与词汇意义

词义关系中的部整关系(meronymy,有时称为 partonymy)存在几个问题,而这几个问题不影响上下义关系。这种部整关系常被通俗地描述为"部件-整体"关系(part-whole relation)。但从严格意义上讲,这是不正确的。部件-整体关系和部整关系的混用导致许多混淆。部整关系是意义之间的关系,而部件-整体关系是两个单独实体之间的关系。当然,这两者之间存在重要的联系,在适当的时候我们将对此进行详细说明，但我们不能忽视两者之间的区别。因为对"部件"（part）这一概念存在许多不同的识解，有些与部整关系有关，有些与之无关，所以部整关系也深受困扰。下面我们将先从部件-整体关系开始进行说明。

6.2.1 部件-整体关系

在这一部分，我们将试图对词义相关的部件-整体关系与相邻关系（neighboring relations）进行区分，并考察与词义相关的部件-整体关系的一些显著特点。

6.2.1.1 部分-整体关系

与部件-整体关系相比，有一种关系更为普遍，也更为基本，我们称之为部分-整体关系（portion-whole relation）。部件-整体关系可以看作部分-整体关系的一个具体类别。我们将通过下列例子对这种关系进行说明（portion 在此用作术语而非普通的名词，所以在以下句子中，portion 的使用未必都显得自然贴切）：

(21) A portion of the cake was given to each of the guests.
　　 每位客人都分到一部分蛋糕。
(22) Part of the garden was waterlogged.
　　 花园的一部分被淹了。
(23) Parts of the letter were illegible.
　　 信件的有些部分无法辨认。
(24) My portion of the omelette had bits of eggshell in it.
　　 我的那份鸡蛋饼里有鸡蛋壳的碎渣。
(25) One section of the house was out of bounds.
　　 这座房子的一部分是禁止入内的。

(26) I love this stretch of the river.

我喜欢这个河段。

(27) It was a game of two halves.

这是一场双方在上下半场各占优势的比赛。

以上例句所蕴涵的基本概念是，一个区域（region）或一些区域被包含在另一个区域中（我们在此使用的是"区域"的最宽泛的含义）。被包含区域的边界既不能与包含区域的边界相同，也不能有任何部分跨越包含区域的边界。当然，"包含"概念是一种非常基本的识解形式，类似于莱考夫的容器意象图式（container image schema）。限于篇幅，我们将重点讨论一些典型情况，即被包含区域和包含区域都是连续、有界的区域。

6.2.1.2 部件与碎片

请看下面两句：

(28) All the parts of the aeroplane were carefully packed into crates, ready for shipping.

飞机的所有部件都用板条箱仔细地打包，随时可以启运。

(29) After the explosion, pieces of aeroplane were scattered over a wide area.

爆炸之后，飞机的碎片散落在很大的一片区域。

惯常情况下，我们对这两句话中 parts 和 pieces 的识解是不同的。在例 28 中，所指涉的每个单元都是某一范畴的成员；而这些范畴的划分依据是不同单元的形状、大小、与整个飞机之间的关系等特征，且它们的数量是有限的；不同飞机的相似零部件可以通过这些范畴进行归类。我们将这样的物品用 part（部件）来指称。因此，part 是 portion（部分）的下位词。

例29 的情况与例28 的不同。*pieces* 所指的事物属于一个范畴，它们的区别性特征只有一个，即它们都曾经是一架完整飞机的组成部分。我们可以对 *aeroplane pieces*（飞机碎片）进行这样的识解：它是一个范畴，将来自不同飞机的不同部分归并起来，但这些碎片混在一起，我们无法像将不同飞机的相似零件分门别类那样，根据稳定的属性将它们分为不同的类，而且除了知道它们来自一个整体，我们可能无法确认它们属于整体的哪一部分。[人们罕用不同的词语来指称某个整体的碎片；也许我们会想到 *shard*（尖利的碎片）作为反例，但这样的情况极其少见。] 我们将把 *piece* 作为一个与 *part* 平行的词语，来指称那些不能称作部件的部分。因此，*piece* 也是 *portion* 的下位词。尽管大多数碎片不是部件，反之亦然，但在偶然的情况下碎片可以是部件、部件也可以是碎片。因此，碎片和部件之间并不是严格意义上的泾渭分明。和作为日常词汇的 *piece* 相比，作为术语的 *piece* 所代表的范畴外延更大：从技术层面讲，上文提到的花园中淹水的部分和信件中字迹模糊的部分都属于 *piece*。

我们须对复现概念（notion of recurrence）作进一步的限制。复现是指在不同整体中的可识别性。假设某个类型的盘子总是按照相同的方式破碎，从而产生可以复现的部分。那么它们能被看作部件吗？恐怕不能。碎片与其典范的整体在形成时间上不同，这是它们不同于部件的另一个特点：整体不被破坏就不会出现碎片，然而我们可以将一个完好的整体识解为由不同部件构成的。对于总以相同方式碎裂而产生的盘子碎片，尽管我们可以对它们的出现进行预测，但在完好无损的盘子中是不存在碎片的。（即便我们承认它们是 PART 范畴中的成员，它们也不是元型部件，因为对于完好的整体而言，它们是没有功用的。）

将部件与碎片区别开来的另一个特征，是克鲁斯（Cruse 1986）提出的"自主性"（autonomy）特征。这一特征与"备件"（spare parts）概念有关。像机器这样的人工制品，其部件常常可以用功能相同的物品替换：在此类情况下，尽管替换品从未参与某台完整机器的装配，它也会被看作机器的部件。（这种情况也许同样适用于我们即将讨论的人体部件。）另一方面，用 *a piece of the plate*（盘子的一块碎片）来描述盘子某块碎片的精确复制品是不恰当的，而用来描述部件却没有问题。部件的这一属性可能与这一事实有关：部件一般都有自足性（self-sufficiency），也就是说部件本身是既具有内聚性（cohesion）又具有区别性的"客体"（object）。换句话说，部件是其所在整体的下位整体，而碎片一般没有这种自足性。

6.2.1.3 影响部件成员身份契合度的因素

与其他自然范畴一样，部件范畴中既有身份契合度高的成员，也有身份契合度低的成员。在下面五种情况下，作为整体 Y 一部分的 X，拥有较高的成员身份契合度；我们将尝试着对造成这种结果的主要因素进行简要说明（在检测时我们面临的难题是，我们对 *part* 一词有各种识解，而只有一种识解与 PART 范畴相契合。我们可以为 PART 范畴选出的表达式是"Y 的部件是 A、B、C……"）：

（ⅰ）X 的边界不跨越 Y 的边界。
（ⅱ）X 与 Y 的物质完全相同。

将弹珠装在火柴盒里并不能让弹珠成为火柴盒的部件。因此，我们可以将（i）和（ii）看作部件-整体关系的必要特征。

（iii）在完好无损的整体 Y 中，X 的边界原则上是可见的。

（iv）X 与非 X 之间的间断性越清晰或越突显，其部件特征越突出。

（v）X 的内聚力越强，其部件特征越突出。

间断性与内聚力可能涉及形状、质地、颜色、内部结构、构造方式中的任何一个或者全部。可拆卸性及/或独立可移性是间断性的两大指标。

（vi）对于 Y，X 具有明确的功能。

此处所谓的功能，是指翅膀用于飞翔或鸟腿用于停歇栖息这样的用途。对功能的另一种理解，与作为使用者的人类有关。例如，对于被屠夫肢解的动物而言，其身体部件可能没有什么功能了。

（vii）如果 X 具有自治性，X 的精确复制品也是部件。

（viii）X 和 Y 之间在类型上具有一致性。

想准确把握此处"类型"一词的含义，存在一定的难度。它的一个含义是我们常说的"本体类型"（ontological type）。尽管人们在基本本体论上存在分歧，但是杰肯多夫（Jackendoff 1983）所提到的事物类型，即**事物**（THING）、**状态**（STATE）、**过程**（PROCESS）、**事件**（EVENT）、**属性**（PROPERTY）、**时间**（TIME）、**地点**（PLACE）等，似乎与部件相关。也就是说，一段时间的部件，本身也应是时间段，事物的不同部件也应是事物，而不是物质或别的东西，事件的部件应该是不同的子事件，过程的部件应该是不同的子过程，抽象实体的部件应该还是抽象实体，场所的部件还是场所，如此等等。

"类型"的另一个含义也与我们的讨论相关。克鲁斯（Cruse 1986）将部件分为两大类，即节段部件（segmental parts）和系统部件（systemic parts）。节段部件在空间上有清晰的边界，而且当我们对整体进行横切时，这些节段部件的出现有先后顺序；节段部件之间也可能具有内部异质性。像手臂、腿、头、躯干等这些外观上可见的人体部件，是节段部件的典型例子。系统部件一般在空间上相互渗透但在功能上有所不同，而且一般具有较强的内部同质性。在感知上，系统部件往往不是那么凸显。人体中的神经系统、血管系统、淋巴系统和骨骼就是系统部件的典型例子。

除了人体，我们还可以在其他实体中观察到这两个部件类型。例如，我们可以将一座房屋分成节段部件（房间）和系统部件（砖墙、管道系统、布线系统等）；弦乐四重奏是一个与空间性无关的例子，其乐章就是节段部件，第一小提琴、第二小提琴、中提琴和大提琴拥有系统性相互平行的乐谱，所以我们会自然而然地说出 the second violin part；同样，我们也可以将一部戏剧分为节段部件（场和幕）和系统部件（不同演员的角色）。

6.2.1.4 部件-整体链条

不同成分之间的部件-整体关系会形成各种链条：A 是 B 的一个部件，B 是 C 的一个部件，而 C 是 D 的一个部件，如此等等。例如：

（30）A finger-tip is a part of a finger.
指尖是手指的部件。

（31）A finger is a part of a hand.
手指是手的部件。

（32）A hand is a part of an arm.
手是手臂的部件。

（33）An arm is a part of a body.
手臂是身体的部件。

如果 W 是一条部件-整体关系链条，A 和 B 都是这个链条上的部件，根据我们对 W 的识解，A 是 B 的部件，除此之外 B 再没有其他的元素 X 作为其部件，我们可以说，构成元素 A 是另一个构成元素 B 的直接部件，而 B 是 A 的直接整体。因此，手指是手的直接部件，手是五个手指的直接整体。直接整体是其部件的正常预测范围（§2.4）。

6.2.1.5 终极部件和终极整体

元型性部件-整体链条会有起点和终点；也就是说，有一个最小的部件，其本身不再有更小的部件，还有一个最大整体，在其上再也没有更大的整体将其作为部件。然而，一个关键问题是用什么来确定链条的两端。即使是某个东西的终极部件，我们往往还能想出比它更小的部分：例如指尖是由皮肤、神经组织、毛细血管等构成的，而这些组织是由各种化学物质构成的；构成这些组织的化学物质又可继续分解为分子、原子、电子等。在这个链条的另一端，身体可以是一个家庭或团队的部件，而家庭或团队是全体居民的部件；全体居民又是陆地生物量（terrestrial biomass）的部件。我们还可以如此继续推导下去。然而，直觉告诉我们，以指尖为起点、以身体为终点的链条是一个自含系统（self-contained system）。

让我们首先看看终极部件。在有些情况下我们很可能无法找出更小的部件，因为没有足够明显的非连续性来让我们有理由为其识解出一条边界，并用这种边界围出一块小区域。在另外一些情况下，我们可以通过类型一致性（type-consistency）概念进行说明。我们不再将指尖分为神经组织、毛细血管等，一个原因是它们属于不同的类型。

终极整体向我们提出了更多令人困惑的难题。毫无疑问，一个关键因素是，在整体的外部存在与周围环境分离的明显断面，而在其内部具有内聚力。然而，有几种情况明显与此相悖。我在教授词汇语义学的本科课程时，在课堂讨论过程中发现了一个例子。当我就pan（平底锅）和lid（盖子）向学生提问时，大多数被问及的学生认为lid不是pan的部件。但有些学生认为，如果考虑到下面三种情况中的至少一种，他们可能会重新考虑自己的判断：

(34) a. 锅盖作为锅的一部分与锅一起出售
　　　b. 锅盖在锅的功能发挥上至关重要
　　　c. 用铰链将锅盖和锅固定在一起

但是，当问到teapot（茶壶）和lid的时候，绝大多数学生认为盖子是茶壶的部件。如果将盖子用铰链与茶壶固定在一起，学生一致认为盖子是茶壶的部件。当我问他们为什么茶壶盖与锅盖不同时，得到最多的解释是，就茶壶的功能而言，茶壶盖发挥至关重要的作用，而且是与茶壶一起出售的。在瓶子功能的发挥上，尽管软饮料瓶的螺旋盖和红酒瓶的软木塞起到至关重要的作用，而且瓶子一般都会与瓶盖一起出售，学生却一致拒绝将瓶盖看作瓶子的部件。这也许是因为制造瓶盖的材料与制造瓶子的材料不同，从而造成明显的间断性。

下面我将为大家提供最后一类例子。大多数被调查者认为电池不是手电筒的部件，所有的被调查者却一致认为，灯泡是手电筒的部件（类似情况还有很多）。人们在买手电筒的时候一般要另外购买电池，却一般不必单独购买灯泡，这一事实强化了这一点。另外，如果在手电筒的价格中包含了电池的费用，商店会写上"售价中包含了电池"，却不会写"售价中包含了灯泡"。这种情况很让人费解，因为电池是装在手电筒中的，而且在手电筒功能的发挥上也是至关重要的。

156　对终极整体边界的判断，似乎要综合考虑若干相互影响的因素，但我们对这些因素之间相互影响的细节还知之甚少。规约有可能在其中发挥着作用。

6.2.1.6 核心部件

请思考以下句子：

(35) There were scratches on the hand, but not on the arm itself.
(The hand is part of the arm.)
手上有抓痕，但胳膊本身没有。（手是胳膊的部件。）

(36) The monitor is faulty, but the computer itself is OK.
(In the case of an iMac, the monitor is part of the computer.)
显示器出了故障，但电脑本身是好的。（对 iMac 型号的苹果电脑而言，显示器是电脑的部件。）

表达式 the X itself（X 本身）的功能是将某种核心挑选出来。就部件-整体关系而言，任何比整体 X 小的单元 Y 只能被识解为 X 的一个部件，尽管我们也可以将 Y 本身识解为一个整体，而被 the X itself 表达式选为核心的似乎是能被识解为"整体 X"的那个最小部分。也就是说，我们可以将 X 的某些真正的部件移除，却完全不会破坏 X 的整体性。我们将能被识解为"整体 X"的那个最小部分称为 X 的核心部件（core part）。我们有意地使用"核心"一词，目的是想表明，核心部件与范畴核心之间存在着相似之处。在有些情况下，我们不清楚，决定核心部件是否存在及边界位置的因素是什么。就拿 iMac 的例子来说吧，大多数个人电脑都有分体式显示器，这一事实会影响我们对 iMac 的识解。但不管怎样，我们都可以推测，要将核心部件识解为其所在整体，核心部件本身需有足够的诱因。

核心部件概念与"主要功能部件"概念有相互重叠的地方，但不完全相同。主要功能部件在使用其所在整体的名称时，可以充当活跃区域（参见 Cruse 1986）。例如，*a stainless steel X*（不锈钢 X）这一表达式常常具有歧义，它既可以表示整个 X 都是不锈钢制成的，也可以表示只有 X 的主要功能部件是不锈钢的。如不锈钢改锥、不锈钢锤子、不锈钢刀子，它们的手柄都有可能是其他材质。但这种情况只会出现在一些优先考虑部件（privileged parts）身上：如果改锥的锥头是用钨做的，而其手柄是不锈钢材质的，再称其为不锈钢改锥就不太合适了。直觉告诉我们，如果一台 iMac 的中央处理器是重新设计的，将其描述为"完全新型的电脑"是有效表达，但如果只有显示器是新的，这种描述则是无效的，因为就 iMac 而言，主要功能部件和核心部件是相同的。然而，我们不清楚能否将与螺丝钉接触的改锥部件叫作 *the screwdriver itself*（改锥本身）。因此，在这种情况下，主要功能部件和核心部件是不同的。

6.2.1.7 部件-整体关系的变量识解和传递

克鲁斯（Cruse 1979；1986）对"必备部件"（integral parts）和"附件"（attachments）进行了区分。两者的区别如下：

（i）如果"X 是 Y 的一个部件"和"X 附属于 Y"都成立，那么 X 是 Y 的一个附件：

（37）The hand is part of the arm.
手是胳膊的一部分。
（38）The hand is attached to the arm.
手附着在胳膊上。

（ii）如果"X 是 Y 的一个部件"成立，而"X 附属于 Y"不成立，那么 X 是 Y 的一个必备部件：

（39）The handle is a part of the spoon.
把儿是勺子的一个部件。
（40）? The handle is attached to the spoon.
?把儿附着在勺子上。

部件-整体关系中"传递失效"（transitivity failures）的一个类型，可以通过这种区分来解释：

（41）a. An arm has a hand.
手臂有手。
b. A hand has fingers.
手有手指。
c. ?An arm has fingers.
?手臂有手指。
（42）a. Fingers are parts of a hand.
手指是手的部件。
b. A hand is a part of an arm.
手是手臂的部件。

第六章 意义关系的动态识解 I：上下义关系和部整义关系

c. ? Fingers are part of an arm.
?手指是手臂的部件。

根据本书所采取的理论观点，我们认为，必备部件与附件的区分，以及传递失效都是不切实际的。我们先来对必备部件和附件的区分进行思考。首先，从原则上讲，将一个部件附着在另一个同类型的部件上是很正常的。例如，我们可以说手臂在肩膀处与躯干相连而不感到怪异。其次，我们很容易将 arm 识解为不包含手的身体部位：

（43）There were burns on the victim's hand, but none on the arm.
受害者的手上有多处烧伤，但手臂上一处也没有。

（44）He had a tattoo on his arm (contrasts with *a tattoo on the hand*).
他手臂上有一处文身（相对于"手上有一处文身"）。

（45）A broken arm.
一条断臂。

因此，对于例 38 的正常性，最显而易见的解释是，在我们的识解中，arm 不包含 hand。而在例 37 中，对 arm 的识解是包含手的。因此，对例 37 中 arm 的识解，与例 38 中的识解是不同的：在例 38 中，手是附着在 arm_1 上的，手和 arm_1 互为姊妹部件；在例 37 中，手不是附着在手臂上的，而是作为 arm_2 的一部分被包括在 arm_2 中。如果我们硬要将例 38 中的 arm 识解为 arm_2，那么它就会变得像例 40 一样反常。下面让我们转向例 39 和例 40。对它们的解释需要费一些功夫。当然，勺子把儿是附着在勺子"头"上的，即与勺子头连在一起。然而，我们之所以对例 40 的说法感到怪异，是因为我们从不将 spoon 识解为专指勺子的头。我们对 41c 和 42c 语义反常的说明，与我们在 §2.4 中所提到的兰盖克的说明不一样。

但这两种说明不必相互排斥。

158　我们又该如何解释显性传递失效问题呢？也许我们首先应该承认这些句子都很怪诞：在正常情况下，我们有多少人遇到过这样的句子呢？而且这些句子几乎都是脱离语境的，所以在通过它们得出一般性结论之前，我们应该思考再三。以前的解释是，关系不能跨越附件的边界。也就是说，如果某个整体的附件有自己的部件，那么该附件的部件不能看作其所附着的整体的部件。这方面的证据极其有限，更不用说虚构编造的了。然而，还有另一种解释，即如果假设 arm 的默认识解是不包含手的（即 arm_1），我们就可以说，对于手臂包含手这一识解（即 arm_2），41a 和 42b 就是其示例；对于手不包含在手臂之中这一默认识解，41c 和 42c 则是其示例。为支持这种对"传递失效"的解释，我们认为，如果我们愿意付出努力将 arm 识解为包含手的话，41c 和 42c 的正常性就会有较大幅度的提升。我们的结论是，这些例子无法作为质疑部件-整体关系传递性的证据。然而，我们还需要解释为什么 41c 和 42c 中的 arm 无法识解为包含着手。

克鲁斯（Cruse 1986）对另一类传递失效的分析离目标更近了，不过用我们当前的方法进行表述会更为恰当。下面的例子与此有关。这些例子是作为悬而未决的难题由莱昂斯最早提出的：

(46) a. The jacket has sleeves.
　　　夹克衫有两条袖子。
　　b. The sleeves have cuffs.
　　　袖子有袖口。
　　c. The jacket has cuffs.
　　　夹克衫有袖口。

（47）a. The house has a door.
房子有扇门。
b. The door has a handle.
门上有只把手。
c. ?The house has a handle.
?房子有只把手。

这里有两个问题：46c 和 47c 表述的是以 a 句和 b 句为前提的结论，第一个问题与这两个结论中的逻辑效度有关；46c 是正常的表达，而 47c 则不是正常的表达，第二个问题与这两个句子的合规性有关。下面我们先讨论与逻辑有关的问题。基本原理很简单，即当对前提和结论中所有词语的识解一致的时候，结论是有效的。例 46 符合基本原则的要求，所以作为结论的 46c 是有效的。而在例 47 中，对 47b 和例 47c 中 handle 的识解存在着分歧。handle 是一个典型的具有微义行为表现的单词：在大多数语境中，当我们听到 handle 一词的时候，除非一个上义识解得到明确激发，我们都会寻找手柄范畴中更具体的子类型（即默认具体性），而且所找到的子类型会体现微义上的属性。The X has a handle（X 有一只把手）这一语境框架引出一个合适的微义，即 an X handle（一只 X 把手）。因此，The door has a handle（门有一只把手）引出 door handle（门把手）这样的识解，而 The house has a handle（房子有一只把手）引出的微义识解是 house handle（房把手）。该分歧完全破坏了结论的逻辑效度。（在例 46 中，sleeve cuffs 与 jacket cuffs 完全相同。）

我们完全不清楚这些句子在什么情况下使用才能拥有正常的解读。在没有语境的情况下，如果对部件-整体关系的陈述中缺少一个中间词语，尤其这个中间词语比较重要时，大抵都会给人一种怪怪的感觉。因此，如果我们要给46c找一个合适的使用语境，还是有点困难的。我们之所以不清楚这些句子在什么情况下使用是合适的，还存在另一个原因，即人们总能将任何层面的部件与其终极整体联系起来。因此，The human body has fingers（人体有手指）和 Fingers are parts of the body（手指是人体的部件）听起来虽然不太自然，但 The arm has fingers（手臂有手指）听起来会更怪异。那么，之所以46c具有合规性，可能是因为我们将 jacket 识解成了最大的整体。47c之所以怪异不仅仅是因为中间层面的跳脱：正如克鲁斯（Cruse 1986）所认为的，一个更为合理的解释是房屋一般没有把手，我们也很难想象给房屋装把手会有什么用[Cruse（1986）指出，如将 house 替换为 doll's house（玩具小屋），就会大大降低句子的怪异程度，但对结论的效度不起任何作用。]

6.2.2 部整义关系

与其他语义关系一样，我们将部整义关系看作在语境中所识解的意义之间的关系，或更准确地说，是由边界识解所创生的预备意义之间的关系。但是，与下义关系相比，部整义关系不是那么简单易懂，而且不易选出最佳的表述方法。问题的根源在于，作为最重要的关系，部件-整体关系不会出现在我们所识解出的成分类别之间，而是出现在类别中的具体个体之间。另外，这种关系本身也是识解的结果，这一点与存在于类别之间的上下义关系不同。如果给我们两类事物，根据下义关系的定义，我们就可以判断两者之间是否存在上下义关系，而不需要对这种关系进行另

第六章 意义关系的动态识解Ⅰ：上下义关系和部整义关系

外的识解。另一方面，就部整义关系而言，两个实体之间的部件-整体关系本身是一种识解，会受一系列规约性和语境性限制因素的影响。所以，下面我们将对部整义关系的界定进行探讨：

> （48）If A is a meronym of B in a particular context, then any member *a* of the extension of A maps onto a specific member *b* of the extension of B of which it is construed as a part.
> 在某个语境中，如果 A 是 B 的部分词，而 **a** 为 A 延展域中的具体成员，**b** 为 B 延展域中的具体成员，那么 **a** 被识解为 **b** 的一个部件，从而与 **b** 相对应。

因此，*finger* 是 *hand* 的一个部分词，因为每一个能被恰当地描述为默认识解意义上手指的实体，都对应一个能被恰当地描述为默认识解意义上手的实体，且手指被识解为手的部件。这种界定方法似乎抓住了部整义关系的本质。但是，就现实情况而言，这种界定涵盖面太窄。因为该界定没有将从未使用过的"备用部件"考虑在内。因此，我们可以将该界定的范围放宽，以便将潜在的部件-整体关系涵盖在内：

> （49）If A is a meronym of B in a particular context, then any member *a* of the extension of A either maps onto a specific member *b* of the extension of B of which it is construed as a part, or it potentially stands in the construed relation of part to some actual or potential member of B.
> 在某个语境中，如果 A 是 B 的部分词，而 **a** 是 A 延展域中的具体成员，**b** 是 B 延展域中的具体成员，那么 **a** 被识解为 **b** 的一个部件，或者 **a** 被识解为与 B 的实际成员或潜在成员 **b** 存在潜在的部件-整体关系，从而与 **b** 相对应。
> （注意，因为存在着主体的其他部分尽毁只留下一些主体

部件的情况，我们要对"B 的延展域"进行泛时性解读，不要考虑具体的时间因素。)

现在的界定已将备件涵盖在内了。但是，对部整义关系而言，该界定还缺少一个重要的东西，即对部件识解至关重要的部件性（partness）识解。让我们以 lake（湖）和 park（公园）为例进行说明。很多公园内有湖，在这种情况下，人们会将湖识解为"公园的部件"。再者，每个湖都有成为某个公园一个部件的可能性，所以根据第二个定义，我们就可以将 lake 看作 park 的一个部分词。然而，finger 和 hand 的关系与 lake 和 park 的关系有所不同。在对 lake 进行识解的时候，我们没有必要将其识解为某物的一个部件，所以当湖是公园的一部分的时候，在我们的识解中，好像从外面强加进了"部件性"。但在对 finger 进行识解时，手的"部件性"从一开始就是识解的一个重要元素。我们将这种区别归结于两种不同的识解，即部件性的内在识解（intrinsic construal）和外在识解（extrinsic construal）。我们认为，部整关系只涉及部件性的内在识解：

(50) If A is a meronym of B in a particular context, then any member *a* of the extension of A either maps onto a specific member *b* of the extension of B of which it is construed as a part, or it potentially stands in an intrinsically construed relation of part to some actual or potential member of B.
在特定语境中，如果 A 是 B 的部分词，而 a 是 A 延展域中的具体成员，b 是 B 延展域中的具体成员，那么 a 被识解为 b 的一个部件，或者 a 被内在地识解为与 B 的实际成员或潜在成员 b 存在着潜在的部件-整体关系，从而与 b 相对应。

请注意，在这种界定中，部分词和整体词（holonym）之间存

第六章 意义关系的动态识解Ⅰ：上下义关系和部整义关系 263

在着非对称性。整体词的特点是比较独立，即在对其进行识解的时候，我们不必考虑它是哪些部分词的整体词。当然，人体是由胳膊、腿等构成的，这样的知识存在于我们的概念系统，而且原则上讲都是可以理解的；但在对身体进行具体识解时，这样的知识并不是每次都必不可少。只有在某些类型的识解中，如"构成视角"下的识解，才会出现部件。

在用于部件名称的识解时，以上界定有其合理性。我们有充分的理由坚持认为，部整义关系是识解之间的语义关系。例如，有些区别不是通过个体事物之间的对比进行的，而是必须通过一类事物与另一类事物的对比才能完成。在克鲁斯（Cruse 1994）的论述中，被称为部分和整体"范围迭合"（range congruence）的就是如此。克鲁斯（Cruse 1986）对上位部分词（super-meronym）和下位整体词（hypo-holonym）之间的关系，与下位部分词（hypo-meronym）和上位整体词（super-holonym）之间的关系进行了区分。第一种关系可通过 *nail*（指甲；趾甲）与 *toe*（脚趾）和 *finger*（手指）的关系进行说明。*nail* 是一个表示部件的名称，与两个不同的整体有关。有一个表示统称的上义词 NAILS，其使用不受其所属整体的身份的影响：

（51）Nails had been torn from the victim's fingers and toes.
　　　受害者的指甲和趾甲都被扯掉了。

然而，*nail* 一词的默认用法是其微意义，即分别与其所属整体相关的意义。因此，例 52 中 B 的回答可认为是真实的：

（52）A: *(examining B's hands)* Have you cut your nails this week?
　　　（在检查 B 的手）你这周剪过指甲没有？

B: (who cut his toe-nails the previous day, but had not cut his fingernails for a long time) No.

（前一天剪过脚趾甲，但很久没有剪过手指甲了）没有。

第二种关系可用 body（身体）与 penis（阴茎）和 vagina（阴道）的关系进行说明。在这个例子中，是整体词拥有更大的"范围"，而 penis 和 vagina 是其部件，但与它们相对的身体类型是不同的。然而，与第一种情况不同的是，没有证据表明 body 有两个微意义分别表示"男性身体"和"女性身体"。这是一个有趣的问题，需要得到解释。但对我们当前的目的而言，最重要的是，这种区别不是出现于部件-整体关系层面上的区别。

然而，有些困难让我们对将部整义关系看作词汇关系的观点产生怀疑。下面我们用单词 lid 为例进行说明。该词的意义将我们带入容器、容器进口、进出容器的方式的概念领域。似乎有一个强有力的规约性限制，强制产生某种非完整性识解：根据设计，盖子就是要和容器一起使用的。但这不是对部件性的强制性识解，因为并不是所有的盖子都是部件（可参照瓶子、罐子、茶壶等）。在上位意义层面上对盖子进行识解的可能性无疑是存在的：

（53）In this box you'll find a lot of things to put things in, and in the other box, a lot of lids: your job is to sort out which lid goes with which container.

在这个箱子中有许多用来装东西的东西，在那个箱子中是许多盖子：你的任务是给容器选出合适的盖子。

但在大多数情况下，对盖子的识解要窄的多：

（54）We've lost the lid.

我们把盖子弄丢了。

第六章 意义关系的动态识解 I：上下义关系和部整义关系

这里提到的是某一类型的容器。那么，我们也许应该借助微意义的概念，说盖子有不同的微意义（"茶壶盖""果酱罐盖""平底锅盖"等），有些涉及部件性的内在识解（参见 Cruse 1986）。然而，这不管用，因为正如我们在前面提到的，我们是否将茶壶盖识解为一个部件，取决于是否有铰链、是否单独出售等因素。也就是说，只有在不同的个体层面我们才能确定有没有部件性识解。即便是对"盖子类型"的局部性识解，也未必能确认是对部件性的识解。（没有证据表明"铰链固定的盖子""分体式盖子"是不同的微意义或视角。）我们可以发现很多单词都有这种现象。这似乎意味着我们一般只能在个体所指的层面上来处理部件-整体关系。例如在 53 中，*container* 和 *lid* 之间的关系是不明确的。换言之，认为部整义关系是词汇关系的观点是非常不可靠的。

通过以上讨论，我们似乎对部整义关系有了一个全面认识。首先，有一个非常模糊的词语意旨，然后是一连串的预备义识解，使我们逐步接近目标识解；在得到最终识解之前的某个点上，会对部件性进行认知处理；在很多情况下，我们只能在个体所指的层面上来推断部件-整体关系。

按照词汇语义学的观点，这一认识非常糟糕，因为似乎没有在词汇层面上对问题进行说明。由此可以得出的一个结论是：与下义关系或反义关系等不同，部整关系不是意义关系。下义关系是一种建立在分类基础之上的关系。在下义关系的个体层面上，不同的下义词与其共同上义词之间的关系是平行的。严格地讲，这就是一种部件-整体关系。毕竟，在以分类为基础的下义关系的个体层面上，平行的是部件-整体关系，而与不兼容性的严格平行是一种姊妹部件之间的关系：互不兼容词指代没有共同成员的集合；总体而言，共整体部件（co-parts）是共有一个整体、相互之间没有共同物质的部件（除非它们属于相同的类型，如节段性部件和系统性部件就有相同的物质）。这是否意味着我们可以将部分-整体关系完全摒弃？我们有理由认为这不是一个尽如人意的建议。

要保留部整义关系，也许最有说服力的论据是，它具有直觉上的吸引力：儿童较早习得部件名称；所有语言都有指称事物部件的词语；此外，在部件名称尤其是人体部位名称上，我们可以进行跨语言泛化（参见 Brown 2002 在这方面的概述）。

跨语言泛化的一个例子是，在不同语言中，都有和英语 *hand*（手）相对应的词。在许多语言中，手是手臂的一部分，其范围是下自指尖，上至肘部。（现代希腊语中的 *to xeri* 就是如此。然而，操希腊语的人告诉我，该词也可以用来指称从指尖到手腕之间的区域，而且几乎不会混淆。）对这种现象的泛化是，一种语言如果拥有"延长版的手"，其表示脚的词就极有可能指称从脚趾到膝盖的腿部区域（现代希腊语中的 *to podi* 就是如此）。另一种泛化，或者至少是一种强烈倾向，是从手向脚的延展比较普遍，而从脚向手延展则少得多。因此，法语 *doigt* 的基本意义是"手指"，除 *orteil* 之外，还有 *doigt de pied* 一词指称"脚趾"。然而，这并不是一条绝对的规则，因为英语中的 *the heel of the hand*（手踵；掌根部）已广为接受。

最后，像 *finger* 和 *hand* 这样的词对，虽然数量非常少，要想用一个符合我们定义的关系，不按照字面意思对其进行识解，是极其困难的。

对于部件和整体及其语言表达，我们可以作如下总结：

（i）部件-整体关系适用于个体实体。它是一种识解，很容易发生变化。

（ii）识解之间存在着部整义关系；语言中存在为数不多的几个泛化和只适用于部件类别的区别可以为此提供证据。

（iii）每一种语言都有一系列指称事物部件的方法。在这些方法中，有很多涉及具体的词项，但是除了一套非常有限的严格表示部分的词，这些表示部件的词，与表示整体事物的词之间的关系差别很大。

第七章 意义关系的动态识解Ⅱ：反义关系和互补关系

7.1 对立关系

7.1.1 对立关系识解的要素

对立性（oppositeness）概念在日常语言中根深蒂固：

（1）We were traveling in opposite directions.
我们相背而行。

（2）I found myself sitting opposite the new Minister for Moral Regeneration.
我发现自己坐在负责道德复兴运动的新任部长对面。

（3）John is tall and thin; Pete is just the opposite.
约翰又高又瘦，而皮特正好相反。

（4）Mary is extrovert and makes friends easily; Jane is just the opposite.
玛丽性格外向、容易交到朋友，而简正好相反。

（5）He doesn't seem to be interested in the opposite sex.
他对异性似乎不感兴趣。

第七章 意义关系的动态识解 Ⅱ：反义关系和互补关系

毫无疑问，这里涉及对"对立"（opposite）的不同识解。但直觉告诉我们，这些不同的识解属于同一个概念范畴。它们都不是元语言的（metalinguistic）。但是，即便是对语义学理论一窍不通的人，也自然而然地知道语言中存在意义对立词，而且就连年龄很小的儿童，很快就能理解反义是怎么回事。与所有的意义关系一样，对立关系也是一种识解，并受认知、规约和语境因素的制约。

在对立关系识解中有两大构成要素。第一个构成要素是二元性（binarity）。在我们的识解中，两个相互对立的意义是对某一认知域的穷尽瓜分。也就是说，在一个认知域内部，只有两种可能性。对于有些认知域，我们很难用其他方式进行识解。如直线路径只有两个方向，所以"向上"和"向下"、"向前"和"向后"是天然对立体；同样，在一条轴线上，只有两个端点，所以"顶端"和"底端"、"前头"和"后头"也是天然对立体。在更为抽象的层面上，两个状态之间的变化只有两个方向，即从 A 到 B 和从 B 到 A。因此，像"穿衣"与"脱衣"、"系上"与"解开"这样的动作行为就被赋予了对立性。

在这些例子中，有一种固有的逻辑二元性（logical twoness）。但是，二元对立本身未必具有逻辑上的严密性，而只是局部识解的结果。如"城镇"与"乡村"就常被用作二元对立的事物。然而，在对"位于温带的常住地区"这样的事物进行识解时，就不存在二元对立。即便像"雄性""雌性"这样明显存在对立关系的事物，其二元性也只限于一定的范围，其中不包括雌雄同体者和不管什么原因造成的无性器官者等。

尽管二元性是对立关系的一个极其重要的特征，其本身却不是对立关系的充分条件。在很多情况下，我们将一个认知域识解为只有两个成员，却没有出现对立关系。克鲁斯（Cruse 1986）提到的例子是公共汽车的"双层""单层"，和被子植物范畴中的"单子叶植物""双子叶植物"（被子植物本身就是两类种子植物中的一类）。另一个非对立二分的例子是饮食领域的"食物"与"饮料"。在飞机上，即便是热饮中的"茶"和"咖啡"也是一个二元选择。

在这些例子中，还缺少了一个重要方面。克鲁斯（Cruse 1986）认为，一对真正意义上的对立词所表达的对照（contrast），不仅是二元性的，还必须"内在地具有二元性"；换言之，这种二元对立在逻辑上是必要的条件，并不是与外部世界有关的偶然事实。但人们后来发现，即使具备了内在的二元性也是不够的，因为有些逻辑上的二元概念并不是理想的对立。"星期五"和"星期天"就是这样的例子。这两天都与"星期六"相邻。（当然，利用一周中的具体日子，我们能够创造出众多二元对立关系，而这只是其中的一个例子。）为什么"星期五"和"星期天"不是对立词？克鲁斯认为，它们所编码的并不是以"星期六"为指向的两个互为相反的方向。这与"昨天""明天"之间的关系不同，因为这两者的意义都以"今天"为指向，并且呈现出一定程度的对立性。然而，如果我们在此运用的研究方法正确，就能够设计出一个情境，通过语境制约因素推导出相互定向（mutual orientation），至少产生某种意义上的对立关系。下面是我们在这个方面进行的尝试：

某个重要的委员会定期于星期六开会。其决策委员会将在星期五举行预备会议，为第二天即星期六的大会做准备；在星期天举行会后会议，以讨论前一天即星期六会议上提出的事项。对于这个小组的成员而言，"星期五的会议"与"星期天的会议"之间可以形成一种（微弱的？）对立性关系。

7.1.2 对立关系的主要变体

我们可以总结出几种对立类型。［多次实验结果表明，克鲁斯（Cruse 1986）所描述的一些类型只在直觉上产生比较微弱的对立性。］最主要的类型是互补反义词（complementaries）、可分级反义词（antonyms）和可逆性反义词（reversives），以及它们的形态变体：

互补反义词："死"与"活"，"开着的"与"关着的"，（默认识解的）"真实"与"虚假"。这些单词将某些域一分为二地分为两个相互排斥的子域。

可分级反义词："长"与"短"等。这类对立词由等级形容词（gradable adjectives）和静态动词（stative verbs）构成。它们指称的是某种属性的程度，而这些程度与某个参照值有着明显的差距。

可逆性反义词："升起"与"降落"，"穿衣"与"脱衣"，等。可逆性反义词都是动词，指称的是状态朝着相反方向变化。

克鲁斯（Cruse 1986）还讨论了像"买"与"卖"、"父母"与"子女"这类相对词（converses）。许多相对词都是典型的对立词，但本书的观点认为，相对词之间未必会产生对立性，其对立性取决于其他的因素，如买卖活动中货物与货币转移方向上的对立关系。我们将把它们作为一个单独的类型进行讨论。

7.1.3 对立关系的成员身份契合度

根据默认识解，人们往往认为，有些词对之间的对立性，比另一些词对之间的对立性更为典型。以下四个方面是与之相关的因素：

（a）**内在二元性**（Intrinsic binarity）

我们已在上文对此进行过讨论。

（b）**对立的"纯粹性"**（The "purity" of the opposition）

例如，作为对立词，"雄性：雌性"比"男人：女人"典型，而"男人：女人"又比"与母亲同辈的女性亲属：与父亲同辈的男性亲属"典型，而我们很难说"女修道院"和"修道院"是对立词。以上例子的共有基础是**雄性**（MALE）与**雌性**（FEMALE）这两个概念之间的基本对立。这种概念上的对立，以一种"未经稀释的"或"纯粹的"形式，出现在"雄性"和"雌性"两个对立词之间。在其他所提到的词对之间，这种基本的对立关系与其他的语义成分并存，而该语义成分对于对立关系而言似乎很不活跃，而且该语义成分越不活跃，对立关系就越不凸显。

（c）**对称性**（Symmetry）

例如，尽管"大"（large）和"微小"（tiny）之间存在一定的对立性，但与"大"（large）和"小"（small）相比，前者的对立程度没有后者的高。一种可能的原因是，"大"和"微小"相对于参照点而言，在分布上具有不对称性。"大"和"微小"之间残存的对立性可能源于两者之间的反方向性（counterdirectionality），即随着反方向性的增强，两者就会在衡量大小的度标上分得越开。

（d）**非命题特征的匹配度**（Matched non-propositional features）

"干净的"（clean）默认对立词不是"污秽的"（mucky），而是"肮脏的"（dirty）。因为"污秽的"只用于某些语域，而"干净的"使用范围要更为广泛。在这个例子中，我们可以说它们唤起的框架不同。在理想情况下，对立词对中两个成员的语域、表达能力等非命题特征是相同的。

7.2 互补反义关系

本章将重点讨论形容词性对立词，其主要类型为互补反义词和可分级反义词。我们先从互补反义词开始。

7.2.1 属性的可分级与不可分级识解

看待属性有两种基本的方法，而这两种方法都涉及基本意象图式。我们可以认为存在某些属性或者不存在某些属性，我们也可以先假设有某些属性，然后再考虑这些属性的多寡。第一种情况在语言上最为自然的表达就是一对互补反义词。对于第二种处理方法，我们可以将其想象成一条象征属性值的度标，其在语言上最自然的表达则是一对可分级反义词。至于哪种识解最为自然，会因域的不同而相异。就拿"已婚"来说吧，我们要么有这一属性，要么没有，而如果认为一个人比另一个人拥有"更多的已婚"，就会让人感到很怪异（虽然认为"已婚"有多寡之分并不是完全没有可能）。因此，将"已婚"和"单身"识解为互补反义词是最为省力的。再以空间概念域为例进行说明。思考是否存在"长度"这样的事物是没有什么意义的，因为如果某个物体没有长度，它就不可能存在。显然，我们要识解的是长度的"多少"问题。因此，这个域内的对立词如"长"和"短"，自然而然地属于可分级反义词。然而，对有些属性而言，我们既可以将其识解为有和无的问题，又可以将其识解为多和少的程度问题。如"干净/肮脏"域就是这样的例子。我们既可以用二元对立的方式对其进行识解，又可以用程度的方式对其进行识解。因此，"干净"和"肮脏"这一词对表现出一种分裂人格（split personality），即有时表现为互补反义词（不干净意味着肮脏），有时又表现为可分级反义词（如"这件衬衫比那件干净/脏"）。我们将在下文详细讨论可分级反义词。

7.2.2 以不同域做参照的侧显

根据我们对互补反义词的识解，它们在语义上是相互排斥的，联合起来则可以构成一个完整的域。因此，假设 X 和 Y 是互补形容词，如果某个实体是 X，则它不是 Y；如果它是 Y，则它不是 X。在理解互补性（complementarity）时，"域"是一个极其重要的概念。我们可以用"已婚"和"单身"为例进行说明。如果一个人没有结婚，那么他或她是单身；如果他或她不是单身，那么他或她就是已婚。但是，这种关系对我们所选取的两个单词所在的域具有高度依赖性。首先，我们需要确定所谈之事和人有关，即这种推论对天使、蜘蛛或椅子无效。其次，我们必须将域限定于"适婚"人群，因为这种逻辑关系至少在西方社会不适用于婴儿或教皇。再次，我们必须将不符合教规的各种形式的同居排除在外。因此，该逻辑属性只能出现于我们认为恰当的域中。在有些情况下，一个域是否合适取决于较强的规约限制。如在对"死""活"的默认识解中，如果有人说约翰没死，正常情况下我们都会将其理解为约翰还活着。也就是说，有一种强有力的因素制约着我们，以确保用互补的方式对该域进行识解。

互补反义词 X 和 Y 之间边界的位置，是某些识解的一个方面。有时候，互补反义词"死的"与"活的"之间边界的位置是争议的焦点，甚至在法律上也存在争议，而且在不同的交际场合可能不同。在日常交际中，我们一般认为 John is dead（约翰死了）清楚无误地表明了约翰的状态。然而，该句话也可用来表示言者对边界的识解是错误的，而约翰位于边界的错误一侧（如讨论是否继续对病人进行心脏复苏时所做的判断）。请注意，如果我们对"生命状态"的识解不仅包括"正常的"生与死，还包括僵尸化和吸血鬼状态等，互补逻辑关系将不成立。

我们要铭记在心的是，互补是识解之间的关系，而不是词项之间的关系：在许多情况下，我们既可用绝对意义词来对一些属性进行识解，又可用可分级意义词来识解。在有些情况下，互补反义词对与可分级反义词对，会随语境的不同而交替出现。我们将在讨论完可分级反义词之后，再详细探讨这些情况。但是，似乎还存在将对立关系中的一个词识解为绝对意义词，而将另一个词识解为可分级意义词的情况。如：

（6）A: Is John dead?
　　　约翰死了？
　　B: No, he's very much alive.
　　　没有死，他活得好好的。

在上例中，dead 被识解为绝对意义词，而 alive 则是被识解为可分级意义词。虽然 alive 既可识解为可分级意义词，又可识解为绝对意义词，但这似乎不是意义之间的区别。如在例 7 中就没有出现轭式搭配：

（7）A: Is John alive?
　　　约翰还活着吗？
　　 B: Very much so.
　　　活得好好的。

可分级意义词的含义被识解为一个度标，而与其相关的绝对意义词似乎可充当其度标上的零点（zero point）。也就是说，在例 6 中，*dead* 被识解为"零活力"。但这似乎并不影响两个单词之间的逻辑关系，也就是按照"非 X 即是 Y"的标准，它们仍然是互补反义词。

7.3　可分级反义关系

下面以克鲁斯和托吉亚（Cruse & Togia 1995）的观点为基础，讨论可分级反义关系。可分级反义词有以下特点：

（i）　它们是形容词或静态动词
（ii）　它们所表示的属性具有程度特点
（iii）它们在方向上是相反的，即一个词所指称的是相关属性的较高值，另一个词所指称的就是该属性度标上的一个较低值。

我们将可分级反义关系看作识解与识解之间的关系。这种关系与为数不多的意象图式有关，即通过某个意象图式来对内容域进行组织。用来解释可分级反义关系的主要意象图式是**度标**

（SCALE）。该意象图式用多和少来识解某个属性。我们认为,(a)意象图式的图式性(schematicity)会发生变化,也就是说非常抽象的图式可通过比较具体的图式展现出来;(b)不同的意象图式可以构成复杂的意象图式结构。"对立词"的一般意义很可能与单一的意象图式相对应;对立词的不同类型,即互补反义词、可分级反义词、可逆性反义词,则分别与较为具体的意象图式相对应。在下文我们将会发现,要深入探讨可分级反义词,需要将几个基本图式组合起来进行分析。

我们将通过单词的默认解读,对可分级反义关系的不同类型进行介绍。然而,有一点我们要铭记在心,即可分级反义关系是识解与识解之间的关系,而词语在不同的语境中往往有不同的识解。还应牢记在心的是,与如何选择合适的可分级反义词类型相比,我们探讨更多的是 long 这类形容词的局部识解,以及与内容域相关的度标取向(orientation of the scale)、对度标上隐含的参照点的识别、偏离参照点的程度等。

7.3.1 可分级反义词类型概述

7.3.1.1 单度标系统和双度标系统

在这一节,我们将介绍可分级反义词的基本类型。但我们不会解释为何如此分类,因为有些理由在下文中会逐渐显现出来。我们首先将可分级反义词分成单度标反义词和协作式双度标反义词。单度标系统(monoscalar system)可用图 7.1 的几何简图来表示。

```
LENGTH |─────────────────────────────►
        0    short              long
```

图 7.1 简化的单度标系统

该度标在此只表示长度属性。在这个度标上有一个端点，表示长度属性的零值；从端点出发可朝着另一个方向无限延伸。对立关系中的一个词拥有较高的属性值，而另一个词的属性值较低。如果对这两个词进行强化，它们会沿着度标朝相反方向移动。

按照两个度标的相对位置，双度标体系分为三个基本类型，即均势分离型系统、均势并列型系统、非均势重叠型系统。在均势模式（equipollent patterns）下，两个度标上的属性是完全对称的。均势分离型系统是两个度标方向相反，且一个度标的端点与另一个度标的端点完全分离；均势并列型系统中的两个度标方向相反、相互平行且完全重叠。均势分离型度标系统可通过简图 7.2 中的"冷：热"（hot：cold）进行例示。此系统有两个独立的度标，二者在零值点相邻，然后朝着相反方向无限延伸。

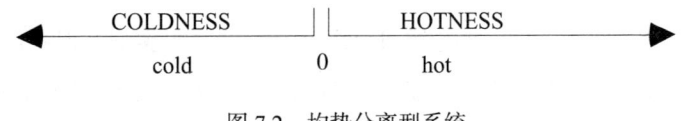

```
◄────── COLDNESS  |  HOTNESS ──────►
          cold    0    hot
```

图 7.2 均势分离型系统

均势并列型系统似乎很少见。这种类型的两个度标相互平行，长度相等但方向相反。

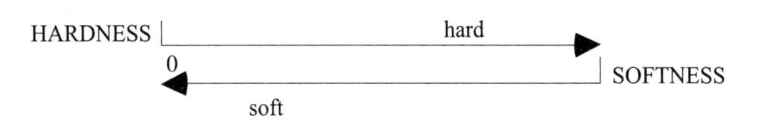

```
HARDNESS |—————————————hard———▶
         0◀——————————————————| SOFTNESS
              soft
```

图 7.3　均势并列型系统

在非均势重叠型系统中，两个度标存在部分重叠。与此同时，两个度标不是平等的，其中一个为主度标，另一个为次度标；主度标衡量的是**优点**（MERIT），次度标衡量的是**坏处**（BADNESS）。我们可通过简图 7.4 中的"好：坏"（good：bad）进行例示。

```
MERIT |———————————————————good————————▶
      0◀——————————————| BADNESS
           bad        0
```

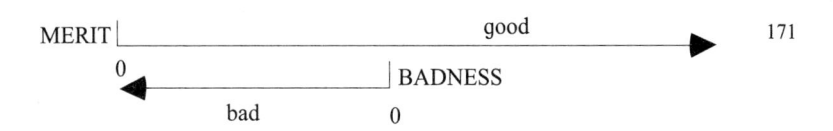

图 7.4　非均势重叠型系统

7.3.1.2　系统向内容域的映射

在下文我们将会发现，不同的可分级反义词对会配以不同的度标模式。先让我们假设这些分配是正确的。那么，由此引发的问题是，词对和某个模式之间的联系是任意的吗？我们必须通过学习才能掌握这种关系吗？还是说这种联系受认知等普遍原则的驱动？我们认为，可分级反义词的这些属性具有很强的理据性。一个论据是，不同语言中的可分级反义词属性有很多共同之处。如将一种语言的可分级反义词翻译成其他语言中最接近的对等词，两者之间的绝大部分差异是由概念上的差异造成的。也就是说，不同语言的可分级反义词之间的差别不是任意的。语言之间存在的差异，似乎常出现于概念理据较弱的领域。

下面我们将简要说明不同的识解方式是如何偏重不同内容域的。我们先从单度标模式开始。促成这种识解的因素有以下几种：

（ⅰ）**属性的凸显性**

一个属性如果越多就越凸显，那么它就会被优先选为度标的基础（参见§7.4.2.1）。

（ⅱ）**识解度标端点的难易程度**

如果有一个确定的端点，那么该端点会被首选为零值。

（ⅲ）**属性的可标定性**

与不可标定的（non-calibratable）属性相比，可用约定俗成的单位进行标定的属性会被优先选为度标的基础。

下面以**长度**（LENGTH）为例进行说明。为什么会有**长度**度标却没有**短度**（SHORTH）度标？首先，一般而言，越长越凸显，而不是越短越凸显。其次，在短的一端会有一个端点，在长的一端却不会有端点。再次，对长度进行标定要比对短性（shortness）进行标定容易得多。因此，**长度**度标具有较强的理据性。下面再考虑**速度**（SPEED）的情况。首先，快速移动的物体一般比慢速移动的物体更为凸显。其次，**静止**状态有一个明确的端点。再次，快慢属性均易标定。因此，尽管在理据性上稍逊于**长度**度标，**速度**度标也具有较强的理据性。

我们可将**长度**和**速度**的度标与**难度**（DIFFICULTY）的度标进行对比。首先，困难的事物往往比容易的事物更加凸显。其次，困难度标有两个合理却比较模糊的端点，即"完全不可能"和"完全没有障碍"。再次，没有现成的约定俗成的单位可用来对难度进行标定。我们可以发现，与**容易度**（EASINESS）度标的理据相比，

难度度标的理据并不占绝对优势。因此，出现以下情况不会令人感到意外：(a) 以英语为母语的本科生，在选择用哪种度标进行标定时会举棋不定；(b) 有些语言确实存在"容易度"度标，如现代希腊语就是从另一个方向进行标定的。

现在让我们思考为什么有些可分级反义词属于单度标系统，而其他的可分级反义词属于双度标系统。答案在于，不同的意象图式复合体（image-schematic complexes）对不同的内容域有不同的偏好。我们可以通过均势分离型双度标系统进行例析：为什么会有两个度标？为什么这两个度标是按照端点对端点而方向相反的方式组织的？请想象将手放进(i)一盆冷水中，(ii)一盆不冷不热的水中，(iii)一盆热水中。我们将会对冷水有一种强烈的温度感，对不冷不热的水完全没有温度感，而对热水会有一种强烈却不同于对冷水的温度感。换句话说，有两种明显的温度感，而在这两种温度感中间自然存在一种零温度感，从而自然形成一种分离的均势态势。如果让我们从四种模式中进行选择，我们会毫不迟疑地选出最合适的那个模式。（这两个温度度标给人的感觉是它们表明的是同一个具有连贯性的整体，因为我们的基本经验将它们合并为同一个度标：将开水慢慢倒进冷水中，刚开始会使冷水的温度慢慢上升，温度上升到一定程度后水会变得不冷不热，接着会逐渐变热。而"愤怒"和"惊讶"之间就没有这种连续性。）其他类似的均势词（equipollents）有：*like : dislike*（喜欢：不喜欢）、*proud of : ashamed of*（以为骄傲：以为耻辱）、*beneficial : harmful*（有益的：有害的）。

下面我们将转向非均势重叠型度标系统。之所以有两个度标，同样因为有两个不同的概念需要进行量化：一个是优点，另一个是坏处。在两种情况下我们可以将事物识解为"不好"：要么这些事物没有优点，要么它们有"正性的"坏处。尽管没有什么东西能让我们同时感到热和冷（所以它们的度标是分离的），却有一些事物，如在考试中得了 25 分，可让我们选择性地认为它们缺少优点（即"低劣的"），或者具有正性的坏处（即"坏的"）。因此，两个度标之间存在一个重叠区域。"正常"（即不好不坏）相当于零坏处。这一事实也许表明，我们有一种根深蒂固的乐观的人生态度［参见"极快乐原则"（Pollyanna Principle）］：我们乐于认为某些坏事（比方说考试得了 25 分）拥有某种程度的优点；但优点度标上的正常及以上部分将坏处完全排除在外。

7.3.2 单度标系统与两极反义词

下面将详细考察可分级反义词的各种类型。我们将从两极反义词开始。一个完整的单度标系统可以用图 7.5 展示（在图 7.1 中展示的是一个较为简略的版本，只表示绝对度标）。

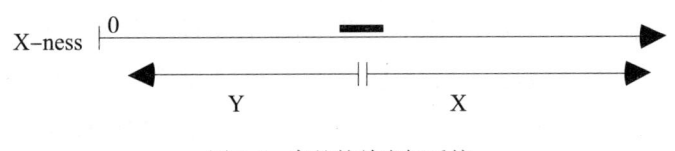

图 7.5 完整的单度标系统

我们可通过两种基本方式来识解事物的量：将其识解为具体的值，如"25 厘米""1.7 公斤"，或将其识解为多于或少于某一参照值，如"一支长铅笔""一只重箱子"。这种方式分别与绝对度标图式和相对度标图式相对应。在上图中，上面的那条度标是绝对度标，而粗线段表示相对度标的参照值或范围（即便是一个等级形容词，我们也须假设同时存在着一条绝对度标和一条相对度标，因为等级形容词的基本意义一般都是相对的）。

7.3.2.1 潜隐极、浮显极与相对度标

可分级反义词对中的成员与绝对度标之间的关系是不同的：当两个词所指称的属性得到加强的时候，一个词表示更高的属性值，而另一个词表示更低的属性值。我们沿用克鲁斯和托吉亚（Cruse & Togia 1995）的研究成果，将前者称为浮显词（supra terms），而将后者称为潜隐词（sub terms）。

如果只有一个词语，那么这个词将是浮显词。从直觉上讲，只有一个潜隐词的情况会让人感到有悖常理。为什么会有这种感觉？也许是因为与浮显词相比，潜隐词与绝对度标之间的关系在认知上更为复杂，在维持两者之间的关系上所付出的认知努力也更多。这就意味着浮显词与度标之间的联系是最基本的。其论据是，如果用来指称相关属性的名词派生于对立形容词对中的一个，那么该名词总是派生于浮显词。因此，我们有"长性"（LONGNESS）度标却没有"短性"（SHORTNESS）度标，有"厚性"（THICKNESS）度标却没有"薄性"（THINNESS）度标，有"难度"（DIFFICULTY）度标却没有"易性"（EASINESS）度标。

要确定对立对中哪个词为浮显词，我们可以通过一个词在下列情况中的正常性来判断：*What is its NOM?*（它的名词形式指称的是什么）和 *How X is it?*（它是如何 X 的）问句；twice as / half as X（是 X 的两倍/一半）等结构。按照这些标准，我们将 *long*（长的）

默认解读为浮显词,而将 short（短的）默认解读为潜隐词。8b、8d 和 8e 的语义之所以不正常,可能是因为在没有具体语境的情况下,我们很难将 short 识解为浮显词:

(8) a. What is its length?
    它的长度是多少?
  b. ?What is its shortness?
    ?它的短性是多少?
  c. twice as long / half as long
    两倍长/一半长
  d. ?twice as short / ?half as short
    ?两倍短/?一半短
  e. ?How short is it?
    ?它多短?（对有些人而言,这句话是不正常的）

请注意,按照这些标准,我们将 good（好的）、bad（坏的）、hot（热的）和 cold（冷的）都默认识解为浮显词。就是根据这一点,我们才发现它们采用的是双度标系统。

(9) a. twice as good / half as good
    两倍好/一半好
  b. twice as bad / half as bad
    两倍坏/一半坏
  c. How good was it?
    它有多好?
  d. How bad was it?
    它有多坏?

(What is its goodness/badness? 的非正常性源自我们没有对优点进行度量的常规单位。请参见 §7.4.2.2。)

我们还要注意的是,对有些人而言,*twice as short* 和 *half as*

short 是同义表达。这表明 *short* 被识解为潜隐词了。没有人会将 *twice as long* 和 *half as long* 识解为同义表达。

7.3.2.2 潜隐极与浮显极的表征

我们将在下文讨论浮显词及其相对潜隐词之间的关系。我们在图 7.5 中所采用的描述方式使它们看起来似乎是均势的。但这种看法是错误的，因为这两者之间存在着非对称性，而均势词之间却不存在这种不对称性。现在的问题是我们该如何表征这种不对称性。在克鲁斯和托吉亚（Cruse & Togia 1995）的论述中，*long* 和 *short* 的意义通过下面的形式进行注释（稍有修改）：

> *long* = noteworthy by virtue of a relative abundance of length
> 因长度相对丰富而值得关注
> *short* = noteworthy by virtue of a relative paucity of length
> 因长度相对缺乏而值得关注

这种处理方法不能令人满意，因为 *abundance*（丰富）和 *paucity*（缺乏）是与 *much* 和 *little* 相关的名词；也就是说，我们通过一对可分级反义词，来解释另一对可分级反义词，而可分级反义关系的本质属性却成了漏网之鱼。在对该关系进行描述时，有一种方法可以不借助可分级反义关系，这种方法就是在长度度标上确定一个点（0= 零长度；R= 由语境确定的参照点；L= 物体的长度）：

> *long*: 0, R, L
> *short*: 0, L, R

我们可以对上面的式子进行如下表述：

> *long* = noteworthy by virtue of being longer than some contextually determined reference value
> 因为比在语境中确定的某个参照值长而值得关注

short = noteworthy by virtue of some contextually determined reference value being longer
因为没有语境中确定的某个参照值长而值得关注

这表明 short 是依附于 long 的。而且，在对两个词的意义进行描述时，这种表述虽然避免了暗中求助于可分级反义关系，但这种表述没有说出 short 的消极性，也没有说出它在认知上比 long 更加复杂这一事实。

long 与 short 的本质区别，也许在于"长性"（longness）与长度度标具有直接相关性，而"短性"（shortness）与长度度标具有逆相关性，使得 short 本身就比 long 复杂。但是，我们现在还不清楚如何才能将这一点囊括在定义之中。

7.3.2.3 象似性问题

"长：短""宽：窄""深：浅""高：低"等相对形容词，有一个令人好奇的象似性悖论。这些形容词在相对用法上的所有定义，都是以长度、宽度、深度、高度等背后的度标为前提的。也就是说，在概念上，绝对度标显得更为基本。然而相对形容词在形态上几乎都比较简单；如果作为相对形容词基础的属性名称，在形态上与该形容词相关，那么该名词在形态上总是比较复杂。

形态上的复杂性反映认知上的复杂性。乍一看，上面的情况似乎与这一原则背道而驰。在我们的意识里，就像 speed : speedy（速度：迅速的）、weight : weighty（重量：重要的）、length : lengthy（长度：冗长的）等所反映的，形容词应该派生于名词。这些例子确实遵循了象似原则，因为派生形容词所编码的概念要比相应的"简单"形容词（如 fast、heavy、long）所编码的概念复杂、微妙。（对于该规则，一个明显的例外是 beauty : beautiful，但是这有其历史上的原因，即语言中先出现的是 beauty。值得注意的是，法语中的 beau : beauté（美丽的：美丽）遵循的是更常见的模式，即形容词在形态上比较简单而名词比较复杂。）

这也许是因为，在对象似原则的应用中，我们应该区分结构上的复杂性和加工上的复杂性。前者涉及基本成分的数量及其相互关系，而后者与所付出的认知努力有关。或许相对而言，人们是在未加分析的、原始的、完形的意义上最早习得它们的。也许在形成成年人的完整系统的过程中需要分析和重构。在某种意义上，与被分析的对象本身相比，有些分析结果很可能在概念上比较简单，但形态上的复杂性却反映了在分析中投入了更多的努力。这是因为，上位词语在语义上比其下义词更具图式性，但在形态上比下义词复杂，尤其当后者为基本层次词语的时候。

7.3.2.4 语境普适性和语境专用性

首先，我们可以通过形容词的比较级，来对语境普适性（impartiality）进行例析。例 10 在语义上存在矛盾，例 11 则不存在。这表明，heavier（较重）与 light（轻）之间没有语义冲突：

(10) ?This box is quite light, but it is heavy.
?这个盒子相当轻，但它重。

(11) This box is quite light, but it is heavier than that one.
这个盒子相当轻，但它比那个重。

我们认为，heavier 涉及两个指称对象，这两个指称对象构成了 heavier 的论元；不管这两个指称对象的重量是多少，heavier 都是普遍适用的（impartial），即 *heavier* 不受 *heavy* 所适用语境的限制。与 *lighter* 相比，*heavy* 的论元与 *heavier* 似乎更为亲近，所以 *lighter* 需要一个稍微复杂的测试框架进行确认。尽管如此，*lighter* 的情况与 *heavier* 是相同的［艾伦（Allen 1986）将该因素称为"拉力"（pull）］。我们也需对此进行解释：

（12）This box is quite heavy, but it's still lighter than the other one, nonetheless.
这个盒子相当重，尽管如此，它还是比另一个轻。

heavy 和 *light* 的语境专用性可通过例 13 和例 14 进行说明：

（13）This box is less heavy than that one.
这个盒子没有那个重。

（14）This box is not as light as that one.
这个盒子没有那个轻。

下面是和语境普适性（a 句）和语境专用性（b 句）相关的更多例子：

（15）a. How long is it?
有多长？
b. How short is it?
有多短？

（16）a. What is its length?
长度多少？
b. ?What is its shortness?
?短度多少？

（17）a. I was surprised at the length of the programme.
我对节目的长度感到吃惊。
b. I was surprised at the shortness of the programme.
我对节目的短度感到吃惊。

（18）a. How clean was the room when you moved in?
　　　你搬进来的时候房间干净吗？
　　　b. I was surprised at how clean the room was/at the cleanness of the room.
　　　我对房间的洁净感到吃惊。

在其他非英语的语言中，还有一类问句具有语境普适性。请分别对例19和例20中的a、b句进行对比（前者为法语，后者为现代希腊语）：

（19）a. Elle est longue, ta nouvelle jupe?
　　　它长吗，你的新裙子？
　　　b. Elle est courte, ta nouvelle jupe?
　　　它短吗，你的新裙子？
（20）a. Ine makri to kenurgio su fustani?
　　　你的新裙子长吗？
　　　b. Ine konto to kenurgio su fustani?
　　　你的新裙子短吗？

在上面两例中，与问句b相比，问句a在某种意义上都是"无偏见的"（open-minded），尽管这种区别对这些问题的回答没有实质性影响，即对于每一个问题，其答案都必须反映隐含命题（implicit proposition）的真值。

7.3.2.5 "曝光度"原则

人们认为，在使用反义形容词时，要么对其进行绝对识解，要么对其进行相对识解。我们可以对此进行泛化，即对于两极性反义词对（polar antonym pair）中的任何一个词，所有绝对识解都是语境普适的；然而，如果是相对识解，潜隐词（sub terms）是语境专用的（committed），浮显词（supra terms）既可是语境普适的，也可以是语境专用的。我们在此作出一个工作性假设，即在具体语境中，无论一个形容词得到的是相对识解还是绝对识解，都不是偶然的。

按照这种假设，我们现在可以对两极性反义词（polar antonyms）的各种用法进行综述，看看它们的语境偏好（partiality）会被激发到什么程度。对此，我们提出一个解释性的假设，即"曝光度原则"（Exposure Principle）。首先，我们需要创建一条"曝光度度标"（scale of exposure）。在下列表达类型中，形容词的曝光度是从（i）到（v）逐渐递增的：

（i）**异干互补词**（suppletion）：*speed*（速度），*weight*（重量），*temperature*（温度），*worse*（较坏），*better*（较好）

（ii）**形态畸变词**（morphological distortion）：*length*（长度），*width*（宽度），*depth*（深度）

（iii）**未变形融合派生词**（undistorted incorporation）：*thickness*（浓度），*hardness*（硬度），*difficulty*（困难）；*longer*（较长），*thicker*（较浓的）

（iv）**习语性构式中的光杆形容词**：*How long is it?*

（v）**完全组合性表达中的光杆形容词**（compositional expressions）：*It's long*（它长），*a long piece of string*（一条长线）

该度标与普适性表达及专用性表达之间的相关性可以概括为：形容词的曝光度越高，选用相对度标的可能性越大；曝光度越低，选用绝对度标的可能性越大。因此，异干互补形式得到的是绝对识解，语境普适性程度最高，而完全组合性表达中的光杆形容词得到相对识解的可能性最大，语境专用性程度最高。为何如此？一种推测认为，这与相对识解的认知原始性（cognitive primitivity）

有关：认知原始性可通过结构的透明性（constructional transparency）进行镜像反映。

当有多个语言形式供我们进行选择的时候，这条原则才能发挥作用。如果只有一种语言形式，就要采用另一条原则，即在任何情况下，如果只有一个语言形式，却需要在语境普适性解读和语境专用性解读之间做出选择（即两种解读处于竞争状态）的时候，语境普适性解读具有优先权。下面我们将对这两个原则的工作原理举例说明。

（a）比较级形式

我们手头现有的数据表明，在所有语言中，两极性反义词对的两个词均有语境普适性的比较级形式。从理论上讲，也可能存在语境专用性比较级形式，但这种比较级形式在认知上会比较复杂，因为它涉及两个参照点而非一个参照点。

我们首先思考的是法语这样的语言。在法语中，构成比较级的方式只有一种（*plus long* 等）。这种方式构成的比较级具有最大限度的透明性。根据曝光度原则，这种透明性将使它偏向相对识解。然而，根据语境普适优先原则（Impartial Priority Principle），这种趋向又被否定掉了。其结果就是，法语的比较级形式属于语境普适性词语。在这个方面，英语更为有趣。有些英语单词，如 *intelligent*（聪明的），只有一个边缘性比较级形式。在这种情况下，该边缘性比较级形式是语境普适性词语：

（21）Neither of them is very bright, but John is more intelligent than Bill.

他们两个都不是太聪明，但约翰比比尔更有悟性。

但在有些情况下，我们会发现，对屈折型比较级（inflectional comparative）的理解，与对边缘性比较级的理解不同：

（22）a. Process X is fast, but it's nonetheless slower than process Y.
过程 X 很快，但它还是比过程 Y 慢。
b. ?Process X is fast, but it's nonetheless more slow than process Y.
?过程 X 很快，但它还是比过程 Y 较慢。

在此，我们可以发现曝光度度标所起到的作用：slow 在 22b 中的曝光度要比 22a 中的曝光度高，因此 b 是语境专用性的，而 a 是语境普适性的。我们可以将英语中的形态类比较级（morphological comparative），即通过添加表示比较的屈折后缀 -er 所构成的比较级形式，看作默认变体，而将 22b 中的边缘性比较级形式看作强加的。因此，我们可能会期待形态性变体会得到优先性识解。所以，对于例 22，有两种相互竞争的解读（尽管它们并不相互排斥）。在现代希腊语中，有一种更明显的情况，即有些形容词同时拥有边缘性比较级形式和形态性比较级形式，而且两种形式在使用上势均力敌、平分秋色。英语中也有类似的情况：如果一个形容词只有一个边缘性比较级形式，那么它属于语境普适性词语，但如果还有一个形态性比较级形式与其展开竞争，那么形态性比较级形式属于语境普适性词语，而边缘性形式属于语境专用性词语。

（b）被量化的比较形式

（23）X is twice as / half as long as Y.
X 是 Y 的两倍/一半长。

（24）?X is twice as / half as short as Y.

?X 是 Y 的两倍/一半短。

这些比较级形式与普通的比较级形式有相当大的区别。我们认为，只要出现明确的数量，人们就倾向于对形容词作绝对识解。之所以如此，至少部分原因在于绝对度标可以得到标定（calibrate）。例 24 中的 *short* 听起来比较怪异，可能是因为语言中没有规约性方式对"短"进行标定。数量化的比较级形式可以和非标定度标（non-calibrated scale）一起使用，如 *twice as good, only half as bad*（两倍好，只有一半坏）。也许这些是从元型性标定度标通过隐喻方式扩展而来的。只有与经验现实相一致的量化才能进行这种隐喻延伸。如 *This stick is three and a half times as long as that one*（这根棍子的长度是那根棍子的三点五倍）是正常的，而 *?Jane is three and a half times as pretty as Sarah*（?简的漂亮是莎拉的三点五倍）就明显不符合常规。

（c）等值与不等值

as long as 和 *not as long as* 这样的表达是语境普适性的，而 *as short as* 和 *not as short as* 肯定属于语境专用性的：

（25）a. X is as long as Y / X is not as long as Y.

X 与 Y 一样长 / X 与 Y 不一样长。

b. X is short, but it is as long as Y.

X 短，但它与 Y 一样长。

c. X is as short as Y.

X 与 Y 一样短。

d. ?X is long, but it is not as short as Y.

?X 长，但它与 Y 不一样短。

然而，例 26 有语境普适性解读，例 27 却没有：

（26）X is not as long as Y.
　　　X 与 Y 不一样长。
（27）X is less long than Y.
　　　X 比 Y 的长度少。

这与曝光度原则是一致的，因为 as long as 是个融合性的习语，而 less long than 是组合性的表达。但是，long 和 short 之间的区别需要更深入的思考。这也许是因为，as long as 表示"与……有相同的长度（length）"而不是"与……有相同的长性（longness）"，这种意义只有通过绝对标度才说得通；与之相对，as short as 表示"与……有相同的短性（shortness）"，而这种意义只能通过相对度标进行解读，因而是语境专用的。

（d）"它相应的名词形式所指称的事物是什么？"问题

（28）What is its length/weight/thickness?
　　　它的长度/重量/厚度是多少？
（29）*What is its shortness/lightness/thinness?
　　　*它的短性/轻性/薄性是多少？
（30）*What is its goodness/cleanness?
　　　*它的良性/洁性是多少？
（31）What is its difficulty/hardness?
　　　它的难度/硬性是多大？

请注意，例 28 的内容不能用 Is it long or short?（它是长的还是短的？）进行提问，然而例 28 的意思可能与 How long is it?（它有多长？）相同。What is its NOM?（它的名词形式所表示的量是多少？）似乎需要用绝对量来回答，而且因为与"短性"同类的事物不能用绝对量进行量化，这就是为什么例 29 很怪异。例 30 的情况与之相同，尽管不是因为这些词属于潜隐词，而是因为我们面对的是非标定数量（参见§7.4.2.2的内容）。但问题是为什么这种形式的疑问需要用绝对的量来回答，而 How ADJ is it?（它有多形容词形式所表示的属性？）这样的疑问则不需要？答案也许在于，what 问句需要确认一个具体的个体事物。我们只能通过量级（magnitude）来对某个事物的量进行个体化操作。比如说，如果我们知道所要应对的是长度绝对度标，那就没问题。但是，为什么我们只能局限于长度的绝对度标，这一问题仍然没有得到解答。一种可能是，只有在绝对度标上才有可能满足 what 问句所需要的足够明确的识别。换言之，主观性的相对度标不能对确定的事物进行识解。

（e）"它有多 X？"问句

"它有多 X？"问句可能有两种解释。例如，How long is it?（它多长？）可以有以下两种解释：

(i) 它的长度是多少？（"它有多短？"不能这样解读）
(ii) 它是长还是短？（"它有多短？"也可以这样解读）

我们不能用第一种解读方式来解读形容词 short（短的），我们已在上文讨论过其原因了。第二种解读方式确实可以用于 short，但这种解读是语境专用的。我们应该注意的第一点是，对 How long is it? 的识解是相对性的，而 What is its length? 的识解不是相对性的，这与曝光度原则一致。但我们需要思考的是，作相对解读的 How long is it? 是语境普适性的，而 How short is it? 却是语境专用的（相信大家还记得我们在前面对 shorter 的语境普适性进行的讨论）。假设存在一条普遍的符号学原则（semiotic principle），即形式不同则意义有别,那么我们需要解决的全部问题就是为什么 *long* 被给予了语境普适性意义?其原因可能要将"简单优先于复杂"和"语境普适性优先于语境专用性"综合起来进行考虑,将两者结合起来就是"简单且具有语境普适性的"就是首选项。

在土耳其语和现代希腊语中,只要涉及标定度标,*How-*(怎样)类问题都是语境专用性的;语境普适性的问题需要用 *What-*(什么)类问句。这遵循了曝光度原则,因为在这些语言中,*How-* 问题的透明度都是最高的。英语的 *How-* 类问题与之不同,原因在于在希腊语和土耳其语中,形容词曝光度更高,与习语性的 *How ADJ is it?*(它是怎样……的?)问句不同,这类问句的结构完全是组合性的(compositional)。例如在土耳其语 *Ne kadar uzun?*(它多长?)中,*ne kadar* 仅仅表示"多少",会出现在"你有多少钱?"这样的句子中。*What-* 问句与不可标定量一起被排除在外了,而按照语境普适性优先原则(Impartiality Priority Principle),*How-* 问句承担了语境普适性功能。

(f)"它是 X 吗?"问句

(32)法语:

a. Elle est longue, ta nouvelle jupe?

它长吗,你的新裙子?

b. Elle est courte?

它短吗?

(33)现代希腊语:

a. Ine makris?

它长吗?

b. Ine kontos?

它短吗?

（34）土耳其语：
　　a. O uzun mu?
　　它长吗？
　　b. O kisa mı?
　　它短吗？

这种形式的问句含有浮显词（在英语中这些词语似乎不太明显）。此类问句所发挥的功能，与 How X is it?（它有多 X？）的相对识解功能相似，即询问某物是长还是短。这类问句主要存在于法语这样的没有 How-（如何类）问句的语言中，或者存在于只将 How- 问句用于语境专用意义的希腊语和土耳其语等语言中。在以上两种情况中，相应的潜隐词语均出现于语境专用性问句（committed question）。两种情况都要使用相对度标，而且选择浮显词语来对语境普适性问句进行编码的原因可能相同，即浮显词语在概念上是最简的。

7.3.3 双度标系统

如果可分级反义词对的两个词是浮显词，那么可以断定该反义词对为双度标系统。从本质上讲，双度标系统是由一对方向相反的单度标系统组合而成。在很多情况下，单个的单度标成分无法展现上面所描述的所有属性。一般而言，浮显-浮显对立关系（supra-supra opposition）最为凸显，而浮显-潜隐对立关系（supra-sub opposition）或多或少处于背景位置。浮显-潜隐对立关系凸显性不足的原因在于潜隐词要么不存在，要么其属性为一组对语境高度敏感的词所共有。

双度标系统有两种类型，即均势型双度标系统（equipollent

biscalar system）和重叠型双度标系统（overlapping biscalar system）。通过语境普适性模式和语境专用性模式，我们很容易将两种类型的度标系统区别开来。从上文对单度标系统的讨论可见，语境偏好性与潜隐词、浮显词之间的区分相关。我们将这种现象称为度标偏好性（scale-partiality），具体分为度标普适性（scale-impartiality）和度标专用性（scale-committedness）两个次级类型。在某种程度上，双度标系统也存在度标偏好问题。但最重要的是，在对浮显词-浮显词构成的反义词对进行区分时所表现出来的偏好。我们将这种偏好称为系统偏好性（system-partiality），亦可分为系统普适性（system-impartiality）、系统专用性（system-committedness）。如果对立关系中的两个词在所有的属性上都是对称的，那么该系统为均势型系统。对英语而言，这意味着两个词均没有系统普适性意义。在重叠型系统中，一个词有系统普适性意义，而另一个词则没有。

7.3.3.1 均势型可分级反义词

均势型可分级反义词的显著特征是，两个对立词的表现是完全对称的。在英语中，均势型可分级反义词的所有意义都是系统专用的。但是，像表示温度的名词与表示冷热的形容词在形态上没有相关性，因此 *hotter*、*colder*、*How hot/cold is it?* 都是系统专用性的；而 *What is its temperature?* 和 *I was surprised by its temperature* 都是系统普适性的。

英语中的均势词对相对较少。常见的均势词对是 *hot : cold*，但 *happy : sad*（幸福：悲伤）、*sweet : sour*（甜：酸）、*ashamed of : proud of*（以……为耻：以……为傲）、*beneficial : harmful*（有利的：

有害的）也是常常引用的例子。在数量上，这种类型的词对似乎会因语言不同而不同。例如，克鲁斯在询问以土耳其语为母语的人之后发现，土耳其语没有任何令人信服的均势词对，而根据托吉亚（Togia 1996）的观察，均势词对在现代希腊语中非常普遍。我们目前还不能说土耳其语和现代希腊语之间的这种差异，是否与两种语言的其他语义特点具有关联性。

英语中的 *hot : cold*（热：冷）可被视为元型性分离型均势词。*cool*（凉）和 *warm*（温）分别是 *cold* 和 *hot* 的弱化词。有证据表明，除了这一比较凸显的功能之外，还分别是 *cold* 和 *hot* 的潜隐词（subs）。因此，例35和例36的不规则性明显低于例37和例38：

(35) This pan feels hot, but it feels cooler than that one / still feels cooler than that one, nonetheless.
这口平底锅摸起来热了，但它摸起来比那口锅凉/摸起来却仍然比那口锅凉。

(36) This bottle feels cold, but it feels warmer than that one / still feels warmer than that one, nonetheless.
这只瓶子摸起来冷，但它摸起来比那只暖和/摸起来却仍然比那只暖和。

(37) ?This pan feels hot, but it feels colder than that one / still feels colder than that one, nonetheless.
?这口平底锅摸起来是热的，但它摸起来比那口锅冷/摸起来却仍然比那口锅冷。

(38) ?This bottle feels cold, but it feels hotter than that one / still feels hotter than that one, nonetheless.
?这只瓶子摸起来冷，但它摸起来比那只热/摸起来却仍然比那只热。

潜隐词也可以出现在 a cool oven（凉烤箱）、a cool flame（冷焰）、a relatively warm ice age（相对温暖的冰河时期）这样的表述中。克鲁斯根据直觉认为，This flame is only half as cool as that one（这团火焰只有那团火焰一半凉）与 half as short（一半短）一样，很难进行认知加工。然而请大家注意，如果我们将例35及例36中的词语进行调换，就会导致语义异常：

(39) ?This pan feels cool, but it feels hotter than that one/still hotter than that one, nonetheless.
?这口锅摸起来凉爽，但它摸起来比那只热/摸起来却仍然比那只热。

(40) ? This bottle feels warm, but it feels colder than that one / still feels colder than that one, nonetheless.
?这只瓶子摸起来温热，但它摸起来比那只冷/摸起来仍然比那只冷。

这表明，默认解读下的 cool 不是 cold 的潜隐词，默认解读下的 warm 也不是 hot 的潜隐词，只有在语境的强制下才会出现潜隐识解。能自然出现潜隐解读的语境，要么本身就具有冷/热属性的事物（如冰河时期、火焰等），要么对相关域有明确的冷/热属性标示。

与分离型均势词对相比，平行均势词对的数量更少。平行均势词对似乎在以下几种情况中才会出现：(a) 在我们的识解中，当我们找不到可以置于度标中间零值位置的属性的时候；(b) 当两个方向的识解具有同样的理据性的时候；(c) 没有占主导地位的观点、没有可以引发"积极/消极"识解的差异的时候。海斯（Hayes 2001）认为，hard : soft（硬：软）就是平行均势词对的例子，而 *dark : light*（黑暗的：明亮的）是用于颜色的平行均势词对。

7.3.3.2 重叠型可分级反义词

重叠型可分级反义词的对立关系具有以下特点：

(i) 一个成员的比较级形式是系统普适性的，在度标配置上也是度标普适性的，而另一个成员是系统专用性的，但在度标配置上是度标普适性的：

> (41) John and Bill both got bad marks in the exam, although John's marks were better than Bill's.
> 约翰和比尔在这次考试中均没考好，尽管约翰的成绩比比尔的好。
>
> (42) ?John and Bill both got first class marks in the exam; John's marks, however, were worse than Bill's.
> ?约翰和比尔在这次考试中均得了优；然而，约翰的分数要比比尔的糟糕。

(ii) 两个成员可以正常使用被量化的比较级形式；一个成员为系统普适性的（例43和例44），另一个成员为系统专用性的（例45和例46）：

> (43) Both marks were admittedly bad, but Bill's was twice as good as John's.
> 诚然两个分数都很糟糕，但比尔的成绩是约翰成绩的两倍。
>
> (44) It's true that Bill's wasn't the only bad mark, but it was only half as good as even the other failures.
> 没错，比尔的成绩不是唯一糟糕的，但他的成绩甚至只有其他不及格学生成绩的一半。
> （我们很难在例44中识解出一个语境普适性的解读，但并非不可能。）

（45）?Both marks were excellent, but Bill's was twice as bad as John's.

?两个分数都优秀，但比尔的成绩比约翰的成绩糟糕两倍。

（46）?Both marks were excellent, but Bill's was only half as bad as John's.

?两个分数都优秀，但比尔的成绩只有约翰成绩一半糟糕。

（iii）两个成员可正常用于 How 类问句；一个成员用于系统普适性问句，另一个成员则用于系统专用性问句：

（47）How good were the results this year?

今年的结果怎么样？

（48）How bad were the results this year?

今年的结果有多糟糕？

重叠型可分级反义词的典型成员有 good : bad（好的：坏的）、kind : cruel（仁慈的：残忍的）和 polite : rude（礼貌的：粗鲁的）。每一个浮显词都有一个潜在的潜隐词；但在内容领域，两个词分属不同的双度标可分级反义模式；在凸显性方面，浮显词-潜隐词之间的对立关系不如浮显词-浮显词之间的对立关系。然而，这一点并非放之四海而皆准。目前我们还不清楚，这两类对立关系各自在什么样的情况下最为凸显。

在英语中，浮显词-浮显词之间的对立似乎最为重要。下面我们就拿 good : bad（好的：坏的）对立对为例进行说明。这两个对立词各自都有相应的潜隐词。good 的对应潜隐词是 poor。请比较 ?How poor is it?（有多糟糕？）和 How bad is it?（有多坏/严重？）、?twice as poor?（两倍糟糕）和 twice as bad（两倍坏/严重）这两对句子的语义正常性。［尽管德语单词 schlecht（坏的）是 gut

（好的）的一个对应潜隐词，*gut : schlecht* 之间的对立关系比 *gut : schlimm*（好的：严重的）这两个浮显词之间的对立关系更为凸显。] 184
请注意，尽管 *How bad is it?*、*worse* 和 *twice as bad* 都属于系统专用性的，它们却是度标普适性的，因为它们没有在"坏"的度标上预设具体的值。*bad* 没有单一的潜隐词，而是一组受语境限制的可能性，如 *mild*（轻微的）和 *slight*（稍微的）。请将 *How mild is your gout?*（你的痛风有多轻微？）、*?How slight was your accident?*（你的事故有多稍微？）和 *How bad was your gout/accident?*（你的痛风/事故有严重？）进行对比。

尽管需要用绝对度标图式来对 better 和 worse 的度标普适性进行解释，却没有对这些绝对度标图式进行标定。这就导致了语义极上的差异。首先，两个成员都无法产生正常的名词化结构问句（nominalization questions）：

(49) ?What was the goodness of the film?
?这部影片的良性是什么？

(50) ?What was the cleanness of the room?
?这个房间的洁性是什么？

(51) ?What was John's politeness?
?约翰的礼貌是什么？

其次，*How* 类问句只有一种解读，即相对解读。这就是为什么例 52 的语义是正常的，例 53 则是不正常的：

(52) A: The last one was quite short.
最后一个相当短。
B: How long was it?
它有多长？

（long 在此处得到的是绝对解读。）

(53) ?A: The results were rather poor/bad.

?结果相当糟糕/坏。

B: How good were they?

这些结果怎么样？

（B 的问题只有一个相对解读，即"它们是好还是坏？"但是 A 已经提供了这方面的信息，所以再提出这样的问题就显得很怪异。）

第三，在例 54 至 56 中，两个成员都属于语境专用型的：

(54) I was surprised by its X-ness.

我对其 X 属性感到吃惊。

(55) I was surprised by John's politeness.

我对约翰的彬彬有礼感到吃惊。

(56) I was surprised at the room's cleanness.

我对房间的洁净感到吃惊。

假如在重叠型可分级反义词的度标上没有标定具体的量，我们似乎有充分的理由进行相对性解读。

(iv) 内在性是重叠型可分级反义词的一个属性，而其他类型的反义词没有这种属性。我们可以通过 good : bad 这对重叠型可分级反义词进行例析。例 57 中的句子相当正常：

(57) John, Bill and Tom are all pretty hopeless at tennis; John is a little bit better than Bill, while Tom is slightly worse.

约翰、比尔和汤姆在网球方面都是相当差的；约翰较比尔好一点，而汤姆稍微差些。

对于 better 所表现出来的语境普适性特点，我们是可以理解的。然而，例 58 的语义是正常的，例 59 和例 60 的语义却都不正常：

第七章 意义关系的动态识解Ⅱ：反义关系和互补关系

(58) The drought last year was worse than this year.
去年的干旱比今年的更糟糕。

(59) ?The drought this year is better than last year.
?今年的干旱比去年的好一些。

(60) ? How good was the drought last year?
?去年的干旱有多好？

尽管有些词与 worse 的搭配完全正常，却似乎不能与 better 或 How good...? 搭配使用。这些词有一个共同特点，即我们一般都将其识解为"本身就是坏的事物"，如事故、疾病、饥荒、干旱、地震等。当然，某个实体的固有之恶是一种识解，会因语境因素的不同而发生变化。如例 61 更像是出自两位地震学家而非地震受害者之间的谈话：

(61) A: How was the earthquake?
这次的地震怎么样？
B: Quite good—better than the last one.
很好——比上次地震好。

例 62 向我们提供了与 clean 有关的例子（在有些语境中 clean : dirty 被识解为重叠型可分级反义词对）：

(62) ?This smudge is clearer than that one.
?这个污点比那个更清晰。

对**劣性**（BADNESS）这一概念进行度量的度标，只是对**良善**（MERIT）这一概念进行度量的度标的一半。我们可以通过这一事实来对内在性效应进行解释。该事实也许有一种格莱斯式的语义蕴涵（Gricean implicature），即我们用来对某事物进行度量的度标是最小的却能够涵盖被识解域的所有可能性的度标。因此，如果我们问 How good was the film?（那部电影怎么样？），就蕴涵着其答案可以位于"良善"度标的任何地方。我们之所以问 How bad was the famine?（饥荒有多糟糕？）而不是 How good was the famine?（饥荒有多好？），是因为"劣性"度标涵盖了与饥荒相关的所有可能性。而 How good was the famine? 则蕴涵着在我们所识解的饥荒域中，有些饥荒是好的。

7.4 可分级反义词和互补反义词的多种识解

在对现有的可分级反义模式进行例析的时候，我们在很大程度上依靠的是最小语境中的默认识解。然而，在对我们习惯性认为是可分级反义词对的识解中，会涉及不同的语境。在这一节中，我们将对识解中的语境变异程度进行讨论。

7.4.1 绝对识解与相对识解

有些对立对在有些语境中表现出的是互补性对立关系，在另一些语境表现出的是可分级反义关系，而在有些语境中表现出来的是一种混合性对立关系，即一个词具有可分级语义，而另一个词具有绝对语义。一个典型的例子是 clean : dirty（干净：肮脏）。例 63 表明，这两个对立词之间的语义关系为互补型：

(63) I've put the clean shirts in the drawer and the dirty ones in this bag.
我已将干净衬衣放进抽屉里而将脏衬衣放进袋子里了。

我们在此识解的是衬衫域，该域被分成干净衬衫和肮脏衬衫

第七章 意义关系的动态识解Ⅱ：反义关系和互补关系

两个部分，而且所有的衬衫都属于两类中的一类，非此即彼。另一方面，例64中的"肮脏"和例65中的"干净"分别被识解为可分级的属性。大多数人会做出如下推理：如果例64为真，则例65为真；clean 和 dirty 是一对可分级反义词。

（64）This shirt is dirtier than that one.
这件衬衫比那件脏。

（65）That shirt is cleaner than this one.
那件衬衫比这件干净。

（请注意，例64和例65隐含着有关衬衫多多少少都有点脏。）一般而言，比较级、最高级的形态标记或 more、fairly、quite、rather、extremely 等强调词，都表明我们对某个属性进行的识解属于可分级性识解。

例66属于混合型识解。在该例中，对 dirty 进行的是相对识解，而对 clean 进行的是绝对识解：

（66）A: How are you getting on with that very dirty pan?
你接下来要如何处理那口很脏的平底锅？
B: Well, it's almost clean — give me another ten minutes and I'll have it clean.
嗯，它几乎是干净的——再给我10分钟我就能把它弄干净。

在对完整性（completeness）进行识解时，混合型识解尤为普遍。在与完整性有关的表达中，常常会出现 half（如 half clean）、almost、nearly、practically、completely 等词。请注意，It's neither X nor Y（既不 X，也不 Y）构式阻止二分识解的产生，因此，It's neither clean nor dirty（既不干净也不脏）这样的表达要么显得很怪异，要么强制产生一种混合型识解，即赋予 *dirty* 相对性识解，而赋予 *clean* 绝对性识解。根据这种解释，我们可以将 *not dirty* 解读为"沿着 *dirty* 度标滑移得不够远，以至仍然可以用 *dirty* 这一标签"，即"稍微有点脏"。如果这种可能性被明确排除，我们就无法对下面的句子进行识解：*It's neither clean nor even slightly dirty.*（*它既不干净甚至也非有点脏）。要想 *It's neither dead nor alive*（它既不是死的也不是活的）在语义上成立，就需要将所识解的域扩大（如"粉笔既不是死的也不是活的"），或者假想它描述的是幽灵或吸血鬼等怪异的情况；对于 *It's neither possible nor impossible* 这样的表达，我们很难进行识解。最终的识解是不同类型、不同强度制约因素相互作用的结果。

在混合型识解中，两个对立词一般不能互换。例如，在对 *It's neither clean nor dirty* 进行识解时，我们不能将 *dirty* 识解为绝对的而将 *clean* 识解为相对的。在例 66 中，两个对立词相互调换之后，所描述的行为不只是让人感到怪异，而是让人感到迷惑不解：

(67) A: How are you getting on with that clean pan?
你接下来要如何处理那口干净的平底锅？
B: Well, it's almost dirty — give me another ten minutes and I'll have it dirty.
嗯，它几乎是脏的——再给我 10 分钟我就会把它弄脏了。

这似乎是认知上的限制，而不是规约上的限制。该限制的原因在于 *clean-dirty* 对立关系的本质属性。在克鲁斯（Cruse 1986）的论述中，这种对立关系被称为表缺对立关系（privative opposition），也就是说，在这种关系中，如果一个词表示某个属性的

第七章 意义关系的动态识解Ⅱ：反义关系和互补关系

"在场"（presence），那么其对应词就表示该属性的"缺位"（absence）。在 clean-dirty 对立关系中，clean 表明 dirt 的缺位而非相反：

(68) When something is clean, there is no dirt present.
当东西干净时，就见不到污垢。

(69) ?When something is dirty, there is no cleanness present.
?当东西脏的时候，就见不到洁净。

当然，"零脏性"（zero dirtiness）概念是一种识解，会随语境变化而有所不同：在不同的环境中，对于绝对客观的洁性，我们会有不同程度的需要，以使 clean 这一标签与语境相符合。我们可以想象，鞋子、厨刀和外科手术刀等对洁净程度的要求肯定不同。在 cleaner than clean（比洁净更洁净）这样的表达中，我们需要参照洁性的绝对度标来对 cleaner 进行解读，而 clean 指称的是适用于当前语境的参照点。

如果一个词的语境普适性用法大于语境专用性用法，那么该词具有正极性（positive polarity）。如 How clean is it? 是语境普适性的，而 How dirty is it? 是语境专用性的，所以 clean 具有正极性。即使 clean 是一个"缺位"的词，它也具有正极性。之所以如此，是因为我们受到规约的强力限制，使我们常常将其识解为正极性的。但是，通过语境限制，我们也可以将这种识解推翻。例如，如果进行橄榄球比赛的场地泥泞不堪，我们是可以对描述赛后运动员的 gloriously dirty（倍感光荣地肮脏）进行识解的；当今用来描述电影或书籍的 dirty 常被给予积极的评价——在最近一篇书评中，作者用 gloriously filthy（堂堂皇皇地淫秽）来评价一部小说。然而，尽管在足够强大的语境限制下我们可以将 dirty 识解为积极的，要想将 dirty 识解为洁性度标上的零点也似乎绝无可能。

有少数对立词像 clean : dirty 一样，在识解类型方面表现得特别自由，而其他对立词都会受到规约或认知因素的限制。下面我们以 dead : alive 为例进行说明。一般情况下，我们都会对该对立对进行对称性绝对识解：

（70）A: Is it dead?
它死了吗？
B: No, look, it's breathing — it's still alive.
没有，看，它在呼吸——它还活着。

我们也可以对 alive 进行可分级识解：

（71）You look rather more alive than you did half an hour ago!
你现在看起来比你半个小时之前有活力。

然而，在下面的语境中，dead 的合法性存在很大问题：

（72）?You look rather more dead than you did half an hour ago!
?你现在看起来比你半个小时之前死气沉沉。

因此，与 alive 相比，我们似乎更容易对 dead 进行绝对型识解。混合型识解也很正常［请注意，我们所分级的不是 dead（死的），而是 not-deadness（不死性）］：

（73）A: You look half-dead.
你看起来半死不活。
B: I feel three-quarters dead.
我感到四分之三死气沉沉。

当我们将 dead 用于比喻的时候，对其进行可分级识解就不会显得那么怪异了。但就字面意义识解而言，从严格意义上讲，这种识解与我们当前所讨论的主题无关：

(74) Every time I come back to this town it seems even more dead than the last time I was there.

我每次回到这个小镇都发现它似乎一次比一次没活力。

下面，我们就绝对型识解与相对型识解之间的转换，再举最后一个例子。请大家思考 married : single（已婚∶单身）这个对立词对。这两个词常被视为典型的互补词，而且我们可以用界定清晰的法律标准来支持我们的这种识解：

(75) I need to ask you a few questions. Are you married or single?

我需要向你了解几个问题。你结婚没有？

然而，正如我在其他场合也提到过的，艾丽斯·默多克（Iris Murdoch）在她的一篇小说里写过这么一句话：

(76) Jane was very married.

简太已婚了。

大多数人认为这句话是可以理解的，但他们同时感到需要突破明显的认知限制，才能得到合适的识解。一旦我们接受了这种识解，例 77 就不会有什么问题了：

(77) Jane is more married than Mary.

简比玛丽更已婚。

但是，尽管例 78 与例 77 一样，所表征的是 *Jane* 和 *Mary* 之间的同一种关系，识解起来却要难得多：

(78) Mary is more single than Jane.

玛丽比简更单身。

也就是说，我们不能将例 78 识解为给 *Jane* 和 *Mary* 分配不同程度的"已婚性"（married-ness）。然而，如果 *Jane* 有一个比较固定的男友，而 *Mary* 交往过几名男子，却没有一个保持较长时间的关系，我们也可以使用例 78 这样的表述。换言之，我们可以将"已婚性"识解为一个可分级属性，却不能将形容词 *single*（单身）识解为形容词 *married*（已婚）的潜隐对应词；然而，我们可以通过认知努力，将"已婚性"和"单身性"识解为均势对应属性。

与此形成对照的是，通过对 *clean : dirty* 这对可分级反义词在使用上的仔细考察，我们发现，它们更多地被识解为重叠型可分级反义词。表现之一就是我们已经讨论过的内在性（inherentness）元素：

（79）This smudge is dirtier than that one.
这块污渍比那块更脏。

（80）? That smudge is cleaner than that one.
? 那块污渍比那块干净。

对于许多表示属性的词，根据语境，尽管我们既可以将其识解为绝对性的，又可以将其识解为可分级性的，其他一些词却似乎没有这两种可能性。那些被默认识解为可分级的词尤其令人感兴趣。例如，我们可以对例 81 中的 *cold* 进行绝对识解，而在任何情况下我们都不能将 *slow*、*light* 和 *cheap* 分别解读为"静止的""没有重量的""免费的"，也就是将它们分别识解为各自度标上的零值（例 82—84）。原因何在？

（81）Your dinner's almost cold — hurry up and come to table!
你的饭都快凉了——赶快坐到餐桌前！
（在此 cold 代表"零热度"，即室温）

（82）? The car was traveling completely slowly.
? 这辆汽车在完全缓慢地行驶。

（83）? In space one is completely light.
? 人在太空里是完全轻的。

(84)?I didn't pay anything — they were completely cheap.
?我一分钱都没花——它们是完全便宜的。

这个问题很难回答。就现有例子而言，似乎只有浮显词可以支持绝对识解。然而，并非所有的浮显词都有绝对识解，如 *almost* 就无法修饰浮显词 *long*、*heavy* 和 *fast*。我们还需要某种常常被识解为零点的自然确定值。至于为什么潜隐词没有绝对识解，我们目前还不知道确切原因。也可能因为它们都是印象式（impressionistic）的，与绝对度标之间没有线性关系。也就是说，要想得到印象式短性（shortness）的等值增量，我们就必须将绝对长度连续减半。通过这种方式，就会渐进式接近零点，但永远不会到达零点。换句话说，对"慢"的程度的默认识解是无止境的。音响性（loudness）和明亮性（brightness）的印象程度和慢性（slowness）类似，与绝对性能量水平之间没有线性关系。

另一种可能是，在上面提到的例子中，度标上的零点要么在交际中没有实际的作用（试想零长度概念对我们有什么用呢？），要么由其他词取代（如 *stationary*、*weightness*、*free*）。当然，我们也可以反向理解：因为潜隐词无法涵盖零点，我们就另用一词来表示零点。从直觉上看，这种观点有一定的合理性。但我们还须对此进行更深入的研究。

7.4.2 度标的特征

7.4.2.1 度标方向和度标数

对于可分级属性，一般情况下，我们进行识解的方式是，凸显性的增强，等于属性程度的提高。因此，我们将 long 作为浮显词、将 short 作为潜隐词，使用**长度**（LENGTH）度标而非**短性**（SHORTNESS）度标进行识解操作。然而在有些语境中，long 和 short 会出现角色对调现象。以下两例选自一篇与计算机组件微型化有关的报刊文章：

（85）The new device is ten times smaller than anything seen previously.
新装置比之前见到的任何已有装置都小 10 倍。

（86）The nanotube transistors are about 350 times smaller than a conventional silicon transistor and faster. (Guardian Online Supplement, Oct. 10, 2002, p. 11)
纳米管晶体管要比传统的硅晶体管小 350 倍且速度更快。

在相同的语境中，例 87 似乎是正常的（尽管没有得到事实证明）：

（87）A: Every week we produce smaller and smaller chips.
我们生产的芯片一周比一周小。
B: How small do you think you'll be able to get them?
你认为能让它们小到什么程度？
A: Well, we are not sure, but our best efforts last year were only half as small as this year's.
哦，我们不确定，但是我们去年最大的努力只有今年的一半小。

在例 85-87 中，对线性长度度标的识解似乎与默认识解的方向相反，即 small 是浮显词，线性长度度标是**小性**（SMALLNESS）度标，而非**大性**（BIGNESS/LARGENESS）度标。这种角色逆转与强有力的认知制约背道而驰，只有具备明显的有利因素，角色调换才有可能实现。在这个例子中，促成角色逆转的因素是

第七章 意义关系的动态识解 Ⅱ：反义关系和互补关系

小性的增强与有趣性、凸显性和吸引力的提高相互关联。

许多度标逆转的情况与可分级反义词的类型转变有关。当度标逆转的驱动因素与可评估性有关的时候尤其如此。我们就拿前面已讨论过的 *easy : difficult* 为例进行说明。我们不难识解以 *difficult* 和 *easy* 为两极、以 *difficult* 为浮显词、以 *How difficult is it?* 为语境普适性问题的**困难**（DIFFICULTY）度标。在对一个典型的本科班的学生进行调查时发现，他们认为很难判断 *difficult* 和 *easy* 两个词中哪一个是浮显词；有相当多的学生认为 *easy* 是浮显词，而其背后的度标为易性度标（scale of easiness）。*How easy is it?* 这个问句具有相对的正常性，似乎可以为这些学生的选择提供支撑证据。

对"困难"进行否定判断还是肯定判断，似乎是一个重要的决定因素。如果对 *easy* 做出的是肯定评价，而对 *difficult* 做出的是否定评价，就会促使 *easy : difficult* 由两极型识解转换成重叠型识解；转换之后，*easy* 和 *difficult* 都是浮显词，只不过 *easy* 是主要的浮显词（与 *good* 类似）。通过 *cheap : expensive* 对立词对，也能发现与可分级反义词相似的类型上的转换（Hayes 2001）。当这两个词仅被用来说明价格的时候，它们常被识解为两极型词，其中 *cheap* 充当潜隐词；但当 *cheap* 具有"价廉质次"而 *expensive* 具有"价高质优"的联想义时，它们常被识解为重叠型可分级反义词，其中 *cheap* 充当次要浮显词。

我们发现，*thin* 呈现出另一种形式的转换。与 *thin* 存在对立关系的有两个词，即 *thick*（厚）和 *fat*（胖）。毫无疑问，*thick : thin* 是两极型反义词对，其中 *thin* 充当潜隐词；换言之，在默认识解情况下，没有"薄性"（thinness）度标，只有"厚性"（thickness）度标。然而，在没有具体语境的情况下，以英语为母语的被试将 fat：thin 归到均势词的范畴。这种认知操作涉及对 thin 的重新分类，从而将其视作浮显词；也就是说，该认知操作涉及对"瘦性"度标的识解。之所以有这种识解，似乎是因为存在一个和腰身有关的社会标准；对符合该标准的，人们给予积极评价，而无论在哪一个方向，明显偏离该标准的，都被认为是消极的。该评价特征的作用，就是鼓励人们用度标来识解瘦性程度（即该属性越多就越凸显）。

7.4.2.2 标定所产生的影响

语言中是否有衡量属性程度的规约单位，会影响可分级形容词的行为方式。下面我们以 strong 为例进行说明。a strong man（身体强壮的人）和 a strong solution of a chemical（化学物质的浓溶液）这两种表达都很正常，而且针对两种情况的问句 How strong is the solution?（该溶液有多浓？）和 How strong is the man?（这个人有多强壮？）也很正常。然而，What is the strength of the solution?（该溶液的浓度是多少？）和 ?What is the strength of the man?（?该男子的强壮有多大？）在正常性上有明显的不同。原因在于我们不熟悉如何衡量人的力量，而溶液的浓度却可通过规约单位来衡量。在这种情况下，如果说我们所应对的是 strong 的两种自主意义，可能会有人反对，因为例 88 有明显的双关语色彩：

(88) ?Mary likes her tea and her men to be very strong.
?玛丽喜欢非常 strong 的茶和男人们。

也许 strong tea（浓茶）和 strong beer（高浓度啤酒）能为我们提

供更加令人信服的例证。两者可以完美地组合在一起而不会出现轭式搭配现象：

(89) John likes his tea and his beer to be very strong.
约翰喜欢喝非常浓的茶和啤酒。

然而，在正常性上，例90要比例91高得多。原因在于啤酒的浓度常以所含酒精的百分比来衡量，但现在还没有衡量茶水浓度的单位：

(90) What is the strength of this beer?
这种啤酒的浓度是多少？
(91) ?What is the strength of this tea?
?这种茶的浓度是多少？

我们很难说例90和例91中所涉及的是两种不同的属性。*hard* 的情况与此类似。在表达矿物质的硬性程度的时候，我们有科学的度标。所以，在科技语境中，*What is the hardness of quartz?*（石英的硬度是多少？）这个问句没有一点毛病。然而，尽管不同的木材有不同的硬度，如果没有特定的语境，*What is the hardness of this wood?*（这种木材的硬度是多少？）听起来很是怪异。此类例子还有很多。

7.5 结语

通过本章的概括性论述，我们可以发现，可分级反义词复杂而多变的行为表现明显具有理据性。与其他语义关系相比，认知限制所发挥的作用尤为突出。

第八章　隐喻

8.1　比喻语言

在本章，我们将典型的比喻性语言放在使用中进行描述。在使用比喻性语言的过程中，言者为了达到交际目的而故意违反规约的限制；而听者为了得到满意的、相关的解读，必须通过语境限制因素来推翻规约对解读的限制。

使用比喻性语言的动机是什么？在此，我们需要区分两种动机：言者比喻性地使用语言的动机，和听者对一个表达进行比喻性识解的动机。简而言之，当言者感到无法通过字面意义来达到同样的交际效果时，他就会采用比喻性表达。比喻性表达能更好地吸引听者的注意力，或者能在听者的脑海中激起一个通过其他途径无法获取的复杂意象，或者能让言者更好地传达新的概念。就听者而言，之所以选择比喻性识解，是因为很难找到具有同等相关度的字面识解。

隐喻（metaphor）和转喻（metonymy）是主要的比喻类型。隐喻和转喻均涉及喻体（vehicle）和靶体（target）。隐喻涉及两个域之间的相互作用，而这两个域要从两个词语意旨领域（regions of purport）进行识解；喻体域的内容通过对应和混合过程（blending），成为被识解的靶体域的构成要素。例如，例1描述的是言者的心理过程，在呈现的时候使其同时拥有了思维和小怪兽的特点：

> （1）A myriad of ugly, dark thoughts clung to my reason and dug in with their claws. (from Patricia Cornwell's *Black Notice*)
> 各式各样丑陋、黑暗的想法紧紧抓住我的理智，用爪子撕开口子钻了进去。（帕特里西娅·康韦尔，《黑色通告》）

转喻喻体的功能就是确认目标识解。例如在例2中，汽车的特征和人的特征并没有混合在一起：用 you 来指代意指对象，就是因为它是一条通向意指对象最容易、最省力的路径，而作为意指对象的汽车与被询问者之间具有相关性而被联系在一起：

> （2）Where are you parked?
> 你停哪了？

在认知语言学领域，隐喻和转喻一直是学者们关注的主要对象。我们在§3.2.1已对转喻进行过简要的讨论，而本章将重点关注隐喻。

8.2　隐喻的概念观

8.2.1　引论

隐喻的替代论认为，隐喻表达是对某个具有相同意义的字面表达的替代。而认知语言学家们反对这种观点。总体而言，"真正的"隐喻是无法按照字面意义进行解释的，因为隐喻表达具有字面表达所没有的特点。与此同时，尽管隐喻意义具有区别于字面意义的特点，它和字面意义一样拥有相同的功能。当然，许多隐喻表达具有大量的表情意义（expressive meaning），但许多字面表达同样具有表情意义。换言之，至少在基本功能方面，隐喻意义不是特殊的意义，而是在对意义进行识解的具体过程中产生的结果。

在认知语言学领域，最有影响的专著之一，是莱考夫和约翰逊合著的《我们赖以生存的隐喻》（*Metaphors we live by*, Lakoff & Johnson 1980，另见 Lakoff & Turner 1989; Lakoff 1987, 1993）。借助日常规约化语言表达中的证据，莱考夫和他的同事们推理出人类心智中概念域之间存在的隐喻关系或映射（mappings）（见第二章）。莱考夫提出隐喻概念观的初衷是为了揭示认知域之间的隐喻映射，以及隐喻映射对人类推理的影响。在随后的研究中，他将概念隐喻理论应用于文学（Lakoff & Turner 1989）、哲学（Johnson 1987; Lakoff & Johnson 1999）、数学（Lakoff & Núñez 2000）甚至政治学（Lakoff 1996），从中可以看出他提出概念隐喻理论的目的。

莱考夫的目标在于揭示深嵌在人类心智中的概念关系。因此，对他而言，用于分析的最理想的隐喻表达，不是例3中被广泛讨论的类型，而是例4中因习以为常而被忽视的类型：

（3）a. Juliet is the sun. (Shakespeare)
朱丽叶是太阳。
　　b. my wife ... whose waist is an hourglass (from André Breton; Lakoff & Turner 1989: 90)
我妻子……腰是个沙漏

(4) a. I'll see you at 2 o'clock.
咱们两点见。
b. He is in danger.
他处于危险中。
c. Her anger boiled over.
她怒火中烧。
d. She's had to contend with many obstacles in her life, but she has come a long way since her days in the orphanage.
她一直不得不与生活中的许多羁绊作斗争，但从她离开孤儿院之后，她已取得很大的进步和成功。

例3和例4的区别主要表现在两个方面。首先，例3中的表达都是"X是Y"格式，其中X和Y都是名词性表达。在日常言语中，这种类型的隐喻表达并不常见。而例4都是日常表达，其中介词、动词等的使用是隐喻性的，并与字面意义的短语结合；从本质上讲，被隐喻性使用的介词、动词及其他表达，一般表示某种关系，而字面意义短语一般是名词性的，充当隐喻关系成分中的论元（arguments）。因此，例3的隐喻表达与例4的隐喻表达，在句法和语义上都有很大的区别。这种区别与我们的讨论密切相关，因为隐喻的心理学研究（如Gentner 1983, 1988），包括旨在对莱考夫和约翰逊的理论进行检测的研究（如Glucksberg 2001），很多都是以例3而非例4中的隐喻类型为基础的。

其次，也是更重要的，例3中的隐喻都是新奇的创造（两个例子均出自文学作品），而例4中的隐喻都是规约化的语言表达，也是它们日常性的另一个方面。莱考夫和特纳对新奇隐喻（novel metaphors）和规约化隐喻（conventionalized metaphors）进行了区分，称前者为"意象隐喻"（image metaphors）（Lakoff & Turner 1989: 99; Lakoff 1993: 229; 详见下文）。当然，许多隐喻并没有得到规约化。但有些隐喻确实被规约化了，而且更让人感兴趣的是，在不同的语言中，相同的隐喻往往会以各自不同的方式得到规约化处理。有些隐喻在不同的语言中会反复得到规约化，而其他隐喻则不行。这背后可能存在着某种原因。莱考夫和他的同事们认为，有些隐喻之所以会反复得到规约化，是因为它们在认知上非常重要；因为它们在认知上非常重要，它们又根植于我们的经验。这也是莱考夫和约翰逊将自己的专著命名为《我们赖以生存的隐喻》的原因。因此，他们的隐喻理论主要关注规约化隐喻，而不是新奇隐喻。我们会在本节末尾再次谈到这个话题。

莱考夫和约翰逊规约化隐喻理论的核心特点是，隐喻不是具体语言表达及其意义的属性，而是整个概念域的属性。认知隐喻涉及源域（source domain）和靶域（target domain）。源域为表达的字面意义提供支持，而靶域是句子真正的描述对象。从原则上讲，源域中的任何概念都可用来描述靶域中的概念。

例如，在 4a 中，介词 *at* 的字面意义本质上是空间方位，但经过隐喻扩展后被用于时间。同样，介词 *in* 的基本义是空间方位，而在 4b 中，其用法为隐喻性扩展：危险是一种状态，而状态被隐喻性地识解为容器，人们可以位于其内，也可以位于其外。但是，许多其他方位表达也可用来描述时间（如例 5），许多容器表达也可用来对其他状态进行描述（如例 6）：

（5）a. We have entered the 21st century.
我们已经迈进了 21 世纪。

b. I finished this in two hours.

我在两个小时之内完成了。

c. They worked through the night.

他们通宵工作。

(6) a. They're in love.

他们在恋爱中。

b. How do we get out of this mess?

我们怎样才能从困境中走出来?

c. He fell into a deep depression.

他深深地陷入沮丧之中。

莱考夫和约翰逊使用"靶域是源域"(TARGET DOMAIN IS SOURCE DOMAIN)这一形式,来描述两个认知域之间的隐喻关系。4a 和例 5 中的隐喻映射为"时间是空间"(TIME IS SPACE)隐喻在语言上的表现,而 4b 和例 6 为"状态是容器"(STATES ARE CONTAINERS)隐喻在语言上的表现(Lakoff & Johnson 1980: 31-32)。同样,4c 为"愤怒是液体之热"(ANGER IS HEAT OF A FLUID)隐喻在语言上的表现,而 4d 为"爱情是旅途"(LOVE IS JOURNEY)隐喻在语言上的反映。对此,莱考夫是这样阐述的:

> 构成"爱情是旅途"隐喻的不是某一具体的单词或表达,而是作为源域的旅途与作为靶域的爱情之间发生的跨概念域的本体映射(ontological mappings)。隐喻不仅仅是语言问题,也是思维和推理问题。语言表达是次要的,而映射是主要的。因为映射允许我们将源域中的语言表达和推理模式用于靶域概念。映射是规约性的;也就是说,它是我们概念系统中的固定部分,是一种对爱情关系进行概念化的规约方式。(Lakoff 1993: 208)

因此,规约性隐喻是两个域之间的概念映射。但是,映射是非对称性的,即隐喻性表达对靶域中的一个概念结构进行侧显,而不是对源域中的某个概念结构进行侧显。

源域和靶域之间的映射涉及两类对应，即认识上的对应和本体上的对应。本体对应是一个域的元素与另一域的元素之间的对应；认识对应是一个域的元素间的关系与另一域的元素间的关系产生的对应（这其中包括和域有关的百科知识）。下面我们将通过"愤怒是液体之热"隐喻（Lakoff 1987: 387），来对跨域对应现象进行例析：

（7）本体对应

源域：**液体之热**	靶域：**愤怒**
容器	身体
液体之热	愤怒
热的程度	愤怒的程度
容器内的压力	体验的压力
沸腾液体的翻滚	体验的激动
容器抗压性的限度	人抑制愤怒的能力限度
爆炸	失控

（8）认识对应

容器内液体受热超过一定限度之后，压力就会达到致使容器爆炸的强度。	愤怒超过一定限度之后，"压力"上升到使人失控的强度。
爆炸对容器具有破坏性，对邻近物体具有危险性。	失控对己有害，对人危险。
通过足够的对抗压力，可阻止爆炸的发生。	通过意志力可以抑制愤怒。

| 可以在控制下释放压力，以降低发生爆炸的危险性。 | 可以在控制下舒缓愤怒情绪，或进行无害发泄，以降低愤怒水平。 |

总体而言，尽管隐喻通常要借助语言表达来实现，隐喻在本质上是概念结构，而不仅仅是语言结构。域间对应发生在概念系统之中，而且在言语社团的成员之间具有高度的约定俗成性。通过规约性和非规约性两种方式，同一个概念结构可产生无数的语言表达，而且这些语言表达可即刻被听者理解。因此，我们无法将概念隐喻简化为一组数量有定的语言表达。基本隐喻会有较具体的版本，在这些具体的隐喻版本中，源域中的特点被带入靶域。莱考夫将基本隐喻的具体版本叫作"详述"（elaborations）。例如，boil（煮）和 simmer（炖）都与液体的受热强度有关，两者在强度上的区别被投射到靶域，用 to boil with anger（怒气冲冲）与 to simmer with anger（怒火中烧）来表示愤怒在程度上的区别。

隐喻的概念性本质还产生另一个结果，即源域中的一些推理模式会被投射到靶域。莱考夫称其为"隐喻蕴涵"（metaphorical entailments）（我们不清楚隐喻蕴涵与认识对应有什么区别）。例如，She demolished his argument（她推翻了他的论点）为"论辩是战争"（ARGUMENT IS WAR）这一概念隐喻的具体表达；根据该隐喻，如果我们摧毁了敌人的所有武器，我们就赢得了胜利；同样，在论辩中，如果我们推翻了对手的所有观点，我们就赢得了论辩的胜利。

我们可以将莱考夫的概念隐喻理论总结如下：

（i）该理论的研究对象是在日常生活中反复出现的规约性表达；在

这些规约性表达中，字面元素和隐喻元素按照语法规则紧密结合。
(ii) 规约性隐喻表达不仅仅是语言现象，还是两个语义域之间的概念映射在语言上的反映；因此，映射具有普遍性和能产性（而且被认为是人类心智的特点）。
(iii) 隐喻映射具有非对称性：隐喻表达是用一个域（源域）中的概念来描述另一个域（靶域）中的情境。
(iv) 隐喻映射可用来对靶域中的概念进行隐喻推理。

8.2.2 隐喻概念观存在的问题

在上一节我们对莱考夫概念隐喻理论的简单介绍中，仅说到了该理论模式的总体框架。我们将在本节详细讨论与概念隐喻理论相关的问题。

我们要探讨的第一个问题是，如何才能对某一具体的隐喻映射进行充分的描述。该问题表面上看似乎很简单。例如，例9是一组隐喻表达，其背后的概念隐喻被莱考夫和约翰逊描述为"论点/理论是建筑"（AN ARGUMENT/THEORY IS A BUILDING）（Lakoff & Johnson 1980: 46）：

(9) a. We need to construct a strong argument for that.
我们需要构建有力的论据来支持那个观点。
b. The argument collapsed.
该论点坍塌了。
c. We need to buttress the theory with solid arguments.
我们需要用坚实的论据来巩固该理论的基础。

然而，其他与建筑物有关的表达却无法用于该隐喻（Clausner & Croft 1997: 260; Grady 1997: 270）：

（10）a. *Is that the basement of your theory?

　　　*那是你的理论的地下室吗？

　　b. *That line of reasoning has no plumbing.

　　　*那条推理路线没有管道系统。

　　c. *This theory has French windows.

　　　*这个理论有落地窗。

例 10 表明，对该隐喻进行的系统阐述要更为简明。也就是说，我们要使用更为具体的源域和靶域，以保证隐喻映射对源域和靶域中的概念都是有效的。克劳斯纳和克罗夫特为此提出一个更为具体的公式："论据的说服力是建筑物的结构完整性"（THE CONVINCINGNESS OF AN ARGUMENT IS THE STRUCTURAL INTEGRITY OF A BUILDING）。在有些情况下，较为图式性的隐喻映射被两个或更多的具体映射替代。克劳斯纳和克罗夫特将莱考夫和约翰逊的"爱情是病人"隐喻（Clausner & Croft 1997: 49；下面例 11a-b 和 12c）替换为两个更为具体的隐喻，即"社会关系是身体的健康情况"（A SOCIAL RELATIONSHIP IS BODILY HEALTH）和"社会关系是生命"（A SOCIAL RELATIONSHIP IS LIFE）（同上：261-262）：

（11）a. This is a sick relationship.

　　　这是一种有病的关系。

　　b. They have a strong, healthy marriage.

　　　他们的婚姻牢固而健康。

　　c. *Their relationship went to the hospital.

　　　*他们的关系住进了医院。

（12）a. The marriage is dead — it can't be revived.

　　　这段婚姻死了——不可能复活了。

　　b. Her selfishness killed the relationship.

　　　她的自私扼杀了这段关系。

c. His effort to understand her breathed new life into the marriage.

他为理解她所付出的努力，给他们的婚姻注入了新的生命。

克劳斯纳和克罗夫特还认为，隐喻在能产性上是有差异的。许多像"论据的说服力是建筑物的结构完整性"这样的隐喻，一旦被置于合适的图式性层面，能产性似乎非常高。而另一些隐喻只具有部分能产性，因为有些表达是可以接受的，而另一些表达则不可接受。表示透露信息的习语就是具有部分能产性的隐喻例子：

（13）spill the beans
泄露秘密；露馅
let the cat out of the bag
泄露秘密；露马脚
blow the whistle
检举；吹哨
blow the lid off
揭开内幕
loose lips
嘴巴不牢

在例 13 中，所有的表达有一个共同的靶域，即"泄露秘密"。但在英语中，另一些相似表达却不是规约性的：

（14）*spill the peas
*撒豌豆
*let the cat out of the house
*放猫出屋

我们不能在图式性层面上构想出一个只包括例 13 的表达而将例 14 的表达排除在外的单一的隐喻映射。但对例 13 中各句的理解是隐喻性的。吉布斯和奥布莱恩（Gibbs & O'Brien 1990）发现，被试会将一致的心理意象与例 13 中的规约性表达联系起来，而不会与例 14 中不可接受的表达联系起来。成语是"可以想象的"（Lakoff 1993: 211），这一事实表明成语意义涉及隐喻映射。例 14 中的句子为非规约性表达，但在语义上与例 13 的句子相似；这些表达并非始终可以想象的，这一事实表明该隐喻只有部分能产性。最后，像 *kick the bucket*（翘辫子）和 *by and large*（总的来说）这样完全不透明的习语性表达，无法通过源域中的映射进行解读。克劳斯纳和克罗夫特认为，可以运用基于使用的模式（见本书第十一章），来对隐喻性/习语性表达的能产程度进行建模。

莱考夫和约翰逊认为，隐喻可存在于不同的图式性层面。也就是说，隐喻可以分成不同的层级。例如，他们认为存在"爱情是旅途"这样一个图式性隐喻，并总结出该隐喻的三个具体实例，即"爱情是汽车旅途""爱情是火车旅途"和"爱情是海上旅途"。例 15-17 分别为这三个具体隐喻的隐喻表达（Lakoff & Johnson 1980: 44-45）：

（15）a. The relationship is a dead-end street.
这段关系是一条死胡同。

b. We're just spinning our wheels.
我们俩的关系就是在原地打转。

（16）a. We're gone off the tracks.
我们的关系偏离了轨道。

（17）a. Our marriage is on the rocks.
我们的婚姻触礁了。

b. Their relationship is foundering.
他们的关系正在沉没。

莱考夫（Lakoff 1993: 222）又进一步提出，可以将"爱情是旅途"和"事业是旅途"（A CAREER IS A JOURNEY）归为一组，作为"有目的的生活是旅途"（A PURPOSEFUL LIFE IS A JOURNEY）这一更为抽象的隐喻的成员，而后者又是莱考夫称为事件结构隐喻的一个实例。事件结构隐喻大体上类似于"行动是定向运动"（ACTION IS DIRECTED MOTION），包括以下映射：

（18）状态是位置
　　　变化是移动
　　　动因是力
　　　行动是自力推进的移动
　　　目标是目的地
　　　手段是通往目的地的路径

格雷迪（Grady 1997, 1998）认为，我们一方面需要对具体隐喻进行分解，一方面又需要将部件归并入能将这些部件结合在一起的高度图式性的隐喻，两者必须结合起来。例如，格雷迪用收窄版的"论点/理论是建筑"隐喻来对其观点进行说明。他将该隐喻分解成"组织是物理结构"（ORGANIZATION IS PHYSICAL STRUCTURE）和"坚持是保持直立"（PERSISTING IS REMAINING ERECT）两个隐喻（Grady 1997: 273）。格雷迪用一种图式性的方式来分析这两个作为部件的隐喻，目的是为了能吸纳他认为属于同一种映射的其他隐喻。例19是其他论点隐喻的例子（同上：272），而例20是结构隐喻的其他靶域（同上：271）：

　　（19）a. They tore the theory to shreds. [FABRIC]
　　　　　他们将这个理论撕成了碎片。[织物]
　　　　b. their theory of a masterpiece of logical construction [WORK OF ART]
　　　　　他们有关逻辑结构的理论杰作 [艺术作品]

(20) a. The Federal Reserve is the cornerstone of the nation's banking system. [FINANCIAL SYSTEM]
美联储是美国银行系统的基石。[金融系统]

b. Recent land development has caused the near collapse of the Bay's ecosystem. [ECOSYSTEM]
最近的土地开发已将海湾地区的生态系统推向崩溃的边缘。[生态系统]

格雷迪（Grady 1998）对管道隐喻（conduit metaphor）（Reddy 1979 [1993]）做了类似的分解。

格雷迪和莱考夫对概念隐喻的分析都是高度图式性的。这引发了一个问题，即对人类的理解而言，具体隐喻和图式性隐喻哪一种更为重要？然而，要想回答这个问题，我们必须先处理另一个问题，即在隐喻中被映射的是什么样的概念结构。

莱考夫提出隐喻映射受到恒定性假设（Invariance Hypothesis）的限制（Lakoff 1990: 54）：

(21) Invariance Hypothesis: Metaphorical mappings preserve the cognitive topology (that is, image-schematic structure) of the source domain.
恒定性假设：被隐喻映射保留下来的是源域的认知拓扑即意象图式结构。

我们已在第三章讨论过，意象图式包括许多基本的经验结构体，如大小程度、因果关系、容纳、运动等。莱考夫特别指出，靶域中的推理（隐喻蕴涵）受源域中意象图式性结构的限制［例如，我们在上文中讨论过"愤怒是液体之热"隐喻，我们可以思考一下该隐喻中的认识对应（epistemic correspondences）］。

特纳对恒定假设提出一个重要限制：

在隐喻中，我们受到限制而无法破坏靶域的意象图式结构；这意味着我们受到限制而无法破坏靶域的非意象成分可能拥有的任何意象图式结构。（Turner 1990: 252）

莱考夫将此称为"靶域优先原则"（target domain overrides）（lakoff 1993: 216），并用 give a kick 和 give an idea 进行例证。当我们踢某人一脚，被踢的人并不能"拥有"这一脚，而当我们给某人一个主意时，我们仍然"拥有"这个主意。作为靶域的能量转移，不允许能量在转移事件发生之后继续存在。因此，这种隐喻蕴涵无法成立。同样，当知识是靶域的时候，并不意味着知识被传播后就消失了：这种隐喻蕴涵也不能成立。

恒定性假设和靶域优先原则对概念隐喻出了一道难题：为什么会有概念隐喻？如果靶域已经有了可以将该隐喻推翻的意象图式结构，那么为什么还会有隐喻？同样，如果我们将意象图式性结构分离出来，或构想出"组织是物理结构"这样的高度图式性隐喻，它不就是在源域和靶域中都得到实例化的高度图式性概念结构吗？如果是，那么它真的是一个隐喻映射吗？或者它仅仅是意象图式性概念结构在两个不同的认知域中的实例化吗？[持后一个观点的是格吕克斯堡（Glucksberg 2001）、杰肯多夫和艾伦（Jackendoff & Aaron 1991: 328-330）。]

针对这些批评，莱考夫和约翰逊从两点进行反驳。首先，他们认为，尽管隐喻的靶域是结构化的，但也不完全是结构化的："它们无法用其自身的词语进行足够清晰的描述，以满足我们日常生活的需求"（Lakoff & Johnson 1980: 118）。因此，靶域至少缺少某种意象图式性结构。莱考夫和约翰逊认为，用隐喻将两个原本独立的概念域连接起来，事实上就是创造相似性：

　　……"观点是食物"（IDEAS ARE FOOD）隐喻在观点和食物之间创建了相似性。两者都可以消化、吞咽、狼吞虎咽地吃、加热，两者还都可以为我们提供营养。离开了这个隐喻，这些相似性就不存在。尽管没有该隐喻也存在吞咽食物的概念，但只有借助该隐喻，吞咽观点的概念才会出现。(Lakoff & Johnson 1980: 147-148)

针对为什么会存在概念隐喻这一疑问，莱考夫和约翰逊提出的第二个反驳论据是源域和靶域之间具有非对称性。例如，爱是通过旅途概念表达的，但旅途概念却不用爱的概念来表达（Lakoff & Johnson 1980: 108）。如果意象图式性结构只是一个能将源域和靶域中相对应的概念归并在其下的高度图式性概念，那么隐喻映射就不是单向性的，而是从两个方向都能进行。莱考夫和特纳认为，即便从表面上看存在双向隐喻映射，这两个映射也是不同的。对此，他们借助"人是机器"（PEOPLE ARE MACHINES）隐喻进行说明：

　　At the violet hour, when the eyes and back
　　Turn upward from the desk, when the human engine waits
　　Like a taxi throbbing, waiting　（Eliot, *The Waste Land*）
　　在紫色的时刻，当双眼与背
　　都从办公桌上折起，当人的引擎待机
　　像一台出租车悸动着、等待着（艾略特，《荒原》）

而当我们说"计算机删除了缓冲器上的所有数据来惩罚我"时，就是另一个隐喻"机器是人"在起作用。但这是两个不同的隐喻，因为两个映射的方向相反，而且被映射的内容不同。在"机器是人"的隐喻中，机器被赋予了人的意志和欲望，但在"人是机器"隐喻中，意志和欲望都没被提到。而得到映射的是机器拥有各种部件，这些部件以持续怠速或加速等不同方式发挥作用，它们也会出故障而需要修理，等等。(Lakoff & Turner 1989: 132)

这两个反驳论据很有说服力；但它们也表明恒定假设和靶域优先原则仅仅抓住了隐喻映射的部分实质，而且未必是最重要的部分。人和机器都有发挥功能或出现故障的部件，这就是"人类机器"能作为隐喻运转的部分原因。但是艾略特肯定在用这个隐喻传达更多的信息，也许包括二十世纪生活的机械化及其去人性化效果（更不用说下一行的明喻所创造的进一步的意象）。

从源域映射到靶域的结构，很可能比简单兼容的意象图式丰富得多。这也表明，莱考夫和约翰逊的第一个反驳论据，即靶域所缺少的意象图式性结构是通过隐喻映射从源域借来的，对靶域结构和被映射的源域结构进行了太过泾渭分明的区分。这意味着靶域已有的结构，和源域中用来填充靶域所缺少的结构之间几乎没有交集。然而，许多隐喻理论家认为，源域结构和靶域结构之间有着较多的相互影响，包括来自双域的结构的"熔合"(fusion)或"叠加"(superimposition)[Jackendoff & Aaron 1991: 334; 他们也引用了布莱克(Black 1979)的"相互作用"和里克尔(Ricoeur 1978)的"反响"(reverberation)]。杰肯多夫和艾伦认为，源域概念在被隐喻性地应用于靶域的过程中也发生了变化（同上）。混合理论(blending theory)试图描述的就是这种直觉（参见§8.3.3）。这种相互作用关系当然会增强第一个反驳论据的说服力：隐喻带给靶域的远不止外加的意象图式结构。

我们提出的最后一个问题是，莱考夫所重点关注的规约性隐喻与新奇隐喻创生之间是一种什么样的关系。莱考夫和约翰逊（Lakoff & Johnson 1980: 52-53）认为，有些新奇隐喻是规约性隐喻的扩展，如情歌中的"我们在爱情高速公路上飞驰"就是对"爱情是旅程"隐喻的扩展（Lakoff 1993: 210）。莱考夫和约翰逊还考虑到了完全新奇的隐喻，并用"爱情是一件合作完成的艺术品"为例进行说明（Lakoff & Johnson 1980: 139-143）。他们认为，像这样的新奇隐喻可以是两个概念域之间的系统性映射。

莱考夫和特纳提出，其他的新奇隐喻即意象隐喻受到的限制会更多。他们所举之例就是 3b 中"我妻子……腰是个沙漏"（Lakoff & Turner 1989: 90）。莱考夫和特纳认为，在意象隐喻中，被映射的是具体且细节丰富的心理意象，而在规约性意象图式隐喻中，"没有丰富的意象细节"（同上: 91）。他们还认为，意象隐喻所映射的不是规约性意象图式隐喻的丰富知识和推理结构（同上）。

对于规约性意象图式隐喻本身，莱考夫和约翰逊认为，它们归根结蒂起源于人的身体经验和文化经验。例如，概念隐喻"有意识是向上／无意识是向下"（CONSCIOUS IS UP / UNCONSCIOUS IS DOWN），就是以"人类和绝大多数其他哺乳动物醒时站立，睡时躺下"这一经验为基础的，我们可以用 *wake up*（醒来）和 *fall asleep*（入睡）进行佐证（Lakoff & Johnson 1980: 15）。概念隐喻"劳动力是（物质）资源"则是以文化经验为基础的。根据该隐喻，劳动力可以测量、可以赋值、可以使用，如此等等。该隐喻的文化根源在于我们出于各种目的来使用物质资源；资源则凭借用途而拥有价值；而资源的使用需要劳动力来完成（同上: 65-66）。

许多日常语言中的规约性隐喻，似乎都是以我们的日常体验为基础的。然而，除了像格雷迪（Grady 1997, 1998）所描述的、通过非常普遍的意象图式所构成的隐喻，很多新奇隐喻并不源自人的经验，而且有些规约性隐喻也并非根植于我们的日常经验。再者，在莱考夫和约翰逊讨论"爱情是一件合作完成的艺术品"这样的真正新奇隐喻时，以及在莱考夫和特纳讨论新奇隐喻时，他们只是描述了新奇隐喻的结构，却没有解释新奇隐喻是如何出现在言者的脑海中的。我们一直认为，即便是规约性隐喻，源域和靶域之间混合的也不仅仅是意象图式结构，还有更为丰富的结构。我们似乎有理由认为，即便是规约性隐喻，也会充分利用由我们的体验和文化经验所构成的百科知识，特别是在其初创之时。新奇意象隐喻中所映射的"丰富细节"，与规约性意象图式隐喻中所映射的"丰富知识"之间，也似乎没有本质区别。假若如此，规约隐喻与新奇隐喻之间只存在程度上的差异。

8.3　新奇隐喻

8.3.1 隐喻的生命史

莱考夫及其理论追随者，将主要精力集中在已完全确立并得到规约化的隐喻上。但是，我们认为，对于作为解释机制的隐喻，如果要揭示其实质，就必须研究新近创生的隐喻。只有这些隐喻才能向我们提供用于研究的全部特征，因为规约化隐喻已经无可挽回地失去了至少部分最初的特征。复杂的文学隐喻不适于初步的研究，因为在处理复杂的隐喻之前，我们必须先理解简单的隐喻。而通俗文学、报刊杂志、电视节目等有着丰富的容易理解的新鲜隐喻。

我们可以将一个存续时间较长的隐喻的生命史分成几个阶段。在其创生之初，利用我们天生的隐喻解释策略对其进行解读是唯一的方法。而我们天生的隐喻解释策略要受各种语境因素和交际因素的制约。一个隐喻一旦在言语社团中立住脚，并且重复出现的次数达到一定程度，它的特点就会发生变化。首先，相对于新近创生的隐喻而言，其意义变得具有局限性，即变得确定下来；其次，它在心理词库中开始作为一个词汇单位出现，经过一段时间之后，我们就可以像提取字面表达那样对其进行提取；第三，它开始进入语义漂移（semantic drift）过程，从而弱化或模糊其隐喻身世。在其生命的初期，即便它在心理词汇中被作为一个词项对待，言者也非常清楚其隐喻身份，而且可以轻而易举地重现其衍生的隐喻路径。然而，随着时间的推移，该表达的隐喻本质逐渐消退，直至最终消失（尽管可以通过莱考夫式的详述等手段使其复活）。一旦出现这种情况，该表达将与字面表达别无二致，只有词源学家和语言历史学家，才能重现其衍生路径。在这个变化过程的某一点上，该表达获得了充当进一步隐喻扩展的字面基础的能力，而新隐喻是不可能拥有这种能力的。

这会对莱考夫在隐喻方面的论述产生什么样的冲击？下面就让我们举例说明。科维西斯（Kövecses 2002: 8）曾提到过"社会组织是植物"（SOCIAL ORGANIZATIONS ARE PLANTS）隐喻，并列举了一些用来证明该隐喻的表达（顺序与原著有所不同）：

（22）They had to prune the workforce.
他们不得不对员工进行了裁减。
（23）Employers reaped enormous benefits from cheap foreign labor.
雇主们从廉价的外国劳工身上收割了巨大的利益。
（24）He works for the local branch of the bank.
他在这家银行的当地支行工作。
（25）There is a flourishing black market in software there.
那里有一个生意兴隆的软件黑市。

虽然这些隐喻都是语言中的常见表达，它们所处的生命阶段却各不相同。在例 22 中，*prune*（修剪）还能强有力地唤起作为源域的树木栽培技术，以及树枝修剪所具有的治疗功能，即移除不需要的枝条并增强树木的活力。因此，作为隐喻，它还很年轻。例 23 中的 *reap*（收割）进入语言的时间无疑较早，因为它所激起的收割意象比较弱；而且，*reap benefits*（收获利益）这一表达也表现出一定程度的固化性，因为除了 *benefits*（利益）我们不能 *reap* 任何其他事物；因此，根据有些定义，该表达被作为习语对待（如果将 reaped 和 harvested 放在同样语境中对比，我们就会感觉到前者沉沉死气）。对常人而言，例 24 可能完全无法激活 "植物" 域。当然，如果我们明确指出该表达与植物之间的联系，他们会表示赞同的。*branch*（分支）已经变成了可按字面意义理解的正常词汇，用以表示较大组织的地方办事处、分支商店等营业场所。从这个意义上讲，*branch* 已经形成了一套完全独立于源域的组合关系和聚合关系。例如，与 *branch office*（分公司）相对的是 *head office*（总公司），而不是 *trunk office*（主干公司）；我们 "新开" 而不是 "种植" 一个 *branch*；我们 "关闭" 而不是 "砍掉"

一个 branch；一般情况下都会有一个 branch manager（分公司经理）。在例 25 中，flourish（茂盛）源自法语动词 florir；尽管如此，我们很难相信现在会有人习惯性地将两者联系起来。根据《简明牛津英语词典》(Compact Oxford English Dictionary)，flourish 是在 1300 年左右同时带着其字面义和比喻义进入英语的。也许大多数人会认为，flourish 的字面义与商业有关，或者与家族有关，甚至还会认为 a flourishing garden（茂盛的花园）是从该意义扩展而来。[《牛津高阶词典》(The Oxford Advanced Learner's Dictionary)对 flourish 下的第一条定义就是"繁荣，兴旺"，并用 No business can flourish in the present climate（在目前环境下所有的生意都不会兴隆）进行例证。]

这些例子的要点在于，尽管 prune 可能会给我们带来较多的启发，我们不能指望通过研究 branch、flourish 或者 reap 来透彻地了解隐喻的机制。莱考夫认为，就是因为像"论辩是战争"这样的隐喻已经在语言中固定下来，而且因为它们在语言中非常普遍，它们才如此重要，才反映了人类心智的基本属性。毫无疑问，该观点是正确的，但它并没有揭示隐喻的基本机制。所有已经得到固化的隐喻在形成之初都必定是新奇隐喻。无论如何，我们都需要对新奇隐喻进行单独的研究，而这种研究也是值得的。我们在此进行的正是这种尝试。

8.3.2 隐喻的识别

有学者认为，隐喻的一个重要属性是对常规意义的偏离。莱考夫对该观点表示强烈反对。大致而言，莱考夫认为，隐喻的存在如此广泛、应用如此自然,怎么可能是对常规意义的偏离呢。然而,对"偏离常规"(deviance)有两种不同的解读。有些学者认为,反常性(anomalousness)是隐喻表达的一个必要特征。但这些学者声称,不自然或偏离常规的不是对隐喻的运用,而是当一句话的字面意义解读出现反常性时,表明我们需要运用不同的解读策略。我们最终得到的隐喻性解读完全不是对常规的偏离。要想有效反驳"反常主义者"(anomalist)的观点,就必须证明完全正常的隐喻是存在的,即按照字面意义进行的解读完全没有反常性。目前为止,还没有人对此提出过经得起仔细检验的例子。

学界的一个普遍做法是引用一些字面意义解读为"真"的隐喻例子。其中一个著名的例子是由马克斯·布莱克(Black 1979)最早提出的:

(26) Man is a wolf.
人是狼。

他承认,这句话按照字面意义进行解读是不真实的,因而似乎印证了反常主义者的观点。然而,他随后指出例 27 是真实的:

(27) Man is not a wolf.
人不是狼。

但是,这句话也可以产生如例 28 所示的隐喻性阐释:

(28) Man is not a wolf, he is a lion.
人不是狼,他是狮子。

这种情况会动摇反常主义者的立场吗?不见得。因为尽管 Man is not a wolf 可以为真,但在可以对其进行隐喻性解读的语境中,它在语用上是反常的。布莱克本人实际上是承认这一点的。如果一个隐喻的字面意义识解让人感觉不到任何怪异，我们不清楚这个隐喻如何能够发挥作用［埃科（Eco 1990）对这个问题作了简明扼要的说明］。

8.3.3 混合理论与新奇隐喻

莱考夫的隐喻模式并没有抓住隐喻最具特色的特征：隐喻不仅涉及两域的激活及两域之间的对应，还涉及两域之间的混合（blending）。混合是新奇隐喻的一个重要特征，不管它是刚刚创生，还是运用原有的语言表达手段对某个概念隐喻的翻新改造。随着隐喻慢慢固定下来，这种混合会逐渐弱化，直至最终完全消失。福科尼耶和特纳（Fauconnier & Turner 1996）提出混合概念，但并没有对隐喻这一话题本身进行多少讨论。格雷迪等人（Grady *et al.* 1999）在混合概念的基础上，提出了隐喻的概念混合模式（blending model），又称"混合理论"（Blending Theory，简称BT）。格雷迪等人（Grady *et al.* 1999）声称，混合模式不是莱考夫"概念隐喻理论"（Conceptual Metaphor Theory，简称CMT）的竞争对手，而是概念隐喻理论的发展。

概念隐喻理论涉及两个域以及两域之间的对应，而混合理论涉及四个心智空间（参见§2.6）。然而，概念隐喻理论的两个域是固定的结构，而混合理论的心智空间是在讲话的时候临时建构的不完整的表征结构，因此至少会受语境因素的部分影响。但是，由规约化而导致的稳固性是一个非常重要的元素：正如福科尼耶和特纳所言，"在动态的背景下，参与概念混合的输入空间和混成空间（blends）会从比较稳定、复杂和规约化的结构中借取结构……"（Fauconnier & Turner 1996: 115）。

在混合理论中，有两个空间与概念隐喻理论中的源域和靶域相似，只是前者的部分性程度更高。除了两个输入空间，他们还增添了类属空间（generic space）和混合空间（blended space）。类属空间代表了源域和靶域中的共同成分，而混成空间将选自源域和靶域的概念材料混合起来从而形成一个新的结构。格雷迪等人对此作如下描述：

> 在隐喻混合中，来自两个输入空间的比较突出的对应部分投射到混成空间（blended space）中同一个元素上，从而得到"熔合"（fused）。混成空间中一个元素分别与两个输入空间中的一个元素相对应。[出现在 the ship of state 这样的表达中的]混成空间中的 ship 分别与源域空间中的轮船和靶域空间中的国家相连接；混成空间中的外科医生分别与两个输入空间中的外科医生和屠夫相连接，如此等等。从直觉上讲，隐喻的关键就是用一种事物来描述或替代另一种事物（Grady et al. 1999: 114）。

两个输入空间的作用不同：靶域空间的材料具有话题的功能，而源域空间的材料出于某种概念目的或交际目的，为靶域空间中的材料提供重构的手段（Grady et al. 1999: 117）。

然而，构成混成空间的不仅仅是从两个输入空间中择取的属性，还包括在百科知识的基础上，对概念混合进行详述时出现的新概念材料。下面我们将对这一模式进行例证。请思考例 29 中的隐喻：

（29）This surgeon is a butcher.
这个外科医生是屠夫。

格雷迪等人指出，尽管不称职既不是外科医生的一般特征，也不是屠夫的一般特征,该表达却强烈暗示该外科医生是不称职的。四个心智空间的内容可以描述如下(改编自 Grady et al. 1999):

(30) 类属空间:　　　　　　施事
　　　　　　　　　　　　　受事
　　　　　　　　　　　　　尖锐器械
　　　　　　　　　　　　　工作场所
　　　　　　　　　　　　　手术:开刀
　　输入空间 I(靶域):　　角色:施事:　外科医生
　　　　　　　　　　　　　　　　　　　(X)(即某个个体)
　　　　　　　　　　　　角色:受事:　病人
　　　　　　　　　　　　　　　　　　　(Y)(另一个个体)
　　　　　　　　　　　　工具:　　　　外科手术刀
　　　　　　　　　　　　工作场所:　　手术室
　　　　　　　　　　　　目标:　　　　治疗
　　　　　　　　　　　　手段:　　　　外科手术
　　输入空间 II(源域):　角色:施事:　屠夫
　　　　　　　　　　　　角色:受事:　死亡的动物
　　　　　　　　　　　　工具:　　　　屠宰刀等
　　　　　　　　　　　　工作场所:　　肉铺
　　　　　　　　　　　　目标:　　　　把肉切成便于食用
　　　　　　　　　　　　　　　　　　　的小块
　　　　　　　　　　　　手段:　　　　切割
　　混成空间:　　　　　　角色:施事:　屠夫
　　　　　　　　　　　　　　　　　　　(X)
　　　　　　　　　　　　角色:受事:　病人
　　　　　　　　　　　　　　　　　　　(Y)
　　　　　　　　　　　　工作场所:　　手术室
　　　　　　　　　　　　目标:　　　　治疗
　　　　　　　　　　　　手段:　　　　屠宰

根据格雷迪等人的观点，外科医生的不称职，是通过对混成空间中基本元素的详述推理出来的。换言之，我们想象着重构一个情境，在这个情境中，负责做手术的是屠夫，他将平时用来屠宰牲畜的技术应用到病人身上；目标和手段之间存在着基本的不相容性，从而引导听者推理出 X 是不称职的。

上面所引述的格雷迪等人对隐喻过程的非正式描述，在一定程度上是可接受的，但不是什么新见解［参见 I. A. 瑞恰慈"词语的相互激活"（Richards 1936）］。但我们发现，对于混合过程，心智空间模式并没有给出令人信服的解释。从现象学上讲，隐喻非常独特，而这种独特性在很大程度上是由混合现象导致的。斯特恩（Stern 1999）大胆地对混合概念进行了探讨。他将混合过程视为"看作"（seeing as）过程：对于"X 是 Y"的表达，我们必须将其理解为"将 X 看作 Y"。他具有启发性地援引了漫画中的视觉概念混合。

现在似乎已很清楚，所有对隐喻的解释，只要忽视了这种现象，都有严重的缺陷。在这种意义上，概念混合理论是在莱考夫原有模式基础上的一个进步。然而，现在还没有对其进行充分的解释。在混合理论中，混合就是"将一物看作另一物"。但我们现在还不清楚，混合理论所设想的过程是如何引发这种混合的。简单地将一个域中的规约性特征与另一个域中的规约性特征结合起来，并没有对新奇隐喻的经验进行解释。混合理论缺少了一个重要因素，即我们将在§8.4 讨论的源域和靶域之间映射的开放性（openness），也就是说两域元素的对应关系是无法穷尽的。这一点可通过例 1 进行很好的说明，例 31 为例 1 的重复：

(31) A myriad of ugly, dark thoughts clung to my reason and dug in with their claws.

各式各样丑陋、黑暗的想法紧紧抓住我的理智,用爪子撕开口子钻进去。

也许将混合解释为"将……看作……"是目前最具启发性的,只不过它目前还不够明确。

8.3.4 语境敏感性

新奇隐喻的域要在语境中进行识解,这是它的一个特点。当然,这样的识解受规约的限制,同时语境也发挥重要的作用。另外,在新奇隐喻中,域与域之间的对应是识解的结果,而且从某种意义上讲是由隐喻创生的,而不是早已存在的。概念隐喻理论和混合理论均没有认识到新奇隐喻的这个方面。在混合理论模式中,存在着语境敏感性因素,即进入输入空间的特征是在线识解的。然而,这些特征是如何被选出的,混合理论模式没有提供说明。

在批评莱考夫的理论时,斯特恩(Stern 1999)认为,没有考虑语境敏感性是概念隐喻理论的一个主要缺点。他认为,源域中与靶域相关的方面,不仅在很大程度上依赖于两域本身,还依赖于话语甚至语篇所在的整个语境;而且,只要依赖心智中的固定结构,任何模式都注定会失败。他指出,每一个语境都会唤起多个域,并会按照凸显程度、背景功能、推理模式、表现因素、情感态度等,对这些域进行组织,因而表现出各自的特点。通过分析讨论 *the sun*(字面义为太阳系的中心)可能具有的隐喻性解读,斯特恩对自己的观点进行了论述。他用《罗密欧和朱丽叶》第二幕第二场（Romeo and Juliet 2.2）中的台词为例展开论证：

(32) But soft, what light through yonder window breaks?
It is the East, and Juliet is the sun.
小点声！那边窗台透出来的是什么光？
那是东方，朱丽叶就是太阳。

他对此做了如下解读："她贤淑出众、卓尔不群，值得崇拜和爱慕；如果没有她关怀的滋养，另一个人就会死亡；她的每次出现，都会给黑暗带来光明，都会让人睡意全消"（Stern 1999: 9）。斯特恩将这两句话和 Achilles is the sun（阿喀琉斯是太阳）进行对照，然后与 Before Moses' sun had set, the sun of Joshua had risen（在摩西的太阳落下之前，约书亚的太阳就升起了；选自《犹太法典》），最后对比的是 The works of great masters are suns which rise and set around us. The time will come for every great work that is now in the descendent to rise again（Wittgenstein 1980）（大师们的著作就是太阳，有东升也有西沉。对于已经脱胎换骨的每一部伟大著作，再次升起的时代就要来临）。Achilles is the sun "所表达的是阿喀琉斯的狂怒或暴力"；Before Moses' sun had set, the sun of Joshua had risen "所表达的是正义具有连续性，而按照《犹太法典》，没有正义……世界就会灭亡"；在最后两句话中，"'太阳'表示伟大具有周期性并会永恒轮回，即伟大的事物必将再次伟大……"（同上）。

8.3.5 源域与靶域的非对称性

隐喻的一个重要方面是，在混合空间中，不同认知域所承担的角色不同。"朱丽叶是太阳"所谈论的是朱丽叶而非太阳，而在帕特里西娅·康韦尔的例子即例1和例31中，所谈论的是思想而非生物。与此同时，作为混合过程的一个结果，我们创造了既是思想又是生物的物体。尽管"将……看作……"的观念具有启发性，却似乎可以让源域完全接管靶域。当然，源域不可能完全取代靶域。我们面临的难题是，要如何协调隐喻的这两个方面。格雷迪等人在其所提出的混合理论版本中规定，作为输入域之一的"靶"域构成"话题"，而"源"域提供"框架系统"（framing）。[211]然而，这只对第一个方面进行了处理。要想对新奇隐喻进行令人信服的论述，就必须对这一问题进行更为明确的说明。

8.4　隐喻和明喻

8.4.1　两类明喻

绝大多数作者都会将表示比较的表达分成两类，即格吕克斯堡（Glucksberg 1999）所谈到的"字面性明喻"（literal simile）和"隐喻性明喻"（metaphorical simile）。在本书中，我们将把前者称为真正的明喻（simile proper），并在下文简称明喻，而将后者称为相似性陈述（statements of similarity）。辨别两者的简单方法是看能否轻易地将其转换为隐喻。我们可以轻松地将例33转换成例34，且意义不发生大的变化（一会儿我们将指出，转变前后的语义是有差别的，但此处的差别不是太大）：

（33）John is like a lion.

约翰像头狮子。

（34）John is a lion.
约翰是头狮子。

另一方面，35a 和 36a 是相似性陈述，没有相对应的隐喻：

（35）a. My house is like yours.
我的房子像你的房子。
b. *My house is yours.
*我的房子是你的房子。

（36）a. Nectarines are like peaches.
油桃像桃子。
b. *Nectarines are peaches.
*油桃是桃子。

有一种语言现象在形式上与真正的明喻相同，却在语义上与真正的明喻存在差别。我们将这种语言现象称为推测（speculations）。例如，如果 *He sounds like someone with a severe cold*（他说话听起来像得了重感冒）描述的是处于电话另一端的人，而这个人确实得了重感冒，那么这句话就是一种推测。另一方面，如果言者和听者都知道被描述的对象非常健康，那么这句话就是明喻。

8.4.2 隐喻和明喻之间的关系

8.4.2.1 隐喻是隐性明喻

该观点被格吕克斯堡（Glucksberg 2001）称为"传统"观点。要理解一个无法按字面意义解读的隐喻，我们首先要将其转换成相应的明喻；而如果该隐喻有效，那么其相应的明喻一般为真。按照这种观点，明喻对句子语义结构的描述更为直接；而隐喻被认为是一种简略的表达方式。否则，两者之间没有本质性的区别。

8.4.2.2 明喻是隐性隐喻

目前，这种观点受到斯特恩（Stern 2000）、格吕克斯堡（Glucksberg 2001）等学者的青睐（格吕克斯堡甚至将其追溯到亚里士多德）。我们必须首先介绍格吕克斯堡的"双重指称"（dual reference）观念。简单地说，所有"X 是 Y"形式的陈述，都应解读为类包含（class-inclusion）陈述，如 *Dogs are animals*（狗是动物）就是一个明显的例子。根据这种观点，隐喻并没有什么不同，因为它也是一种类包含陈述。"约翰是一头狮子"意味着约翰是狮子中的一员。然而，词汇具有系统性模糊（systematically ambiguous），即它们既可以指称一个字面意义上的范畴，也可以指称一个超范畴（supercategory），而字面意义范畴是超范畴的一个元型性成员。因为人们习惯性地把狮子作为坚强、勇敢之人的象征或标志，"约翰是一头狮子"就意味着约翰是一个坚强勇敢的人。

因此，隐喻能否发挥作用，要看我们是否知道哪些具体事物是超范畴的典型成员，以及这种更为抽象的范畴，更确切地说是其区别性特征，能将哪些事物归并在一起。我们每次从心理词库中提取一个单词的时候，都有狭义和广义两种词义供我们选择（当然，一个事物可以是多个范畴的典型成员）；所以，从原则上讲，选择隐喻性解读而非字面意义解读，与选择歧义词的一种意义相比，并没有什么不同。我们将单词的字面意义标示为 X，而将其超范畴意义标示为 X′。那么隐喻的一般形式为"A 是 X"，而明喻的一般形式为"A 像 X"。按照这种观点，对明喻的解读要通过将其转化为隐喻，即把 X 解读为 X′，重组超范畴并将其区别性特征应用于 A。

8.4.2.3 明喻和隐喻属于两种不同的现象

这种观点认为，尽管都由两个不同的域构成，隐喻和明喻却截然不同。然而，隐喻与其相应的明喻在意义上的差别会因语境及明喻、隐喻类型的不同而不同。

首先，一个最明显的差别在于命题结构（propositional structure）的不同。"A 像 B"这种形式的表达表明，A 和 B 在某个方面具有相似性。而"A 是 B"型表达是对 A 的某些属性的直接断言（predicate）。用兰盖克的话说，"A 像 B"侧显的是相似性，而"A 是 B"侧显的是所断言的属性。如果没有其他的区别，这就是两者之间的区别。当然，两者之间还存在着其他区别。

明喻和隐喻之间存在两个主要区别。第一个区别涉及两域之间对应的范围。对于隐喻和明喻关系的讨论，在文献中我们遇到最多的，都是围绕非元型性明喻例子展开的。事实上，以"X 像 Y"这种形式出现的明喻一般很少见。因为在绝大多数明喻中，存在相似性的方面会被明确指出，否则我们无法对该表达式进行正确解读。我们将这种特征叫作两域之间的受限映射（restricted mapping）。下面我们将用选自帕特里西娅·康韦尔的小说《黑色通告》(2000)中的例子，来对此进行说明（斜体部分为限制因素）：

(37) Marino *was breathing hard* like a wounded bear.
马里诺像头受伤的熊，喘着粗气。

(38) [The victim had been] shot and *dumped* somewhere like garbage.
〔受害者〕被枪杀，像垃圾一样被扔掉。

(39) Marino's voice *was soft and muted* like bourbon on the rocks.
马里诺的声音柔软无力，就像加了冰的波本威士忌。

(40) And I know Anderson *follows* her around like a puppy.
我知道安德森就像小狗一样围着她转。

(41) ... strong gusts of wind *pushed* me like a hand.
……阵阵强风像只大手一样推着我。

相比而言，在元型性隐喻中，源域和靶域之间的对应关系并不是封闭的，而是在数量上无法穷尽的。我们将这种属性称为靶域和源域之间的开放映射（open mapping）。

(42) His sarcasm could have shred paper.
他的讽刺挖苦可以碎纸撕布。

(43) ... his words grabbed her by the collar.
……他的话抓住了她的衣领。

(44) The mention of Lucy's name squeezed my heart with a hard, cold hand.
一听到露西的名字，我的心就被一只生硬、冷酷的手攥住了。

(45) A myriad of ugly, dark thoughts clung to my reason and dug in with their claws.
各式各样丑陋、黑暗的想法紧紧抓住我的理智，用爪子撕开口子钻进去。

(46) Bray's self-confidence slipped just enough to unmask the evil coiling within.
布雷的自信刚刚打了一下滑，就暴露了盘踞在他内心的邪恶。

第二个主要区别涉及两个域呈现的形式。在元型性隐喻中，所呈现的是两个域的混合体，而在明喻中，所呈现的是两个独立的域。在明喻中，我们肯定倾向于将这两个域放在一起考虑，而它们却作为两个不同的域呈现出来。

(47) Icicles bared long teeth from the eaves.

 (cf. *Icicles were like long teeth being bared*.)

 屋檐上的冰挂露出长长的牙齿。

 （对比：冰挂像长长的牙齿露了出来。）

(48) The elevator has a mind of its own.

 (cf. *The elevator behaves like a being with a mind of its own*.)

 电梯有自己的思想。

 （对比：电梯表现得像有自己的心智一样。）

(49) Her eyes were dark holes.

 (cf. *Her eyes were like dark holes*.)

 她的双眼是两个黑洞。

 （对比：她的眼睛像两个黑洞。）

(50) A headache began boxing with my brain.

 (cf. *??My headache felt as if someone were boxing with my brain*.)

 头疼开始与我的大脑进行拳击。

 （对比：??我的头疼感觉就像有人与我的大脑进行拳击。）

然而，除了元型性隐喻和元型性明喻之外，两者都还有元型性较弱的例子。例如，"A 像 B"类的明喻有一个特点，即它们的映射具有开放性（至少没有潜在的限制）。与元型性明喻相比，开放映射尽管没有使它们成为隐喻却使它们更"像隐喻"。但是，即便是典范的明喻，也似乎有开放映射。

第八章 隐喻

(51) She was gone in a flash of red, like a vengeful queen on her way to order armies to march in on us.
她怒气冲冲、一闪而去,就像一个复仇女王,急匆匆地去命令军队向我们进攻。

(52) Cameras were already on her like a storm of hurled spears.
相机像刮起了一场梭镖风暴,纷纷投向她。

(53) It's like I'm on the wrong planet.
就像我身处一个星球一样不切实际。

(54) ... now it's like he's a hunted animal with no place to go?
……他现在就像一只被追猎的动物无处可逃?

(55) I felt as if I were inside cut crystal.
我感到自己就像在切割过的水晶中。

(56) It was as if a wild animal had dragged her dying body off to its lair and mauled it.
就像有一头野兽曾将她垂死的身体拖进兽穴后撕咬过。

同样,有些隐喻的映射似乎受到严格限制,因为引发映射的动因可以归结为一个或几个特征。在这种情况下,我们可以说与元型性隐喻相比,这些隐喻更像明喻。事实上,也有一些隐喻似乎没有出现混合。因此,我们有时很难将它们与明喻区别开来。

(57) ... her breath smoking out
……她呼出白烟(因为天冷,她呼出的气凝结后像烟一样)

(58) Grass was a thick, stiff carpet.
草坪是一张厚厚的、僵硬的地毯。(因为草坪结冰了;从隐喻变成转喻后意义几乎不变)

(59) a computer mouse
计算机鼠标(有混合发生吗?)

(60) A splinter of light glinted in the dark.
一片碎光在黑暗中闪烁。(仅外观上?)

在许多情况下，对隐喻的解读与对其相应的明喻的解读之间存在天壤之别：

(61) ... containers lined up at loading docks like animals feeding from troughs.

(cf. The containers were animals feeding from troughs.)

……在装载码头排成一行的集装箱就像在食槽前吃食的动物。

（对比：集装箱是在食槽前吃食的动物。）

请注意这句是如何使映射成为可能的，因为在隐喻格式中，没有将映射限制进行内置的明显方式。在例62中，意义完全改变了：

(62) Broken wooden packing cases littered the beach like the debris of a disordered mind. (J. G. Ballard: *Cocaine Nights*)

(cf. Broken wooden packing cases littered the beach, the debris of a disordered mind.)

残破的木质包装箱散落在海滩，就像混乱的头脑的残骸。

（J. G. 巴拉德，《可卡因之夜》）

（对比：残破的木质包装箱残落在海滩，混乱的头脑的残骸。）

一个有趣却至今无解的问题是，是什么样的共同之处使这样的例子与区别性不大的例子有所不同。

归纳起来，我们可以识别出四种表达类型：

(63)
	映射	有无混合
元型性隐喻	开放的	有
明喻性隐喻	受限的	有
元型性明喻	受限的	无
隐喻性明喻	开放的	无

8.4.3 隐喻和明喻的组合

隐喻和明喻会经常组合在一起，而且两者的组合似乎具有独特的功能,也就是说我们无法通过其他的方法获取同样的效果。隐喻和明喻的组合有两种主要的模式,即明喻包含隐喻和隐喻包含明喻。

(a) 明喻中的隐喻

在这类例子中,明喻往往被用来说明源域,常常因为隐喻喻体中的关键词可以有多种识解:

> (64) Bizarre, angry thoughts flew through my mind like a thousand starlings.
> 奇怪而愤怒的想法像成千上万只椋鸟从我脑子里飞过。

在上句中,"飞"是隐喻的喻体,而 *like a thousand starlings* 则指出了"飞"的具体类型。

> (65) She was standing there, her eyes fastened to me like steel rivets.
> 她当时站在那里,眼睛像钢铆钉一样牢牢地固定在我身上。

在上例中,rivets(铆钉)为我们提供了固定的强度和具体类型,因此 *like steel rivets* 就为我们指明了"固定"的程度。

> (66) Grief tumbled out of her like a waterfall.
> 悲痛像瀑布一样从她身体中倾泻而出。
>
> (67) This is really twisting my brain like a dishrag.
> 这真的像拧抹布一样把我的脑子拧成一团。

"跌落"和"扭曲"的类型很多,而明喻的作用就是将两者的范围缩小。

(b) 隐喻中的明喻

在这类表达中,明喻的第二个词语本身就是一个隐喻,所以在某些方面这类表达更为复杂。我们又可将其分为两类。第一类是明喻包含一个完整的隐喻,即该隐喻既拥有话题(topic)又拥

有喻体(vehicle):

(68) He looked tired, as if life had pushed him too far.
他看起来疲惫不堪,好像生活强迫他走得太远。

(69) Rose looked dejected and somewhat embarrassed, as if afraid that her being so upset had sent her spinning threads of truth into tapestries of conviction.
萝丝看起来沮丧且有点尴尬,似乎害怕她的局促不安已将真相的纱线织成了确信的挂毯。

第二类是明喻的第二个词语本身似乎完全是字面意义的,只有当它与第一个词语进行比较时才是隐喻性的:

(70) Talley made love as if he were starving.
塔利做爱时像个饿死鬼。

(71) Bray's tone had the effect of a metal box slamming shut.
布雷的语调有种类似于将金属盒子砰然合上的感觉。

8.5　隐喻和转喻

分析隐喻和明喻之间的关系,可以让我们了解两者的本质;同样,对隐喻和转喻关系的思考也会给我们以启发。这体现在两个方面:首先,两者之间的对比会突出各自的特性;其次,两者会以显著的方式相互作用。然而,因为本章重点关注的是隐喻,我们将不对转喻作更为深入的探讨。[科维西斯和拉登(Kövecses & Radden 1998)对此有较为全面的论述。]

8.5.1　对转喻的描述

有时候,对"转喻"的解读比较宽泛。例如,符号的形式与

第八章 隐喻

意义之间的关系、语言符号与其所指之间的关系、首字母缩略词与其全写形式之间的关系、元型与其所代表的范畴之间的关系等，都被认为是转喻关系。针对当前的目的，我们将对转喻进行狭义的识解。首先，我们将转喻限定为"运用具有默认识解 A 的表达 E，来唤起完全不同的识解 B，而 B 和 A 之间的关系可以通过一般原则进行推理，即不是个体间事先约定的私人编码"。在新奇性用法中，我们一般都会在直觉上感知到对规约性限制的违反。

在本部分，我们在对转喻进行说明的同时也会涉及隐喻。辨认转喻的依据是：(i) A 和 B 在某个域或域阵中是相关的[①]；(ii) A 和 B 之间的任何莱考夫式的对应，都是同时发生的，并与所要表达的信息无关；(iii) A 和 B 之间没有混合现象。在第五章，我们将各成一体的 A 和 B 作为义面对待。然而，不管是将义面看作与转喻截然不同，还是将义面看作转喻的一个具体类型，在理论上都没有太大的意义。

根据发挥作用的关联类型来看，狭义的转喻仍然涵盖很多种类。我们无意对其进行穷尽性陈述，而且我们也不清楚这是否具有可能性。所以，下面所列类型只用于示例性说明。我们可以将形成转喻的关联大致分为"内在关联"（intrinsic association）和"外在关联"（extrinsic association）两类。内在关联要么是固有的联系，要么是相对稳定的联系；外在关联是偶发的、非固有的联系。下列是内在关联的例子：

[①] 尽管域的同一性（identity）确乎是一个因素，我们赞同费耶尔茨（Feyaerts 2000）和里默尔（Riemer 2001）的观点，即如果没有对域进行限定的独立手段，仅凭域的同一性来判断转喻关系是不可靠的。

（a）部分-整体
　　部分代整体：I noticed several new faces tonight.
　　　　　　　我今晚注意到几张新面孔。
　　整体代部分：Do you need to use the bathroom?
　　　　　　　你需要用卫生间吗？
（b）个体-种类
　　个体代种类：He's no Heifetz.[①]
　　　　　　　他离海费兹还差很远。
　　种类代个体：Postman, this letter is covered in mud!
　　　　　　　邮递员，这封信上都是泥！
（c）实体-属性
　　实体代属性：Shares took a tumble yesterday.
　　　　　　　昨天股票暴跌。
　　属性代实体：He's a size ten.
　　　　　　　他是个10码。
（d）同一度标上的不同值
　　夸张：It's practically absolute zero in here — shut the window!
　　　　屋里简直都到绝对零度了——关上窗户！
　　低调陈述：I'm feeling a bit peckish — I haven't eaten for three days.
　　　　　　我感到有点饿了——我三天没吃东西了。
（e）对立面
　　反语：Now let's move on to the small matter of the ￡30,000 you owe us.
　　　　接下来就谈谈你欠我们3万英镑的小事儿吧。

例72—76是转喻的外在关联的例子：

[①] 海费兹（Jascha Heifetz, 1901-1987），杰出的小提琴家。——译者

(72) Room 23 is not answering.

　　　23号房间没有应答。

(73) I'm parked out back.

　　　我停在了后面。

(74) The french fries in the corner is getting impatient.

　　　坐在角落里的炸薯条有点不耐烦了。

(75) Sperber and Wilson is on the top shelf.

　　　斯珀伯和威尔逊在最上面的架子上。

(76) England are all out for 156 runs.

　　　在156次跑垒后，英格兰队全体出局。

8.5.2 隐喻和转喻之间的关系

我们将在本节讨论隐喻和转喻之间的关系，尤其是两者之间是否存在泾渭分明的区别这一问题。根据拉登（Radden 2000）的观点，元型性隐喻和元型性转喻位于一条连续度标的两端，两者中间没有清晰的分界线。这种区分类似于对同形异义关系和一词多义关系的传统区别，即在同形异义关系中，各意义之间找不到理据性，而在一词多义关系中，各意义之间具有理据性联系。在讨论能够支持该立场的例子之前，我们先讨论转喻和隐喻相互作用的情况；在这些例子中，尽管转喻和隐喻互相影响，两者却均保持各自的独特身份，因此这一事实无疑不支持拉登的观点。

尽管莱考夫及其追随者们认为，隐喻和转喻是两种不同的认知机制，他们却强调在隐喻表达的产生中，转喻可以发挥至关重要的作用（§8.2.2）。我们可以用"愤怒是热"隐喻为例进行说明。在这个隐喻的核心存在着一个转喻：愤怒之人主观上会感到热，因此我们可以通过热来间接地表示愤怒。在这一层面上，我们可以说没有细节上的对应，只有整体对应。只有当基本转喻被详述的时候，如将愤怒想象成火或想象成装在封闭容器中加热的液体，才会出现典型的莱考夫式的对应关系。"多是向上"是另一个更为基本的例子。该隐喻也是以转喻为基础的。例如，如果我们往沙堆上添加更多的沙，沙堆的顶部就会升高；或者往一摞书上添加更多的书，书堆也会升高。因此，"更多"和"更高"之间存在真实相关性。这就是为什么我们可以用 The pile is higher now（书堆现在更高了）来表示书更多了。我们可以将该转喻进行隐喻性扩展，用来表示任何"更多的"事情，如更高的价格、更高的温度等。转喻和隐喻之间的这种合作并没有模糊两者之间的区别。

另一类情况与古森斯（Goossens 1990）所谓的隐转喻（metaphtonymy）有关。当某个解读的识解要经过隐喻和转喻两个过程时，就会出现这种情况。该情况又可分为不同的类型。在一个类型中，分别经历隐喻转移和转喻转移的元素是不同的。下面是该类型的一个例子（转引自 Goossens）：

(77) She caught the minister's ear and persuaded him to accept her plan.
她获得了向部长汇报的机会，以说服他接受自己的计划。

对该句的合理解释是，我们将 ear 转喻性地识解为"注意力"，从而迫使我们对 caught 进行隐喻性识解；catch X's attention 被解读为"使 X 注意"。下面是另一个类似的例子（摘自 Patricia Cornwell）：

(78) He stopped on the sidewalk and looked into my eyes as people flowed around us and light from shops unevenly shoved back the night.
他在人行道上停下，看着我的双眼。人潮在我们的身边往来流走，店铺里的灯光或远或近地将黑夜推开。

在该句中，*night* 首先被转喻性地解读为"黑暗的区域"，然后 *shoved back*（推回）被隐喻性地解读为"被照亮"。

在另一类隐转喻中，同一个表达要相继进行隐喻性和转喻性解读。如：

(79) My lips are sealed.
我的嘴唇被封上了。

该句的字面意义解读可被转喻性地理解为言者不能开口说话。然后，该转喻性解读可以进行隐喻性扩展，从而表示言者受到非生理性限制。因此，对该句话的转喻性识解发生在对其隐喻性识解之前。再如（摘自 Patricia Cornwell）：

(80) Anger slipped out of hiding.
愤怒从躲藏处溜了出来。

这句话的语境清楚地表明，某人一直在努力隐藏自己的愤怒，但她最终失去控制，让愤怒显露出来。一种可能的解释是，*slipped out of hiding* 先被转喻性地识解为"显露出来"，然后又被隐喻性地扩展，用来表示某人的愤怒，即"能被感知到（未必是视觉上的）"。在以上所有情况下，尽管隐喻和转喻都出现了，它们所起到的作用却各不相同。

8.5.3 模糊的类型

在上面的例子中，尽管隐喻和转喻都参与了认知识解，我们却很容易将两个过程的作用区分开来，而且它们各自的特点不会受到影响。但是在有些情况下，我们却无法将隐喻和转喻区分开来。

我们可以将第一种情况标示为"语源性模糊"（etymological indeterminacy）。之所以会出现这种情况，是因为目前被规约化的扩展义既可通过隐喻性扩展形成，又可通过转喻性扩展形成。与该现象有关的例子是 head of the bed（床头）和 back of the chair（椅背）。这两个短语背后的理据是什么？是因为人们在睡觉时常将头靠近床的这一部分吗？是因为人们坐在椅子上时常将脊背靠在椅子的这一部位吗？还是因为床和仰卧之人或椅子与站、坐之人有相似之处？这个问题与历史事实有关，也许我们得不到答案。也可能不同的言者对人的头部与床头之间的关系有着不同的认识。然而，在共时使用中，这种情况不大可能产生可被观察到的影响。

在有些表达中，隐喻性识解和转喻性识解的模糊性会更为直接。请先思考例 81：

（81）The car stopped in front of the bakery.
・汽车停在了面包房门前。

当然，有可能是驾驶员没有给汽车拉上手刹，汽车自己溜下斜坡，到面包房门前时停了下来。这是完全按照字面意义对例 81 进行的识解。但是按照正常程序，我们会把这句话解读为汽车是在驾驶员的操控下行驶的，让汽车停驶的施事也是驾驶员。那么，我们此时就可以将这句话看作转喻的例子了："汽车"被用来间接地指称"驾驶汽车的人"（无论是名词转换还是动词转换都没有关系）。但是，该句话还可能存在第三种解读，即我们隐喻性地赋予汽车以生命。那么，这三种解读引发的问题是，我们能否真正地将转喻解读和隐喻解读区别开。

第八章 隐喻

在例 82 中，这个问题也许更为突出：

(82) A yellow Porsche drew up in front of the bakery.
一辆黄色的保时捷停在了面包房门前。

停靠这一动作不是汽车自己可以完成的，因此任何解读都必须涉及驾驶员。但例 82 毫无疑问描述的是汽车的运动，而且言者很可能看不到驾驶员。在这种情况下，也许因为对汽车的描述非常具体，我们更容易将这种描述看作对汽车的人性化。而纯粹的隐喻描述完全不会考虑司机的作用的。

对例 82 的另一种解释可能更具启发性。即 a yellow Porsche 指代一个实体，而该实体代表汽车和司机某种意义上的熔合（请注意这与义面所表现出来的"统一"不同）。如果这一解释正确的话，它将既非纯粹的转喻，又非纯粹的隐喻，它也不是部分转喻、部分隐喻——它将是一种中间物。请再看一例：

(83) Britain declares war on Iraq.
英国向伊拉克宣战。

如果按照纯粹的转喻性识解，我们很难准确说明 Britain 的所指是什么（如果进行义面分析，我们很难准确指出所涉及的义面）。它似乎不是"政府"，因为在英式英语中，尽管例 84 有这种可能，例 85 却不行：

(84) The government have decided to restrict immigration.
政府已经决定限制移民。

(85) ? Britain declare war on Iraq. (cf. England win the World Cup.)
? 不列颠向伊拉克宣战。（比较：英格兰赢了世界杯。）

我们似乎再一次遇到了熔合。这一次是国家、政府、作出最后决定的人、（也许还有）君主等，通过一个既非纯粹转喻又非纯粹隐喻的过程，形成单一的、半有生命的施事。在某种意义上，这些例子似乎支持拉登的论点，即我们可以将各种表达放在隐喻性-转喻性（metaphoricity-metonymicity）度标之上。然而，在另一种意义上，"作为过程"的隐喻和转喻之间的区别却保持完好。①

8.6 结语

在隐喻及其与转喻、明喻之间的关系方面，还有很多研究要做。与隐喻有关的一些事实已经得到确认。从本质上讲，隐喻就是用一个表达来引出一种识解，而该识解是两个域相互作用的结果。对其中一个域进行识解的基础，是与该表达有着规约性关联的词语意旨；对另一个域进行识解的基础，是词语意旨的一个异质区域（alien region）。两域的相互作用是一种混合，通过这种混合，一个域（即靶域）在另一个域（即源域）的影响下得到修改。其结果就是无法通过其他手段获得的、独特的语义特点。

在本章的概览中，还有众多谜团没有揭开：例如，语境及其他限定因素的作用，以及这些限定因素发挥作用的机制；但最值得注意的是混合过程和作为混合结果的混成概念的实质。绝大多数认知语言学家所研究的隐喻都比较简单。较为复杂的隐喻会向我们提出更大的挑战。即便复杂性稍微提高一点，相应的难度也会令人望而生畏。我们从帕特里西娅·康韦尔的小说中摘出一句，作为本章最后一个例子，想请读者自己对隐喻和转喻的相互作用

---

① 里默尔（Riemer 2001）有相似的结论，但采用的路径不同。

进行阐释：

(86) The temperature in my house slowly dropped, hours slipping deeper into the still morning.

随着时间向着寂静凌晨的更深处滑去，我屋子里的气温慢慢降低。

第三部分

语法分析的认知路向

第九章 从习语到构式语法

9.1 引言

句法研究的认知语言学方法,被统称为构式语法(construction grammar)。毫不夸张地说,构式语法源自学界对习语性表达在语法知识中地位的关注。早在构式语法出现之前,学者们在研究习语的过程中发现,有必要重新思考句法表征。本章会论及这项工作的一部分。虽然有些学者的研究至少部分与构式语法无关,他们一直强调要用一种类似于构式的方式来表征语言知识。而在认知语言学,这些方面的研究催生了一个语法框架;在这个框架中,所有的语法知识基本上是以相同的方式进行表征的。本章将向大家介绍构式语法的合理性。

与任何科学理论一样,构式语法也不是诞生于理论真空。在20世纪60年代至80年代之间,出现了生成语法的各种版本,以及作为生成语法直接分支的语法理论。这些生成语法模式本身就是对传统描写语法理论体系的扩展。尽管在术语上有显著变化,构式语法又是对生成语法流派的语法知识模式做出的反应。

绝大多数生成语法理论认为,语法知识是通过成分(components）组织起来的。每一个成分描述句子属性的一个层面。例如，音系成分由支配句子声音结构的规则和限制构成；句法成分由支配句法即单词组合的规则和限制构成；语义成分由支配句子意义的规则和限制构成。换言之，每一个成分都分离出句子的一种语言信息，即音系信息、句法信息和语义信息。另外，乔姆斯基流派的生成语法的所有版本，都对句法成分做了进一步的划分，即分成层（levels 或 strata）和模块（modules 或 theories）。在层方面，他们将句子结构分成深层结构即后来的 D-结构和表层结构即后来的 S-结构；在模块方面，出现了格理论（Case theory）和管约论（Binding theory）等。（Chomsky 1981）

其他语言学家还提出了更多的成分。有些语言学家如阿罗诺夫（Aronoff 1993）认为，形态学，即单词的内部形式结构，应该使用自己的成分。另一些语言学家如巴尔杜维（Vallduví 1992）提出，信息结构，即语篇或语用知识的某些方面，也应该拥有自己的成分。不管提出多少成分，总的原则保持不变，即每一种成分只支配声音、单词结构、句法、意义、使用等语言属性中的一个类别。

我们认为，语言知识各有其类型，每类各有其成分，这一事实要比成分数量的多寡重要。我们可以将此描述为语法组织的"水平"模式，下面是其典型的图示：

(1)

| 音系成分 |

| 句法成分 |

| 语义成分 |

除了这些成分，还有作为句法组合基本单位的词汇。与这些成分不同的是，词汇中的每一个单词都有自己的声音结构、句法范畴和意义。其中单词的句法范畴决定了该单词按照句法成分规则在句子结构中承担的句法功能。因此，词项将音系、句法、语义三个成分中的信息组合在一起，而且还可包括其他成分的信息，如形态结构信息和语体、语用信息等。与"水平"成分相对应，词汇是语法组织的"垂直"成分：

（2）

| 音系成分 |
| 句法成分 |
| 语义成分 |

语言学家将成分作为高度一般的规则，可适用于相关类型的所有结构。因此，音系成分规则适用于所有的单词形式、韵律音系学及其他短语音系学中的所有音系短语；句法成分规则适用于所有句子和句子类型；其他成分的规则亦是如此。

当然，必须存在某种可以将一个成分中的信息映射到另一成分的一般方法。例如，必须有某种方法可以将句子的句法结构映射到其所表达的语义结构上。这些规则被称为连接规则（linking rules）。连接规则同样具有高度一般性，可适用于语言的所有句子。此时可能会有人问，为什么连接规则就是一堆连接成分的规则，而成分则规定如何划分言者头脑中的语法知识？我们在下面的讨论中将会发现，从本质上讲，这就是构式语法所要问的问题。生成语法学家对这个问题的回应是，在每个成分内部，各个规则高度独立，又相互交织在一起，从而通过连接规则构成一个整体（如果成分内部的规则不是高度相连的，成分就会被进一步分成更多的层级和模块）。

总而言之，我们可用以下简图对20世纪60至80年代间盛行的句法理论的语法组织模式进行直观说明：

（3）

```
        ┌──────────┐
        │ 音系成分  │
        ├──────────┤ ◄── 连接规则
语  │   │ 句法成分  │
法  │   ├──────────┤ ◄── 连接规则
        │ 语义成分  │
        └──────────┘
```

该模式的最大特点之一是，只有单个的单词才有特质属性（idiosyncratic properties）。短语和句子均受高度概括的句法成分规则的支配，并受与其相应的语义成分规则和音系成分规则的支配，还受同样高度概括的连接规则的支配。单词的音系和句法形式与语义的结合具有任意性和特质性。语法对词汇中任意性的限制是生成语法的一个核心原则，并在生成语法的最近版本中得到重申（如 Chomsky 1993: 3, 4）。

该模式的后果之一就是排斥传统语法意义上的构式概念。按照传统语法，我们将例4中的句法结构描述为"被动构式"：

（4）a. Janet was promoted by the company.
　　　　　珍妮受到公司的提拔。
　　　b. [Subject be Verb-Past Participle by Oblique]
　　　　　[主语 + be + 动词过去分词 + by + 旁格宾语]

被动构式一般要具备4b中所列的句法元素，即作主语的名词性短语、表示被动的助动词 *be* 的某种形式、动词的过去分词形式、带有介词 *by* 的介词短语（该部分在英语中为非强制性的）。另外，根据被动构式的传统分析，介词短语中的宾语充当动作行为的施事，主语则是动作行为的受事。

在生成模式中，各种成分规则会对尽可能多的被动构式的属性进行描述，而任何特质属性都会被放到词汇中。例如，在英语的很多构式中，主语位于动词之前（参见例5）；紧随主语的是数量有限的助动词（参见例6）；介词短语会紧随其所修饰的动词或名词之后，且介词会支配名词短语中的宾语形式（参见例7）：

(5) a. Active: **John** ate.
   主动形式：**约翰**吃了。

   b. Relative Clause: the tart that **John** ate ...
   关系从句：**约翰**吃了的果馅饼……

   c. Adverbial Clause: before **John** ate the tart ...
   状语从句：在**约翰**吃果馅饼之前……

   d. Conditional: If **John** ate a tart, then **I** will have a tart as well.
   条件从句：如果**约翰**吃过一个果馅饼，那么**我**也要吃一个。

   e. Comparative: **John** ate a bigger tart than I did.
   比较形式：**约翰**吃的果馅饼比我的大。

(6) a. Perfect: John **has** eat**en** the tart.
   完成体：约翰已把果馅饼吃了。

   b. Progressive: John **is** eat**ing** a tart.
   进行体：约翰正在吃果馅饼。

   c. Future: John **will** eat [**INFINITIVE**] a tart.
   将来时：约翰要吃[非特指的]一个果馅饼。

   d. Modal: John **might** eat [**INFINITIVE**] a tart.
   情态动词：约翰可能会吃[非特指的]一个果馅饼。

(7) a. Oblique Adjunct Phrase: John ate the tart **with a fork and spoon**.
旁格附加短语：约翰**用一副叉勺**吃过一个果馅饼。
b. Prepositional Complement Phrase: John put the tart **in the refrigerator**.
介词补语短语：约翰把果馅饼放**进冰箱**。
c. Circumstantial Phrase: John ate the tart **in the living room**.
环境短语：约翰**在客厅**吃了果馅饼。
d. Nominal Prepositional Phrase Modifier: the tart **on the table**...
名词的介词短语修饰语：**在餐桌上的**果馅饼……

该分析过程必然得出的结论是，句法构式的所有属性，即大于单体单词的语法结构，都可以通过语法成分的一般规则及其界面进行解释，因此在语法分析中没有将构式作为分析对象的必要。乔姆斯基明确表达了这一观点：

> 我们在此所讨论的是最近一项工作的延伸。该项工作的一个重要部分是将"被动""关系化"（relativization）等过程分解为更加基本的"抽象特征"。（Chomsky 1981: 121）
>
> 普遍语法提供了一套固定的原则系统，和一系列数量有限的定值参数。具体语言的规则就是为这些参数选择一定的值。因此，语法构式及构式特有的规则被排除在普遍语法之外。（Chomsky 1993: 4）

乔姆斯基认为，语法中所有任意性和特质性的方面都应限定在词汇中。而其对句法概括性的观点及构式与语法分析无关的立场，是对其前面观点的补充。

上文所述语法组织的成分模式是生成语法及其衍生理论的特点。在乔姆斯基的理论中，句法成分的内部比较复杂：在最初的版本中是层（levels），在管约论（Government and Binding theory）

中又被细分为模块（modules）(Chomsky 1981)。在最近的版本即最简理论（Minimalist theory）(Chomsky 1993, 1995)中，似乎不再关注句法成分的内部组织，而是将音系成分改为连接语言能力和知觉运动系统的"发音-感知界面"（articulatory-perceptual interface），将语义成分改为连接语言能力和其他人类概念活动的"概念-意向界面"（conceptual-intentional interface）。然而，例 3 中所列的三大成分的划分似乎没变，即便有两类成分现在被作为一个整体嵌在认知系统之中，第三个成分即句法成分现在变成了位于两个界面之间的整个语言系统。同样，词汇仍然被看作特质信息的仓库，并提供将三个成分连接在一起的信息（Chomsky 1993: 3; 1995: 235-236）。

与乔姆斯基理论存在分歧的其他理论，仍然在成分三分的框架内进行理论架构。较早的衍生理论如"关系语法"（Relational Grammar）(Perlmutter 1983)，及由其衍生的"对弧语法"（Arc-Pair Grammar）(Johnson & Postal 1980)，在句法成分中划分了多个层面，却仍然保留了成分的三分法。后来的衍生理论如"词汇功能语法"（Lexical-Functional Grammar）(Bresnan 1982)、"广义短语结构语法"（Generalized Phrase Structure Grammar）(Gazdar, Klein, Pullum & Sag 1985; Pollard & Sag 1993）及"范畴语法"（Categorial Grammar）(Wood 1993) 等，反对多层概念，却仍然保留了对成分的区分。在最近一些非乔姆斯基流派的句法理论中，出现了从强调成分区分向强调成分互动的转变。而构式语法的形成，标志着对语法组织成分观更为直接的突破。

9.2 习语问题

在生成语法的规则系统之外还有原则系统；生成语法诸规则的普遍原则（principle of generality）支配较大的语法结构。在生成语法的发展过程中，学界不断提出普遍原则的例外情况。正如例8和例9所表明的，不同的动词会要求不同的句法结构，而这些不同的句法结构必须在例3所示的语法模式的某个地方表征出来：

(8) a. Tina slept.
蒂娜睡了。
b. *Tina slept bananas.
*蒂娜睡了香蕉。
(9) a. David consumed the bananas.
戴维食用了香蕉。
b. *David consumed.
*戴维食用了。

直到最近（如 Haegeman 1994: 40-42），生成语法一直都是通过与词项相联系的次范畴化框架（subcategorization frames），将这种情况解释为动词配价上的差异。如：

(10) a. sleep: V, [—]
睡: V, [—]
b. consume: V, [—NP]
食用: V, [—NP]

该分析方法的作用，是要将短语的句法信息放在每一个动词的词条下面。然而，在例8和例9中，这种处理配价模式的方法，与特质性信息属于词汇内容的一般原则是一致的。

对于所有单词层面以上的语法均可通过高度概括的规则进行解释的这一原则,以及语法的成分模式,像习语这样的句法现象更难处理。按照定义,习语是比单词大的语法单位,在某个方面具有特质性。下面是一些习语的例子:

(11) a. It takes one to know one.
彼此彼此。

b. pull a fast one
成功地欺骗

c. bring down the house
博得满堂喝彩

d. wide awake
完全清醒的

e. sight unseen
事前没有过目

f. all of a sudden
突如其来地

g. (X) blow X's nose
擤鼻涕

h. Once upon a time ...
从前……

我们很难给习语范畴下一个精确定义,个中原因我们会很快知晓。农贝格、萨格和瓦索(Nunberg, Sag & Wasow 1994: 492-493)通过一个必要特征和几个典型特征,给习语下了一个元型定义。该必要特征是规约性:"构成习语的词在单独使用时受制于独立的规约。运用我们所掌握的这方面的知识,却无法对习语的意义或用法进行预测,或至少不能完全预测"(492)。以下是他们所

列举的习语的其他典型属性:

(12) a. 僵固性: 句法上受到限制, 如 *shoot the breeze*(侃大山) 是习语, 而 **the breeze is hard to shoot*(*微风很难射击)则不被接受;

b. 形象性: 比喻意义, 如 *take the bull by the horns*(冒险犯难)、*lend a hand*(搭把手);

c. 成语性: 如 *climb the wall*(坐立不安)、*chew the fat*(闲聊)、*spill the beans*(泄露秘密)等,都是用具体的活动来描述社会性活动;

d. 非正式性: 主要用于非正式言语风格或非正式语域中;

e. 倾向性: 对所描述的事物通常具有一种评价或倾向性立场(affective stance)。

农贝格等人认为,约定俗成性是习语的必要属性,而在语法的成分模式中,约定俗成性是习语的相关属性。如果 11a-h 这样的表达是约定俗成的,它们就必须以某种方式储存在言者的头脑中。如果真是如此,那么习语就是言者语法知识的组成部分。然而,通过句法成分和语义成分的一般规则,以及两者之间的连接规则,我们至少在某些方面无法对习语进行预测(我们将暂时不考虑音系成分)。因此,它们给成分模式出了一个难题。人们也许可以制定某些类型的规定,来解决习语的约定俗成性问题(参见 Nunberg et al. 1994: 507)。但是,如果我们能找到某种概括性更强的处理方法,将会比这样的具体规定更可取。

有些语言学家最终提出了具有独创性的构式语法(Fillmore, Kay & O'Connor 1988),从完全相反的方向来处理习语问题。这些语言学家的观点与语法的成分模式观不同,他们认为习语并不是什么难题;他们分析了大量的、各种各样的习语,其分析成果为语法组织新模式的诞生奠定了基础。本章以下部分将向读者介绍习语的构式语法观。①

我们用不同的方式对习语进行描述。下面我们首先要介绍的描述和分类源自菲尔莫尔等人的论著（Fillmore et al. 1988）。在那篇论文中，菲尔莫尔等人通过分析，提出构式语法的设想。他们首先根据三个特征来对习语进行分类。他们描述的第一个特征，即编码习语（encoding idioms）和解码习语（decoding idioms）的区分，是由毛考伊（Makkai 1972）提出的。

编码习语是可以通过解读句子的标准规则进行解读的习语，但这种习语与其意义之间的关系是任意性的，即约定俗成的。菲尔莫尔等人给出的例子是 *answer the door*（应声开门）、*wide awake*（完全清醒的）和 *bright red*（鲜红）。这些都是听者在听到之后可以理解其意义的表达。然而，言者很可能想不到，在英语中，这些表达是以一种自然而然的方式来描述"在听到有人敲门时去开门""完全清醒"和"强烈色彩"的。从外语学习者的视角来观察编码习语是另一种方式。例如，如果没有学过，学习西班牙语的英国人可能不会用正确的方式询问"你多大年龄了？"；但如果该学习者听到讲西班牙语的人说 *Cuantos años tiene?*（字面意义是

---

① 菲尔莫尔等人并不是首批对习语进行系统分析的语言学家。习语研究方面的文献浩如烟海，而欧洲学者的研究尤为突出；在欧洲，习语研究被称为"成语学"（phraseology）。对习语性表达进行研究的另一个重要流派是以弗斯为代表的学者们对词语搭配的研究。在认识到语法的成分模式无法合理解释习语现象并提出替代理论的学者中，菲尔莫尔等人也不是最早的；贝克尔（Becker 1975）就是这样的一位前辈。然而，和很多科学观点提出时的情况一样，该观点的不同变体是由不同的学者独立提出的，但一般只有一种变体在学界得到传播（Hull 1988）。

"你有多少年？"），他很可能会猜出言者的意思。

解码习语是听者无法通过解读句子的标准规则进行解读的习语，即听者完全不能根据这类习语的构成部分来理解其整体意义。菲尔莫尔等人所举之例是 *kick the bucket*（翘辫子）和 *pull a fast one*（成功地欺骗）。所有的解码习语也都是编码习语，因为如果我们不理解其意义，我们也不会知道它在该语言中是用来表达那个意义的规约方式。解码习语之所以是解码习语，原因之一在于，解码习语构成部件的字面意义和其习语性意义之间没有任何对应关系。例如，*kick the bucket* 是一个及物动词短语，但其习语性意义是不及物动词 *die*（死），而且即便从隐喻的角度来看，没有任何东西与 *bucket*（桶）相对应。

编码习语和解码习语的区分非常类似于农贝格、萨格和瓦索对习语性组合表达（idiomatically combining expressions）和习语性短语（idiomatic phrases）的区分（Nunberg, Sag & Wasow 1994: 496–497）。习语性组合表达是其习语意义的构成部件可以与其构成部件的字面意义相对应的习语。例如，在 *answer the door* 中，*answer* 可以和开门的行为相对应，而 *the door* 所指称的当然是门。*spill the beans* 表示泄露秘密。在这样的习语性组合表达中，我们可以认为 *spill* 是与"泄露"对应的，而 *the beans* 是与"秘密"对应的。与此相对，在 *kick the bucket* 中，我们找不到与 *kick* 和 *the bucket* 相对应的事物。农贝格等人将后者称为习语性短语。

然而，编码习语和解码习语之间的区分，与习语性组合表达和习语性短语之间的区分，并不完全相同。有些习语，如 *spill the beans* 等，既是习语性组合表达，也是编码习语。编码习语和解码习语之间的区分相当模糊，因为这种区分有赖于听者在对某一语言表达进行解码时是否足够聪明或幸运。因为这个原因，农贝格等人的区分更为可取。

对编码与解码、习语性组合表达与习语性短语的区分，是参照普通的句法表达，运用连接句法成分与语义成分的解读规则，对习语特征进行的描述。对于像 *kick the bucket* 这样的习语性短语，解读规则无法发挥作用。因为，句法短语的构成部件完全无法与语义部件相对应。对于像 *spill the beans* 这样的习语性组合表达，句法短语的部件与语义元素相对应。但这种对应只存在于对该习语性组合表达所进行的专门解读中（在 *spill the beans* 这一习语中，*spill* 才有"泄露"义）。因此，习语性组合表达的习语性意义，无法用适用于单词词义或句法结构义的一般解读规则确定。

菲尔莫尔等人对习语作出的第二种区分是语法内习语（grammatical idioms）和语法外习语（extragrammatical idioms）。语法内习语是能够用其所在语言的一般句法规则进行分析的习语；但这类习语在语义上具有不规则性，即它们是编码习语或解码习语。这类习语包括我们在此之前讨论过的 *kick the bucket* 和 *spill the beans* 等，还有诸如 *(X) blows X's nose*（擤鼻涕）这样的习语。这些习语都符合英语的一般句法规则，即直接宾语跟在动词之后、修饰词放在其所修饰的名词之前。

语法外习语是无法用其所在语言的一般句法规则进行分析的习语。菲尔莫尔等人的例子是 *first off*（立刻）、*sight unseen*（事前没有过目）、*all of a sudden*（突然）、*by and large*（总的来说）和 *so far so good*（到现在为止，一切都还不错）。也许我们会认为语法外习语比较少见，但农贝格等人的研究表明，这类习语并不少。他们提供了一些语法外习语的例子，现转列如下（Nunberg *et al.* 1994: 515；请注意，只有一个和菲尔莫等人的例子重叠）：

（13）by and large
总体而言
No can do.
恐怕做不到。
trip the light fantastic
跳舞
kingdom come
来世
battle royal
激烈争论
Handsome is as handsome does.
行为美才是真的美。
Would that it were ...
要是那样就好了……
every which way
四面八方
Easy does it.
别着急。
be that as it may
即便如此
Believe you me.
相信我。
in short
简而言之
happy go lucky
乐天派

make believe
假装
do away with
废除
make certain
弄清楚

语法内习语和语法外习语的区分，参照的是能否用句法成分规则进行描述。语法内习语符合句法规则，但以某种其他方式表现出习语性特征。语法外习语不符合句法规则，这一点就足以表明它们是习语性的。

菲尔莫尔等人对习语进行分类的第三种方式，是将其分为实质性习语（substantive idioms）和形式性习语（formal idioms）。在实质性习语或词汇固定的习语中，所有的构成元素都是固定的。例如，习语 *It takes one to know one*（彼此彼此）是完全固定的，我们甚至不能改变其时态（*It took one to know one*）。形式性习语是词汇开放性习语；在该类习语中，至少有部分元素可以由句法和语义上都适合的常用表达进行填充。例如，在习语 *(X) blows X's nose*（擤鼻涕）中，X 可以是一个名词短语，也可以是一个与 X 指称相同的物主代词，用来指称鼻子的拥有者，如 *I blew my nose*（我擤了鼻涕）、*Kim blew her nose*（金擤了鼻涕）、*They all blew their noses*（他们都擤了鼻涕）等。菲尔莫尔等人所使用的"形式性"（formal）一词，相当于兰盖克的"图式性"（schematic）。"图式性"表示的是更为一般的范畴（参见§3.2）。我们在此将采用"图式性"这个术语。

菲尔莫尔等人指出，实质性习语和图式性习语之间的区分，存在一种潜在的混淆，即实质性习语有可能与一个相对的图式性习语拥有相同的模式。例如，下面是图式性构式 *The X-er, the Y-er*（越……越……）的三个具体表达：

  （14）a. The more you practice, the easier it will get.
    越练习越感到容易。
    b. The louder you shout, the sooner they will serve you.
    你叫声越大，得到服务就越快。
    c. The bigger the nail is, the more likely the board is to split.
    钉子越大，板子越容易裂开。

还有一个实质性习语，与 *The X-er, the Y-er* 的形式相同：

  （15）The bigger they come, the harder they fall.
    爬得越高，摔得越狠。

  图式性习语 *The X-er, the Y-er* 的存在，不能排除像例15这样的实质性习语的存在，正如直接宾语跟在动词之后这样的一般性句法规则不能排除 *kick the bucket* 这样的习语一样。

  通过将习语分成实质性和图式性两类来对其特征进行描述，一方面要对照惯常的句法表达，另一方面要对照词汇。图式性习语包含由句法术语进行描述的部件，即通过"名词短语"或"物主代词"等句法范畴进行描述的部件。尽管如此，实质性习语和图式性习语都由具体的词构成。相比之下，句法规则只涉及 V（动词）、NP（名词短语）这样的一般句法范畴；例16列举的是及物动词简单主动句和非及物动词简单主动句的短语结构规则，其中涉及的就是这类句法范畴：

  （16）a. S → NP VP
    b. VP → V

c. VP → V NP

菲尔莫尔等人对习语进行的最后一种区分是有语用点的习语（idioms with pragmatic point）和无语用点的习语（idioms without pragmatic point）(Fillmore *et al.* 1988: 506)。有语用点的习语除了具有通常意义上的语义，其使用还局限于具体的语用语境。这类习语的明显例子包括用来开始交谈的 *Good morning*（早上好）和结束交谈的 *See you later*（再见）等，以及用在诸如童话故事开头等语篇语境的习语（*Once upon a time...*；同上）。其他有语用点的习语拥有某种规约性语用内容，如图式性习语 *Him be a doctor?!*（他也是医生?!）就是这样的例子。另一方面，有很多像 *all of a sudden* 这样的习语，没有任何具体的语用点。

将习语划分为有语用点和无语用点两类，所参照的是一些语言学家所提出的"信息结构"或"语篇成分"。这些语言学家发现，有些习语具有规约性信息结构或与其相关的语篇语境属性；同样，这种信息结构或语篇语境属性无法按照一般语用原则或语篇功能原则进行预测。例如，在和某人告辞时，我们会说我们将要参加一个会议，这可能是个一般性语用原则；但我们无法进行预测的是，在英语中，人们规约性地使用具体短语 *See you later* 表示告辞，而在西班牙语中，表示告辞的规约性短语是 *Hasta luego*（字面意义是"直到后来"）。

菲尔莫尔等人的分析表明，习语涵盖从完全固定的表达到比较一般的表达，其在句法、语义和语用特征方面存在很大的差异：在语义上，不同的习语具有不同程度的不透明性；在句法上，有些习语符合一般的句法规则，有些习语则完全不符合一般的句法规则。我们将以上所讨论的各种区分总结如下：

（17）a. 编码习语：解码习语
　　　b. 习惯性组合习语：习语性短语
　　　c. 语法内习语：语法外习语
　　　d. 实质性习语：图式性习语
　　　e. 有语用点习语：无语用点习语

菲尔莫尔等人根据以上特征，最终将习语分成三个范畴。习语的第一个范畴是以陌生方式组构的陌生片段（unfamiliar pieces unfamiliarly arranged）。在这个定义中增添了新的成分，即有些词只出现于习语中。含有陌生片段的实质性习语的例子有 kith and kin（亲戚朋友）、with might and main（竭尽全力）等。换言之，这样的习语在用词上具有不规则性，在句法上和语义上也不符合常规。按照定义，陌生单词是以陌生的方式组构在一起的；也就是说，如果构成习语的单词只出现在该习语中，那么我们就无法根据一般的句法规则将它们划归到某个句法范畴。同样，根据定义，以陌生方式组构的陌生单词在语义上也是不合常规的。

然而，即便一个习语是由陌生方式组构的陌生片段构成的，也不意味着该习语是一个习语性短语。这一点可以通过一个例子得到更好的说明：我们在上文介绍过菲尔莫尔等人提供的这类图式性习语的例子，即例 14 中的 The X-er, the Y-er。在这个习语中，陌生片段是出现了两次的 the，因为它们不是定冠词，而是源自古英语的工具格指示词 þy；陌生的组构方式体现在平行的句法结构上，即一个表示程度的名词短语，后接一个从句，但该从句缺少一个与该程度表达相对应的成分。例如，在 14a 中，两个成分不全的平行结构是 more...you practice ＿＿ 和 easier...it will get ＿＿。然而，该习语是一个习惯性组合表达，即我们可以使该构式的部件与其意义部件相对应，其意义大致上相当于"你练习的程度决定了它变容易的程度"。

菲尔莫尔等人的第二个习语范畴是以陌生方式组构的熟悉片段（familiar pieces unfamiliarly arranged）。在这类习语中没有独特的单词，但整个表达式的组合方式是语法外的（extragrammatical）。换句话说，在词汇上，这类习语是正常的，但在句法上和语义上是不规则的。菲尔莫尔等人给出的该范畴中实质性习语的例子是 all of a sudden（突如其来地）、in point of fact（实际上）。该范畴中图式性习语的例子是 Nth cousin, M times removed [第 N 代堂（表）亲，相差 M 辈]：该习语在句法结构上非常独特。同样，通过陌生方式组构熟悉片段而构成的习语，也可以是习惯性组合表达。

菲尔莫尔等人的第三个也是最后一个习语范畴为以熟悉方式组构的熟悉片段（familiar pieces familiarly arranged）。在词汇和句法上，这类习语都是正常的，但在语义上是不规则的。同样，在这类习语中，既有实质性的习语也有图式性习语。菲尔莫尔等人为我们提供了两类习语的例子。事实上，他们所列举的实质性习语并不都是固定的表达，其中包括 pull X's leg（开 X 的玩笑）（X 可以是任何表示人的名词短语）和 tickle the ivories（弹钢琴）（该习语可以根据时态或语气进行屈折变化）。菲尔莫尔等人给出的图式性习语的图式性甚至更高；在这些习语中包括他们称为"表示玩命的表达"（fate tempting expressions），如 Watch me drop it（或 slip it）（豁出去了）等。

表 9.1 是习语的类型及其与规则性句法表达的对照：

表 9.1　习语类型及其与规则性表达的对照

	词汇上 是否规则	句法上 是否规则	语义上 是否规则
以陌生的方式组构的陌生片段	不规则	不规则	不规则
以陌生的方式组构的熟悉片段	规则	不规则	不规则
以熟悉方式组构的熟悉片段	规则	规则	不规则
规则性句法表达	规则	规则	规则

9.3　作为构式的习语

在对习语进行分析和分类之后，菲尔莫尔等人认为，只有将习语知识作为构式，才能对其进行正确的表征。在他们看来，构式就是图式性习语。也就是说，一方面，构式的某些成分在词汇上是开放的，因此符合这种描述的习语不能简单地列为"短语性词项"。在这个方面，图式性习语与实质性习语不同。像 *It takes one to know one*（彼此彼此）或 *The bigger they come the harder they fall*（爬得越高，摔得越狠）这样的完全意义上的实质性习语，是完全可以作为词项对待的。将实质性习语列为词项，就要求在词汇中允许多词词项的存在。这种对语言事实的让步，与成分语法的原则，即任意性和特质性的语言知识都属于词汇，并没有太大的冲突（请参见§9.2中对次范畴化框架的讨论）。因此，实质性习语并不完全排斥语法组织的成分模式。

与实质性习语相比，图式性习语不能简单地放进词汇。而图式性习语就是习语；也就是说，它们在语义上是不规则的，在句法上和词汇上也可能是不规则的。图式性习语的句法、语义及有些习语的语用属性无法通过句法成分规则、语义成分规则和语用规则进行推测,也可能无法通过将这些成分连成一体的一般规则进行推测;而构式的句法、语义及有些情况下的语用属性,为该构式所独有。这样的表征会涉及语法知识表征模式中的各个成分,因而至少在习语方面对成分模式提出了挑战。

菲尔莫尔等人通过详细分析包含 *let alone*(更不用说……)的构式,为构式是句法表征单位的观点提供了充分的论据,并论证了构式具有一般语言规则无法描述的句法、语义和语用属性却受其所在语境及相关构式规则支配。在下面的讨论中,我们将为大家呈现 *let alone* 构式的一些较为重要的独特属性。

let alone 构式的句法较为复杂。我们可以将 *let alone* 描述为一个并列连词;与其他连词一样,其句法功能是将各种各样的相似成分连接起来[Fillmore et al. 1988: 514;小号大写单词表示这些词语要重读并形成相互对照的韵律(prosody)]:

(18) a. Max won't eat SHRIMP, let alone SQUID.
麦克斯不想吃小虾,更不用说鱿鱼了。
b. We'll need shrimp and squid.
我们将需要小虾和鱿鱼。
(19) a. Max won't TOUCH the SHRIMP, let alone CLEAN the SQUID.
麦克斯连小虾都不想碰,更不用说清洗鱿鱼了。
b. I want you to cook the shrimp and clean the squid.
我想让你烹饪小虾并清洗鱿鱼。

然而,在有些句法语境中,不能使用 *let alone*,却可以使用 *and*,反之亦然(Fillmore et al. 1988: 515-516;菲尔莫尔等人还讨论了

WH-提取句（WH-extraction）和 IT 分裂句（IT-clefts））：

(20) a. Shrimp and squid Moishe won't eat.
小虾和鱿鱼莫伊舍不想吃。
b. *Shrimp let alone squid Moishe won't eat.
*小虾更不用说鱿鱼莫伊舍不想吃。
c. *Shrimp Moishe won't eat and squid.
*小虾莫伊舍不想吃和鱿鱼。
d. Shrimp Moishe won't eat, let alone squid.
小虾莫伊舍不想吃，更不用说鱿鱼了。

20d 表明，let alone 允许句子片段做第二个并列成分。在这个方面，let alone 类似于包括 than 在内的某些其他连词（Fillmore et al. 1988: 517, 516）：

(21) a. John hardly speaks RUSSIAN let alone BULGARIAN.
约翰几乎不说俄语，更不用说是保加利亚语了。
b. John speaks Russian, if not Bulgarian.
约翰说俄语，如果不是保加利亚语。
c. John speaks better Russian than Bulgarian.
约翰的俄语说得比保加利亚语好。

然而，与表示比较的 than 和普通连词不同的是，let alone 不能与动词短语省略（VP ellipsis）同现（动词短语省略是省略除助动词之外的动词短语；Fillmore et al. 1988: 516）：

(22) a. Max will eat shrimp more willingly than Minnie will.
麦克斯比明妮更愿意吃小虾。
b. Max won't eat shrimp but Minnie will.
麦克斯不吃小虾，但明妮愿意。
c. *Max won't eat shrimp let alone Minnie will.
*麦克斯不愿吃小虾，更不用说明妮了。

和一些其他英语构式一样，*let alone* 构式是一个焦点构式（参见 Prince 1981b；我们将在下面进行讨论），因此，其特点是重读和韵律。事实上，*let alone* 构式是一个双焦点构式（a paired focus construction），如（Fillmore et al. 1988: 517）：

(23) a. He doesn't get up for LUNCH, let alone BREAKFAST.
他午餐都不起来吃，更不用说早餐了。

b. He doesn't get up for LUNCH, much less BREAKFAST.
他午餐都不起来吃，起来吃早餐的时候更少了。

c. She didn't eat a BITE, never mind a WHOLE MEAL.
她一口都没吃，更别说一顿饭了。

let alone 构式允许多重配对焦点出现（见 19a），所以在这样的句子中 *let alone* 可以出现多次（Fillmore et al. 1988: 520）：

(24) a. You couldn't get a poor man to wash your car for two dollars, let alone a rich man to wax your truck for one dollar.
你付两美元穷汉都不会给你洗小汽车，更别说你付一美元让一个富人给你的卡车打蜡了。

b. You couldn't get a poor man, let alone a rich man, to wash, let alone wax, your car, let alone your truck, for two dollars, let alone one dollar.
如果你只付两美元，你无法让一个穷汉为你洗小汽车，更别说让一个富人来洗了，更别说给你的小汽车打蜡了，更别说还是辆卡车了，更别说是一美元。

在这个方面，*let alone* 与 *not P but Q* 构式（例25）和 *respectively* 构式（例26）相似；但菲尔莫尔等人认为 *let alone* 在其他方面与这些构式存在差别（Fillmore et al. 1988: 521-522）：

（25）Ivan sent not album but a book, and not to Anna on her anniversary but to Boris on his birthday.
伊万将一本书而不是相册在鲍里斯生日那天送给鲍里斯，而不是在安娜的周年纪念日送给安娜。

（26）Fred and Louise hated their shrimp and squid respectively.
弗雷德和露易丝分别讨厌吃小虾和鱿鱼。

let alone 是一个负极性词语（negative polarity item），与 *any* 的意义并没有什么差别；它用于消极的语境和某些其他语境（Fillmore et al. 1988: 518）：

（27）a. He didn't reach Denver, let alone Chicago.
他还没有到达丹佛，更不用说芝加哥了。
b. He didn't reach any major city.
他没有到达任何大城市。

（28）a. I'm too tired to get up, let alone go running with you.
我累得都站不起来了，更不用说跟你去跑步了。
b. I'm too tired to do any chores.
我太累了，做不了家务了。

但是，与这些负极性词语不同的是，允许 *let alone* 出现的语境却不允许其他负极性词语出现（Fillmore et al. 1988: 519; 例29a 被证明是合法的）：

（29）a. You've got enough material there for a whole semester, let alone a week.
你现有的材料可供整整一个学期用的，更不用说一个星期了。
b. *You've got enough material for any semester.
*你现有的材料足够任何学期。

一般情况下，我们可以根据句法结构对一个语言现象进行语义解读，但 *let alone* 的语义和句法比较复杂，通过一般规则，不能对其语义和句法进行完全的预测。我们在上文已经提到，*let alone* 构式拥有至少一个配对焦点（如29a中的 *semester* 和 *week* 所组成的对子）。对 *let alone* 句子的解读要经过以下几个步骤。首先，第一个并列成分在句法上是完整的，在语义上有一个语义命题，而第二个并列成分是片段性的，解读者必须从该片段性并列成分中，识别或建构一个与第一个并列成分中的命题相平行的语义命题。其次，解读者必须识别或建构一个语义度标，作为两个语义命题中诸元素的基础。要做到这一点有时会有一定的难度。例如，18a描述的是麦克斯不想吃小虾更不想吃鱿鱼，其度标可能与假想的反感程度有关，也可能与小虾相对于鱿鱼所需的费用有关（以及与麦克斯的吝啬有关；Fillmore et al. 1988: 524-525）。

再具体一点说，解读者必须进行以下语义操作。首先，解读者必须建构一个度标模式（scalar model），从而将两个命题放在一个度标上进行排列分级。例如，对海鲜的反感或费用上的差别存在程度上的区别，从而形成一种度标。其次，两个并列成分中的命题必须来自相同的度标模式，即在这个例子中是"麦克斯不吃小虾"和"麦克斯不吃鱿鱼"。再次，这两个命题拥有相同的极性（polarity）（此例中的极性是负的）。最后，出现在前面的、结构完整的命题在度标上的程度更高或信息量更大，即吃鱿鱼的人也会吃小虾，吃小虾的人未必吃鱿鱼，根据这一假设，麦克斯不吃小虾的信息量，要比他不吃鱿鱼的信息量大。这种语义分析可以推广到 *let alone* 构式的多重配对焦点版本（详见 Fillmore et al. 1988）。对 *let alone* 构式的解读而言这套语义手段是必需的，但对其他构式来说则未必，或只需要其中的某些部分。

最后，与 let alone 构式相关的还有语用语境问题，即该构式在哪些语境中使用是恰当的（Fillmore et al. 1988: 532）。语篇语境较弱或信息量较小的命题是问题的重点；即结构上不完整的第二个并列成分背后的命题是问题的焦点，如麦克斯吃不吃鱿鱼的问题。较弱的命题要么接受这个语境，要么排斥这个语境。本例中的 Max doesn't eat squid 对该语境是排斥的。但是，只说出信息量较少的命题是违反会话合作原则的，因为言者知道，第一个并列成分所表征的命题是真的。因此，言者才说出 let alone 的话语。菲尔莫尔等人提到，let alone 与其他可以连接句子片段的连词在语用上是相似的，如上文中 21b-c 所示。但是，与 let alone 不同的是，在第二个结构不完整的并列成分中，有些连词所呈现的是较强的命题：

（30）a. He didn't make colonel, let alone general.
　　　　他没有当上上校，更不用说当将军了。
　　　b. He didn't make general; in fact, he didn't even make colonel.
　　　　他没有当上将军；事实上，他甚至没有当上上校。

我们已在前面举例介绍过，let alone 构式拥有其自己的句法、语义和语用属性，无法根据一般的句法、语义和语用规则对这些属性进行预测。一些在新兴的构式语法框架中进行的研究也表明，其他的构式也拥有独特的句法、语义和语用属性。阅读这些研究之后，我们有两点主要的发现：

第一个发现是，研究者各自关注的构式，是相关构式组成的构式家族中的不同成员。例如，let alone 构式就是并列构式家族中的一员，在这个家族中，第二个并列成分可以是某些类型的句子片段，如21b-c所示；let alone 构式还是配对焦点构式家族中的一员，如23b-c所示。配对焦点构式又与单焦点构式家族相关。let alone 本身与其他负极性词汇有关，还与另外一些在解读时需要参照度标模式的词语有关，如 even（甚至）、almost（几乎所有）、few（几乎没有）和 merely（只不过）（Fillmore et al. 1988: 530）。

同样，莱考夫对 There's a fox in the garden（花园里有只狐狸）这类句子中的 there- 构式进行了开创性研究，向我们揭示了一个由相关构式组成的大家族。在句法属性和语义属性上，这个大家族的成员之间只有些许差异（如31—32所示）（参见 Lakoff 1987 附录3，该附录是为讨论 there- 构式之间的差异而提供的材料）：

(31) 指示性 there- 构式

 a. *Central*: There's Harry with the red jacket on.
  表示中心：穿红色夹克衫的就是哈利。
 b. *Perceptual*: There goes the bell now!
  用于感知：铃响了！
 c. *Discourse*: There's a nice point to bring up in class.
  用于交谈：在课堂上提出一个很好的观点。
 d. *Existence*: There goes our last hope.
  用于存在：那是我们最后的希望了。
 e. *Activity Start*: There goes Harry, meditating again.
  表行为开始：哈利又开始冥想了。
 f. *Delivery*: Here's your pizza, piping hot!
  表传送：您的披萨来了，冒着热气呢！
 g. *Paragon*: Now there was a real ballplayer!
  表典范：那才是真正的球员！

h. *Exasperation*: There goes Harry again, making a fool of himself.
表恼火：哈利又在丢人现眼。
i. *Narrative Focus*: There I was in the middle of the jungle...
表叙述焦点：我当时身处丛林之中……
j. *New Enterprise*: Here I go, off to Africa.
表新的规划：我要走了，到非洲去了。
k. *Presentational*: There on that hill will be built by the alumni of this university a ping-pong facility second to none.
用于介绍：在那座小山上将由这所大学的校友捐资兴建一座首屈一指的乒乓球馆。

（32） 存现性 there-构式
a. *Central*: There's a fox in the garden.
表示中心：花园里有只狐狸。
b. *Strange [Event]*: There's a man been shot.
表陌生［事件］：有人被枪杀了。
c. *Ontological*: There is a Santa Claus.
表本体性：有一个圣诞老人。
d. *Presentational*: Suddenly there burst into the room an SS officer holding a machine gun.
用于介绍：一个党卫军军官突然闯进房间，手里握着机枪。

米凯利斯和兰布雷希特（Michaelis & Lambrecht 1996）对名词外置（Nominal Extraposition）（33a）的研究为我们揭示了如33b-e所示的感叹构式群：

（33）a. It's AMAZING the amount I SPENT!
我竟然花了这么多啊！
b. I can't believe the AMOUNT I spent!
没想到我花了这个数！

c. The AMOUNT I spent!
我花了这么多！
d. I can't BELIEVE how much I SPENT!
没想到我花了这么多！
e. It's INCREDIBLE how much I SPENT!
真不敢相信我花了这么多！

33a 中的名词外置构式有个特点，即该构式有一个被外置的名词短语，而且该外置的名词短语被转喻性地解读为一个度标。这两个特点为感叹句所独有；外置名词短语代表度标上的特别程度，而该句的感叹特点源自对这一特别程度的明确表达。33b 和 33c 中的构式拥有和 33a 一样的转喻解读，但 33b 中的名词短语没有外置，而 33c 中的名词短语是一个独立结构。与 33a–c 不同的是，33d–e 直接将程度表达出来了（how much），只是 33d 中的构式没有将表示程度的短语外置，但 33e 中的构式对程度短语进行了外置；在将程度短语进行外置这一点上，33e 与 33a 并没有什么不同。这个家族中的五个构式都是通过一般现在时态所表达的不同言语行为，而且都表明一种情感立场，即大大超出了自己的预期。这一事实使得主句只能对和预期相反的可分级事物进行断言。

我们的第二个发现是，这些研究表明构式在数量上众多、在种类上丰富，而这又意味着言者不仅拥有大量的、一般句法和语义规则无法解读的特殊句法知识，还掌握了大量的实质性习语。对构式进行详细分析不是构式语法学家们的专属领域，用各种方法从事句法和语义研究的语言学家，一直都在关注图式性习语/构式，而且证实了这些图式性习语/构式是对受规则支配的、具有能产性的语言行为的表征，虽然只限于分析过的构式家族。

有一个语言学流派自称为"功能主义学派"（functionalist），而我们将其称为"自治观功能主义学派"（autonomous functionalist）（参见 Croft 1995: 496-499）。他们发现，构式具有具体的语篇功能价值或信息结构价值。例如，普林斯（Prince 1978）认为，被称为"It-分裂句"（例 34）和"WH-分裂句"（例 35）的构式，都有各自的语篇功能值（Prince 1978: 885）：

> (34) It is against pardoning these that many protest (*Philadelphia Inquirer*, Feb 6, 1977)
> 许多人抗议赦免这些人（《费城问询报》，1977年2月6日）
>
> (35) What you are saying is that the President was involved (Haldeman, Watergate tapes)
> 你是说总统当时参与了（霍尔德曼，水门事件录音带）

普林斯指出，WH-分裂句和 It-分裂句在句法上存在差异，即前者可以出现分裂副词、介词短语或名词短语，而后者一般只允许动词短语或句子作为分裂项（Prince 1978: 884）。从语篇功能上讲，当从句的信息已为听者所知的时候，可以使用 WH-分裂句（同上: 894）。与之不同的是，对于 It-分裂句，普林斯确认出至少两种不同的"次级意义"（同上: 896, 898）：

> (36) So I learned to sew books. They're really good books. It's just THE COVERS that are rotten. (Bookbinder in S. Terkel, *Working*, 1974)
> 于是我学会了修补书籍。它们都是非常好的书。就是封皮破了。（语出 S. 特克尔《美国人谈美国》中的装订工人）
>
> (37) It was just about 50 years ago that Henry Ford gave us the weekend. (*Philadelphia Bulletin*, Jan. 3, 1976)
> 大约50年前，亨利福特让我们有了真正意义上的周末。（《费城公报》，1976年1月3日）

普林斯将例36中的句子称为"焦点重读型It-分裂句"（stressed focus It-cleft）。在这类分裂句中，有that引导的从句，但其内容被认为是听者未知的信息。焦点重读型It-分裂句还有一个令人关注的地方，即该分裂句具有自己的语音特点：只有焦点是强重读（例36中的全大写单词），而that-从句为弱重读。例37是"信息预设型It-分裂句"（informative-presupposition It-cleft）。在这种分裂句中，that-从句的内容是一个广为熟知的事实，尽管对听者而言未必是已知信息（因而也不在听者的意识之中）。信息预设型It-分裂句给予that-从句一般重读，而不是弱重读。这些例子表明，除了句法、语义和语用/语篇特征之外，构式还可能有相关的语音特征。

比尔纳和瓦尔德（Birner & Ward 1998）分析了各种前置构式（preposing constructions），如话题化（Topicalization）（例38；同上：51）、诸如右偏置等的后置构式（postposing constructions）（例39；同上：146），以及诸如倒装等的论元颠倒构式（例40；同上：159）：

(38) As members of a Gray Panthers committee, we went to Canada to learn, and learn we did. (*Philadelphia Inquirer*, June 16, 1985)
作为灰豹组织的成员，我们去加拿大学习，也的确学有所获。(《费城问询报》，1985年6月16日)

(39) It's very delicate, the lawn. You don't want to over-water, really. (father in the movie "Honey, I Shrunk the Kids")
非常娇嫩，这草坪。不用浇太多水的，真的。(语出影片《亲爱的，我把孩子缩小了》中的父亲)

(40) Behind them, moving slowly and evenly, but keeping up, came Pa and Noah. (J. Steinbeck, *The Grapes of Wrath*, 1939)
在他们的身后，缓慢、匀速地移动着，就这样，爸和诺亚来了。(J. 斯坦贝克《愤怒的葡萄》，1939)

比尔纳和瓦尔德认为，对于句法上相似的构式，在前置成分和后置成分的语篇地位方面，尽管不同的构式之间存在相似性，但每一个构式都有自己独特的属性。换句话说，他们所讨论的各种前置结构、后置结构和倒装结构，必须作为不同的语法构式进行分析。

维日比茨卡出版了许多著作，一直在对几个构式族进行探讨（参见维日比茨卡在 1980 和 1988 年出的论文集，以及下面将要讨论的例子）。例如，维日比茨卡认为，图式性习语 have a V 及相关的 give a V 和 take a V 所表征的是被规则支配的构式（Wierzbicka 1988: 293, 338）：

(41) a. have a drink
　　 来一杯
　　 b. *have an eat
　　 *来一吃
(42) a. give the rope a pull
　　 拉绳子一下
　　 b. *give the window an open
　　 *开窗子一下
(43) a. take a look at
　　 看一下……
　　 b. *take a look for
　　 *为……一看

维日比茨卡认为，例 41 中不定冠词之后的词不是名词，而是动词不定式，而在其他 have 构式中，have 后面跟的确实是名词，或更概括地说是一个名词短语，因此例 41 中的 have 构式与其他 have 构式不同。如短语 have a cough（咳嗽）中 have 后面跟的是个名词，我们也可以说 have a headache（头疼）、have pneumonia（得了肺炎）等，have 后面的词无疑都是名词（同上：295-296）。从这个方面看，have a V 构式在句法上具有独特性。

在语义上，维日比茨卡认为，have a V 构式所表征的是一种行为，该行为具有持续时间短却不守时、没有外部目标、可以反复发生、对施事或经历者有益等特点（同上：297-302）。她指出，对该构式特征的描述仍不完全，因为它只提供了动词出现于该构式的必要条件，却没有提供充分条件。为此，就像普林斯提供了 It-分裂句的两个小类一样，她提供了 have a V 构式的 10 种类型。她将其中一类描述为"能让人感觉舒服的漫无目的的行为"，如 have a walk/swim/run/jog/lie-down（散一下步/游一下泳/来一次慢跑/躺一躺）等。在此小类中，动词是不及物性的，但其表示的动作可以是持续的和无界的（同上：303）。因此，例 44b-c 在语义上具有不可接受性：

（44）a. He had a walk.
　　　他散步了。
　　b. *He had a walk to the post office.
　　　*他散步了到邮局。
　　c. *He had a get-up.
　　　*他起了一下床。

除了能描述消遣活动，该动词不能用来描述有目标的行动，即有外部目标的行动。所以，45b-c 在语义上是不可接受的：

（45）a. He had a swim.
　　　他游了一次泳。
　　b. *He had a work.
　　　*他工了一次作。
　　c. *He had a pray.
　　　*他祈了一次祷。

对图式性习语/构式的解读是约定俗成的，语用解读尤其如此；这一特点的表现是习语的可译性比较差。例如，对于例 46 中的复言陈述，人们一直认为，根据一般的语用原则，可以推理出类似于"男孩子做出那种不守规矩的行为是很正常的"意义（Levinson 1983: 125）：

（46）Boys will be boys.
　　　男孩就是男孩。

维日比茨卡指出，事实上，在语用意义上，例 46 在不同语言中的直译（例 47—50）与例 46 并不相同。然而，不同的构式被用来实现大致相同的语用意义（Wierzbicka 1987: 96-97）。在例 47—50 中，a 句是对例 46 最为接近的直译，b 句在语用意义上与例 46 最为接近，而 c 句是对 b 句的直译：

（47）法语
　　a. *Les garçons sont les (des?) garçons.
　　b. ?Les garçons seront toujours les (des) garçons. [still questionable]
　　c. Boys will always be boys.
　　　男孩总归是男孩。

（48）德语

　　　　a. *Knaben warden Knabensein.
　　　　b. ?Knabenbleiben (immer) Knaben.
　　　　c. Boys remain (always) boys.
　　　　男孩保持（总是）男孩。
（49）俄语
　　　　a. *Mal'čiki budut mal'čiki.
　　　　b. (Čego ty xočeš'?) oni že mal'čiki.
　　　　c. (What do you expect?) They are boys.
　　　　（你还想怎么样？）他们是男孩子。
（50）波兰语
　　　　a. *Chłopcy będą chłopcy.
　　　　b. (Jednak) co Paryż to Paryż.
　　　　c. (However) what (is) Paris this (is) Paris.
　　　　（然而）什么（是）巴黎这（是）巴黎。

这些例子表明，对例46的语用解读实际上与英语等式复言（equational tautology）之间具有约定俗成的关系。事实上，维日比茨卡认为英语中有几种不同的等式复言构式，相互之间不能替换（同上：104）：

（51）$N_{abstract}$ is $N_{abstract}$.
　　　　a. War is war.
　　　　战争就是战争。
　　　　b. *Kid is kid.
　　　　*小孩儿就是小孩儿。
（52）N_{plural} are N_{plural}.
　　　　a. Kids are kids.
　　　　小孩儿们就是小孩儿们。
　　　　b. *Wars are wars.
　　　　*各种战争就是各种战争。

（53）N_{plural} will be N_{plural}.
　　a. Boys will be boys.
　　　男孩儿们总归是男孩儿们。
　　b. *Wars will be wars.
　　　*各种战争总归是各种战争。

（54）An N is an N.
　　a. A party is a party.
　　　一次聚会就是一次聚会。
　　b. *A war is a war.
　　　*一场战争是一场战争。

（55）The N is the N.
　　a. The law is the law.
　　　法律就是法律。
　　b. *The war is the war.
　　　*该战争就是该战争。

维日比茨卡认为，我们可以对例51—55中的构式进行如下的语义描述：对人类复杂活动的"清醒"态度（例51）；对人之本性的容忍（例52—53），而将来子类表明某类人"任性而不可控制的自发行为"（Wierzbicka 1987: 107）；与人的角色、活动或机构等相关的责任（例54—55；维日比茨卡认为例54还有其他的解读）。通过英语的一般语义解读规则，或一般语用规则，我们无法推理出这些语义差异。

　　生成语法被认为是与成分模式最为接近的理论。即便在此传统中，也一直存在着对图式性习语的研究，尤以杰肯多夫为代表［Jackendoff 1990, 1997；参见阿克马吉安（Akmajian 1984）和兰布雷希特（Lambrecht 1990）用构式语法术语对图式性习语的再分析]。如杰肯多夫（Jackendoff 1997）对 TIME-away 构式（时间流逝构式）作了如下分析：

  （56）Bill slept the afternoon away.
    比尔把下午睡过去了。

从句法上讲，不及物动词之后的名词短语相当于一个直接宾语补足语，而该补足语一般不能与及物动词同现（57a-b）。在有些情况下，"正常的"直接宾语可以出现在 with 短语中，却不能出现在一般的主动语态构式中（57c-d；Jackendoff 1997: 246 535）：

  （57）a. Fred drank the night away.
    弗雷德把晚上给喝过去了。
    b. *Fred drank scotch the night away.
    *弗雷德把晚上给喝苏格兰威士忌过去了。
    c. Fred drank the night away with a bottle of Jack Daniels.
    弗雷德用一瓶杰克丹尼威士忌把晚上给喝过去了。
    d. *Fred drank with a bottle of Jack Daniels.
    *弗雷德用一瓶杰克丹尼威士忌酒喝。

从语义上讲，时间流逝构式似乎与 for 引导的延续体状语（durative adverbial）有相同的解读（Jackendoff 1997: 536）：

  （58）Bill slept for the (whole) afternoon.
    比尔睡了（整整）一下午。

然而，与延续体状语不同的是，时间流逝构式要求有意志的人做主语（volitional subject）（59a-b），而且要求描述的是活动而非状态（60a-b）（同上：537）：

  （59）a. The light flashed for two hours.
    灯闪了两个小时。

b. *The light flashed two hours away.

*灯把两个小时闪过去了。

(60) a. Celia sat for two hours.

西莉亚坐了两个小时。

b. *Celia sat two hours away.

*西莉亚将两个小时坐过去了。

在意义和行为上，作为体标记的小品词 away 似乎与时间流逝构式中的 away 是相似的：

(61) Bill drank away.

比尔一直喝。

(62) *Celia sat away.

*西莉亚一直坐。

但是，小品词 away 表示动作行为没有完成（atelic），即该行为是无界的，而时间流逝构式中的动作行为则是完成的（telic）。我们可以通过 It take NP_{time} 构式对此进行具体说明：

(63) a. *It took a month for Lois and Clark to finally get to dance away.

*洛伊丝和克拉克等了一个月，终于将舞跳下去了。

b. It took a month for Lois and Clark to finally get to dance two blissful hours away.

洛伊丝和克拉克等了一个月，终于将两个小时非常快乐地跳过去了。

这些属性表明，按照一般的句法和语义规则来判断，时间流逝构式具有独特性。杰肯多夫进一步提出，通过其他语义上相关构式的属性，如结果构式（例64）和 way 构式（例65），无法对时间流失构式的属性进行预测（参见 Jackendoff 1997）：

(64) The river froze solid.

河水结了厚厚的冰。

(65) Dora drank her way down the street.
朵拉沿着街走，边走边喝。

杰肯多夫对两种时间流逝构式的分析进行了认真思考。一种是构式语法学家基于构式的描述，一种是由词汇规则派生出相关动词并由该动词支配这类构式的描述。他的结论是，两种分析的实质性区别在于，如果我们想要"坚持实义动词的论元结构总是决定动词短语论元结构的假设"（Jachendoff 1997: 557），就必须采用词汇规则分析法。杰肯多夫本人倾向于对时间流失构式进行构式法分析，因为他相信其他语境中肯定也会出现构式（同上：557）。

在其1997年的论文中，杰肯多夫又往前迈了一步，从而离生成语法的成分模式更远，离构式语法模式更近了。他的观点也朝着构式语法学家更大胆的假设迈进了一步。要想对言者的很大一部分语法知识进行解释，就必须假定构式的存在；那么，我们能否对构式概念进行泛化，从而用构式概念对言者的所有语法知识进行解释？关于这一更为大胆的假设，我们将在下一节介绍构式语法的论据。

9.4 从构式到构式语法

我们在上文介绍了一些个案研究，这些个案研究表明，我们需要将构式作为句法表征的一个单位对待。构式是一种句法构型（syntactic configuration），有时候有一个或多个具体的词（如 *let alone*、*have a...* 和 *away*），有时候没有固定的词（如焦点构式、感叹构式和结果构式）。构式也有自己的意义，有时候还会有自己的语用意义，如各种复言构式。因此，作为一个语言单位，构式与语法知识的成分模式不一致。构式的存在要求我们对例3中的成分模式进行修改，从而形成例66所表征的模式：

（66）

```
          ┌──────────┐
          │ 音系成分 │ ◄──── 连接规则
  词 构   ├──────────┤
  汇 式   │ 句法成分 │ ◄──── 连接规则
          ├──────────┤
          │ 语义成分 │
          └──────────┘
```

构式与词汇中的词项一样，是将构式中具体单词，以及与构式相关的语义韵特征等句法信息、语义信息、甚至音系信息组合在一起的"垂直"结构。随着越来越多的构式被发现和分析，构式语法学家们逐渐认为，语法组织是"垂直的"〔实际上，菲尔莫尔等人（Fillmore et al. 1988）已经提出了这种研究路向〕。

我们首先从构式的句法结构开始介绍。在§9.3中，我们提出对图式性习语要进行构式分析。在§9.2中，我们对图式性习语进行了定义，即在图式性习语中，某个元素或某些元素在词汇上具有开放性，并用范畴标签进行标示，如在 have a V 中，V 是范畴标签，标示一类动词。像 It takes one to know one（彼此彼此）这样的实质性习语与图式性习语不同，因为它在词汇上没有开放性成分。因此，我们不用对成分模式的基本原则做大的修改，就可将实质性习语放在词汇中。

但菲尔莫尔等人在一条脚注中提出，事实上，实质性和图式性之间存在着一个渐变连续体（Fillmore et al. 1988: 505, 注3）。

尽管在§9.2的描述中，我们将带有开放性词汇元素的习语称为图式性习语，但在图式性（schematicity）上，不同图式性习语之间存在相当大的差异。有些图式性习语，如 *kick the bucket*（翘辫子）这样的动词短语，除了存在语法屈折变化，其他方面都是固定的：

(67) a. Jake kicked the bucket.
　　　杰克翘辫子了。
　　b. Jake's gonna kick the bucket.
　　　杰克要翘辫子了。

其他图式性习语有一个或多个开放性论元空位，且在屈折变化方面具有灵活性，如 *give NP the lowdown*（告诉 NP 以实情）：

(68) a. I gave / I'll give him the lowdown.
　　　我告诉了/将告诉他实情。
　　b. He gave / He'll give Janet the lowdown.
　　　他告诉了/将告诉珍妮特实情。

还有一些图式性习语，其"内容"词都是开放性的，只有一个显著形式是实质性元素，如连词 *let alone* 就是这样的例子：

(69) a. She gave me more candy than I could carry, let alone eat.
　　　她给我的糖果多得我都拿不了，更不用说吃了。
　　b. Only a linguist would buy that book, let alone read it.
　　　只有语言学家才会买那本书，更不用说读了。

像结果构式这样的习语，其所有的元素在词汇层面上都是开放性的。语言学界一直建议用构式的方式来对这些图式性习语进行分析（Goldberg 1995: 181）：

(70) a. This nice man probably just wanted Mother to...kiss him unconscious. (D. Shields, *Dead Tongues*, 1989)
　　　这个好男人大概就想让妈妈……把他给吻晕过去。

（D. 希尔兹《死亡之舌》）

b. I had brushed my hair very smooth. (C. Brontë, *Jane Eyre*, 1847)
我那时将头发梳理得整整齐齐。（C. 勃朗特《简·爱》）

因为结果构式在词汇层面上没有固定的成分，我们只能借助句法结构和独特的语义解读，来对其进行描述。用来对例70进行描述的句法结构是［NP Verb NP XP］。

从将结果结构作为构式进行分析，到将语言的所有句法规则作为各种构式进行分析，中间只有一步之遥（Fillmore et al. 1988: 501, 534; Langacker 1999: 19）。毕竟，像 VP → V NP 这样的句法规则所描述是一个完全图式性的构式［V NP］。而且，将句法结构映射到与其相应的语义结构上的语义解读规则，为该图式性构式所独有。实际上，戈德伯格认为，英语中存在结果构式这样的较为具体的图式性句法构式，也存在一个及物部件（Goldberg 1995: 116-119）。将普遍句法规则作为涵盖面最广、最具图式性的语言构式进行分析，就是将其放在与习语构式组成的实质性-图式性渐变连续体的另一端。

现在让我们将视角转向语义解读。我们也可以认为，构式和成分语义规则之间只存在程度上的差别，而非类型上的不同。我们曾在§9.2中提到过，农贝格等人（Nunberg et al. 1994）认为，大多数习语是习语性组合表达。在一个习语性组合表达中，习语的句法部件，如 *spill* 和 *beans*，可以与习语的语义解读相对应，即"泄露"和"情报"。农贝格等人认为，习语性组合表达不仅在语义上具有可分析性，而且在语义上具有组合性特点。

农贝格等人注意到，语义合成具有约定俗成性，而这种约定俗成性是一个渐变连续体；习语性组合表达位于该渐变连续体上的一极。渐变连续体的另一极体现为选择限制（selectional restrictions）。不同单词之间的组合取决于单词所指代的概念意义，而选择限制就是对不同单词的可能组合进行的限制。例如，在例71—72中，对 mud 和 car 在使用上的限制，取决于泥浆是黏稠的物质而小汽车是机器这一事实：

（71）a. Mud oozed onto the driveway.

泥浆渗到了私家车道上。

b. ?*The car oozed onto the driveway.

?*小汽车渗到了私家车道上。

（72）a. The car started.

小汽车开动了。

b. ?*Mud started.

?*泥浆开动了。

对泥浆和小汽车进行限制的，并不是表达这两个概念的规约化形式。如果我们使用单词 goo（黏稠物质）而非 mud、使用 automobile（汽车）而非 car 的话，并不会改变我们对例71和例72的语义判断。例71a 和例72a 在语义上是组合性的（compositional），即我们可通过句子部件的意义来对整个句子的意义进行预测。

位于该渐变连续体中间的是被称为搭配（collocation）的语言现象。搭配是单词的组合形式。之所以是这种组合形式而非其他，是因为换成其他的形式就会导致语义上的变化。例如，马修斯认为，toasted（把……烤得焦黄）和 roasted（烧烤）所描述的基本上是相同的过程，但在组合方式上受到的限制不同（Matthews 1981: 5）：

（73）a. roasted meat
　　　烤肉
　　b. toasted bread
　　　烤面包。
（74）a. ?*toasted meat
　　　?*烘烤的肉
　　b. ?*roasted bread
　　　?*烧烤的面包

大多数语言学家也会对73a-b进行语义成分分析。在这两个例子中，名词短语的整体意义可通过其部件的意义进行预测。关键是，讲英语的人约定俗成地将 toasted 与 bread 搭配，而将 roasted 与 meat 搭配，而非相反。这种约定俗成没有影响 73a、73b 两个表达的语义组合（semantic compositionality）。

通常情况下，搭配是或多或少可通过语境进行恰当解读的表达；但是，如果某个表达还未被言语社团知晓，人们就无法正确使用它（Nunberg, Sag & Wasow 1994: 495）。换言之，搭配是编码习语（encoding idioms）。例如，75a 和 75b 分别是用来表示同类物体的美式英语表达和英式英语表达。对操各自方言的人而言，两种表达都是组合性的，但美国人可能不知道英式英语中用来指称该类物品的习惯表达，英国人也可能不知道美式英语中用来指称该类物品的习惯表达：

（75）a. thumb tack (American English)
　　　图钉（美式英语）
　　b. drawing pin (British English)
　　　图钉（英式英语）

第九章 从习语到构式语法

农贝格等人认为，我们可以对习语性组合表达进行完全相同的推理。构成习语性组合表达的单词一般都是固定的。替换成别的单词都会导致语法上的错误。如 76b-c 和 77b 所示：

（76）a. Tom pulled strings to get the job.
汤姆通过幕后操纵得到了这份工作。
b. *Tom pulled ropes to get the job.
*汤姆拉绳子得到了这份工作。
c. *Tom grasped strings to get the job.
*汤姆紧握绳子得到了这份工作。

（77）a. She spilled the beans.
她泄露了秘密。
b. *She spilled the succotash.
*她洒露了沙科达玉米粥。

然而，即便我们知道构成习语性组合表达的所有单词的意义，也不等于我们知道该表达的整体意义，因为其整体意义是综合性的：

按照惯例……在 *pull strings* 中，当 *strings* 作为 *pull* 的宾语时，可被隐喻性地用来表示人际关系，而当其宾语是 *strings* 的时候，*pull* 可被隐喻性地用来指称出于私利的利用或施加影响。（Nunber et al. 1994: 496）

例如，当我们听到用来表示"泄露秘密"的 *spill the beans* 时，我们可以认为 *spill* 表示泄密行为而 *beans* 表示被泄露的秘密，即便我们无法解释在这个表达中为什么使用了 *beans* 而不用 *succotash*。当然，这并不是说，当 *spill* 不与 *beans* 同现时也可有"泄露"的意义，或者在没有 *spill* 同现的情况下 *beans* 可有"秘密"之义。对于每一个构成成分来说，其意义可以随另一个词的出现而出现，而不要求将"泄露秘密"的意义与整个动词短语联系起来。"泄露秘密"

这一整体意义是通过一条规约产生的，即当该搭配的部件同现的时候，这些部件就被赋予特有的意义。(同上: 497)

首先，农贝格等人的分析似乎有点奇怪。在 *pull strings* 这一搭配中，*pull* 和 *strings* 分别拥有在该搭配中才有的意义，而且这些意义是该习语性组合表达的语义成分。习语性组合表达的意义是"非组合性的"传统的观点更符合现实情况。事实上，人们有时认为，对于构式是独立的句法体的观点，最有力的证据之一是构式的意义具有某种程度的"非组合性"。但是，有证据表明农贝格等人的分析是正确的。

有些英语单词，如 *pay heed*（留心）中的 *heed*（注意），只存在于习语性组合表达中。要说 *heed* 本身有意义也是说得通的，当然其意义只存在于 *pay heed* 这一搭配之中。人们一直认为，*heed* 是习语性的，因为除了使用方式不同，它与 *pay attention* 中的 *attention* 基本上是同义词（Radford 1988; 参见 Nunberg et al. 1994: 505）。

(78) a. You can't expect to have my attention/*heed all the time.
你别指望总是得到我的关注。
b. He's a child who needs a lot of attention/*heed.
他是个孩子，需要很多关注。

农贝格等人认为，事实上，当 *attention* 作 *pay* 的宾语时，*attention* 与 *heed* 的意思并不一样（Nunberg et al. 1994: 505）:

(79) a. The children paid rapt attention/?*heed to the circus.
孩子们全神贯注地观看马戏团的表演/?*孩子们全神留心地观看马戏团的表演。
b. I pay close attention/?*heed to my clothes.
我特别注意我的穿着/?*我特别留心我的穿着。

c. They paid attention/??*heed to my advice, but didn't follow it.
他们注意到了我的建议，却没有听取 / ？？*他们留心到了我的建议，却没有听取。

这些语义上的差异与动词 attend 和 heed 之间的区别有关："我们显然可以 attend to（注意到）很多我们没有 heed（留意）的东西……我们可以 take heed（留意）但不能 take attention（留注意），而且……attention（注意力）会走神而 heed（留意）不会"（Nunberg et al. 1994: 506）。换言之，尽管 pay heed 中的 heed 只作为名词出现在该组合中，它确实拥有自己的意义。因此，我们有理由认为，习语性组合表达中的其他单词也有专用义，而且这些专用义都是组合意义（compositional meanings）。

习语性组合表达具有组合性特征，对此我们可以在心理语言学中找到另一条重要证据。以英语为母语的人可以识别出习语性组合表达中各词的词义，而且可以识别出它们的意义为比喻义，尽管这些比喻义只存在于该习语性组合表达中（Gibbs 1990）。这两个方面的证据都表明，农贝格等人的结论是合理的，即"在习语性组合表达中，各部件之间的依存关系在本质上完全是语义性的"（Nunberg et al. 1994: 505）。

从构式语法的视角来看，农贝格等人对习语性组合表达的分析看起来更为合理。像 spill the beans（泄露秘密）这样的习语性组合表达是构式。作为构式，它拥有独特的句法规则，即动词必须是 spill，而其宾语必须是 the beans。它有一个语义解读，即"泄露秘密"。农贝格等人想要表达的就是该构式有其自己的语义解读规则，从而将 spill 映射到"泄露"、将 the beans 映射到"秘密"

上。例80是一个简图，呈现的是对该习语性组合表达的构式分析。在简图中，小写单词用来描述形式，大写单词用来描写意义[①]，方框代表构式及其部件，虚线表示句法与语义之间的映射（详见§10.1）：

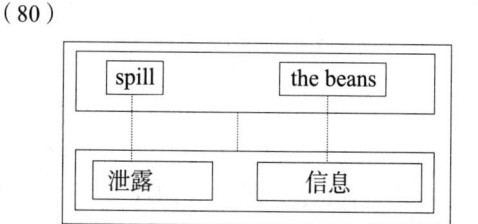

（80）

```
┌─────────────────────────────────┐
│  ┌───────┐      ┌───────────┐   │
│  │ spill │      │ the beans │   │
│  └───┬───┘      └─────┬─────┘   │
│      ┆                ┆         │
│  ┌───┴───┐      ┌─────┴─────┐   │
│  │ 泄露  │      │   信息    │   │
│  └───────┘      └───────────┘   │
└─────────────────────────────────┘
```

农贝格等人将规约性（conventionality）与非组合性（noncompositionality）区分开来。习语性搭配不是非组合性的。英语中真正的非组合性表达是像 *saw logs*（打呼噜）和 *kick the bucket*（翘辫子）这样的习语性短语。习语性搭配和一般表达的区别仅仅在于，其意义部件的表达方式是约定俗成的，而且具有不透明性。

早期的研究者一直认为习语性搭配是"非组合性的"，因为根据其部件单词在其他表达中的意义，我们无法预测习语的整体意义。更准确地说，习语性搭配一直被作为"非组合性"表达对待，是因为它们的意义不符合一般句法表达的语义解读规则；如果按照一般句法表达的语义解读规则，*spill the beans* 的句法结构应该是 [VERB OBJECT] vp。但是，如例80所示，*spill the beans* 的句法表达部件可以映射到该习语意义的构成成分；在这种意义上，该习语是组合性的。*spill the beans* 与一般句法表达不同，因为按照一

---

① 此处的大写单词已翻译成汉语。——译者

般的语义解读规则，*spill the beans* 的结构是 [VERB OBJECT]vp，但 *spill the beans* 有自己专属的语义解读规则，而且这种专属规则无法从一般语义解读规则推导出来。

因此，严格意义上讲，那种由构式"非组合性"特点推断出每个构式都必须是独立句法单位的观念是不正确的。习语性短语不是组合性的，而构式是组合性的；也就是说，构式部件的意义被组合在一起，从而形成整个构式的意义。我们之所以必须将其作为独立的构式进行表征，是因为对该构式进行语义解读的规则为该构式所专有，并不是从另一个较为一般的句法模式衍生出来；构式语法学家是经过仔细论证后才得出这一结论的（参见 Goldberg 1995: 13 和 Michaelis & Lambrecht 1996: 219）。

实际上，我们可以将语义解读的一般"组合性"规则，看作与一般句法结构即图式性句法结构相联系的语义规则，正如将语义解读的专用规则（specialized rules）与句法上特别的语法外习语相联系。我们很容易将农贝格等人对习语性组合表达的分析，扩展为将句法结构和语义结构连接起来的一般语义解读规则。例如，大家可以思考一下英语表语形容词构式（predicate adjective construction）及其语义解读：

(81) Hannah is smart.
汉娜很聪明。

英语表语形容词构式的句法形式是 [NP be Adj]。与一般动词构式的区别在于，该形式要求使用系动词 *be*。我们可以对表语形容词构式的语义进行如下分析：形容词范畴中的所有成员都要与系动词 *be* 组合起来才能对某一所指对象的某个属性进行描述。这一点与动词不同。系动词 be 必须和形容词范畴中的成员组合起来，才能被解读为对主语 NP 的属性进行的描述。事实上，这种分析基本上就是兰盖克所赞同的语义分析（Langacker 1987: 214-222; 1991a: 204-205）。用兰盖克的话来说（参见§3.5），形容词是对不受时间影响的关系的符号化，而系动词 be 是对过程的符号化；要想对形容词的意义进行预测，就必须将其和该过程组合起来。

同样，图式性构式所描述的是语言中最普遍的句法结构，而我们可以为任何图式性构式提供语义解读规则。换言之，所有句法表达，无论其图式性程度如何，都有与其相应的语义解读规则，尽管有些实质性习语的语义解读规则似乎是从诸如［Verb Object］（参见§10.2.1）这样的更为图式性的句法表达中继承的。因此，规则性句法表达与习语性组合表达之间的区别，并不是前者为"组合性的"而后者为"非组合性的"。相反，前者的语义构成规则适用面较广，而后者的语义构成规则专用性较强。在语义学及句法学中，我们可以将构式概念的使用范围扩大，从而包括一个人的全部语法知识。

如果我们可以将句法和语义作为整体表征为构式，那么我们又该如何处理词法和词汇呢？词法与句法一样，表征的是由词素构成的、复杂的语法单位。按照结构主义的观点，词法与句法的区别在于，单词中的词素是黏着的，而短语或句子中的单词在形态上是自由的。有趣的是，我们可以在词法中找到与习语的几乎所有特殊现象类似的事物。

有些平时比较少见的词素存在于一些简单的组合中，如 *cranberry* 中的 *cran-* 就是这样的词素［请比较 *kith and kin*（亲友）、

pay heed（留意）]。这些词素给美国结构主义者提出了难题，因为他们必须给那些只出现于其所在单词的陌生词素分派意义（如果有的话）。当然，这正是农贝格等人在对相似句法结构进行分析时所提倡的方法。

除此之外，还存在着"语法外"形态，即不符合语言一般形态规则的形态模式（morphological patterns）。英语复数形式的一般构成规则是通过后缀法，在名词词干后面添加词素变体 *-s*。像 *feet*、*geese* 等名词，是通过内部元音变换来构成复数形式的；这种构成方式不符合复数形式的一般构成规则。同理，*brother-in-law* 的复数形式是 *brothers-in-law* 或 *brother-in-laws*，也属于复数形式一般构成规则之外的情况。这种例子在不同语言中都很常见。例如，在玛雅语族的基切语（K'iche' Mayan）中，表示一致的词缀（agreement affixes）一般作为前缀，紧跟在表示体的前缀（aspect prefix）之后：*x-at-w-il-oh*（我见过你 [熟人之间]）。然而，表示正式的第二人称的词素，是一个跟在动词后面的自由词，因此是一个"语法外"词素：*x-w-il alaq*（我见过您 [正式]）（Mondloch 1978: 27）。

各种形态表达构成了一个图式性渐变连续体。像 *book-s* 这样的形态表达位于最为具体的一端，可以得到充分解释。像 *book*-NUMBER 和 NOUN-*S* 这样的形态表达属于部分图式性的形态表达。而像 NOUN-NUMBER 这样的形态表达属于完全图式性的形态表达。

许多单词都可称为"习语性组合单词"。在这些单词中，词素只有在与其词干或子类词干（subclass stems）组合的时候才有特定的意义。例如，-en 是 brother 的一个复数后缀，但只有当 brother 指称宗教社团成员的时候才使用这一后缀，而且只有与 -en 组合的时候，brother 才指称宗教社团的成员[①]。当词干为 write（写）、run（跑）等类动词时，派生后缀 -er 指称动词词干所表示事件的施事；当词干为 clip（剪）、staple（订）等类动词时，派生后缀 -er 指称动词词干所表示事件的工具；当词干为 fry（油炸）、broil（烤炙）等类动词时，派生后缀 -er 指称动词词干所表示事件的受事。这些观察结果表明，事实上，形态与句法非常相似，从而促使人们采用构式表征模式对其进行分析。

最后，词汇与构式之间只存在程度上的区别。词汇中的单词是句法形式（及语音形式）与意义结成的对子。构式也是句法形式（对实词成分而言也是音系形式）与包括语用意义在内的各种意义结成的对子。单词与构式之间的唯一区别在于，构式由单词和短语构成，比较复杂，而单词在句法结构上比较简单。当然，有些单词在形态上也比较复杂。但我们已经指出，构式语法只将形态上比较复杂、其部件在形态上属于黏着词素的词作为构式进行分析。形态上简单的词是原子词（atomic），我们无法将这类词切分成更小的有意义的部件。但是我们再次强调，单词就是构式的极限情况（Fillmore et al. 1988: 501）。

我们讨论的终点是构式语法的基本假设之一，即在言者的大脑中，所有语法知识都有一个以概括性构式为形式的统一表征。

[①] brotheren 的词干 brother，在意义上与单数形式的词干 brother 不同，但我们在此将不考虑这一事实。

在表 9.2 中，我们将语法成分模式中的语法实体，与它们在构式语法中作为各种构式的分析进行对比。

表 9.2 句法-词汇渐变连续体

构式类型	传统名称	例子
复杂且通常为图式性的	句法	[SBJ be- VERB -en by OBL]①
复杂的实义动词	次范畴化框架	[SBJ consume OBJ]②
复杂且通常为具体的	习语	[kick-TNS the bucket]③
复杂但属于黏着的	形态	[NOUN-S]，[VERB-TNS]④
原子且图式性的	句法范畴	[DEM]，[ADJ]
原子且具体的	单词/词汇	[this]，[green]

句法规则和与之相伴而生的语义解读规则是图式性的复杂构式。用来描述动词句法行为的次范畴化框架，是带有实义动词的图式性构式。习语是复杂的构式，而且至少在一定程度上是实义的。形态描述的是由黏着词素构成的复杂构式。词汇中的单词是原子性实义构式，而句法范畴是图式性原子结构。换句话说，语法知识表征的是两个维度上的渐变连续体；这两个维度分别是从具体性到图式性、从原子性到复杂性。学界一般将其称为句法-词汇渐变连续体（syntax-lexicon continuum）。因此，构式语法与兰盖克提出的语言结构必须满足内容要求的观点相一致，即进入认知语法系统的语法实体只有语法单位和对这些语法单位的图式化（Langacker 1987: 53-54）。

---

① ［主语 be-动词 -en by 旁格宾语］——译者
② ［主语 consume 宾语］——译者
③ ［kick-时态后缀 the bucket］——译者
④ ［名词-复数后缀］，［动词-时态后缀］——译者

与传统的构式概念相比,构式语法中的构式概念涵盖面要宽泛得多。在构式语法中,构式可以是原子性的,也可以是复杂的;在形态上,构式可以由黏着词素构成,也可以由自由词素构成;而且,构式的任一部件或所有部件可以是具体的,也可以是图式性的。然而,构式语法中所有构式都是形式和意义结成的对子;形式包括句法形式、形态形式以及音系形式,而意义包括语用意义。

我们可以通过下面的示意图,来对构式语法中的语法知识模式进行概括:

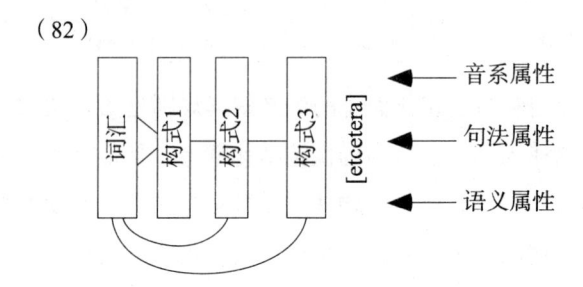

（82）

```
┌──┬───┬───┬───┐
│词│构│构│构│ [etcetera]  ◀── 音系属性
│汇│式│式│式│
│  │1 │2 │3 │             ◀── 句法属性
└──┴───┴───┴───┘
                           ◀── 语义属性
```

构式语法是由从图式性句法构式到具体词汇等类型丰富、数量众多的构式构成的。所有这些构式都拥有句法形式和音系形式属性,以及语言意义和语用意义属性。所有这些构式都以特定的组织方式,储存在言者的大脑之中。本章简要介绍了构式语法的基本观点,我们将在下一章介绍各种构式语法理论对这些观点的详细阐述。

第十章 构式语法概述

10.1 构式语法理论要点

在第九章，我们提出要将语法知识作为各种构式对待。在本章，我们将讨论言者语法知识中构式的结构及组织。

在对语法构式的分析中，会涉及一些基本概念和描写术语。本节将对这些基本概念和描写术语进行介绍。尽管本节所介绍的概念，在不同的句法理论中会以不同的方式进行组合，它们却是所有句法模式的基础。我们认为，任何语法理论，都是为言者头脑中的话语结构提供表征模式、为话语结构之间的关系提供组织模式的。有时候，话语结构之间的关系，被描述为由派生规则连接起来的不同的表征层面。但是，构式语法与中心语驱动短语结构语法（Head-driven Phrase Structure Grammar）一样，属于非派生模式。因此，"组织"（organization）就是对语法理论这个方面更为概括的描述。

我们将在§10.2对认知语言学中的四种构式语法理论进行概述，并重点关注每种理论的区别性特征。这四种构式语法理论分别是首字母大写的构式语法（Construction Grammar；Kay & Fillmore 1999；Kay *et al.* 即将出版）、莱考夫（Lakoff 1987）和戈德伯格（Goldberg 1995）的构式语法、认知语法（Langacker 1987, 1991）和激进构式语法（Radical Construction Grammar; Croft 2001）。

10.1.1 语法表征：对构式的解剖

在构式语法中，语法构式就像其他句法理论中的词库一样，是由形式和意义构成的对子，而这些形义结合的对子多少都具有任意性（参见 §10.2.1）。即便是最一般的句法构式，也有与之相应的语义解读规则。因此，构式就是象征单位（symbolic units）。图10.1 是这些象征单位之间的结构关系示意图（请与 Langacker 1987: 60 进行对比）。

```
┌─────────────┐
│ 句法属性     │ ◀┅┅┅ 构式
│ 形态属性     │ ◀┅┅┅ 形式
│ 音系属性     │
└─────────────┘
       ┊ ◀┅┅┅ 符号对应（连接）
┌─────────────┐
│ 语义属性     │
│ 语用属性     │ ◀┅┅┅ （规约性）意义
│ 语篇-功能属性 │
└─────────────┘
```

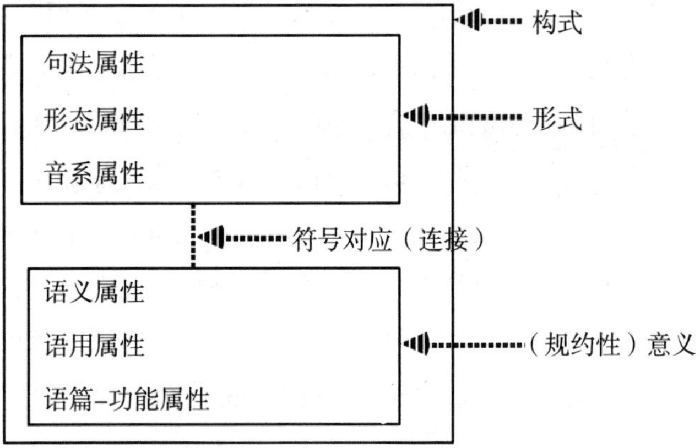

图 10.1　构式的象征性结构

我们用"意义"（meaning）来表征构式功能中所有约定俗成的方面；这些约定俗成的方面不仅包括话语所描述的情境的属性，

还包括话语所在语篇的属性（如用定冠词来表示交际双方都知道的对象），以及对话者的语用情境（如用"多漂亮的猫啊！"这样的感叹构式来传递言者的惊讶）。我们将用"意义"和"语义"（semantic）来指称构式的所有规约性功能。

成分句法理论和构式语法的主要区别在于，构式语法认为形式与规约性意义之间的象征关系对构式而言是内在的，而成分句法理论认为，形式与规约性意义之间的象征关系对句法成分和语义成分而言是外在的（即仅作为连接规则）。图10.2 和 10.3 是根据这一参数，对成分句法理论和构式语法进行的对比；粗体边框所凸显的是两者的主要差异。

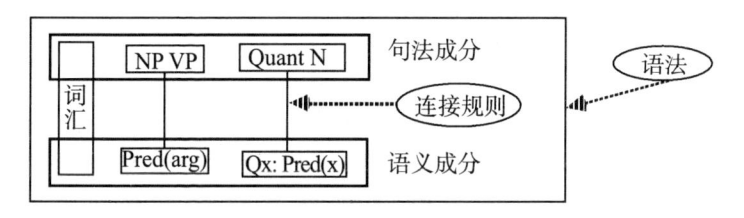

图 10.2 成分句法理论中形式与功能之间的关系

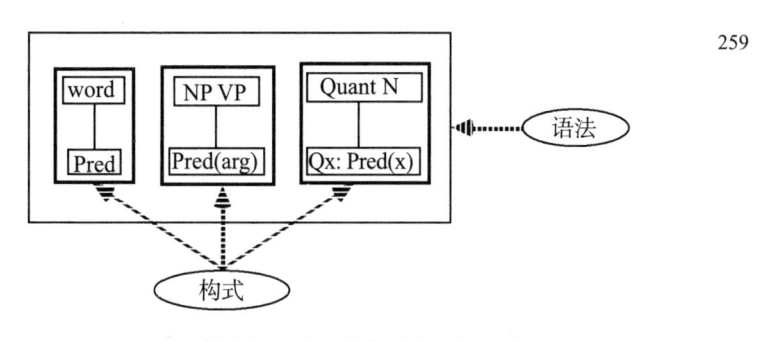

图 10.3 构式语法中形式与功能之间的关系

在成分模式中，句法结构的组织独立于相应的语义结构，如图10.2中粗框所示。在构式语法中，基本的语言单位是象征性的，并作为象征单位组织在一起，如图10.3中的粗框所示[①]。因此，构式语法中基本象征单位的内部结构，要比成分模式中的基本单位更加复杂。

句子是构式的具体表现，而构式的内部结构就是不同句子共有的形态句法结构（morphosyntactic structure）。例如，像 Heather sings（希瑟歌唱）这样的不及物简单句，就是不及物构式的实例（instance）。如果将生成语法对 Heather sings 的简化描述与构式语法对该句的简化描述进行对比，我们会发现，除了构式语法的描述是象征性的，两者实际上非常相似。

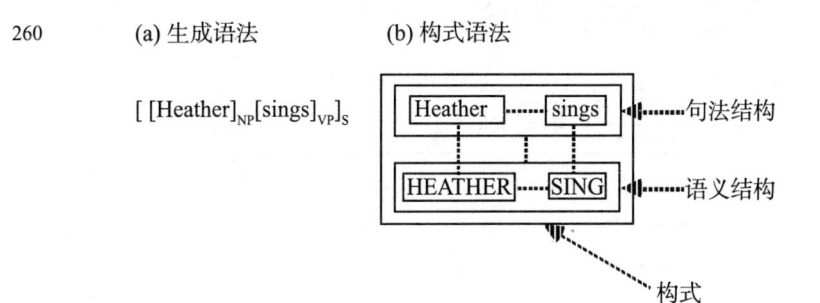

(a) 生成语法　　　　(b) 构式语法

[[Heather]_{NP}[sings]_{VP}]_S

图10.4　生成语法和构式语法对 Heather sings 的简化描述

10.4b 中的方框符号就是 10.4a 中方括号的变体（Langacker 1987；

[①] 构式语法将象征单位作为自己的理论基础，在这一方面与构式语法相同的理论还有中心词驱动短语结构语法（HPSG；Pollard & Sag 1987, 1993）和符号语法（Semiotic Grammar; McGregor 1997）。然而，尽管 HPSG 与菲尔莫尔和凯的构式语法在很多方面已经趋于一致，但这些理论并非明确基于构式的。

Kay & Fillmore 1999)。因此，在语法单位的部件-整体结构方面，生成语法的描述和构式语法的描述是相同的，即 *Heather sings* 是由两个部件构成的，其中 *Heather* 是主语，*sings* 是谓语。

10.4a 中的方括号用不同的句法范畴标记进行了标示；而在 10.4b 中，句法结构中相应方框没有任何标示。这并不是说 10.4b 中方框内的结构都属于相同的句法类型。构式语言学家认为不同的句法单位属于不同的句法范畴。之所以没有对方框进行标示，是因为这些范畴的性质是不同构式语法理论存在分歧的地方。也就是说，我们可以向不同的构式语法理论提出同样的问题：

（i）如果存在构式，那么在构式语法中，句法成分的范畴地位是什么？

除语法单位之间存在部整关系结构（meronomic structure）之外，生成语法和构式语法在其他方面都存在分歧。首先，构式语法认为语法单位是象征性的，即语法单位是语法形式和相应意义或语义结构结成的对子。因此，对构式的描述包括形式和构式意义之间的对应关系。我们将这些对应关系称为象征性连接（symbolic links）。

为了方便，我们将用不同的名称，来分别指称句法结构的部件和语义结构的部件。我们将句法结构的部件称为句法元件（elements），将语义结构的部件称为语义成分（components）。因此，构式中有一种象征性连接，将句法结构的元件和语义结构的成分连接起来；还有一种象征连接，将构式的整个句法结构与整个语义结构连接起来（10.4b 中位于中间的就是这种象征性连接）。不及物构式的句法结构表征的是一价谓词论元语义结构，而这种象征连接是构式语法对这一事实的描述。每一个元件加上相应的成分，就构成了整个构式（形式＋意义）的一个部件。我们将使用构式单元（unit）这一术语来描述构式的象征部件（元件＋成分）。也就是说，构式是一个象征性整体，而象征性单元是构成构式的部件。为了简明，我们没有在10.4b中标示 *Heather sings* 的象征性单元；但在图10.5中，我们将构式的三类部件都进行了标示（比较Langacker 1987: 84，图2.8a；为了清晰，我们在图10.5中隐去了构式部件之间的连接）。

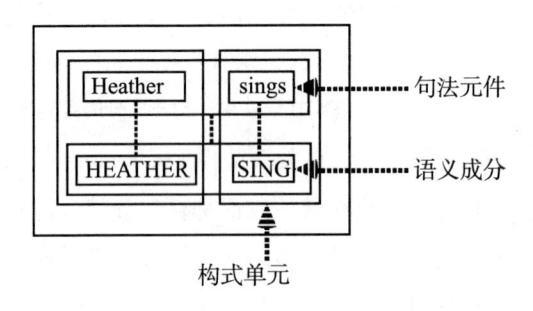

图10.5 句法元件、语义成分和构式单元

除了象征性关系，10.4b还有另外两种关系：一是两个句法元件之间的关系，一是两个语义成分之间的关系。将两个语义成分联结起来的连接，所描述的是存在于两个语义成分之间的语义关系。在此例中，这种语义关系是某种事件-参与者关系。因此，我们认为构式的语义结构是由存在某种语义关系的语义成分构成的，可能比较复杂。

在10.4b中，将两个句法元件连接起来的是句法关系。该句法关系与10.4a中生成语法的描写没有任何明显的直接对应部分。这是因为，在大多数句法理论中，对句法关系的描写都比简单的句法连接复杂。第一个层面是句法关系本身，如根据 10.4b 中构式语法的描写，*Heather* 和 *sings* 之间存在的主语-动词关系等。第二个层面是对句法关系进行描写的手段。在描写句法关系时，不同句法理论所使用的手段也存在差异。如生成语法使用一致性（consistency）来描写句法关系，而单词语法（Word Grammar）(Hudson 1984)借助依存性（dependency）来描写句法关系。第三个层面是句法关系的外显，如语序、格位标记（case marking）和主谓一致等。在对比分析构式语法理论的时候，我们将不考虑后面两个层面。

凯（Kay 1997）对构式的内部结构进行了重要的理论区分。不幸的是，很多传统句法术语存在歧义，因此句法结构分析深受困扰。在图 10.5 中，不及物构式是通过 *Heather sings* 这个句子进行例示的，而我们可以用不及物构式的"主语"（subject）这一术语，来举例说明传统句法术语的歧义性问题。"主语"一词可以指称两种事物。它可以表示构式中某个元件的角色（role），即不及物构式中被标示为"主语"的句法元件与整个构式之间的部件-整体关系。当我们说 *Heather* 是 *Heather sings* 这一"不及物构式的主语"的时候，就是这个意思。在（1）中，这种部件-整体关系是通过将 *Heather* 方框嵌套在 *Heather sings* 所在的整个构式方框之内进行隐性表征的。

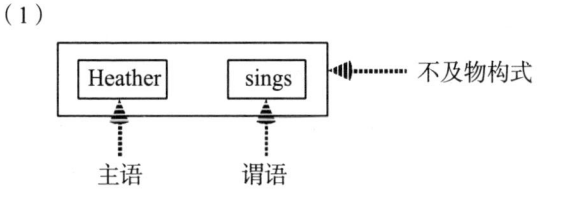

（1）

主语角色构成了一个范畴。但是,"主语"这一术语也可表示构式的一个句法元件即主语和另一个句法元件即动词之间的句法关系(relation)。当我们说 Heather 是 sings "这一动词的主语"时,所依据的就是这个意思。换言之,术语"主语"混淆了构式中两种不同类型的关系,即部件与其整体的关系和一个部件与另一部件的关系。这两种关系之间的差异可以在(2)中进行图示:

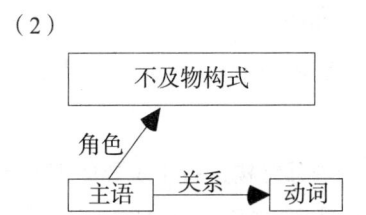

(2)

```
            ┌─────────────┐
            │  不及物构式  │
            └─────────────┘
                  ▲
              角色│
         ┌────┐  │  关系  ┌────┐
         │主语│──┴───────▶│动词│
         └────┘           └────┘
```

对于构式句法元件之间的内部关系和构式语义成分之间的内部关系,不同的构式语法理论提出了不同的模式。对问题(ii)的不同解答,可以充分体现这些模式间的不同:

(ii)构式内部存在哪些类型的句法关系?

10.1.2 构式知识的组织

在构式语法中,构式并不是被随意罗列在一起的。各种构式形成一个"由语言规约构成的有结构的知识库"(structured inventory)(Langacker 1987: 63-76)。构式语法学家常常用构式的分类网络(taxonomic network)来表征这种有结构的知识库。在构式分类网络中,每一个构式形成一个结点(node)。

分类关系描述的是两个构式之间的图式性或一般性关系。例如,我们曾在§9.2 中提到过图式性习语 The X-er, the Y-er(越……

越……），也提到了 The bigger they come, the harder they fall（爬得越高，摔得越狠）这一实质性习语。我们（根据 Fillmore et al. 1988）指出，该图式性习语的存在与这一实质性习语的存在并不矛盾。构式语法学家将该实质性习语看作该图式性习语的一个实例，并通过（3）这样的分类连接来描述这种关系，从而抓住了事实的关键所在：

(3) [The X-er, the Y-er]
|
[The bigger they come, the harder they fall]

任何构式，只要在形态、句法、词汇、语义、语用或语篇功能上具有独特的属性，都必须作为构式网络（constructional network）中的一个独立的节点进行描述，这样才能正确反映言者的语言知识。也就是说，一个构式只要有特异之处，就足以成为独立的节点。例如，实质性习语 [SBJ *kick the habit*]（戒掉习惯）必须作为独立的节点进行描述，因为该习语在语义上具有特异性。[SBJ *kick* OBJ] 是一个图式性更强但有具体动词的构式；要想具体说明该构式中动词的论元结构（或者用较早的生成语法术语来说，该动词的次范畴化框架），也必须将该构式作为独立的节点来描述。最后，[SBJ TRVERB OBJ] 是一个完全图式性的构式，同样被描述为一个独立的节点。

这些构式是独立的，但在图式性上又是相互联系的。例如，我们可以在实质性习语 *kick the habit* 和动词短语最为图式性的表征之间，分出几个图式性层级：

(4) [VERB PHRASE]
|
[VERB OBJ]

　　　　　|
　　[*kick* OBJ]
　　　　　|
　　[*kick* [*the habit*]]

　　在成分语法模式中，语法知识是通过不同的形式手段进行表征的。而构式语法学家通过构式之间的分类关系，既可对这些语法知识分别描述，又可将这些语法知识连成一体。在（4）中，分类系统最上面的两个层级与成分模式中的短语结构规则 VP → V NP 相对应；第三层级与次范畴化框架 *kick*:[_ NP] 相对应；最下面的层级是习语性组合表达 *kick the habit*，在成分模式中该表达会被列入词库。因此，分类关系是对构式语法提出的语法知识统一表征的补充。通过分类关系，构式语法学家可以对不同类型的语法知识进行区分，同时又承认存在着句法-词汇渐变统一体。

　　当然，作为普通及物动词使用时，*kick the habit* 与 *kick* 有着相同的论元结构模式，而 *kick* 的一般及物动词用法又与所有及物动词短语的论元结构模式相同。在 [*kick the habit*] - [*kick* OBJ] - [TRVERB OBJ] 这一链条中，每一个构式都是为更为抽象的构式的实例。因此，我们可以用分类层级来表征这些构式：

　　（5）

```
                      CLAUSE
                   ／        ＼
        SBJ INTRVERB          SBJ TRVERB OBJ
         ／      ＼             ／      ＼
    SBJ sleep  SBJ run   SBJ kick OBJ   SBJ kiss OBJ
                          ／      ＼
                 SBJ kick the bucket  SBJ kick the habit
```

然而，语法构式之间所形成的分类层级并不严格。在（5）中，将助动词和动词后缀所表示的时态、体、语气、否定等标示隐去是对构式层级的一种简化。如果考虑这些部件，那么（5）中的任何构式都会拥有多个母构式。如（6）所示，*I didn't sleep* 既是不及物动词构式的实例，又是否定构式的实例：

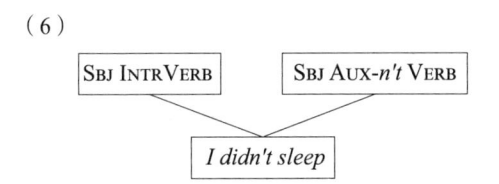

（6）

       Sʙᴊ Iɴᴛʀ Vᴇʀʙ   Sʙᴊ Aᴜx-*n't* Vᴇʀʙ

                  I didn't sleep

因此，*I didn't sleep* 在其所属的构式分类系统中拥有多个母构式。因为每一个构式都是对其子构式语法结构的部分描述（partial specification）。例如，否定构式仅对与主语、动词和助动词相关联的结构进行描述，却没有对动词的宾语（如果有的话）进行任何说明，因此在（6）的否定构式中，宾语没有得到表征。

一般情况下，构式只提供话语结构的部分描述。例如，*He gave her a book* 中的双及物构式［Sʙᴊ Dɪᴛʀ Vᴇʀʙ Oʙᴊ1 Oʙᴊ2］只描述了谓词及其论元。句法元件的顺序在双及物构式中没有得到描述，而句法元件的顺序会因构式的不同而不同：请将这个简单陈述句与*It*-分裂句构式 *It was a book that he gave her* 进行比较。至于其他句法元件是否出现、出现在什么位置，双及物构式也不进行描述。如陈述句或否定句中的情态动词就是这样：在陈述句中，情态动词出现在动词之前（7a）；在疑问句中，情态动词出现在主语之前（7b）：

（7）a. He **won't** give her the book.

      他不想给她这本书。

b. Wouldn't he give her the book?
　　他不想给她这本书吗？

因此，任何具体言语的结构，都由数个图式性构式进行描述。反过来，图式性构式是从其所描述的一类言语的未被确定的结构成分中抽象出来的。

构式语法的所有版本，都会运用语法知识体系中构式之间的分类关系。除了分类关系，构式之间还可以通过其他关系进行连接。对于不同的构式语法理论，我们可以提出第三个问题：

（iii）构式之间存在哪些类型的关系？

分类层级所表征的似乎是相同或相似的语法知识，只是这些语法知识具有不同程度的图式性。例如，在 *kick the habit* 中，*the habit* 是 *kick* 的宾语；这一事实可以用 [*kick the habit*] 这一习语构式本身来描述，或者在任何一个或多个更为抽象的层面上进行描述，直至 [TrVerb Obj] 层面。对于在构式的分类层级中应该如何体现语法知识的问题，不同的构式语法理论提供了不同的答案：

（iv）语法知识是如何在构式分类中储存的？

我们将在 §10.2 介绍不同构式语法理论对以上四个问题的解答。

10.2　现有的构式语法理论

本节将对现有的认知语言学构式语法理论进行全面的评述。这些理论均符合第六章所描述的构式语法的三个基本原则，即构式作为象征单位具有独立存在性、语法结构表征具有一致性、语法中构式的组织具有层级性。当然，理论不同，描述构式和语法知识的具体手段和术语会有所不同。我们将分四个小节，分别介绍四种理论；具体而言，分别介绍每种理论的基本术语，以及处理上文所提出的四个问题的方法。目前构式语法中存在的一些争论，都源自对这四个问题的不同解答。值得注意的是，不同的理论往往关注不同的问题，而不同的问题代表有别于其他理论的立场。例如，大写的构式语法详细探究句法关系及承继关系（inheritance），莱考夫和戈德伯格的构式语法更多关注构式之间的范畴化关系，大写的认知语法（Cognitive Grammar）着重研究语义范畴和关系；而激进构式语法（Radical Construction Grammar）主要探究句法范畴和类型普遍性（typological universals）。另外，后三种理论都赞同基于使用的模式（详见本书第十一章）。

10.2.1 菲尔莫尔和凯等人的大写的构式语法

大写的构式语法由菲尔莫尔和凯及其合作者提出（Fillmore & Kay 1993; Kay & Fillmore 1999; Kay et al. 即将出版）。大写的构式语法是小写的构式语法的一个变体。而小写的构式语法与某些形式主义理论非常相似，尤其是中心词驱动短语结构语法；中心词驱动短语结构语法学家将自己的理论称为基于符号的理论（sign-based theory），即该理论的基本单位是象征性的（Pollard & Sag 1993: 15）。而大写的构式语法遵循构式语法的基本原则；菲尔莫尔和凯属于最早明确提出这些原则的那批学者（Fillmore, Kay & O'Connor 1998）。对于构式内部的结构，大写的构式语法拥有复杂的、仍在演化的描述语言，这是其有别于其他理论的特征。我们在此只能对这些区别性特征进行简要介绍（在此介绍的版本主要源自 Kay & Fillmore 1999）。

在大写的构式语法中，所有的语法属性在形式和功能上被统一表征为带值特征（**features** with **values**），如 [**cat v**]（句法范畴是动词）和 [**gf -subj**]（语法功能为非主语）（Kay & Fillmore 1999）。一个特征的值（value）本身可以是一列自己带有值的特征。我们一般将整套的带值特征称为特征结构（feature structures）。特征结构的一个简单例子是动词短语构式（Kay & Fillmore 1998: 8，图 2）。动词短语构式可以用方括号将特征和特征结构包括起来进行表征（8），或通过相对应的方框符号（9）：

(8)
$$\begin{bmatrix} [\text{cat v}] \\ [\text{role head}] \\ [\text{lex +}] \\ [\text{role filler}] \\ [\text{loc +}] \\ [\text{gf }\neg\text{subj}] \end{bmatrix} +$$

(9)

```
┌─────────────────────────────────────┐
│  cat v                              │
│  ┌───────────┐  ┌───────────────┐   │
│  │ role head │  │ role filler   │   │
│  │ lex +     │  │ loc +       + │   │
│  │           │  │ gf ¬subj      │   │
│  └───────────┘  └───────────────┘   │
└─────────────────────────────────────┘
```

(8)和(9)中的等效图解读如下。两个内方框（特征结构

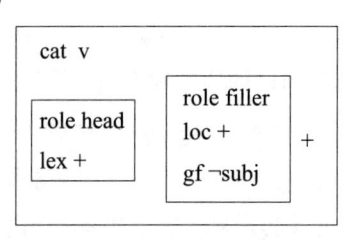

表明动词的特征及其补语（如果有的话）。第一个方框具体说明VP 构式的第一个成分是其中心，而且必须是一个单词。例如，在 *found her bracelet*（找到她的手镯）中，第一个成分是该 VP 的中心，而且是一个单词，而非一个更大的成分。实际上，上面［**cat v**］这一特征-值对子是对一个更为复杂的特征结构的简写（Kay & Fillmore 1999: 9, n.13）。该特征-值对子明确规定了 VP 中心成分的句法范畴必须是"动词"，即此例中的 *found*。第二个方框是对动词补语的描述（如果有的话）。第二个方框后的"+"号表明 VP 中的补语可以是一个、一个以上或没有。在动词短语 *found her bracelet* 中，*her bracelet* 是一个也是仅有的一个补语。在 VP 构式中，补语被赋予"填充成分"（filler）这一角色值。［**loc(al) +**］这一特征表明，补语不是从 VP 中提取出来的。［**loc −**］表示补语是从 VP 中提取出来的，如在疑问句 *What did he find?* 中，*find* 的补语是疑问词 *What*。

在大写的构式语法中，如果我们先从构式的部件着手，然后再到构式的整体，就会非常容易理解构式的内部结构。构式最小的部件是单词（或更准确地说是词素；目前我们将不考虑这种区别）。每一个部件都有句法特征和语义特征；句法特征归为一组，用 **syn** 表示；语义特征归为一组，用 **sem** 表示。如果构式是实义性的，大写的构式语法就将音系特征单独归为一组，用 **phon** 来表示。**syn** 特征和 **sem** 特征又组合成更大的组，涵盖在 **ss**（原先用 **synsem** 表示）特征之下；而 **ss** 是对构式形义结合体的象征结构的表征。大写的构式语法的基本表征结构图示如下：

（10）

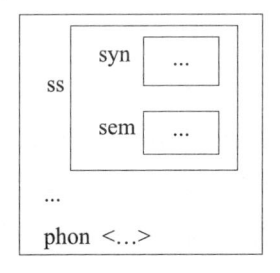

```
ss [ syn [ ... ]
     sem [ ... ]
     ...
     phon <...> ]
```

（ⅰ）如果存在构式，那么在构式语法中，句法元件的范畴地位是什么？

在大写的构式语法中，构式的句法元件可以分为一组数量有限的原子范畴类型，如 [cat v] 和 [gf sbj] 等。也就是说，在大写的构式语法中，构式是由一组原生的原子单位组合所构成的复杂结构体。这是还原主义（reductionist）句法结构观：原子单位是原生的，而复杂单位是衍生的。那么，在大写的构式语法中，为什么构式不是多余的？这是因为，构式是由多个小单位构成的整体，我们无法从其构成单位预测出其所包含的句法和语义信息。例如，*What's X doing Y?* 或 WXDY 构式（Kay & Fillmore 1999）拥有一些句法和语义信息，而这些句法和语义信息无法通过该构式中的其他构式或单词衍生出来。该构式的独特属性是对事件不协调性的预设。凯和菲尔莫尔（Kay & Fillmore 1999: 4）认为，这种事件不协调性无法通过会话含义推导出来。在 WXDY 构式中，只有系动词 *be* 和主动词 *do* 的进行体形式（然而此处的进行体形式可以用作静态述语），而不包括 *do* 或 *be* 的否定形式；所有属性都无法通过该构式中的单词、相关构式或构式意义进行预测（同上：4-7）。

(ii) 构式内部存在哪些类型的句法关系？

大写的构式语法通过角色（role）、配价（val）和关系（rel）这三套不同的特征，将构式的各个部件组装成一个整体。（2）是将角色和关系进行对比的简图，在此基础上，我们以 *Heather sings* 为例，对角色、配价和关系的应用进行图示：

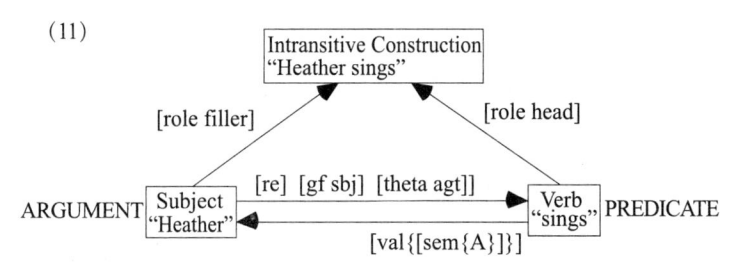

(11)

```
                Intransitive Construction
                    "Heather sings"
        [role filler]              [role head]
                  [re] [gf sbj] [theta agt]
ARGUMENT  Subject ←─────────────────→ Verb  PREDICATE
          "Heather"   [val{[sem{A}]}]  "sings"
```

角色特征所描述的是句法元件在整个构式中所发挥的作用。角色特征与复杂构式中的每一个部件相关，并对这些部件的句法角色进行界定，如修饰成分（mod(ifier)）、填充成分（filler）和中心成分（head）。例如，在 11 这一主语-谓语不及物构式中，*sings* 的角色是中心成分，而 *Heather* 的角色是填充成分（Kay & Fillmore 1999: 13）。

在大写的构式语法中，除了角色，复杂构式中的每一个部件都与构式中其他部件存在着关系。构式部件之间的关系都可以通过谓词-论元关系进行描述。例如，在 *Heather sings* 中，*Heather* 是论元，*sings* 是谓词。谓词-论元关系是象征性的，也就是说，这种关系既是句法关系，又是语义关系。在语义上，谓词是关系性的，即谓词天然与其他概念相关。如在 *Heather sings* 中，歌唱行为天然涉及歌唱者。谓词的语义论元是与谓词相关的概念，此例

中的语义论元就是 *Heather*。在句法上，谓词要求一定数量的论元来承担具体的语法功能，如 *sing* 要求一个论元来承担主语的语法功能。而且在句法上，论元通过语法功能与谓词相联系：此例的 *Heather* 作 *sings* 的主语。

在大写的构式语法中，配价和关系是另两个特征，分别用来描写谓词和论元的部整关系（meronomic relations）。配价特征结构表明的是谓词与其论元之间的关系，而关系特征结构表明的是每一个论元与其谓词之间的关系。配价特征出现在对谓词的描写中。配价特征的值是一个用 {} 表示的集；配价特征是由多论元谓词的论元所构成的集合，而该集合至少有一个成员。对（11）中谓词 *sings* 而言，其配价集只有一个成员，即歌唱者论元。在大写的构式语法中，语义论元集属于语义特征结构；对谓词论元的描写要通过与语义论元集的相互参照。在本例中，歌唱者论元与 *sings* 的语义特征结构中的论元 A 相对应。

在对论元短语的表征中，关系特征结构所标示的是谓词论元的语法功能和语义角色。关系特征结构中包含一个句法特征 **gf**（代指 grammatical function 即"语法功能"），和一个语义特征 *θ*［代指 thematic role 即"题元角色"，在（11）中标示为"theta"］[①]。在（11）中，论元 *Heather* 的关系特征结构具有"主语"的语法功能和"施事"的题元角色。

最后，构式中的谓词及其论元相互匹配，即每个论元的关系

---

① 在凯和菲尔莫尔（Kay & Fillmore 1999: 9, 注 10）所提供的特征几何结构中，关系特征之下还包括另一个句法特征即"格"（case）。

(rel)都与其谓词配价表(val list)中的一个句法元件相匹配。这种匹配是通过对构式中相关特征结构的索引实现的［在(11)中没有标示出来］。凯和菲尔莫尔将这种匹配原则叫作"配价原则"(Valence Principle)(Kay & Fillmore 1999: 10)。

在大写的构式语法中,部件-整体关系(角色)与部件-部件关系(配价和关系)是两种不同的类型。谓词-论元关系与带有论元的谓词(a predicate and argument)的角色关系无关。例如,在 The book is red 和 the red book 中, red 是谓词, 而 (the) book 是论元。然而, 在 The book is red 中, be red 承担了中心成分的角色, 而在 the red book 中, 充当中心成分角色的是 book。另外, 大写的构式语法明确区分谓词的配价特征和论元的关系特征。配价和关系之所以不同,是因为在构式中,同一个句法元件既可以是带有论元的谓词,同时又可以是另一个谓词的论元。例如,在 You should read this 中, read 是带有论元 this 的谓词, 但它本身又是谓词 should 的一个论元(Kay 1997)。

在大写的构式语法中,对构式的部整关系的分析,主要运用来自其他句法理论的术语(中心成分、修饰成分、谓词、论元),尽管对这些术语的界定稍微有所不同。在大写的构式语法中,句法元件之间的谓词-论元关系既是句法关系又是语义关系,而且构式中句法元件之间的关系明显与句法元件的句法角色不同。

(iii) 构式之间存在哪些类型的关系?
(iv) 语法知识是如何在构式分类中储存的?

我们之所以将这两个问题放在一起进行探讨,是因为要回答第三个问题就要先回答第四个问题。

与所有的构式语法一样，大写的构式语法承认构式之间存在分类关系（taxonomic relation）。在（4）和（5）所图示的构式分类中，我们发现大致相同的信息可以在分类的多个层面得到表征。例如，在（4）的分类中，动词后的宾语可以出现在第一层级以下的三个层面中。然而，信息的冗余表征（redundant representation of information）未必如此。对于宾语拥有 [**gf obj**] 语法功能这一事实，我们只能在尽可能高的分类层面表征一次；如在（4）中，宾语拥有 [**gf obj**] 语法功能这一事实是在 [VERB OBJ] 层面得到表征的。位于较低分类层面的构式将作为 [VERB OBJ] 构式的实例继承这一属性。例如，在习语 *kick the habit* 中，*the habit* 是 *kick* 的宾语，但该习语不会单独而冗余地表征 *the habit* 是 *kick* 宾语这一事实；它是从 [VERB OBJ] 构式中继承这一特征的。

我们采用戈德伯格（Goldberg 1995: 73-74）的观点，将语法信息的非冗余表征和继承模式描述为完全继承模式（complete inheritance model）。大写的构式语法是一种完全继承模式（Kay & Fillmore 1999: 7-8, 30-31）。也就是说，在构式分类中，大写的构式语法只在尽可能高的层面上，即尽可能图式性的层面上，将语法信息表征一次。我们在 §10.1 中提出，构式是象征性的；但完全继承模式的一个结果是，与该一般原则相反，有些构式可能不是由形式和意义结成的对子。（Fillmore 1999: 121, 注 11）例如，请思考下列英语构式（同上：126, 122, 123, 121）：

(12) Did you understand what I said?（积极的极性疑问句）
你理解我说的话没有？

第十章 构式语法概述

（13）Boy, was I stupid!（主谓倒装感叹句）
　　天呐，我当时真傻！
（14）Don't you even touch that!（强调型否定祈使句）
　　绝对不能碰那东西！
（15）May I live long enough to see the end of this job!（祝福-希望-诅咒）
　　但愿在我死之前能看到这项工作完成！

这些构式有一个共同的句法特征，即助动词位于主语论元之前。在完全继承模式中，主语-助动词倒装（Subject-Auxiliary Inversion; SAI）构式拥有这种句法属性，而例12—15中的构式继承了这种句法属性（Fillmore 1999），却没有继承共同的语义属性。所以，图式性 SAI 构式缺少语义描述，因而是纯粹的句法构式。尽管如此，在以象征符号单位之间的相互关系为研究对象的语法模式中，这种情况属于极端个案。

在完全继承模式中，构式可以从其母构式中继承特征结构；这就是该模式中构式之间分类关系的意义。完全继承是一种全有或全无的关系。因此，在大写的构式语法中，构式分类法所描写的范畴属于经典范畴（参见第四章）。

凯和菲尔莫尔还认为，一个构式的部件可以从另一个构式继承特征结构（Kay & Fillmore 1999:18; Fillmore 1999; Kay 2002）。他们提出，非主语 WH-特殊疑问构式由一个左分离（left-isolated）WH-疑问词和一个倒装句构成。传统上，左分离 WH-疑问词被称为前置 WH-疑问词。*Why did she leave him?*（她为什么离开他？）是这种构式的一个实例。因此，作为一个整体，非主语 WH-特殊疑问构式从图式性左分离构式（LI）中继承特征结构，而该构式的非左分离部件从 SAI 构式继承特征结构：

（16）非主语 WH-疑问构式

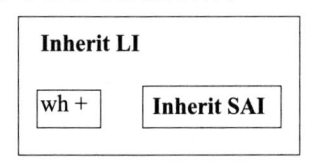

```
┌─────────────────────────────┐
│  Inherit LI                 │
│                             │
│  wh +      Inherit SAI      │
└─────────────────────────────┘
```

换言之，构式的部件可以是其他构式的子构式，并从这些构式继承特征结构。因此，通过母构式与其他构式的相应部件之间的分类关系，大写的构式语法建立起构式之间的部分-整体关系模型。

10.2.2 Lakoff（1987）和 Goldberg（1995）

对英语 There-构式的研究是莱考夫《女人、火与危险事物》（Lakoff 1987）中的一项重要内容。在这一研究中，莱考夫提出了构式语法理论的另一个版本。他对 There-构式范畴中复杂的非典型结构进行了分析。这一研究与其对元型性（prototypicality）和辐射式范畴结构的关注是一致的。戈德伯格是莱考夫的学生。在对论元结构构式的分析中，戈德伯格像莱考夫一样注重构式关系（Goldberg 1995）。在分析论元结构构式的过程中，戈德伯格还对我们在上文提出的问题或明或暗地进行了探讨。然而，莱考夫和戈德伯格的构式语法与其他构式语法的主要区别是，前者在对构式之间的关系进行分析时，采用的是非经典范畴观。

（i）如果存在构式，那么在构式语法中，句法元件的范畴地位是什么？

限于篇幅，我们只对戈德伯格论元连接模型中与构式表征相关的话题进行考察。戈德伯格认为，根据框架语义学的原则，我们应该对由复杂事件派生的参与者角色进行分析（参见第二章）。例如，*rob/steal* 的参与者角色是 *robber*（劫匪）和 *victim*（受害者）（Goldberg 1995: 47-48）。这种对参与者角色的分析是一种非还原主义（nonreductionist）表征观。非还原主义表征观认为，复杂事件或情形是语义表征的原生单位，而事件角色派生于作为整体的情境。

相比之下，戈德伯格对论元结构中的句法角色和关系的分析属于还原主义。与大写的构式语法一样，戈德伯格采用的是主语、宾语等一套原生语法关系和动词等一套原生句法范畴。

(ii) **构式内部存在哪些类型的句法关系？**

在莱考夫和戈德伯格的理论中，这一问题一直没有得到重视。在对 *There-*构式进行的研究中，莱考夫用一些形式参数来对构式进行描写（Lakoff 1987:489）。这些形式参数既考虑句法元件之间的关系，又顾及构式元件与整个构式之间的关系：

  句法元件（如小句、名词短语、动词等）
  词汇元件（如 *here*、*there*、*come*、*go*、*be* 等）
  句法形式（如元件的线性顺序、主语和宾语这样的语法关系、元件的可选性等）
  音系形式（如重读、元音长短等）

在其专著中，戈德伯格对论元结构构式进行了分析。具体而言，其分析主要集中在构式之间的关系（详见下面对第三个问题的回答）、论元结构的意义、论元结构与句法角色之间的连接上。因为像"主语"这样的术语在角色和关系解读之间具有歧义性，戈德伯格对论元结构构式的句法结构描写兼有两种解读（如 Goldberg 1995: 50-55）。

(iii) 构式之间存在哪些类型的关系?

根据某些语法和语义属性，我们可以对言语进行范畴化。而在构式分类中，图式性构式就是对这种范畴化的表征。因此，构式分类应该具有与第四章、第五章和第八章所讨论的概念范畴相同的属性。概念结构的两个最重要的属性是多义性和元型-延展结构。而构式分类也具有这两种属性。

莱考夫和戈德伯格对包括分类关系在内的构式之间的各种关系（连接）进行了探讨（Lakoff 1987，附录3；Goldberg 1995: 74-81）。示例连接是戈德伯格提出的连接之一（Goldberg 1995: 79-81），它与上文介绍的分类连接相对应。第二类连接是部件连接；该连接与部整连接（meronomic link）相对应："一个构式是另一个构式的真子部件并独立存在"（同上: 78）。这与大写的构式语法不同。按照大写的构式语法理论，一个构式的真子部件有可能为另一构式的示例。这种阐述方式似乎将部整关系描述为一种不同的连接类型。而在其他地方，戈德伯格将所有的连接描述为继承连接（inheritance links）（同上: 74-75）。但在她的示意图中，继承的方向与大写构式语法中的方向相反（同上: 80）。

戈德伯格提出的第三种构式连接是多义连接（polysemy link）。同一构式会有多个子构式。这些子构式有相同的句法结构，却有不同的意义。例如，戈德伯格提出，双及物构式 [S<small>BJ</small> V<small>ERB</small> O<small>BJ</small>1 O<small>BJ</small>2] 有一个一般性意义，该一般意义涉及将 O<small>BJ</small>2 这一事物转给 O<small>BJ</small>1 拥有。然而，尽管这一构式在句法上只有一种形式，却有多个语义变体（同上: 38，图2.2）：

(17) S<small>BJ</small> 致使 O<small>BJ</small>2 收到 O<small>BJ</small>1:

Joe gave Sally the ball.
乔将球给了萨莉。
（18）在条件得到满足后 SBJ 会致使 OBJ2 收到 OBJ1：
Joe promised Bob a car.
乔向鲍勃承诺了一辆汽车。
（19）SBJ 使 OBJ2 能够收到 OBJ1：
Joe permitted Chris an apple.
乔允许给克里斯一个苹果。
（20）SBJ 致使 OBJ2 不能收到 OBJ1：
Joe refused Bob a cookie.
乔拒绝给鲍勃一块饼干。
（21）SBJ 意图致使 OBJ2 收到 OBJ1：
Joe baked Bob a cookie.
乔为鲍勃烤了一块饼干。
（22）SBJ 的行为致使 OBJ2 在将来某一日收到 OBJ1：
Joe bequeathed Bob a fortune.
乔遗赠鲍勃一笔巨款。

　　戈德伯格将例 17 中的意义作为元型意义，而将其他意义看作对元型意义的延展。延展意义从元型意义继承句法构式图式。

　　戈德伯格并没有明确提出，一个图式可以囊括双及物构式的所有意义。然而，继承是分类连接的一个特征。所以，她的分析表明，即便没有语义图式（semantic schema），在句法上也存在着图式性双及物构式（她认为双及物构式没有图式性意义）。换言之，一个句法构式图式，拥有从例 17 到例 22 的六种意义；在例 17 中，真实而成功地产生了致使移动，而该意义是双及物构式的元型意义。

　　然而，因为每种意义都有与之相关联的不同次类动词，这六种次类意义各自具有稍有差异的句法图式（Croft 2003a）。而每种句法图式都明确规定了每一种次类意义所适用的动词或动词类。总的来说，在双及物或完成体这样的语法构式中，意义上的差别似乎对句法产生影响，因而不同的构式意义也似乎具有不同的句法图式。

我们还可以设想存在一个上位双及物构式，来表征所有下位构式的共同之处。这样的构式会有诸如 [SBJ DITRV OBJ1 OBJ2] 这样的句法图式。双及物构式中的双及物动词范畴会是一个多义范畴。也就是说，我们无法用一套充分必要条件来对语言中所有双及物动词进行描述。但是，正如第三章所讨论的，我们可以通过一组充分必要条件，来对许多语言范畴进行界定。因此，通过一组充分必要条件来对句法范畴进行界定并不令人感到意外。同样，上位双及物构式的语义也是多义性的。也就是说，尽管我们可以将（实际发生、打算进行、将要发生的）领有状态的转换看作一种必要条件，它却不是界定双及物构式功能的充分条件。

构式意义分为中心意义和从中心意义派生出来的延展意义。在对构式进行的多义分析中，这是最为重要的特点。隐喻性延展是构式延展意义中的典型例子。在莱考夫（Lakoff 1987）对 *There*-构式分析的基础上，戈德伯格提出，这种隐喻性延展是另一种连接。

莱考夫认为，典型 *There*-构式的许多延展都是隐喻性的。如例23 是表示知觉指示的 *There*-构式，该构式拥有一个位于中心的指示构式，以及一些隐喻性延展；例24 所例示的就是这样的隐喻性语义延展（Lakoff 1987: 511, 509）：

(23) a. Here comes the beep.
要发出哔哔声了。
b. There's the beep.
有哔哔声。
(24) There's Harry.
哈里在那儿。

知觉指示（Perceptual Deictic）所描述的是即将发生或刚刚意识到的非视觉感官刺激，如即将响起的闹钟铃声。为表达这种意义，存现指示（Presentational Deictic）采用物体在物理空间中进行移动的隐喻。从中心指示到感知指示的延展包括以下隐喻映射（metaphorical mappings）(Lakoff 1987: 511)：

(25) 感知指示域　　　　　　　中心指示域
非视觉感知空间　　是　　物理空间
感知　　　　　　　是　　实体
未意识到的[①]　　 是　　远处的
即将意识到的　　　是　　邻近的
激活　　　　　　　是　　移动

我们不必为隐喻延展或任何其他语义延展确定一个图式，以将基本构式和该隐喻延展作为具体的实例纳入该图式之下。与戈德伯格的多义连接相似，莱考夫以中心构式为基础的延展连接，也涉及句法和语义属性的继承，因此与分类连接并无不同。然而，莱考夫没有假设存在着一个上位指示类 There- 构式图式。与之不同的是，戈德伯格却认为，存在着一个能将中心构式及其隐喻延展都涵盖在内的上位图式（Goldberg 1995: 81-89）。

---

① 原著中为 REALIZED，但根据语境和语义逻辑，应为 UNREALIZED。——译者

(iv) 语法知识是如何在构式分类中储存的?

与大写构式语法不同的是,莱考夫和戈德伯格认为存在着常规继承(normal inheritance)或默认继承(default inheritance)(Goldberg 1995: 73;引用 Flickinger, Pollard & Wasow 1985 的术语)。常规继承是一种方法,它考虑到一个事实,即在很多情况下,我们所掌握的范畴知识并非对该范畴中作为成员的所有实例都适用。例如,我们都知道大多数鸟会飞。这是一种常识,以至于听到"鸟",我们就会认为它可以飞。当然,如果我们进一步了解到这是一只鸵鸟或企鹅,或者它的一只翅膀折了,又或者它死了,我们就会将最初认为它可以飞的想法取消。对"会飞"这一知识进行表征的一种模式是将该知识与"鸟"范畴放在一起进行储存,而不是将其与许多不同的鸟类和会飞的鸟类个体储存在一起。会飞的鸟类及会飞的鸟类个体从"鸟"范畴中继承"会飞"这一属性。但在比较具体的情况下,如果这一属性与企鹅、鸵鸟、折翼之鸟、死亡之鸟等信息产生冲突,"会飞"这一属性的继承就会被阻断。这就是常规继承①。

在对 There-构式进行分析时,莱考夫用到了常规继承。他提出,构式之间存在一个构式以另一个构式为基础的连接关系,而常规继承是这种连接的组成部分(Lakoff 1987: 508);戈德伯格持同样的观点(Goldberg 1995: 74)。例如,莱考夫认为,在例 26 中,存现指示 There-构式,是以例 27 的中心指示 There-构式为基础的(Lakoff 1987: 520, 482):

---

① 大写的构式语法有意回避了默认继承;其做法是不对默认值进行指定,而是由默认构式对未指定的值进行填充(Fillmore 1999: 115,注 3;Kay 2002: 470)。

(26) There in the alley had gathered a large crowd of roughnecks.
当时小巷中聚集了一大群莽汉。
(27) There's Harry with the red jacket on.
那是哈利,穿红色夹克衫的那位。

中心指示(Central Deictic)的语义功能,是指出言语行为情境中的指称对象。因此,中心指示的动词必须为一般现在时;这是中心指示的特征之一(Lakoff 1987: 490-491)。存现指示是以中心指示为基础的,其动词可以出现在由助动词体现的各种时间中(同上:521)。中心指示要求动词必须为一般现在时,但存现指示无法从中心指示继承这一要求。

戈德伯格还考虑到在构式分类层级的各个层面上对信息进行表征,并将这种模式称为多层进入模式(full-entry model)(Goldberg 1995: 73-74)。她以多重继承(multiple inheritance)中的冲突为例,对需要多层进入表征的情景进行说明。如果存在多个母结点,那么在分类网络中就会出现从多个"母体"进行继承的现象。这可能是因为,不同的母结点对某些属性的详述存在冲突。对继承这些属性的子结点而言,这种冲突必须得到解决。常规继承无法处理这一难题。常规继承对冲突进行的裁决,发生在母子结点之间的详述中,而获胜的总是子结点;在多重继承中,冲突出现在两个母结点之间,而我们没有原则性的方法来判断冲突中的哪一方可以胜出。

戈德伯格以动结构式(resultative construction)(如例28所示)和动词-小品词构式(如例29所示)为例,对多重继承中的冲突进行说明(Goldberg 1995: 97-98):

(28) a. She hammered the metal flat.
　　　她把那块金属锤扁了。
　　b. The metal was flat.
　　　那块金属扁了。
(29) a. He cleaned the mess up.
　　　他把这片狼藉清理干净了。
　　b. He cleaned up the mess.
　　　他清理干净了这片狼藉。

戈德伯格根据博林格（Bolinger 1971）的观点指出，正如我们在动词-小品词构式中所发现的，有些动结构式可以有不同的词序：

(30) a. Break the cask open.
　　　把木桶打开。
　　b. Break open the cask.
　　　打开木桶。
　　c. The cask is open.
　　　木桶是打开的。

戈德伯格认为，由例 30 的 *break open* 所例证的动结构式，是动词-小品词构式的实例，也是动结构式的实例。然而，这两个母构式之间存在相互冲突的属性，即动词-小品词构式允许词序变动（请与例 29 比较），而结果构式不允许词序变动：

(31) *She hammered flat the metal.
　　　*她锤扁了这块金属。

在这种情况下，*break open* 继承了动词-小品词构式的词序变化形式，而不是动结构式的固定词序。相反地，动结构式允许简单述谓结构（如 28b），而动词-小品词构式不允许出现简单述谓结构：

（32）*The mess is up.
　　*狼藉结束了。

在此情况下，break open 继承了动结构式的可预测性，却没有继承动词-小品词构式不合语法的述谓结构。

对于词序变化和结果短语的述谓结构是否合法的问题，例30中的两个母构式给出了相互冲突的描述。戈德伯格认为，在这种情况下，具体构式本身携带了与其类型相关的信息，即便该信息对其中一个母构式所包含的信息而言是冗余的，因此并没有出现要如何解决多重继承冲突的问题。换言之，戈德伯格认为，在这种情况下，多层进入模式是可取的。

当信息可通过继承进行表征且不冗余的时候，多层进入合理吗？读者可能会先验地认为，从经济性考虑，继承模式要优于多层进入模式。然而，大多数认知语言学家认为语法知识是一个心理现象，以认知为基础的语法不应该具有先验性特征。显然，言者不会储存他曾说过或听过的每一句言语的表征。言者对其使用过和听到过的言语进行概括，从而抽象出图式。但是，我们并不能由此得出言者对每一条语法知识只存储一次的结论。我们甚至不能由此推断，真实的言者能够为聪明的语言学家所发现的每一个语言概括形成更为图式性的范畴（参见 Croft 1998c 和 §11.2.5）。

在信息储存上，不应出现冗余现象。这一原则源于对表征至简性（parsimony in presentation）的欲求。然而，表征至简性仅仅将复杂性推给了语言使用过程。完全继承模式最大限度地体现存储至简性（storage parsimony）。也就是说，在完全继承模式中，信息存储上的冗余现象将被降至最低程度。因此，在产出和理解言语的时候，为获取和使用信息，完全继承模式要求最大限度地进行在线加工（参见 Goldberg 1995: 74；Barsalou 1992b: 180-181）。多层进入模式最大限度地体现运算至简性（computing parsimony）：将尽可能多的信息存储在多个层面，从而在产出和理解言语的时候，使在线运算降至最低程度（Barsalou1992b: 180-181；参见§12.1 和§12.2.5）。

总体而言，心理学证据表明，"人类在对其知识中的概念和属性进行组织时，几乎不考虑是否优雅和存储是否至简的问题"（Barsalou 1992b: 180）。然而，这并不意味着多层进入模式在所有的情况下都是合理的，因为该模式与继承模式一样都是先验性的。戈德伯格根据兰盖克（Langacker 1987, ch. 10）和其他认知语言学家的观点，提出基于使用的模式（usage-based model）；在该模式中，语言使用的模式被作为语法信息独立表征的证据（Goldberg 1995: 133-139）。我们将在第十一章对图式性构式的认定标准，以及信息在大脑中存储的冗余程度进行探讨。

10.2.3 作为构式语法的认知语法

大写的认知语法（Cognitive Grammar）是内容详实、结构严谨的句法和语义理论（Langacker 1987, 1991a, 1991b，尤其是 1999；也可参见 Taylor 2002）。兰盖克的《认知语法基础》（Langacker 1987）是一部开创性的著作，为两卷本中的第一卷。在这本著作中，兰盖克对构式语法的框架进行了理论阐释，尽管"构式"（construction）一词几乎没有出现过，而且运用了一套完全不同的术语，句法表征的认知语法模式就是一种构式语法模式。作为一种构式语法的认知语法,强调将传统上作为纯句法内容进行分析的理论构念(theoretical constructs)看作象征符号进行语义阐释。这就是认知语法的区别性特征。

兰盖克将语法定义为由规约性语言单位构成的结构化清单(structured inventory)(Langacker 1987: 57)。绝大多数规约性语言单位是具有象征性的符号单位,由形式和意义两部分构成[①]。与大写的构式语法相似,认知语法认为语言符号(linguistic sign;索绪尔的术语)具有象征性特点。而且,认知语法强调要对构式的形式与功能进行统一描述,这一点也与大写的构式语法相似。兰盖克认为,所有的语义、语用和语篇-功能属性最终都是概念性的;他将这些属性中的一部分称为语义空间(semantic space)。根据他的描述,语义空间是概念潜势构成的多义面场(multifaceted field),思维和概念化是在语义空间中得到展现的(Langacker 1987: 76;见第一章)。

在认知语法对构式进行的描述中,象征单位本身必须将构式的形式(能指)和意义(所指)连接起来。兰盖克将这种连接描述为象征对应(symbolic correspondence)。他将构式的功能结构(所指)描述为象征单位的语义极(semantic pole),而将构式的形式结构(能指)描述为音系极(phonological pole)。"音系极"这一术语听起来可能有点奇怪,因为至少句法不是"音系的",图式性构式的句法尤为如此。然而,兰盖克认为,在对构式的描述中,

---

[①] 兰盖克还考虑到了独立的音系单位和语义单位,但是没有考虑到独立的句法单位。

像 NOUN 这样的图式在音系上和词法上都是图式性的：该图式囊括所有的名词，而且这些名词在音系上都是有内容的，即便我们不能对其确切的音系形式进行图式性说明。①

（i）如果存在构式，那么在构式语法中，句法元件的范畴地位是什么？

认知语法认为，像名词、动词、主语、宾语这样的基本句法范畴，是对其所指概念内容的抽象的（图式性）语义识解。因此，这些基本的句法范畴都是以语义为基础的。但这种语义基础形成于经验识解而非语义类别的划分。正如我们在第三章所介绍的，兰盖克对各种句法范畴进行了语义识解分析，其中包括词性、语法角色（主语和宾语）、可数名词与不可数名词的区分、英语的各种时/体屈折变化和助动词、英语 -'s 和 of 所有格形式、作格性（ergativity）、英语补语化成分（complementizer）和补语（complement）类型、科拉语（Cora）的方位格和尤马语（Yuman）的助动词（参见 Langacker 1987, 1991a, b, 1999）。

就语法范畴的认知语法分析，我们可以提这样一个问题：在不同的语言中，语法范畴在形式分布和语义多义性方面都存在差异；那么，这种跨语言差异，与语法范畴抽象的语义识解定义之

---

① 像中心词驱动短语结构语法（Pollard & Sag 1993）一样，认知语法和大写的构式语法都没有使用在语音上为"零"（null）或者"空"（empty）的元件（另请参见 Kay 2002）。大写的构式语法没有使用零元件这一概念，而是采用了零实例化（null instantiation）这一概念。也就是说，有些构式拥有一个特征，该特征表明这类构式存在着一个在形式上没有实例化的（语义）论元（Fillmore 1986b；Fillmore & Kay 1993, ch. 7）。菲尔莫尔和凯总结出三类零实例化，即有定零实例化［等同于零照应（null anaphora）］、无定零实例化（如 The dog ate 所示）和自由零实例化（相当于未指明的修饰成分）。这两位学者认为，零实例化要么与构式有关，要么与个体单词有关；而克罗夫特（Croft 2001: 275-280）认为，实例化只与构式有关。

间，存在什么样的关系？有学者认为，对于公认的普遍语义范畴，可以通过规约性识解，来解释其跨语言差异。也就是说，同一个语义范畴普遍存在于各种语言，但是，在对作为该语义范畴组成部分的具体经验进行识解时，会因语言不同而不同：

> 当我们使用某一个构式或语法词素时，出于交际目的，我们会选择一个意象来为所设想的情况提供结构。因为不同的语言在语法结构上存在差异，言者按照语言规约所使用的意象也会因语言不同而不同。(Langacker 1991b: 12)

例如，在被概览扫描时，英语根词 sick 被识解为一个形容词，或一种不受时间影响的关系，要进行论断或逐序扫描，就要与系动词 be 联用；但是，与之对应的俄语词 bol(e)- 却被识解为动词（逐序扫描），添加形容词派生后缀之后，才能被识解为不受时间影响的关系。然而，我们一方面认为存在普遍的语义范畴，并认为具体语言中的具体现象要进行约定俗成性识解，另一方面又认为范畴具有多义性，并拥有语义元型和因语言不同而不同的语义延展；我们不清楚这两者之间究竟有什么区别。

(ii) 构式内部存在哪些类型的句法关系？

对于构式部件之间的关系，认知语法的分析方法与以往截然不同 (Langacker 1987, ch. 8)。在认知语法中，配价 (valence) 概念与大写的构式语法中的概念相似，都是象征性的。然而，与大写构式语法不同的是，认知语法中的价具有渐变性。在认知语法和大写的构式语法中，谓词-论元关系中的配价概念是一致的。下面我们将从直接的谓词-论元关系开始考察，然后对认知语法中的配价关系向其他语义关系的延展进行考察。

281　在 *Heather sings* 这样的句子中，*sings* 是谓词，因为它代表一种关系。*sings* 之所以具有关系性，是因为歌唱要有歌唱者这一事实。因此，*sings* 的语义结构包括一个图式性歌唱者的次结构。在 *Heather sings* 中，*Heather* 是一个论元：它不是关系性的，而是充当 *sings* 的歌唱者角色。之所以说 *Heather* 不是关系性的，是因为某个人的概念不预设其他的概念。兰盖克在对论元充当谓词角色进行阐述的时候，所用的术语是，该论元对和谓词相关的次结构进行详述（elaborate）。可以被某个论元详述的次结构是一个详述场（elaboration site 或 e-site）（Langacker 1987: 304）。（33）是对这些关系的图示：

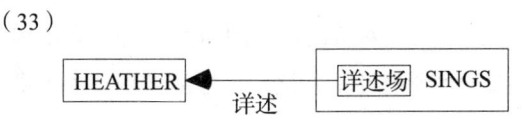

（33）

```
 ┌─────────┐           ┌─────┐
 │ HEATHER │◄────────── │详述场│ SINGS
 └─────────┘    详述    └─────┘
```

正如我们在§10.2.1 中所提到的，就像 *You should read this article*（你应该读读这篇文章）中的 *read* 一样，构式中的元件可能既是谓词同时又是论元。怎么会出现这种情况？这是因为，阅读事件对 *should* 所表达的情态次结构进行详述，而作为阅读对象的 *the article* 又对阅读事件次结构进行详述。因而，谓词和论元身份即配价是相对的：谓词和论元身份取决于进行对比的是哪两个语义结构。

配价不仅是相对的，还具有渐变性。在例 34 这样的句子中，传统上将"我"和"我"正阅读的东西分析为 *read* 的补充成分（complements），而将 *on the train* 视为 *read* 的附加语（adjunct）（我们在此不考虑此例中表示进行体的 *be*）：

（34）I was reading this on the train.
　　　我当时在火车上读的是这个。

补充成分就是谓词的论元：阅读自然涉及阅读者和阅读物。附加语是谓词，而其中心词是论元：on the train 内在地涉及一个图形（事件），而该图形的位置由空间关系进行描述。因此，read 所详述的是 on the train 的一个次结构。

但是，这种描述过于简单了。阅读是一种可以确定发生地点的行为，即阅读行为有其发生的场所，还涉及读者和读物。但并非所有的谓词都是这样。例如，我们不能说 *John was widowed on the train（*约翰在火车上丧偶了）。因此，阅读事件的场所是 read 语义结构的次结构，而 on the train 所详述的也是 read 的次结构。对于这种明显的悖论，一种解决办法是认为，在对阅读事件进行描述时，由 on the train 所详述的 read 的次结构，远没有由 I 和 this 所详述的 read 的次结构凸显。相反，在对空间关系进行的描述中，由 read 详述的 on the train 次结构非常凸显。与其说 on the train 是 read 的附加语，不如说是 read 的补足语，因为 read 所详述的是 on the train 的凸显次结构，而 on the train 所详述的是 read 的不太凸显的次结构。（35）所图示的是这两种关系的相对强度：

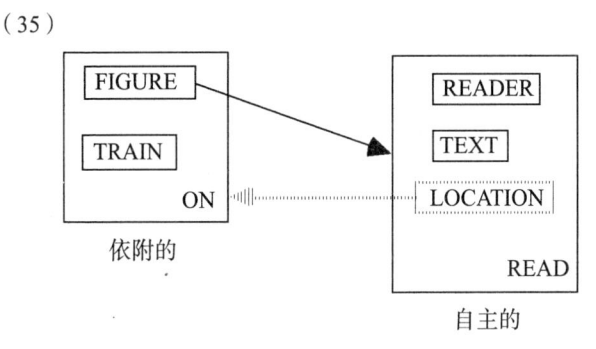

（35）

```
┌─────────────┐        ┌─────────────┐
│ ┌─────────┐ │        │ ┌─────────┐ │
│ │ FIGURE  │ │        │ │ READER  │ │
│ └─────────┘ │        │ └─────────┘ │
│ ┌─────────┐ │───────▶│ ┌─────────┐ │
│ │ TRAIN   │ │        │ │ TEXT    │ │
│ └─────────┘ │        │ └─────────┘ │
│        ON   │········│ ┌─────────┐ │
│             │        │ │LOCATION │ │
│             │        │ └─────────┘ │
│             │        │       READ  │
└─────────────┘        └─────────────┘
    依附的                    自主的
```

兰盖克采用自主的（autonomous）和依附的（dependent）两

个术语来重新解读谓词-论元区分:"如果结构 A 是对结构 D 中一个凸显次结构的详述,那么结构 D 依附于结构 A"(Langacker 1987: 300)。相反,如果结构 A 不对结构 D 的一个凸显次结构进行详述,那么结构 A 相对于 D 而言是自主的。在(35)中,*on the train* 依附于 *read*,因为 *on the train* 表示处所关系,而 *read* 进行详述的是其高度凸显的图形角色。反过来,相对于 *on the train* 而言,*read* 是自主的,因为 *on the train* 所详述的只是阅读事件发生场所这一不太凸显的次结构。

认知语法对"中心词""修饰语"等概念的分析,既与大写的构式语法的分析相似,又有所不同。在大写的构式语法中,角色代表了构式部件与构式整体之间的关系,并在句法上得到界定。在认知语法中,类似的概念也对构式部件与整个构式之间的关系进行描述,但这些概念是在语义和象征关系上得到界定的。

认知语法将部件与整体之间的语义关系描述为侧面决定体(profile determinant):侧面决定体是构式的部件,整个构式从其"继承"语义侧面(Langacker 1987: 289)。侧面是由侧面决定体所标示的概念;在侧面决定体对侧面概念进行标示时,需要参照该概念所预设的背景知识(见第二章)。兰盖克将侧面决定性(profile determinacy)概念,与自主性/依附性(autonomy/dependence)概念联结起来,以一种直觉上所期望的方式对"中心词""补足语""修饰语"进行界定(Langacker 1987: 309)。中心词是一种依附性述谓结构,而该述谓结构是侧面决定体;补足语是一种自主性述谓结构,而这种述谓结构不是侧面决定体;修饰语是一种依附性述谓结构,而这种述谓结构不是侧面决定体。

(iii) 构式之间存在哪些类型的关系？

对于范畴化，兰盖克将其所提倡的分析方法称为统一法（a unified approach）(Langacker 1987, ch. 10）。范畴拥有一种与传统观点不同的结构；这种反传统的范畴结构一般拥有一个或一组元型成员，而非元型成员是元型成员延展后的结果。然而，也可能存在一个将元型和延展都涵盖在内的图式，该图式具有传统的范畴结构，可通过充分必要条件来确认其实例的身份。当然，兰盖克的范畴化模式也用于构式。因此，根据兰盖克以及莱考夫和戈德伯格的观点，构式图式和构式之间非传统的元型-延展等关系可以同时存在；构式之间的元型-延展关系包括各种隐喻性延展。

(iv) 语法知识是如何在构式分类中储存的？

认知语法属于基于使用的模式。在这种模式中，图式性构式的形成是语言使用的结果。对此，我们已在§10.2.2部分进行过简单介绍，并将在第十一章进行详细描述。

10.2.4 激进构式语法

克罗夫特（Croft 2001）提出激进构式语法，是为了在构式语法框架内，对类型学差异进行解释，以及解决句法论证上的基本问题。激进构式语法采纳莱考夫-戈德伯格理论，和认知语法中的非传统范畴结构观与基于使用的模式。对于构式分析，激进构式语法完全采用非还原论方法，反对构式的句法元件之间存在自主句法关系的观点。激进构式语法采用基于使用的模式，并从类型学中引进了语义映射模式和句法空间概念，来为构式提供组织原则。

(i) 如果存在构式，那么在构式语法中，句法元件的范畴地位是什么？

句法结构之间部整关系的标准分析属于还原论者的方法（参见§11.2.1），即像及物或非及物这样的构式，是由部件构成的，而这些部件本身的界定不需要参照其所在的构式。例如，我们可以将各种从句构式中的动词视为同一类词，无论这些动词出现在什么样的构式中。之所以有这种分析，部分原因在于这些动词拥有相同的屈折变化（第三人称单数一般现在时要加 -s，而不是零变化，过去时态在词尾加 -ed 或其他词素变体）：

(36) 第三人称单数一般现在时：

　　a. *Intransitive*: Toni dance**s**.

　　不及物：托尼跳舞。

　　b. *Transitive*: Toni play**s** badminton.

　　及物：托尼打羽毛球。

(37) 第三人称复数一般现在时：

　　a. *Intransitive*: We dance-Ø.

　　不及物：我们跳舞。

　　b. *Transitive*: We play-Ø badminton.

　　及物：我们打羽毛球。

(38) 过去时：

　　a. *Intransitive*: We danc**ed**.

　　不及物：我们跳了舞。

　　b. *Transitive*: We play**ed** badminton.

　　及物：我们打了羽毛球。

换言之，相同的单位可以作为部件，出现在许多不同的构式中。将一个构式分解到最后，会得到一组无法再行分解的原始元件；构式就是由原始元件构成的。这些原子句法元件（atomic elements）包括动词或名词这样的句法范畴，和主语、宾语这样的句法关系等。这种语法结构模式属于还原主义模式，即这种模式将较为复杂的结构视为由原始且最终为原子的单位构建而成。在上面的例子中，原子单位就是基本的句法范畴和关系。

还原主义模式有一个严重缺点，即对于和单词分布有关的某些经验事实，它无法做出合理解释。例如，英语的许多动词要么出现于及物构式，要么出现于非及物构式，然而还有许多动词并非如此：

（39）a. Judith danced.
　　　　朱迪斯跳了舞。
　　　b. Judith danced a kopanica.
　　　　朱迪斯跳了科巴尼卡舞。
（40）a. Judith slept.
　　　　朱迪斯睡了觉。
　　　b. *Judith slept bed.
　　　　*朱迪斯睡了床。
（41）a. *Judith found.
　　　　*朱迪斯找到。
　　　b. Judith found a 20 dollar bill.
　　　　朱迪斯找到了一张 20 美元钞票。

一种解决方案是将动词分为及物动词和非及物动词。如果这样，我们就必须对 *dance* 这样在两种构式中都可出现的动词做出判断：它们同时属于两个子类吗？或者它们构成另一个截然不同的类型？将动词分为及物动词和不及物动词的一个结果是，我们基本上是通过动词所在构式，来界定这些动词是及物还是非及物的。如果进行跨语言对比，这些问题会更突出，因为在不同语言中，差别会更大（Croft 2001）。

如 40b 和 41a 所示，可以增加一些句法特征，来阻止某些范畴成员出现在不可接受的构式之中，并通过这种方法在还原主义模式中处理这些问题。同样，其结果是我们引入一个特征，然后通过范畴能够出现的构式或不能出现的构式（如及物构式、祈使构式、VP 连词构式等），来对范畴进行具体说明。

激进构式语法采用另一种方法，来分析构式与其部件之间的关系。该方法将构式作为基本的或原始的句法表征元件，并通过范畴所出现的构式，来对这些范畴进行界定。例如，非及物构式的元件被界定为非及物主语和非及物动词，而这些范畴被界定为在非及物构式中承担相关角色的单词或短语。换言之，激进构式语法不承认存在原子图式单位（atomic schematic units）（参见 § 9.4 表 9.2），因为对原子图式单位的界定不需要通过构式。这是激进构式语法与还原主义理论的不同之处。

激进构式语法是一种非还原主义模式，因为它将整个复杂结构视为基本单位，并通过构式部件在复杂结构中承担的角色，来对这些部件进行界定。实际上，在处理还原主义理论存在的问题时，激进构式语法在其逻辑推理中运用了一个策略，即对词类进行再分，并通过句法特征从本质上确定某个单词或短语能出现的构式（Croft 2001, ch. 1）。

像其他概念实体一样，构式可以通过范畴化进行分类。构式拥有形式特征，其中包括词序、连续性模式（patterns of continuity）和承担某些角色的具体词素（或非常小的词素类别）。构式也是象征单位，一般都拥有独立的意义。激进构式语法的范畴观与传统范畴观不同，认为在构式范畴中，存在元型构式和延展构式，并认为不同类型的构式之间存在梯度渐变的可能性。

（ii）构式内部存在哪些类型的句法关系？

与大写的构式语法和认知语法一样，激进构式语法将构式部件的角色放在整个构式中进行描述。与大写构式语法不同的是，激进构式语法认为，构式部件之间的关系完全是语义上的。也就是说，在激进构式语法中不存在句法关系。

激进构式语法这种分析的理据是，从语言理解的角度来看，在构式语法框架内，句法元件之间的关系并不是完全必要的。请思考 the song 这一短语。我们通过（42）中的示意图对其进行直观展示，其中定冠词［DEF］和歌曲［SONG］之间的语义关系用连线连接（用字母 r 标示）：

（42）

the	song
s   s   s
DEF	r	SONG

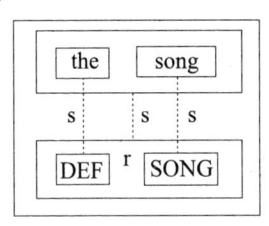

如果听者认识到 the song 是［［DEF/the］［THING/noun］］构式的实例，也就是说，如果听者可以从记忆库中检索到整个构式的语义结构，并识别出该构式的句法元件（即单词 the 和 song），且能识别出相应的语义极成分（即［DEF］和［THING］），那么，听者就可以通过构式语义极中［DEF］和［THING］之间的语义关系，识别出语义关系 r。所以，听者不需要依靠 the 和 song 之间的任何句法关系。

其他理论中的句法关系有格标识（case marking）、一致（agreement）、附置词（adposition）、词序、连续性等。在激进构式语法中，我们把用来表达这些句法关系的各种形态句法属性（morphosyntactic properties），解读为构式音系极中的元件与构式语义极中相应成分的象征性连接。如果在此介绍支持这种观点的证据，将会使我们离题太远（参见 Croft 2001, ch. 5-6）。所以，我们在此仅简单介绍两个为句法关系提供反证的语言现象。这两个现象在不同语言中都广泛存在。在很多情况下，假定的句法关系与语义关系之间不存在相似性（Croft 2001: 206-220）。这一事实使得在句法结构和语义结构之间构建一般映射关系的努力失败；如果句法关系并不存在，那么这一难题也会随之消失。如果没有句法上相关的元件，如表示一致的成分，或者句法关系在形态句法上的表达（同上：226-233），就无法对句法关系进行描述，除非有特别的手段。同样，如果我们放弃句法关系，这一难题也会随之消失。

事实上，用来表明句法关系的形态句法属性，可以帮助听者识别构式元件在整个构式意义中所发挥的作用（同上：233-236）。而且，在对构式进行识别时，言语中的形态句法属性组合起来作为一个整体，为听者提供帮助（同上：236-237）。例如，在由主语短语、动词和旁格宾语短语所构成的符合规则的句法组合中，由助动词 be、动词的过去分词形式和介词 by 构成的格式塔完形组合，是被动构式的唯一标志，而个体元件所识别的是行动（动词屈折变化和位于助动词之后）、施事（介词 by 加上旁格宾语短语）和受事（位于主语的位置）。换言之，句法属性似乎是对句法关系的编码，而事实上，它是对个体元件与构式成分之间的象征关系的编码，也是对作为整体的结构形式与其意义之间象征关系的编码。

因此，与认知语法一样，在激进构式语法中，像"中心词""论元"和"修饰成分"这样的概念，必须在语义层面上进行界定。而在其他理论中，这些概念的定义是句法性的。（Croft 2001, ch. 7）另外，这些定义必须放在构式中而不是通过个体成分进行界定。例如，兰盖克（Langacker 1987）将认知语法的侧面决定性（profile determinacy）概念界定为一个元件（参见§10.2.3），该句法元件的侧面决定整个构式的侧面。而克罗夫特认为，最好还是将侧面决定性定义为侧面等值（profile equivalence），即句法元件的侧面与整个构式的侧面高度匹配（Croft 1996: 51-53; 2001: 254-257）。按照侧面等值的观点，既存在没有侧面决定因素（profile determinant）的构式，也存在拥有多个决定因素的构式。例如，像 *Bill and Tim* 这样的联合短语，侧显的是一个对子，但其所有元件都没有与整体构式的侧面相匹配的侧面。同样，在限定词-名词构式中，作为整体的构式对所指事物进行侧显，而其两个元件也对所指事物进行侧显。如在 *the song* 短语中，*song* 将其所指实体侧显为一类事物中的一个实例，而 *the* 图式性地将所指实体侧显为交际者双方都知道的那个实体。

（iii）构式之间存在哪些类型的关系？

作为一种非还原主义模式，激进构式语法在语法结构观念上做出了重大转变。激进构式语法认为，构式不是由一组原始的原子元件构成的，复杂的构式本身就是语法表征的基本单位，而且构式部件所界定的范畴是派生的。然而，对构式网络中语法知识的组织而言，非还原主义假设产生的影响微乎其微。

在激进构式语法中，构式的每一个部件（单位）都代表一个范畴；只有通过范畴成员在构式中所承担的角色，才能对这些成员进行界定。为了对范畴进行区分，我们将构式名称附加在构式的每一个单位的标签之前。(43) 是对不及物构式和及物构式的图示：

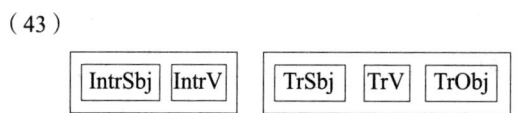

(43)

| IntrSbj | IntrV | | TrSbj | TrV | TrObj |

动词范畴是对不及物动词（IntrV）和及物动词（TrV）在语言上进行的概括。因此，这种概括是一种分类关系，即动词是不及物动词和及物动词的上位词。然而，像动词这样的上位范畴，必须是语言学驱动的（linguistically motivated）。动词这样的上位范畴产生的动因是，它必须作为另一构式中的范畴出现。例如，对动词范畴进行认定的标准动因，是其成员要通过时态后缀或表示主谓一致的后缀进行屈折变化。在构式语法中，这一语言事实基本上属于另一个构式，即形态构式（morphological construction）[MVerb-TA]。我们用 MVerb 这一标签来强调该范畴是通过形态构式进行界定的，即它可以添加时态/一致后缀（tense/agreement suffixes; 缩略为 TA）：

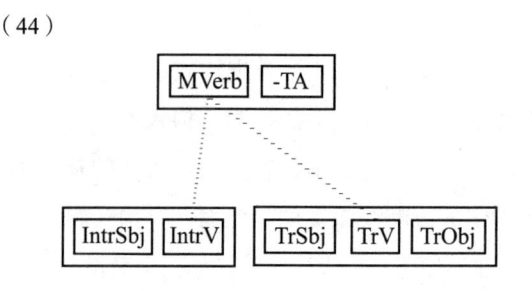

(44)

| MVerb | -TA |

| IntrSbj | IntrV | | TrSbj | TrV | TrObj |

换言之，激进构式语法对构式之间部整关系的描写，与大写的构式语法所采用的方法（见§10.2.1）相似，也就是将整体作为图式、将部分作为该图式的实例。[①] 也就是说，处理部整关系的方法不是非还原主义模式的区别性特征。激进构式语法属于非还原主义模式，而大写的构式语法属于还原主义模式；两者之间的主要区别在于，后者认为句子角色的界定不需要参照其所出现的构式，而是通过句法特征和配值（values）进行分析。（另外，在对待构式之间的关系上，激进构式语法认为构式之间的关系属于非传统的关系；这一观点与大写的构式语法不同，而与莱考夫-戈德伯格的构式语法和认知语法的观点一样。）

（iv）语法知识是如何在构式分类中储存的？

在对待构式之间的部件-整体关系上，尽管激进构式语法与大写的构式语法完全相同，它像认知语法和莱考夫-戈德伯格模式一样，与基于使用的模式相一致的语法知识可以进行冗余表征（参见§10.2.2和第十一章）。

在语法知识的组织上，激进构式语法的一个显著特征来自类型学理论，却与基于使用的模式相一致。这种模式就是语义地图模式（semantic map model）。在语义地图模式中，各种构式根据各自的功能，被映射（map）到一个概念空间；于是，概念空间中的构式由于在功能上重叠或临近，从而可以建立相互联系。在§11.3.3一节，我们将在讨论基于使用的模式时对语义地图模式进行介绍。

[①] 更准确地说，在激进构式语法中，多个构式的不同部件既可以作为另一构式的部件的实例［如（44）所示］，也可以作为另一整体构式的实例。而在大写的构式语法中，似乎不可能出现前一种可能性。

289 激进构式语法的另一个显著特征是引入了句法空间（syntactic space）概念（Croft 2001, ch. 8-9）；这一概念的灵感同样来自类型学研究。在不同语言中（有时是同一种语言中），功能上相似或完全相同的构式，在语法特征上会存在很大的差异。因此，我们不能根据一套固定的语法属性，来假想存在一个普遍的构式，如被动构式等。在欧洲语言中，典型被动构式的语法属性包括受事作主语、施事作旁格宾语（oblique）（但在许多语言中不能出现旁格宾语）、与动词主动形式明显有别的被动形式：

（45）**The children** [patient = Subject] were tak**en** [distinct verb form] to school **by their parents** [agent = Oblique].
孩子们［受事＝主语］被［明显的动词形式］他们的父母［施事＝旁格宾语］带到学校。

即便不考虑在不同语言中如何对主语等进行界定的问题，这一构式也绝不是普遍存在的；因为如例46—48所示，许多在结构上具有明显标记的语态构式（voice constructions）会呈现跨语言特征（例出 Croft 2001: 292-294）：

（46）*Upriver Halkomelem: patient=Subject, agent not Oblique, distinct verb form*
上游哈尔魁梅林语：受事＝主语，施事不是旁格宾语，明显的动词形式

tə́s -1 əm θúλˀà tə swíyəqə
bump. into -ACCID -3SG.PASS she ART man
She was bumped into by the man
她被该男子迎面撞上

（47）*Bambara: patient=Subject, agent = Oblique, verb form not distinct*
班巴拉语：受事＝主语，施事＝旁格宾语，动词形式不明显

o	fo'ra	dugutigi	fè
3SG	greet'COMPL.INTR	chief	with

S/he was greeted by the chief.
她/他受到了酋长的欢迎。

（48）*Maasai:patient not Subject, agent prohibited, distinct verb form*
马赛语：受事不作主语，施事不出现，明显的动词形式

aa-	dɔl	-i
1SG.OBJ-	see	-PASS

I am seen.
我被看。

激进构式语法不将构式看作离散的、普遍存在于各种语言的形式类型，而是将构式看作因语言不同而不同的结构；这些结构的特征（在此为受事编码、施事编码和动词形式）形成一个句法空间，而不同的构式在句法空间中占据不同的位置。通过句法空间，就可以对类型学家所发现的构式形式特征与构式功能之间关系的共性问题，进行系统阐释。例如，在受事生命度（animacy）和话题性（topicality）上存在着分布限制或结构上迥异的语态构式；从跨语言的角度来看，生命度越高和话题性越强的受事，越容易出现在被动语态构式中（Croft 2001, ch. 8）。

10.3 结语

本章介绍了构式语法的基本特征、不同构式语法理论在一些代表性问题上的不同立场。遗憾的是，因为篇幅有限，我们无法详细介绍不同理论对较为具体的语法现象的分析，如论元结构、

移动现象、信息结构图式、词序变异（word order variation）等，或者具体的语法构式（第九章所例示的构式除外）；在我们撰写本章内容的时候，构式语法还未对各种语法表征问题及表征使用过程问题进行充分论证，所以在本章中我们也没有论及。然而，构式语法对语法构式进行了广泛的研究，这种研究数量众多，而且还在不断增长；另外，学界还运用基于构式的方法，正在对语法表征和语法过程的基本问题展开热烈讨论。

第十一章 基于使用的模式

11.1 语法表征和过程

语法知识不只是言者头脑中的一种表征结构。在对心理学知识表征模式的概述中，马克曼认为，知识表征模式有四个基本元件（Markman 1999: 5-10）。一个元件是表征世界（the representing world），即表征形式（representations）本身所构成的域。在语言研究的认知语言学方法中，表征世界自然就是心智（the mind）。第二个元件是被表征世界（the represented world）。对语法知识而言，被表征世界是言语（utterances），即交际语境中的言语形式和言语意义。在马克曼的分析中，第三个元件是将表征世界和被表征世界连接起来的机制，第四个元件是使用表征的过程。最后一个元件尤为重要：

> 如果不讨论过程，讨论表征就没有意义……仅当同时存在使用表征的过程时，表征系统才真正地进行表征，而且只有当表征和过程同时存在时才能对系统的作用进行界定。（Markman 1999: 8）

与语法知识相关的过程主要有交际（即言语产出和言语理解）、儿童和成年人对语法知识的习得、言者的语法知识随时间推移而发生的变化。这些过程将表征世界（即语法知识）与被表征世界（即言语世界及其意义）连接起来。这些过程是表征世界与被表征世界之间联系的轨迹（locus），也是马克曼表征模式中的第四个元件。

　　对于语言使用、语言习得和语言变化，许多认知语言学家提出一种基于使用的模式（usage-based model）（§11.2.2-11.2.4；Langacker 1987, ch.10；Barlow & Kemmer 2000; Bybee & Hopper 2001）。[①] 基于使用的模式与语法表征的传统结构主义模式和生成主义模式形成鲜明对比。在结构主义模式和生成模式中，只有语法形式的结构决定它们在言者大脑中的表征。例如，传统模式严格区分规则的单词形式和不规则的单词形式。像英语复数形式 *boy-s* 这样的单词规则屈折形式，是通过高度概括的由单数变复数的规则（即添加 -s）派生而来的，因为 *boy* 和 *boys* 之间的结构关系使其成为可能。像 *feet* 这样的非规则单词形式，没有直接的将单数与复数连接起来的结构关系。因为名词的不规则复数形式不能通过一般规则派生，这类名词的不规则复数形式被罗列（listed）在词库中。

　　按照基于使用的模式，语法单位在言者头脑中的表征还取决于交际中言语使用的属性。具体而言，有两个基于使用的属性会影响语法表征：一是语法形式和结构出现的频率，二是单词和构式在使用中的意义。这种观点催生了基于使用的模式。我们将在§11.2探讨基于使用的模式的四个假设、这些假设在形态

---

① 另一方面，构式语法意图成为一种有关能力的模式（与 Paul Kay 之间的个人交流，1999）。

学中的证据，以及在基于使用的模式中研究最为深入的语法领域（Bybee 1985, 1995, 2001）。我们将在§11.3讨论如何将基于使用的模式的假设应用于句法构式的表征、句法构式的习得和句法变化。

11.2 形态学中基于使用的模式

11.2.1 单词形式的固化和表征

在基于使用的模式中，单词形式能否被独立存储，起决定性作用的因素是该单词形式在语言中出现的频率，也就是该单词形式的形符频率（token frequency）。该假设是，一个单词或构式每使用一次，就会将大脑中的一个结点或由多个结点构成的型式（pattern of nodes）激活一次；信息能否被储存下来，与激活频率有关；当激活频率达到一定程度，信息就会作为约定俗成的语法单位储存在大脑中。如果一个单词被独立地储存在大脑中，该单词就被固化了（entrenched）（Langacker 1987: 59-60）。固化（entrenchment）具有程度上的区别，即使在满足独立储存所要求的最低条件之前亦是如此。[①] 在基于使用的模式中，即使一个单词形式可以从较为图式性的语法表征中预测出来，该单词形式也可能是固化的。例如，即便 *boys* 这一复数形式是名词复数图式 [NOUN-s] 的一个实例，其在使用中具有很高的形符频率，它也会得到固化。

---

① 拜比一直使用"自治性"（autonomy）和"词汇强度"（lexical strength）来表示固化程度（Bybee 1985, 1995）。

与之相反，复数形式 cornices（飞檐）不大可能得到固化，因为它出现的频率太低，不足以让其独立于其词基形式 cornice 及名词复数图式［NOUN-s］而得到储存。我们将基于使用模式的第一个假设概括如下：

(1) 假设1：无论一个单词形式规则与否，其在大脑中的储存都是其形符频率的一个功能。

显然，在任何形态学模式中，不规则形式都必须是独立储存的，因为我们完全无法根据一般图式对其进行预测。结构主义/生成模式的做法是将不规则形式简单地罗列在词库中。基于使用的模式认为，词库中使用频率较高的单词中也会存在不规则单词形式。出现频率较高的单词容易得到固化，因此使用频率高的不规则单词可以存留下来。如果一个不规则形式的出现频率不够高，或者在使用频率上下降了，那么该不规则形式就会被规则化（regularized）：其表征在使用中得不到足够的固化和加强，因此在进行相关屈折变化时会被规则图式取代。结构主义/生成模式不考虑这种频率效应，而是认为，不规则单词形式在词库中的分布是均匀的。

在对不规则单词形式的处理上，证据明显有利于基于使用的模式。在词库的高频单词中，我们总能找到不规则屈折变化形式。因此，难怪英语中人称形式最不规则的动词是出现频率极高的 be；该词拥有 am、are、was 和 were 四个变体，而且也是英语中唯一因人称不同而过去时态和单复数形式不同的动词。

还有证据表明，低频不规则屈折形式可以得到规则化，而高频不规则形式在更大程度上会抵制规则化。例如，拜比和斯洛宾考察了 build/built 这样的英语动词；此类动词的过去时态是将词干最后的辅音字母 d 变为 t（Bybee & Slobin 1982: 275）。他们将叶斯柏森（Jespersen 1942）英语历史语法中所列动词与《美国传统词典》(American Heritage Dictionary；AHD) 中收录的相同动词进行对比；《美国传统词典》中所列的动词及其过去时态如下：

（2）

只有 t 形过去时态	有 ed 或 t 形过去时态	有 t 或 ed 形过去时态	只有 ed 形过去时态	AHD 没有列出
bend	blend	rend	wend	shend（使羞愧）
lend	geld			
send	gird			
spend				
build				

拜比和斯洛宾发现，保留不规则过去时态 t 的动词在使用频率上都很高，而其他的形式则不常见（有一个已经退出了语言）。

低频不规则形式在产出过程中更容易被规则化。这是不规则性与频率相关的进一步的动态证据。拜比和斯洛宾发现，学龄前儿童对不规则过去时态形式进行规则化的可能性，与该动词在成年看护人言语中的形符频率存在显著相关，即低形符频率和高规则化机率相关（Bybee & Slobin 1982: 270）。在一个被试为三年级小学生和成年人的产出任务实验中，这两位学者发现，形符频率与一些（尽管不是所有）不规则动词的规则化之间存在显著相关。（同上：270-271）

在有些情况下，规则形式是独立储存的。一个不太直接的证据是，规则性屈折变化的单词形式，或者规则性派生单词形式，在语义上可能会偏离其母体单词。例如，"有些与 dirt（污物）完全无关的事物,却可以 dirty(脏的)……某人与真正的 soil(土壤)相距十万八千里,却可以 soil(弄脏)一件物品"(Bybee 1985: 88)。clothes(衣服)和 shadow(阴影)曾是屈折变化形式,而今分化出来成为独立的单词。clothes 以前是 cloth(布料)的复数形式(同上: 36);shadow 在古英语中曾是 shade(荫蔽)的旁格形式(oblique case form)(Croft 2000: 36)。也许,语义分化的前提是屈折形式拥有独立的表征,而独立表征的屈折形式容易发生意义分化。

在不规则形式中,存在着与固化程度相联系的频率效应。相关证据使一些生成语言学家接受了这一观点,其中就包括平克及其同事。他们认可基于使用的模式对不规则屈折变化的单词形式具有解释力。但他们认为,规则性屈折变化的单词对频率效应不敏感。在他们看来,规则性屈折变化的单词由一条语法规则表征,而这条语法规则只以单词的结构为基础,而非建立在任何与使用有关的属性之上(Pinker & Prince 1994; Marcus et al. 1992)。这种模式被称为语法表征的双加工模式(dual-processing model)。①

英语第三人称一般现在时的屈折变化较为规则;对其所做实验的结果表明,低频规则形式不会被储存在词库中,因为它们没有表现出群体效应(gang effects)(Stemberger & MacWhinney 1988: 111–112)。群体效应是已储存的音韵上相似的单词形式所

---

① 事实上,传统模式,即认为规则性屈折变化形式由一条结构规则生成,而不规则形式被罗列在词库中,也是一种双处理模式。在平克及其同事所提出的模式中,唯一的创新之处就是对不规则形式的观点与基于使用模式的预测是一致的,而非仅仅在词库中罗列出来。

产生的效应；如果单词形式未被储存，则不会出现群体效应。人们一直将群体效应缺位看作规则性屈折变化形式没被储存在词库中的证据（如 Prasada & Pinker 1993）。然而，其他实验的结果真切地表明，高频规则性屈折形式在词库中是得到储存的。施滕贝格尔和麦克温尼做了一个实验。在实验中，他们要求被试快速给出规则动词的过去时态形式。结果是，高频规则过去时态出错的概率明显较低。这说明高频规则过去时态是被储存在词库中的。（Stemberger & MacWhinney 1988: 106）。拜比曾引述洛西维奇（Losiewicz 1992）所做的实验；该实验提供了一些与规则形式的频率效应有关的证据（Bybee 1995: 450-451）。洛西维奇注意到，如果词尾辅音 /t/ 或 /d/ 是单词的一部分而不是规则性过去时态的词尾，它发音的持续时间较短（如 *rapt* 相对于 *rapped*）。如果发音持续时间上的差异与单词是否储存在词库中有关，那么在发音持续时间上，高频规则性过去时态的词尾辅音 /t/ 或 /d/，要比低频规则性过去时态的词尾辅音短。在一项句子阅读任务中，被试在发高频和低频词尾辅音 /t/ 或 /d/ 时，在发音持续时间上存在 7 毫秒的差异，而这种差异非常显著。

上文所提供的证据，与高频规则单词被储存在词库中而低频规则单词不被储存的模式相一致。结果表明，频率影响规则单词形式的储存，从而支持假设 1。[①]

[①] 可能有人会认为，即便在基于使用的模式中，也会出现频率效应缺位现象；接受常规输入训练的激活网络模式（activation network models）没有显示出群体效应（Daugherty & Seidenberg 1994）。

11.2.2 规律性、能产性和默认状态

在结构主义/生成模式中，规律性是根据规则进行建模的。一般而言，规则的操作对象是字符串，如词形的语音串，或结构中由单词或构成成分构成的句法字符串等。词缀构词法是相对简单的操作，如添加后缀词素变体（allomorph）/t/、/d/ 或 /id/ 从而构成英语过去时态的后缀法。另一些受规则支配的操作比较复杂，因为它们会涉及词形的内部变化，或其他变化。

在基于使用的模式中，像添加过去时态这样的简单规则，是通过图式进行表征的。这与第十章中对构式进行表征的图式相似。用来表征英语过去时态的图式类似于 [Verb-ed]（目前先不考虑过去时态的三个词素变体）。用图式来表征概括或泛化，与所有语法知识要用统一方式进行表征的原则一致（参见§9.4）。可以表示为规则的语言知识，与可以表示为图式的语言知识之间存在一些差异。对此我们将在§11.2.3进行讨论。我们在本节将要讨论的是影响规律性的因素，而非规律性如何得到表征的问题。

能产性（productivity）是规则性屈折变化的一个特点。顾名思义，具有能产性的屈折变化，几乎可以应用于任何在语义和音韵上合适的词形，包括语言中的新造形式或新借形式。在基于规则的模式中，能产性则表示在屈折形式所施加的音韵和语义限制内，规则的应用范围具有开放性。规则性被界定为能产性。然而，我们将在下文看到，基于使用的模式对能产性的阐释会让该定义中隐含的区别清晰起来。

在基于使用的模式中，能产性屈折变化的图式性表达是固化的。*oxen* 的复数后缀 *-en* 和复数后缀 *-s* 之间的区别在于，前者的固

化形式只有［oxen］，而后者的固化形式是［NOUN-s］这样的图式构式。但是，规则性复数形式 -s 意味着存在一个一般图式，该图式很容易和具体名词组合从而构成复数形式。那么，根据基于使用的观点，是什么因素致使图式性形态构式得到固化的？

拜比认为，图式的能产性是类符频率（type frequency）的一个功能（Bybee 1985: 132-134; 1995）：

（3）假设2：图式的能产性是该图式所有实例的类符频率的一个功能。

所谓类符频率，是作为图式实例的不同单词形式的数量。因此，英语过去时态图式［VERB-ed］的类符频率，就是英语规则性过去时态动词的数量。根据这种解释，英语过去时态后缀 -ed 具有高度能产性。大量低频动词的过去时态是通过添加 -ed 后缀构成的，这导致［VERB-ed］这一过去时态构式得到进一步强化。当然，过去时态图式有三个词素变体，即 /t/、/d/ 和 /id/。但是，这些在音韵上进行界定的图式的类符频率都很高，而其实例的形符频率却很低；因此，对于在音韵上进行界定的类而言，每一个词素变体都具有高度能产性。

能产性还有另一个重要方面，即我们必须能够形成一致的图式（Bybee 1995: 430）。也就是说，要想形成图式，不同类型之间首先必须拥有促使图式固化的足够相似度。相似度越高，图式得到固化的程度越高。对具有能产性的英语过去时态而言每一个词素变体都是具有内在一致性的图式。也就是说，对于过去时态后缀而言，每一个词素变体都界定了一个在语音和语义上具有一致性的范畴，即［-t/PAST］、［-d/PAST］和［-id/PAST］[①]。另外，这三个词素变体在语

[①] 方括号中的正体小写字母代表读音。——译者

音上具有家族相似性；它们的意义完全相同，而且就动词词干最后一个音段而言，它们在音韵上呈互补分布，从而使这种家族相似性得到加强。因为这种家族相似性，言者会形成一个上位范畴，我们在此用 [*-ed*/PAST]① 进行标记，其中的正字法表征代表音韵图式。

拜比认为，图式的能产性与图式中形符频率（token frequency）的高低无关（Bybee 1985: 132-134）。图式实例的形符频率越高，其固化程度就越高（Bybee 1995: 434）。在语言使用中，只有得到固化的具体单词形式才能被激活。因此，已经固化的具体单词形式不会使上位图式得到强化。另一方面，具有较低形符频率的单词形式，即便得到固化，其固化程度也会较低（参见§11.2.1）。拜比认为，有些屈折词尾变化可以应用于包括新形式在内的不同单词形式，而低频单词形式将有助于屈折词尾变化的图式性表征的固化。然而，拜比在举例支持这种假设的时候，并没有对形符频率和类符频率进行严格的区分。在能产性较高的图式中，形符频率较高的实例，如英语中最为常见的规则过去时态形式，被大量形符频率较低的实例所淹没。我们将不得不在语言中找出一种共轭词类（conjugation class）：在这种词类中，如果将形符频率较高的实例排除，会导致类符频率太低从而造成图式缺乏能产性；但如果将形符频率较高的实例包括其中，将会导致类符频率达到足够的程度从而使图式具有能产性。因此，我们还不清楚，形符频率较高的实例是否真的不影响图式的能产性。

从基于使用的角度来看，因为类符频率是渐变的，能产性也具有渐变性。因此，基于使用的模式认为，能产性会有程度上的

---

① 方括号中的斜体字母代表音韵图式。——译者

差异。类符频率较低的形式,能产性会较低。我们已在英语不规则过去时态形式中找到了这方面的证据。英语不规则过去时态形式大多涉及词干的内部变化,通常为词干元音的变化。其中一类是类符频率相对较高而形符频率相对较低的动词。这就是拜比和斯洛宾的第六类动词(Class VI)。第六类动词又分为两个小类:一类是过去时态形式中带有元音 /æ/ 而其过去分词形式中为 /ʌ/ 的动词(例 4 中的 Class VIa),一类是过去时态形式中带有元音 /ʌ/ 的动词(例 4 中的 Class VIb)(Bybee & Slobin 1982: 288,附录)。

(4)

	Class VIa		Class VIb
m	swim/swam/swum	n	spin/spun
n	begin/began/begun		win/won
	run/ran	ng	bring/brung*(方言)
ng	ring/rang/rung*		cling/clung
	sing/sang/sung		fling/flung*
	spring/sprang/sprung		hang/hung*
nk	drink/drank/drunk		sling/slung*
	shrink/shrank/shrunk		sting/stung*
	sink/sank/sunk		string/strung
			swing/swung
			wring/wrung
		nk	slink/slunk
		k	sneak/snuck*(方言)
			stick/stuck*
			strike/struck*
			shake/shuck*(方言)
		g	dig/dug*
			drag/drug*

第六类不规则动词在音韵上相对一致：大多数的现在时态中有元音 /I/，并以软腭音或鼻音或鼻音+软腭音结尾。特别是第六类动词 b 小类中的过去时态形式，我们可以将其描述为具有元型模式，即其元型现在时态为 /Ciŋ/ 和元型过去时态为 /Ciŋ/，由元型向软腭词尾辅音和/或鼻音词尾辅音延展，且词干元音发生某种变化（参见 Bybee & Moder 1983 及 §11.2.3）。然而，许多第六类动词，尤其是第六类动词中的 b 小类动词，形符频率相当低（Bybee & Slobin 1982: 278）。由此可以预测，第六类动词具有适度的能产性，不过其能产性程度不如 -ed 过去时态的词素变体。

我们可以从历史和心理语言学研究成果中找到该图式能产性的证据。在古英语中，例 4 中带星号的动词不属于这类不规则动词（Bybee & Slobin 1982: 288，转引自 Jespersen 1942）。事实上，在第六类 b 小类中，有三个带星号的动词不是标准的英语形式，而是属于非标准的英语方言。这表明，这三个动词被划归第六类动词范畴的时间不太久远。带星号的动词分两种情况，一种情况是这些动词属于其他类型的非规则动词，一种情况是这些动词可以做规则动词的词干。第二种情况的动词是由第六类 b 小类中通过变换元音而成的规则动词，因为这些可以作为另一动词词干的动词，在发音上与古英语第六类动词的词干相似，加上第六类动词具有一定的能产性。

拜比和斯洛宾还做了一项分别以儿童和成年人为被试的实验。在实验中，他们要求儿童用过去时态形式进行句子填空，而要求成年人在极端时间压力下提供过去时态形式。在两项任务的结果中，均出现了新奇的过去时态形式。儿童和成年人两方面的数据都表明，像 *streak/struck* 和 *clink/clunk* 这样的第六类动词在能产性上表现不太明显（Bybee & Slobin 1982: 278）。

赞同形态表征双加工模式的学者认为，像拜比和斯洛宾在第六类动词中所发现的那样，尽管不规则动词的表现与频率相关，规则性屈折变化却没有显示任何类符频率效应。相反，规则性屈折变化具有能产性，因为它们施加给动词词干的音韵特异性（phonological specificity）最少（Prasada & Pinker 1993）。例如，英语规则过去时态的词素变体施加给其动词词干的音韵特异性最少：其动词词干只受最后一段的某些音韵特征限制。用图式理论的术语描述就是，规则性屈折变化提供了一个最为开放的图式。双加工假设表述如下：

（5）假设 2′：规则之所以具有能产性是因为它们是相对开放的图式。

在区分有关能产性、类符频率与开放图式的两个假设上，英语并不能提供好的例子。在类符频率上，英语规则性过去时态远高于其他过去时态形式，同时又拥有一个非常开放的音韵图式。因此，两个假设都（正确地）预测了英语规则性过去时态具有高度能产性。然而，在有些语言中，拥有开放图式的屈折变化，在类符频率上却不高。德语的复数形式（Marcus *et al.* 1995）和阿拉伯语的复数形式（McCarthy & Prince 1990）就是这方面的例子。[1]

---

[1] 克拉森和罗特韦勒（Clahsen & Rothweiler 1992）认为，德语过去分词词尾 *-t* 的类符频率要比 *-en* 的低，前者的能产性却比后者的能产性高。然而，这两位学者仅考察了德语动词频率列表中 4314 个动词中的前 1000 个，因而将大量的规则动词类型排除在外，而且如果所考察的动词词根与多个能产的前缀同现，他们就将这些词根重复计算了好几次，而这种做法又人为地提高了 *-en* 的类符频率（Bybee 1995: 438）。

德语和阿拉伯语的复数形式均显示类符频率与图式的开放程度无关。德语和阿拉伯语都有一套构成复数形式的方法，但没有一种方法的类符频率压倒性地高于英语中的 -s 复数形式。德语和阿拉伯语均有一个开放性图式复数形式（schema plural），即德语的 -s 复数形式和阿拉伯语的完整式复数形式（sound plural）（即一个后缀而非词干内部的变化）。德语和阿拉伯语的开放性图式复数形式（open schema plurals）都是与非标准普通名词有关的复数图式，如专有名词、新近借词、派生名词和派生形容词等（Bybee 1995: 440-442; Janda 1990: 146-148）。开放性图式复数之所以是开放性的，就是因为它们必须适用于非典型名词；也正是因为这个原因，它们的类符频率也较低。

马库斯等人（Marcus et al.）及平克和普林斯（Pinker & Prince）认为，开放性图式适用于非典型名词，这一事实就是开放性图式能产性较高的一个证据。但拜比认为，这一事实只能证明开放性图式是用来"应急的"（emergency），或者这只是它们作为开放性图式的默认表现；对普通名词进行的研究表明，默认图式并不比类符频率较高的复数图式更为能产。在阿拉伯语中，抑扬格破碎式复数形式（iambic broken plural）拥有最高的类符频率，对于符合典型音系形态标准（canonical phonological shape criteria）的任何名词都具有能产性，包括借自其他语言的名词。儿童会将抑扬格破碎式复数形式当作默认的完整式复数形式（sound plural）进行过度泛化，成年人也会出现这种情况（Omar 1973，转引自 Bybee 1995: 442）。这表明抑扬格破碎式复数形式和默认的完整式复数形式都具有能产性，前者尤其如此。

德语复数形式的情况更加复杂。在德语复数构成模式中，没有一个是高产的。然而除非典型名词外，与能产性有关的证据表明，包括 -s 在内的几个不同的复数词尾具有某种程度的能产性（参见 Bybee 1995: 440-441 及其参考文献）。儿童将 -en 过度泛化的情况非常普遍；在对临时编造词进行识别的实验（nonce-probe tasks）中，名词会因性的不同而偏好不同的词尾，尤其当临时编造的形式（nonce forms）被认为是普通名词的时候。甚至新近借词，尤其是阳性名词，也使用词尾 -en，而使用词尾 -e 的要比使用 -en 的少一些；使用词尾 -s 的大约有一半，而有些借词在融进德语的时候用 -en 替换掉了 -s。另外，在对临时编造词进行识别的实验中（Köpcke 1988），以及在习得中（Köpcke 1998: 313-315），以元音结尾的名词偏爱 -s。在德语的普通名词中，-s 一般加在以饱满元音（full vowel）结尾的名词后面（Janda 1990: 145-146）。这些事实表明，-s 并不是一个真正的默认图式。

默认图式不要求出现高类符频率。如果非默认形式形成了相对狭窄且在语音上界定清晰的集合，这些集合之外的就是默认图式；默认图式的实例分散于剩余的语音空间中，即使这些实例的类符频率较低（Hare, Elman & Daugherty 1995: 626-627；他们还在联结主义网络中模拟了这种效应）。德语和阿拉伯语复数形式与这种模式相一致（比较 Hare et al. 1995: 608）。如果非默认形式集合在语音上的统一性像古英语过去时态那样，因语音变化而瓦解，那么系统就会变得不稳定，从而导致非规则形式根据语音重新归类，或者因形符频率很高而得以留存（Hare & Elman 1995）。

11.2.3 结果导向图式

到目前为止，我们一直假定，像英语动词现在时态与过去时态之间的关系这种在形态上的概括，完全可以通过从一个形式派生出另一个形式，或者两个形式派生自一个共同底层形式的规则，来进行很好的描述。然而，我们一直关注的是，以形符频率和类符频率为基础的形态模式的概括，可以通过基于使用的模型进行描述，而双加工模式中的规则并不意味着存在与频率相关的概括，至少对规则性屈折变化而言情况如此。不过，对于通过相关单词形式可以做出何种类型的概括问题，拜比和其他一些学者认为，规则和图式所做出的预测是有些差异的。

拜比将结构主义和生成语法的形态规则称为来源导向规则（source-oriented rules）。来源导向规则所描述的对象是基本词形，如 wait 这样的动词现在时态，也对通过一组条件产生的派生形式进行描述，如在以 t 或 d 结尾的动词词干后添加 id 从而构成 waited 这样的过去时态形式。在基于使用的模式中，以来源为导向的图式，与另一图式存在系统性结构关系（该图式在基于规则的模式中为来源图式）。例如，规则性过去时态图式 [Verb-id] 中的词干，与现在时态图式 [Verb (iz)] 中的词干相同，因而动词的过去时态图式和现在时态图式可以对所有的词干进行统一表征。在基于使用的模式中，"来源导向"容易引起误解，因为在基于使用的模式中，不存在通过规则从一个图式派生另一图式的情况。"来源导向"这一术语只是表明，"来源"（source）图式与"结果"（product）图式一样，在音韵和语义上具有一致性。

拜比赞同扎格（Zager 1980）的观点，认为除来源导向图式之外，还存在结果导向图式（product-oriented schema）：

(6) 假设3：除了来源导向的形态规则/图式，还存在不易通过派生规则进行表征的结果导向图式。

结果导向图式是一种具有内在一致性的形态图式；其内在一致性表现在通过屈折变化而产生的"派生"形式的音韵形式和意义上，而非表现在从词基形式派生屈折形式的规则上（Bybee 1995: 443）。在带有结果导向图式的形态学屈折范畴中，"结果"图式在语音上比其相应的"来源"图式更为一致，但在语义上至少与其相应的"来源"图式的一致性一样。

例4中第六类不规则动词集的图式，是结果导向图式的例子。第六类动词的现在时态在音韵形态上呈现出多样性，因此我们在从词基形式派生过去时态时，不能只构建一条派生规则。相反，过去时态的不同形式与元型性过去时态存在不同程度的相似性：第六类a小类动词的元型过去时态是[...æŋ]，第六类b小类动词的元型过去时态和a小类动词的元型过去分词形式是[...ʌŋ]。

我们不能用将词基形式转换成派生形式的规则来描述结果导向图式。在理想状态下，我们将不得不为每一个词或规模较小的词集构建专属规则，以便由来源形式派生出结果形式。因为与所谓的来源图式相比，结果导向图式是内部更为一致和统一的范畴。我们最好将结果导向图式看作通过必要的音韵手段将"派生"形式汇聚在一起的元型图式（Bybee 1983）。因为不是每一个单词都会有一个"规则"，我们不可能对结果导向图式进行纯粹的结构描述。因此，结构主义/生成语法模式认为，不会存在结果导向图式。

在基于使用的模式中,"结果导向"这一术语与"来源导向"一样,容易引起误解。在基于使用的模式中,"派生"形式是作为独立单位得到表征的;之所以会出现"结果导向"图式,是因为这些图式表征的是涵盖所有"派生"形式的图式性概括。"来源导向图式"或"结果导向图式"能否存在,主要取决于类符是否拥有足够高的频率(§11.2.2)。因此,在单词形式中,如果一个"结果导向图式"至少具有部分能产性,那么它就为基于使用的模式提供了有利的证据。

在英语第六类动词过去时态图式中,我们找到了这样的证据。在从现在时态"派生"过去时态方面,没有单一的规则。但是,第六类动词的过去时态可以通过家族相似性范畴进行描述。该范畴的元型图式是 [...ʌŋ/PAST]。正如我们在§11.2.2所提到的,儿童和成年人在心理语言学实验中的表现,以及历史上英语第六类动词过去时态图式向其他动词的延展,都表明该图式具有能产性(详见 Bybee & Moder 1983)。

拜比从豪萨语(Hausa)复数形式的构成中找到了进一步的证据(Bybee 1995: 443-444)。哈斯佩尔马特(Haspelmath 1989)的研究表明,在豪萨语复数形式的构成上,没有一套通用的规则;但可以用一套结果导向图式对豪萨语的复数形式进行描述,而这套结果导向图式可以归入一个更一般的结果导向复数图式。洛本(Lobben 1991;参见 Bybee 1995)对讲豪萨语的被试进行了多次临时编造词识别实验,结果表明复数图式确实具有能产性。

11.2.4 单词形式的网络组织

我们在第十章提到，构式语法中的构式在分类中的组织呈网络结构。然而，我们还在§10.1.2提到，构式在分类中可以有多个母体构式，且事实往往如此。只要构式语法对一种语言的构式进行稍微详细的描述，就会出现错综复杂的构式分类网络。那么，在对多母体分类系统进行组织时，有没有证据可以确定哪些范畴较为重要？

拜比提出了一种单词网络的组织模式；相似性是该模式最重要的组织特征。相似性是词语之间的联系。就单词之间哪些相似性较为重要的问题，拜比又进一步提出了一些建议。她的建议可以概括如下：

（7）假设4: 相似程度会影响两个单词形式之间的关联度，也影响两个单词语音构型的力量之间的关联度。通过在形式和意义两个方面对单词进行对比，可以对相似性进行度量；意义上的相似程度要比形式上的相似程度高得多。

假设4中的形态表征属于基于使用的模式，因为在使用中显现出来的单词意义，会对与这些单词形式有关的知识在言者大脑中的组织产生影响。在结构主义和生成语法的模式中，只有结构属性才决定单词形式在言者大脑中的组织。

单词之间的相似可能是形式上的，也可能是意义上的，还可能同时是形式和意义上的。拜比将形式上的相似描述为音韵关联（phonological connection），将意义上的关联描述为语义关联（semantic connection），将形式和意义两方面同时关联描述为符号关联（symbolic connection）。

拜比认为，单词之间的音韵关联即同音异义现象，是所有关联中强度最弱的（Bybee 1985: 118）。像 *bank*（堤岸；银行）或 *crane*（吊车；鹤）这样的同音异义词，具有相对较小的心理效应。同音异义现象确实能产生次要却很明显的启动效应（priming effect）。在用同形同音异义词进行的词汇判断和目标命名（target naming）的实验中，在出现刺激后的 0—200 毫秒之内，语境适切意义和模棱两可意义都能产生启动效应；200 毫秒之后，只有语境适切意义得到启动（Swinney 1979, 1982; Seidenberg et al. 1982）。这种启动效应表明，音韵相似会引发词汇关联，但这种关联性较弱。

单词之间的语义关联在强度上要大得多。像 *go* 这样的不规则动词和其过去时态的屈折形式 *went*，是语义上紧密关联但音韵上没有关联的例子。拜比考察后发现，不规则词形屈折（suppletion）容易受到规则化的影响，如使用时用 *goed* 代替 *went*，以及随着时间的推移用规则的词形变化将不规则屈折形式替换掉。GO+PRESENT 和 GO+PAST 之间的语义关联强度非常大，从而容易使过去时态发生改变（*went* > *goed*），以使其与另一个语义上相似的单词（*go*）在形式上较为相似。与此相反，在同形异义词或近形异义词（near homonyms）中，不会出现一个单词的意义发生改变而与另一个词在语义上变得较为相似的情况。

符号关联是在形式和意义两个方面都具有相似性。这种相似性强度最大。拜比认为，符号关联的强度取决于三个因素，即语义相似程度、音韵相似程度和固化程度。我们先从最后一个因素开始讨论。固化程度主要决定单词词形变化中类推变化（analogical change）的方向。例如，通过对 *write(s)* 进行类推，将更有可能产出 writed 这一形式而非 wrote。与现在时态相比，过去时态的固化程度相对较低，因为过去时态的使用频率低于现在时态的使用频率。如果将一个固化程度较高的形式激活，就会产生类推构词现象。这种类推构词存在取代现有单词形式的可能，在抵制这种替代趋势时，过去时态的力量较弱。

与纯粹的音韵关联和纯粹的语义关联一样，对符号关联而言，语义相似性程度也是比较重要的因素。拜比将语义相似程度描述为相关性（relevance）。她研究了与动词有关的四个屈折变化范畴，即动词的体（aspect）范畴、时（tense）范畴、语气（mood）范畴和人称（person）范畴，以此来对相关性进行说明。

与动词高度相关的屈折形式语义范畴，是该动词词义变化最大的范畴。例如，对体而言，从当前意义向习惯意义或通用意义（generic meaning）的变化，就是一种重大变化。在 8a 中，当前时间描述的是一个现时发生的事件状态，且该事件状态在当前时刻为真但不会长时间持续。例 8b 中的习惯意义或通用意义是在很长一段时间内持续存在的一系列饮食事件（即习惯），或者是"我"生来就喜欢（至少不会反感）吃冰淇淋的特点：

（8）a. I'm eating ice cream.
我正在吃冰淇淋。
b. I eat ice cream.
我吃冰淇淋。

如果把吃冰淇淋的人换掉，并不会让饮食事件的本质发生很大的变化：

（9）a. I'm eating ice cream.
我正在吃冰淇淋。

b. She's eating ice cream.
她正在吃冰淇淋。

相关程度与语义关联强度成反比。对同一个动词而言，其进行体形式和完成体形式之间的语义关联度较低，因为它们所描述的事件类型差别较大；对同一个动词而言，其两个不同的人称一致形式（person agreement forms）之间的语义关联度较高，因为它们所描述的事件类型较为相似。

在语义论证的基础上，拜比对动词屈折形式的语义范畴提出了排序；该排序按照与动词/事件的相关性，从最相关到最不相关进行排列（有关语义论证请参见 Bybee 1985: 20-23）：

（10）valence changing ＜ voice ＜ aspect ＜ tense ＜ mood ＜ person/number agreement
配价变化＜语态＜体＜时态＜语气＜人称/数的一致

为证明例 10 中的排序，拜比提出几种类型学和历时证据。例如，比较相关的动词屈折范畴出现在与动词词干较近的位置。理由是意义变化幅度越大，屈折变化的语义范畴与词干意义联系得越紧密。拜比在五十种语言的样本中，通过体、时态、语气和人称一致这四种最常见的动词屈折范畴，对该假设进行了检验（Bybee 1985: 33-35）。与其他范畴不同的是，我们几乎找不到体、时态和人称/语气这一排序的反例；在排序上，语气和人称一致不分伯仲。

相关性概念是对假设 4 的进一步完善：语义相似性程度影响单词形式的相似性程度。也就是说，语义相似性程度越高，语音相似性程度也会相应较高（从而使符号相似性程度提高）。总体而言，通过词汇表达的语义差别，和通过屈折变化所表达的语义差别相比,在语音上会更加不同。应该记住的是,其他因素,如固化程度等,也会影响语音相似性:固化程度越高,单词形式之间的关联度就越低,从而导致语音上的差异更大。

因此,我们还可从假设4进行另一种预测,即在其他方面都相同的情况下,单词之间语义关联越强,就意味着这些单词之间的音韵相似度就越高。另外,我们可能会预期,通过对语义上关联较强的单词的类推变化(analogical changing),可以提高音韵相似度。也有大量的证据支持这种预期。拜比的调查数据和鲁德斯(Rudes 1980)的数据表明,在动词词形变化中,不规则词形屈折(suppletion)在不同的体上表现最为明显,其次表现在不同的时态上,而出现在语气上的可能性最小。不同的人称也存在不规则词形屈折,但这种不规则词形屈折只出现于频率非常高的形式上;这一点可通过上文提到的原则进行解释,即固化程度越高单词之间的关联越弱。

最后,在语义联系紧密的单词中,最容易出现通过类比使词形变化得到平化(leveled)的现象,尤其当时态、体、语气等方面相同而人称/数的形式不同时,会出现这种现象。另外,关联程度较弱的形式将会让位于由关联程度较强的形式类推出来的结构,所以平化(leveling)一般朝着出现频率最高的形式进行:朝第三人称单数形式平化的概率最高,其次是第一人称单数形式。拜比举了一些出现于人称-数形式中的平化例子〔Bybee1985, ch. 3; 也可参见拜比和布鲁尔(Bybee & Brewer 1980)对西班牙语的研究〕。如例11是古普罗旺斯方言(Old Provençal)动词直陈式过去时(preterite indicative)在人称和数上的形式;例12为夏朗特方言(Charente dialect),是现代普罗旺斯方言中的一种;现代普罗旺斯方言中的人称–数形式，就是通过类推方式从古普罗旺斯方言动词直陈式过去时第三人称形式（包括该形式表示人称/数的后缀 -t）变造而来（Bybee 1985: 55; 夏朗特方言数据援引自 Meyer-Lübke 1923: 352）：

（11）古普罗旺斯 am-（爱）的过去时：
  am-éi am-ém
  am-ést am-étz
  am-ét am-éren

（12）夏朗特方言动词 cant-（歌唱）的过去时：
  cantí cantét-em
  cantét-ei cantét-ei
  cantét-Ø cantét-en

在例 12 中，*cantét* 是原始的第三人称单数词干，现已变为其他人称–数形式的类推变造的词基。只有第一人称单数形式抵制住了类推变化；在人称–数形式的形符频率上，第一人称单数形式仅次于第三人称单数。

拜比和帕尔多（Bybee & Pardo 1981）通过临时编造词识别任务，让西班牙语使用者比较语义关联对音韵产出的影响。许多西班牙语动词从现在形式向过去形式转换时，要变换词干中的一个元音。例如第三人称单数现在时 *comienza*（他/她开始）有一个双元音，而第三人称单数过去时 *comenzó*（他/她开始了）则是一个中高度单元音。拜比和帕尔多给被试一个临时编造的、拥有双元音的动词第三人称单数现在时形式，接着向被试提供不定式，或者带有中元音的第三人称单数过去时形式，然后让被试给出一个第一人称单数过去时形式。与语义上较为疏远的不定式相比，当提供给被试的是在语义上联系较为紧密的第三人称单数过去时，被试给出了较多的中元音变体。

拜比及其他学者（如 Andersen 1980）提供的证据表明，单词等语法单位的语义相似性对言者大脑中语法知识的组织发挥着重要作用。假如有一组单词形式，每一个单词都可以归入几个更为图式性的范畴（陈述语气、现在时、第三人称、单数），我们就可以通过单词之间的网络关联，给这些图式性范畴分级。我们竟然可以将多个母体表征重组为层级结构。在这个层级结构中，语义上最为相关（因此词形关联也是最弱）的区分位于层级结构的顶端（可参见 Bybee 1985: 61 表 1 所给出的西班牙语动词词形变化表）：

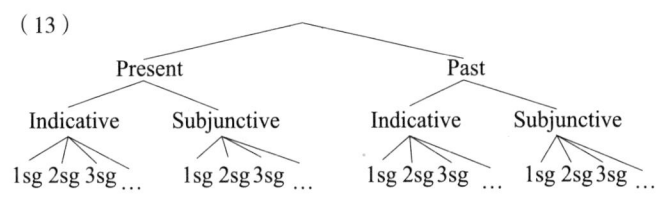

（13）

```
                  Present                          Past
            ┌───────┴───────┐            ┌──────────┴──────────┐
       Indicative      Subjunctive    Indicative          Subjunctive
       1sg 2sg 3sg ... 1sg 2sg 3sg ... 1sg 2sg 3sg ...   1sg 2sg 3sg ...
```

（13）中的层级结构仍然过于简单。该图没有显示最底层成员之间的关联，也没有对最低的两个层次即人称和数作进一步的分层。语气有相应的值（values），如现在陈述和过去陈述等；人称/数也存在相应的值，如第一人称单数陈述、第一人称过去陈述、第一人称现在虚拟、第一人称过去虚拟等。而相应的语气值之间和相应的人称/数的值之间也存在语义关联。然而，该层级结构的确反映了语义关联的程度，因为我们可以尝试性地对语义关联程度进行测量：在（13）中，为得到相关的形式，我们必须进行横向跨越；所横跨的关联的数量，反映了语义关联的程度。例如，要从第一人称单数现在时陈述语气形式,到达第一人称单数现在时虚拟语气形式,只需要横跨三[①]个关联,但要从第一人称单数现在时陈述语气形式,到达第一人称单数过去时陈述语气形式,就需要横穿六个关联(§11.3.4将提供语义关联程度的另一种表征形式)。

11.2.5 小结

我们用来支撑基于使用模式具体内容的实验数据,均来自语言变化和在心理语言学实验中得到检验的语言使用过程。这些数据为语言使用影响语法表征的四个假设提供了证据。单词屈折形式的独立表征,是其在语言使用中形符频率的一个反映。规则或图式的能产性,是形符频率较低但类符频率较高实例的一个功能,而与图式的结构开放程度无关。结果导向图式可由屈折范畴中的成员构成;该屈折范畴的成员通过规则由来源形式派生,但派生规则无法对该屈折范畴进行描述。最后,通过屈折变化形成的单词形式,其组织受这些单词之间语义相似程度的影响。

我们可通过一个用于知识表征的交互式激活网络(interactive activation network),来对基于使用的模式的四个假设进行说明(Elman & McClelland 1984)。单词形式能否得到储存,在语言使用中形成的网络激活模式(§11.2.1)是部分决定因素。在基于使用的模式中,假设2—4所描述的现象,都是通过交互激活模式进行分析的。交互激活模式是一个图式激活一个实例或一个实例激活一个图式。我们也可以将其理解为一个结构被激活,是因为在

---

① 原文为"四",实应为"三"。-译者

形式上尤其是语义上与其相关的其他结构受到激活。单词形式在构成和理解上受规约的支配，在某些语境中会存在一些"错误"的用法，在语言习得和语言变化过程中会出现创新，这些都是交互激活所导致的结果。

　　基于使用的模式与完全继承模式的区别主要表现在两个方面。我们在§10.2.2提到过，在完全继承模式中，信息只储存在图式化程度最高的层面。而在基于使用的模式中，如果被激活层面得到固化，可以在图式化程度较低的层面对信息进行冗余表征。第二个不同与第一个不同紧密相关。按照完全继承模式，在对话语进行加工时，信息是由图式化程度最高的构式向下流动的。而在基于使用的模式中，话语加工涉及对固化构式的激活；在结构上，该固化构式与话语最为匹配。与图式性程度较高的构式相比，具体构式与话语的匹配度较高。因此，与图式性较强的构式相比，较具体的构式得到激活的程度就高。由此推测，如果图式性程度最高的构式没被充分激活，就很有可能不会在言者的头脑中得到表征（Croft 1998c）。

11.3　句法学中基于使用的模式

　　在§11.2中，我们考察了单词的形态表征、单词表征的对象，以及单词所涉及的过程。就单词表征和过程的实质，我们提出了几个具体的假设，包括词符频率在固化中的作用、类符频率在能产性上的作用、图式的形成、单词关联中的形态相似性和语义相似性、语言习得中的泛化现象。就句法及形态而言，这些假设有多少能成立呢？我们曾在§9.4中提出，习语研究中发现的现象也会出现在句法形态中。我们将在本部分考察形态网络假设在句法上的适用性。

11.3.1 类符/形符频率、能产性和固化

我们在§11.2.1和§11.2.2两小节中发现，在基于使用模式对形态做出的经验预测上，类符频率和形符频率发挥不同的作用。在形态上，形符频率决定个体实词形式的固化程度，同时也意味着高度固化的单词与相关形式之间的联系会较弱（§11.2.4）。像规则过去时态 [VERB-*ed*] 这样的图式，其固化程度取决于类符的频率及语音的一致性。

然而，除了实义性习语（substantive idioms），所有的句法构式都有不同程度的图式性。即使像 [*kick*-TNS *the bucket*] 这样的习语性短语也是图式性的，因为它可以有不同的时、体、语气形式，也可以用在不同的助动词之后：

(14) a. He kick**ed** the bucket.
　　　他翘辫子了。
　　　b. He**'s gonna** kick-∅ the bucket one of these days.
　　　他这几天就要翘辫子了。

在句法中，我们希望能够区分位于不同图式性层面的图式，如 [*kick the bucket*]、[*kick* OBJ] 和 [TRVERB OBJ]。如果我们想将基于使用的形态泛化用于句法，那么，我们必须对频率及其在形态中所发挥的作用进行更为一般的描述。

在基于使用的模式中，形符频率决定单词的固化程度。单词的形符频率高，表明使用该词的具体言语事件数量很大。(15) 图

示的是低形符频率与高形符频率对比的网络结构（圆角方框表示用例，而虚线框表示固化程度较低）：

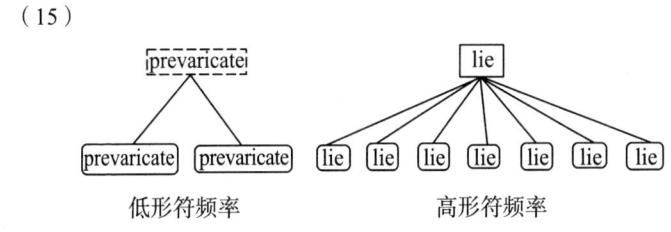

(15)

```
        prevaricate                          lie
         /      \                    / / | | \ \ \
  prevaricate  prevaricate      lie lie lie lie lie lie
      低形符频率                       高形符频率
```

类符频率决定图式的固化程度。图式的类符频率高，意味着该图式的固化程度高。(16)图示的是低类符频率与高类符频率相比较的网络结构：

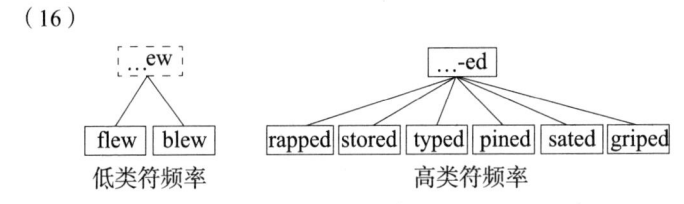

(16)

```
         ..ew                           ...-ed
         /  \                    /   /   |   \   \
       flew  blew          rapped stored typed pined sated griped
       低类符频率                      高类符频率
```

形符频率（固化程度）的网络结构与类符频率（能产性）的网络结构一样：实例的数量越大，这些实例的上位范畴的固化程度就越高。因此，我们可以对能产性提出以下扩展定义（generalized definition）：

> (17) 扩展的固化/能产性：构式的固化程度（能产性）与该构式在任意图式性层面上的实例数量成正比，也与该构式实例在形式和语义上的一致性程度成正比。

当然，正如我们在§11.2.2指出的，决定上位范畴固化程度的还有两个因素。首先，实例必须相似，这样才能形成一个范畴图式；第二，如果实例本身高度固化，其对上位范畴固化所起到的作用不如固化程度较低的实例。

　　基于使用模式的支持者们提供了很多数据,来证明句法中存在的频率效应。拜比和汤普森发现,英语助动词的句法很保守,即助动词置于否定词 not 之前而非之后,且在疑问句中会与主语颠倒位置(Bybee & Thompson 1997):

(18) a. Have you eaten?
　　　　你吃了吗?
　　　b. *Eat you?
　　　　*吃你?

(19) a. I have not eaten.
　　　　我还没有吃。
　　　b. *I ate not.
　　　　*我吃没。

在中古英语中,所有动词都曾有这种能力,但现代英语中的实义动词失去了这种能力(Bybee & Thompson 1997, 转引自 Mossé 1952):

(20) Gaf ye the chyld any thyng?
　　　Did you give the child any thing?
　　　你给过这个孩子东西没有?

(21) a. My wife rose nott.
　　　　我妻子没有起床。
　　　b. cry not so
　　　　别这样哭

　　我们将通过疑问构式,来对以上分析进行解释;该论点同样适用于否定构式。与其他动词相比,助动词的形符频率非常高。用构式理论的术语表述,这意味着像[Have S_BJ...?]这样的构式图式，在固化程度上要比［*Eat* SBJ...?］高得多。也就是说，*have* 构式及其他助动词构式，要比 *eat* 构式及其他实义动词构式多得多。在早期现代英语中，更为图式性的［VERB SBJ...?］构式衰退，而［*Do* SBJ VERB...?］逐渐兴起并得到固化（参见 Denison 1993 第 15 章的说明）。［*Eat* SBJ...?］的固化程度相对较低，这导致其逐渐消亡并被［*Do* SBJ *eat*?］替代。然而，因为固化程度较高，［*Have* SBJ...?］构式留存下来。①

拜比和汤普森还对波普拉克（Poplack 1992, 1996）基于大规模语料库的法语虚拟语气进行了研究。在法语口语中，虚拟形式正在消失，尽管还在不同程度地使用。然而，正如基于使用的模式所预测的那样，法语虚拟语气主要残存于高频主句动词 *falloir*（不得不）的补语中，及残存于频率最高的补语动词中，包括 *avoir*（相当于英语助动词 *have*）、*être*（相当于英语系动词 *be*）、*aller*（走，去）和 *faire*（做，制造）。

英语疑问句和否定句中助动词的情况表明，固化程度较高的构式抵制住了在图式性较高的构式中发生的变化，从而将不规则性保留了下来。在固化程度较高的构式中，其不规则性的另一个方面在于，它们所发生的变化不会出现于固化程度不太高的构式

---

① 此处的分析与拜比和汤普森（Bybee & Thompson）的稍有不同。这两位学者认为，这种情况与高形符频率有关。对个体助动词而言，这是事实，但对助动词构式图式而言，却并非如此。分析助动词的句法时，必须通过其所在的构式。然而，我们很容易就能将拜比和汤普森的分析转换成我们在此呈现的分析。

读者们可能想知道，为什么构式图式首先要从论元（arguments）中抽象出来，而动词和助动词保持不变。这种抽象是建立在语义相关性和语言习得数据基础之上的；我们将在§11.3.3.3—11.3.3.4 两小节中向大家提供这种抽象的支持论据。

中。当构式的频率较高时，一般都会出现还原现象（reduction）；而上述变化通常涉及还原现象。当然，在图式性构式中，被还原的是该构式的一个或多个实义单位（substantive unit）。

在［SBJ AUX-n't...］构式中，not 与助动词的缩约形式，就是高度固化的构式中还原的例子。这一缩约形式可以用在书面语中。该缩约形式还包括 won't 这一熔合形式。因为这样的缩约起源于口语，我们在口语中可能会找到更多否定词与助词的缩约形式。拜比和沙伊布曼（Bybee & Scheibman 1999）通过美式英语会话材料，对 don't 这一具体的助词-否定词缩约词展开调查。他们的研究证实，don't 在语音上的缩约，与其所在的［SBJ don't VERB...］构式中动词频率和主语频率高度相关。在该构式中，频率最高的主语是第一人称单数代词 I，而频率最高的动词是 know。事实上，这一缩约是如此突出，以至于在正字法上被比较随意地表征为 I dunno。但是，该构式语音上的缩约是一个涵盖所有主语与动词的渐变连续体，而 I dunno 只是语音缩约连续体上的一个极端例子。拜比和沙伊布曼进一步指出，这种缩约适用于作为整体的构式中的所有实义单位，而不管这些构式的内部结构如何。

除了高频所导致的句法不规则性，我们还发现句法能产性具有程度上的差异。当然，像及物构式［SBJ VERB OBJ］这样的主要构式在图式性上是最强的，其句法能产性自然也是最大的。该构式之所以拥有很大的能产性，是因为及物动词数量众多，且绝大多数及物动词的形符频率相对较低。然而，即便是完全图式性的句法构式，我们也可发现它们的能产性具有程度上的差别。

在对不同程度的能产性进行讨论时，拜比和汤普森（Bybee &

Thompson 1997）引用了戈德伯格（Goldberg 1995）分析论元结构构式时采取的例子。戈德伯格对致使移动构式（例22）和双及物构式（例23）进行了对比分析：

(22) He told the news to the woman.
他将这个消息告诉了该女子。
(23) He told the woman the news.
他告诉了该女子这个消息。

这两个构式在分布上具有重叠的地方：如例22和23所示，有些动词可以用在两个构式里而意义大致相同。与致使移动构式相比，能用于双及物构式的动词在数量上要少得多，因而在能产性上要比致使构式低得多（Goldberg 1995: 124）：

(24) Sally whispered some terrible news to him.
萨莉耳语一个可怕的消息给他。
(25) *Sally whispered him some terrible news.
*萨莉耳语他一个可怕消息。

然而，戈德伯格提到，在所有双及物次级构式中，元型性双及物构式即"SBJ 致使 OBJ1 收到 OBJ2"（参见§10.2.2）的类符频率最高。而事实上，与其他双及物次级构式相比，元型性及物构式具有某种程度的能产性。如例26所示，元型性双及物构式可以延展到新的动词；但"SBJ 使 OBJ1 能收到 OBJ2"这一子类仅限于使能动词（enabling verbs），没有将这一构式义延展到其他动词（Goldberg 1995: 129, 130）：

(26) Chris e-mailed/radioed/arpanetted him a message.
克莉丝电邮/无线电发送/阿帕网他一条信息。
(27) a. Sally permitted/allowed Bob one kiss.
萨莉许可/允许鲍勃一个吻。

b. *Sally let/enabled Bob one kiss.
*萨莉让/使能鲍勃一个吻。

最后，我们还必须将能产性句法图式，与可用于外来动词的默认句法图式区别开来。许多语言，尤其是拥有复杂的动词形态的语言，不会直接将外来动词吸纳到具有能产性的原生句法构式中，而是使用一个默认构式，将外来动词的不变形式与得到屈折变化的、常常表示"制造"（make）、"做"（do）的本族语动词放在［Borr Verb "make"...］构式中结合起来。我们可以在玛雅语族的基切语（K'iche' Mayan）中找到这样的例子，即这种语言将动词 ban（make）与借自西班牙语的动词不定式形式一起使用（Mondloch 1978: 117）：

（28）x-   Ø-   im-   ban   engañar   lē   achi
　　　PST- 3SG.ABS- 1SG.ERG- make   deceive the   man
　　　I deceived the man.
　　　我骗了那个人。

通过将类符频率和形符频率的概念扩展到具有不同图式性的构式，我们可以在基于使用的形态模式基础之上，对句法的规则性和不规则性做出预测，并找出印证这些预测的证据。

11.3.2 结果导向的句法图式

在基于使用的模式中，单词形式不是规则的输出结果，而是图式的实例。我们在§11.2.3中提到，来源导向图式与基于规则的模式一样，揭示的都是单词模式之间的关系。在该小节，我们向大家呈现与结果导向形态图式有关的证据。在结果导向模式中，形态图式是对许多不同单词形式的概括，而在基于规则的模式中，单词形式被认为是形态规则的产物。但我们不能这样进行分析，因为如果单词形式是规则的产物，每一个单词形式都要有一个相应的"规则"。然而，"产出物"在音系上的一致性要比"输入物"的程度高。我们在§11.2.3举出了一个结果导向形态图式的例子，即英语第六类b小类不规则动词的过去时态图式［...ʌŋ］(Bybee & Slobin 1982)。在本部分，我们将讨论结果导向型句法构式图式的具体情况。

在传统的基于规则的模式中，对句法进行表征的是转换生成语法。在转换生成语法中，可以将一个构式描述成一般规则的产物。这些规则的作用是在来源结构中插入、移动句法元件，或从来源结构中删除句法元件，从而生成目标结构。尽管当前的生成理论运用各种形式符号，而且有些理论有意回避句法移动规则，构式之间的系统性关系，如主动构式和被动构式之间的系统性关系，仍被看作基于规则的关系。

在构式语法中，我们可以将有些构式图式看作是来源导向的。例如，英语主动及物构式图式和被动构式图式可以描述为下面的形式：

(29) a. 主动：[$SBJ_i\ VERB_k$-TNS OBJ_j]
　　 b. 被动：[SBJ_j be-TNS $VERB_k$-PP by OBJ_i]

在这些构式中，两个构式的元件之间可以建立系统性对应关系（这些元件都用标记符号进行了标示）。在基于规则的模式中，这种系统性对应可被用来制定规则；根据规则，从来源构式衍生出结果构式。在此例中，主动构式是来源构式，或者衍生出主动和被动两种构式的某种深层结构是来源构式，而被动构式是结果构式。

另一方面，结果导向型句法构式图式是具有一致性的句法结构；但如果从转换生成语法的观点看，结果导向型句法构式图式要求每一种"输入构式"都要有自己的"规则"。因此，结果导向型构式图式是由不同"规则"和"输入构式"的生成物所构成的图式。当然，因为我们所讨论的句法构式本身是图式性的，所以我们可以为每一种构式设计规则。但是，这与词法中为每一个单词制定规则的做法别无二致，只是在图式性程度更高的层面进行。有一点至关重要，即与对应的"来源"图式相比，结构一致性对结果导向图式所起的决定作用程度更高。

一些英语构式可以作为结果导向型句法图式的典型例子。我们曾在§11.3.1中讨论过的疑问构式类型与否定构式类型构成的对子，就是这样的例子。不同的疑问构式可以形成概括性非常强的［AUX SBJ...？］图式，而不同的否定构式可以形成概括性非常强的［SBJ AUX-n't...］图式。然而，至少要有两条规则将一个来源图式与疑问结果图式或否定结果图式连接起来：一条规则用于没有助动词的来源图式，即在该来源图式中插入助动词 do；另一条规则用于有助动词的来源图式，并对第一个助动词进行规定。例30-32是对疑问图式中来源-结果对应关系的例示：

（30）a. She found it.
　　　　她找到了。
　　　b. Did she find it?
　　　　她找到了吗？
（31）a. She will come.
　　　　她要来。

b. Will she come?

她要来吗？

（32）a. She could have eaten already.

她可能已经吃过了。

b. Could she have eaten already?

她已经吃过了吗？

与30a—32a中的"来源"构式相比，30b—32b结果构式的结构一致性更强。当然，结果导向图式具有能产性。

英语中最普遍的陈述构式，是结果导向图式的另一个比较典型的例子。在简单陈述构式中，必须有一个前置主语短语（preverbal subject phrase）；而该图式必须是 [...Sbj (Aux) Verb...] 这样的形式。在这个例子中，"来源构式"的种类很多，生成输出构式的"规则"也很多。在典型的情况下，如33a所示，主语论元位于动词之前。有些动词如气象动词，常常被认为没有做主语的参与者，就需要将中性主语（neuter subject）*it* 置于动词之前，如33b所示。在有些构式中，主语论元不在谓语动词之前，而是将中性代词置于谓语动词之前，这样就会出现两个"主语短语"现象，如33c所示：

（33）a. It's in the cupboard.

在橱柜里。

b. It's raining.

正在下雨。

c. It is amazing how often it rains in Manchester.

令人惊奇的是，曼彻斯特的雨下得太频繁了。

对于33b和33c，还有其他的观点：有学者认为，33b中的 *it* 表示的是总体环境，而其他一些学者认为，在33c中只有一个"表层"（surface）主语短语，"深层"（underlying）主语被外置到别的句法位置了。然而，不管基于规则的分析认为是什么衍生出了 33a-c，对于 33a-c 所例示的构式，结果都是具有一致性的结果导向型构式图式；在这个结果导向型构式图式中，主语短语位于动词之前。而且，在英语发展史上，该构式一直在逐步扩散，从而将主语可以出现在不同位置的构式替换掉。

提取构式（extraction construction）是另一类易于作为结果导向图式进行分析的句法构式。在提取构式中，有一个被提取的元件（extracted element），如特殊疑问句中的疑问词、关系从句的中心词，或焦点分裂构式（focus cleft construction）中的分裂名词短语（clefted noun phrase），被置于构式的开头：

（34）a. Who (*did) met Jill yesterday?
谁昨天遇到了吉尔？
b. the man that/who/*Ø met Jill yesterday
昨天遇到吉尔的那个人
c. It was Ed that/who/*Ø met Jill yesterday.
昨天遇到吉尔的人是埃德。

（35）a. Who did Jill meet yesterday?
吉尔昨天遇到了谁？
b. the man (that) Jill met yesterday
吉尔昨天遇到的那个人
c. It was Ed that Jill met yesterday.
吉尔昨天遇到的就是埃德。

（36）a. Who did Jill talk to yesterday?
昨天与吉尔交谈的是谁？

b. the man (who) Jill talked to yesterday
   昨天与吉尔交谈的那个人
c. It was Ed that Jill talked to yesterday.
   昨天与吉尔交谈的就是埃德。
(37) a. What did Jill open the box with?
   吉尔用什么打开了箱子？
b. the hammer (that) Jill opened the box with
   吉尔开箱用的锤子
c. It was a hammer that Jill opened the box with.
   吉尔开箱用的就是一把锤子。

按照基于规则模式对提取构式的分析，疑问词和关系从句中心词，可以从句子的任何位置移到句首。[①] 句法学家习惯上将 WH-词移位规则（WH-movement rule）表述为"从任何位置移到一个特定位置"，却普遍没有注意到移位规则会随移出位置的不同而稍有差异；目标结构是提取构式的共同之处，也就是不同规则的产出结果。事实上，英语主语疑问句（subject questions）、关系从句和分裂句的规则与其他类型的提取稍有不同。因为主语疑问句中没有助动词（34a），大多数方言中的关系从句和分裂句禁止删除关系代词（34b）。

另外，在其他语言中，对于不同的论元，特殊疑问句构式、关系从句构式和焦点（分裂）构式的"规则"存在显著的不同。例

---

① 我们在此不考虑"移动路径"的限制因素（如基于规则的转换模式中所描述的那样）。尽管人们普遍认为（始自 Boss 1967），必须在句法上对这些限制因素进行确切表述，却存在着许多反例，而且一直存在从语义学和语用学视角做出的不同解释（参见 Deane 1991 及其参考文献）。

如，在基切语中，根据作格（及物主语）论元形成的疑问构式、关系构式和焦点构式，要求 -Vn 焦点反被动动词形式[①]（参见例 38；Mondloch 1978: 74）；那些根据通格（absolutive，不及物主语或及物宾语）论元形成的构式，保留了主动语态动词形式（例 39；Larsen & Norman 1979: 357）；那些根据工具论元形成的构式，要求有 -bej 焦点反被动形式（例 40；Norman 1978: 462）；那些根据方位短语/方向短语形成的构式保留了主动语态形式，但将指示代词 wih 留在典型的旁格位置（oblique position）（例 41；Mondloch 1978: 42）：

(38) jachin x-   Ø-   cun   -an   lē   yawab?
     Who   PF- 3SG-   cure -antipass the   sick.one?
     Who cured the sick one?
     谁治愈了病者？

(39) jachin x-   Ø-   u-   ch'ay -Ø   lē   achi
     who   PF- 3SG.ABS- 3SG.ERG- hit   -ACT the   man
     Who did the man hit?
     这人撞了谁？

(40) jas   x-   Ø-   u-   rami   -bej   lē   achih
     what PF   3SG.ABS- 3SG.ERG   cut   -INST.PASS the   man
     r-   ē   le   chē?
     3SG.POSS- GEN the   tree
     What did the man use to cut the tree?
     这人用什么砍了这棵树？

(41) jawi? c-   at-   bē   wi?
     where IMPF- 2SG.ABS- go   WI

[①] 反被动语态是一种在及物动词使用上将受词"删去"的语态。它和被动语态多少有相似之处，差别在于被动语态"删去"主词，反被动语态"删去"受词。反被动语态存在于许多澳大利亚原住民语言和美洲原住民语言之中。——译者

Where did you go?
你去哪儿了？

尽管如此，像英语一样，基切语也有一致性的结果导向图式，即不管句子的其他部分如何组织，表示疑问对象、关系对象或关注焦点之类的短语被置于句首。这一泛化还具有能产性，是结果导向图式的另一个例子。

日语被动语态也是一种结果导向图式。我们可以对日语被动构式做如下描述：(i) 被动构式有一个主语短语，该短语做主语时由が (ga) 进行标示，做话题时则由わ (wa) 标示；而当其话题性非常强时，可能会完全隐去；(ii) 该构式有一个旁格施事名词短语 (oblique agent NP)，可以由に进行标示，但并非强制性的；(iii) 该构式有一个带有 -(ら) れる词尾的动词。如例 42 所示，日语被动语态的主语不必是相应主动态句子的宾语 (Tsukiashi 1997: 18; 所有例子都已得到证实)：

(42) Dietrich ga hangyakuzai de jusatu sareru
Dietrich SBJ treason for shoot.to.death do:PASS
Dietrich が反逆罪で銃殺される。
Dietrich is shot to death for treason.
迪特里希被以叛国罪枪决了。

被动构式的主语可能与主动动词的间接宾语相对应（例 43；Tsukiashi 1997: 25），也可与主动动词直接宾语的领有者相对应（例 44；同上: 30-31），可以与主动动词的补语主语相对应（例 45；同上: 36），还可以与句中另外的名词短语相对应（例 46；同上: 38），或者与一个完全不是事件参与者的所指相对应（例

47；同上：39；注意 hiku 只做不及物动词）：

(43) 'neetyan   beppin   dana'   to   iwareta
　　　girl   beautiful   are   COMP   say:PASS:PST
　　　姉ちゃん別嬪だなと言われた。
　　　I was told, "you are a beautiful girl."
　　　有人告诉我，"你是一个漂亮女孩。"

(44) watasi   wa   sitagi   o   torareta-simatta
　　　I   TOP   underwear   OBJ   steal:PASS:PERF
　　　わたしは下着を盗られてしまった。
　　　I have had my underwear stolen.
　　　我的内衣被偷了。

(45) tamago   wa   zenmetu   -ka   to   omowareta
　　　egg   SBJ   all.broken -QUES   COMP   think: PASS: PST
　　　卵は全滅かと思われた。
　　　The eggs were thought to be all broken.
　　　据认为鸡蛋都碎了。

(46) ushiro-no   seki   de   wakarebanasi   o   saretari   suruto
　　　behind   table   LOC   break.up.story OBJ   do:PASS   if
　　　後ろの席で別れ話をされたりすると。
　　　if I have people talking about their breaking up at the table behind me
　　　如果我身后的餐桌上有人在讨论他们的分手

(47) karako   no   sugata   ni   hikarete…
　　　Chinese.doll GEN   figure   NI   attract:PASS:CONJ
　　　唐子の姿に引かれた。
　　　I was attracted by the figure of the Chinese doll.
　　　我被中国木偶的形象所吸引。

与例 34—41 中提取构式相同的是，在例 43—45 中，日语被动语态的结果构式有一个一致的结构图式，即 [(NP が / は)(NP に) VERB-(ら) れる …]。与金雅旺达语（Kinyarwanda）相似的是，班图语（Bantu）中也存在一种"被动-适用型式"（passive-applicative pattern）（Kimenyi 1980; 另见 Hawkinson & Hyman 1974）。金雅旺达语中的各种被动适用构式与基切语的各种提取构式具有相似性，即必须根据旁格论元（oblique argument）的角色，将不同的适用后缀（applicative suffix）加在动词上，而这些旁格论元最终会变成被动语态的形式。但是，金雅旺达语的被动构式与基切语的提取构式都有一个相同之处，即它们都有一个主语名词短语和一个被动形式的动词。

在基于使用的模式中，所有这些例子都可根据它们的"句法"或符号语法结构，作为结果导向构式图式进行分析（参见§11.2）。在英语中，根据构式图式家族的音韵结构，我们可以找到一个看似合理的结果导向图式。这些图式被称为准情态动词（quasimodals），最近又被称为语法化的构式；这些语法化的构式是从时态-体-语气功能发展而来的，但在句法上已与英语原有助动词范畴截然不同。这些准情态动词的词尾都是带有非重读央元音（schwa）的齿龈音，尽管这种词尾所表征的是不同来源形式的减缩。如：

（48）a. She coulda done it.
　　　她本来可以做到的。
　　　[由 *could have* 减缩而成；还有 *shoulda* 和 *woulda*]
　　b. She oughta do it.
　　　她本来可以做到的。
　　　[由 *ought to* 减缩而成；还有 *gotta*、*hadda*、*hafta*、*useta* 和 *woulda*]

c. She oughta done it.

她本来可以做到的。

［由 ought to have 减缩而成；还有 gotta 和 hadda］

d. She's gonna do it.

她本来可以做到的。

［由 -ing to 减缩而成；还有非第三人称单数 wanna］

e. She betta do it.

她本来可以做到的。

［由 had better 减缩而成］

318　我们可以将总的图式描述为［SBJ QUASIMODAL...C_{alv}ə VP］。这种型式似乎具有适度的能产性，即几乎所有语法化的准情态动词都已缩减为以［...C_{alv}ə］[①]结尾的形式；当然，这种构式的类符频率相对较低。

应该指出的是，在过去25年的生成句法研究中，研究重点已从规则描述转向对规则限制因素（"原则"）的描述（参见Chomsky 1981: 3-4；1993: 5）。如果生成语法的规则和限制因素对"结果"图式结构进行描述，那么从本质上讲，生成语法限制因素所处理的语言现象与基于使用模式中的结果导向图式是同一种类型。然而，当前的生成句法模式运用抽象的句法结构和派生加工，从而产生多种多样的结果；其中许多结果是无效的（"失败的"；Chomsky 1993: 5），只有少数几个结果真正出现在语言表达中（"融合"；同上：5）。如此不同的是，基于使用的模式所表征的，是从真实言语中归纳抽象出的图式；同形态一样，基于使用的句法模式并不认为存在深层结构，对不存在的或被滤除的结构

---

① C_{alv} = consonant alveolar（齿龈辅音）。——译者

（另见第420页脚注）也不滤除。

11.3.3 相关性和构式网络组织

在基于使用的形态模式中，人们认为语义连接的强度要比音韵连接的强度大得多。而且，语义相似性的程度在形态结构上有预示作用，尤其是不规则词形屈折（suppletion）和其他形态音韵不规则性（morphophonological irregularities）。根据语义关系的关联程度，我们可以给分类网络［参见上文（13）中的示意图］施加一个大致的层级结构。根据相关性即语义相似性，我们还对句法知识的组织做出了种种假设。(49)所展示的是句法知识组织的简单关联层级假设，即简单相关性层级对句法知识组织的某些方面起支配作用。在这一部分，我们将对该假设进行检验（Clausner 1991对该假设有更详细的讨论）：

（49）illocutionary force ＜ predicate ＜ participant type
　　　言外之力　＜　谓词类型　＜　参与者类型

首先，我们为（49）中相关性排序提供语义上的论据。句子相关性与语境中的言语意义有关。话语的言外之力对句子意义的影响最大，因为对一个命题而言，言外之力可以改变讲话者的意图和听者的反应，如该命题可以作为一个主张或问题呈现出来，也可以用命令或其他言语行为呈现出来。谓词类型可以在一般和具体两个层面上进行界定。在一般层面上，可以将谓词分为两类，一类用来阐释行为（谓词述谓），一类用来对所指进行描述、分类、定位或确认（各种非谓词述谓）。在具体的层面上，不同类型的谓词如 *run*、*talk*、*dance*、*sleep* 等，对不同事件状态进行区分。

谓词的不同类型对命题语义变化的影响最大，因为谓词的类型不同，将导致事件状态的改变；与仅仅改变事件参与者的身份相比，事件状态的改变更为显著。

语义距离较大的构式，即相似性程度较低或者说连接不太紧密的构式，在音韵极上存在显著差异的可能性就较大。这一点为（49）中的关联性排序提供了证据。在形态上，语义距离的大小，可通过单词形式在语音上的变化得到反映。在句法上，因为我们正在处理的主要是图式性构式，所以，与距离相关的证据将来自语法形式的象征性组织，也就是构式的句法元件、这些句法元件的出现与否以及它们的排列顺序。句子类型之间最为显著的差异，包括词序的不同、新增单元的插入，以及置于单词串最显著的首尾位置的单元（参见 Clausner 1991）。

言外之力的差异与传统的陈述、疑问和祈使等句型有关。跨语言研究表明，在句法单位的排列顺序及出现与否上，不同句型之间存在显著的句法差异（Sadock & Zwicky 1985; Clausner 1991）。疑问句一般会对所问元件的位置进行重置，即要么置于句首，要么置于动词之前，还要添加一个疑问词素。在祈使句中，一般缺少主语元件即被祈使对象，而且动词形式只保留基本的特征。

与之相反，对于动词或非动词述谓这样的不同谓词，可能会出现新增元件（连系动词），以及在非动词性元件上会出现"动词"所具有的屈折变化的减缩或缺位，它们的词序却很少发生变化（Croft 1991, ch. 2; Stassen 1997）。最后，事件参与者的变化一般不会导致句子结构的显著变化。在许多语言中，最常见的区别是，有些类型的事件参与者要使用特殊的格标记，如心理状态动词的感受者要使用受事格（dative case）（*I like Mozart* 中的 *I*）、无灵之力（inanimate forces）要使用工具格（*The wind knocked down the tree* 中的 *the wind*）。然而，更为准确的描述是，这些变化取决于不同的谓词类型（事件状态），而不同的谓词类型要求对感受者或无灵之力使用特殊的格标记。

句法构式的类推变化，是不同句法组织之间存在语义距离的另一类证据。我们可以从英语发展史中找到一个例子。该例子表明，与谓词类型相比，言外之力更为相关（而且，言外之力与谓词类型的相关性，在极性程度上属于中等）。在考察例 50 中的构式变化形式之后，我们可以得出上述结论：

（50）　　　　　陈述句　　　祈使句　　　禁止句
　　动词型谓词　a. He jumped.　c. Jump!　　e. Don't jump!
　　非动词型谓词　b. He is brave.　d. Be brave!　f. Don't be cruel!
　　　　　　　　　　　　　　　　　　　　＜ g. Be not cruel!

如 50e 所示，英语禁止句（即否定祈使句）是通过在光杆动词词干前添加 *Don't* 构成的；这与 50c 中的祈使形式形成对比。在早期现代英语的后半段即 1600 年至 1700 年之间，将 *Don't* 置于 *be* 之前的构式（如 50f 所示），逐渐将 *Be not* 非动词型禁止构式（如 50g 所示）替代（Denison 1998: 252）。

从更大的英语句法视角来看，[*Don't be* ADJ] 构式不符合句法规律。因为静态谓词（stative predicate）一般不会携带 *do*，而且在陈述构式和（正向）祈使构式中，都没有出现 *do* 与 *be* 相结合的现象。[1] 然而，[*Don't be* ADJ] 构式的出现，使例 50 中的构式变

---

[1] *Do* 有时候也会出现在正向祈使句中（Denison 1998: 252）。

化形式进行调整，从而使具有不同言外之力的构式在语义分工上更加清晰，而同一类言外之力在形式上更为一致。50g 变成 50f 的结果是，与原来的 [Be not ADJ] 构式相比，新的非动词型禁止构式 [Don't be ADJ]，与非动词型陈述构式和祈使构式在结构上差别更大；请比较 50f-g 与 50c。但是，在结构上，[Don't be ADJ] 与动词型禁止构式更为相近；请比较 50f-g 与 50e。对于 50e 和 50f 中的构式，我们可以用同一个构式图式 [Don't PRED] 来描述。换句话说，变化的结果是，在同一种言外之力的内部相似程度更高，而同一类谓词的不同句型之间差别更大。这就是语义距离假设所预测的结果，因为与言外之力的差别相比，语义距离与谓词之间的差异相关性较弱。

另外，对于不同类型谓词之间的语义距离要比不同类型参与者之间的语义距离大的论点，我们也可以在语言习得中找到证据。在不同论元结构构式中使用动词时，习得英语的儿童往往非常保守。但是，在动词构式的论元位置上，他们表现得非常开明，会在一系列名词中进行替换使用（参见§11.3.4 及该节中所引用的参考文献）。也就是说，儿童在学习动词 break 时，首先学习在一个论元位置上换用不同的参与者，如 Mommy break、Daddy break 等；只有在晚些时候，儿童才学习动词与不同论元的搭配，如 Break cup、Mommy break cup、Break with stick 等。这些结果表明，在概括总结方面，儿童对参与者类型泛化得较快，开始得也较早，之后才对不同的谓词类型和描述这些谓词类型的论元结构构式进行泛化。

如果以上这些证据能得到进一步的研究证实，我们就能在分类组织上对句子层面的构式进行重组。尽管构式的分类组织必须

第十一章 基于使用的模式　　521

允准多母体的存在，我们可以用语义相似程度来对句法差异进行排序，然后如（13）（§11.2.4）所展示的那样，形成一个由形态变化形式所构成的层级。（51）所示的是陈述-祈使二分层级结构中祈使句的分类组织：

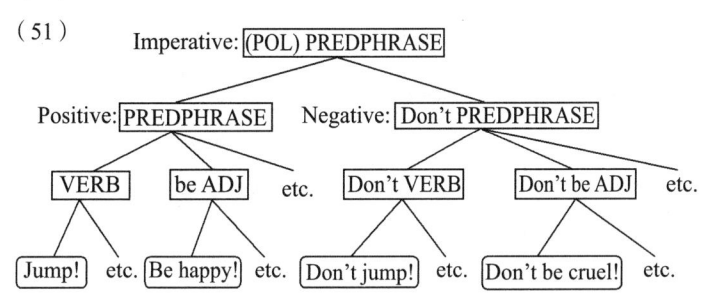

（51）
```
                Imperative: (POL) PREDPHRASE
                         /                \
        Positive: PREDPHRASE          Negative: Don't PREDPHRASE
              /        \                      /           \
          VERB      be ADJ     etc.      Don't VERB    Don't be ADJ    etc.
           |          |                     |              |
         Jump!   etc. Be happy! etc.    Don't jump! etc. Don't be cruel!  etc.
```

（51）中的简图是对构式之间联系强度或语义距离的视觉表征。构式之间语义距离的另一种视觉表征手段被运用于类型学理论，并被激进构式语法所采纳（§10.2.4）。这就是语义地图模式（semantic map model）（参见 Croft 2001: 92-98; 2003b: 133-139; Haspelmath 2003）。在语义地图模式中，语义距离用多纬概念空间（conceptual space）进行表征；概念空间的纬度与语义属性相对应。在例50中，有陈述-祈使纬度、肯定-否定纬度、动词-非动词纬度（在语义上被描述为行为-属性纬度等）。为了方便，我们将这种映射简化为两个纬度。此例中的映射大致与例50中的形态或构式变化形式相对应。为便于例释，我们将仅用例50中的祈使语气部分即50c-f做例子。

根据用法，一种语言中的不同构式，或用于跨语言对比的不同语言中的构式，被映射到概念空间的不同区域上。例如，我们可以将英语系动词构式、表禁止的 *Don't* 构式和表示祈使的无主句构式，映射到例 50 中与祈使句变化形式相对应的概念空间上：

（52）

```
Subjectless Clause
    positive              Don't
    action            negative
    imperative        action
                      imperative

    positive          negative
    property          property
    imperative        imperative
                          Copula
```

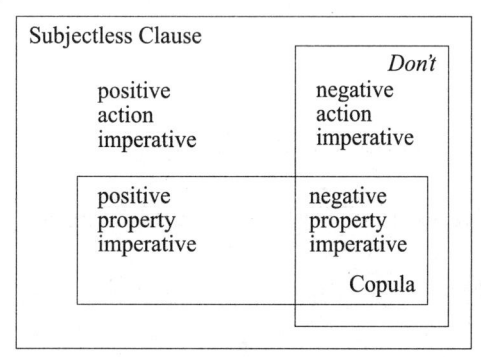

概念空间中的有些点，可以用语言中的构式进行表达。我们用"肯定行为祈使"（positive action imperative）等小写标签对这些点进行标示。在该空间中，横向纬度与肯定-否定两极性相对应，而纵向纬度与行为-属性的词汇语义分类相对应。方框所提供的是英语中不同构式在概念空间中存在的信息（请比较例 50c-f）。

语义地图连通性假设（Semantic Map Connectivity Hypothesis）对概念空间结构和语义地图的基本指导原则进行了明确描述，即构式必须映射到概念空间的一个连续区域上（Croft 2001: 96; 2003b: 134）。这是语义距离影响形式结构的一种表现。构式的不同用法必须在语义上具有联系，至少在历史上有过联系。还有一种动态假设，即构式是沿着概念空间中相互连通的路径进行语义延展的（同上：101-102）。例如，在上面的例子中，Don't 型祈使句在历史上经历了从否定动作祈使句向否定属性祈使句的延展。

类型学家已将这一模式应用于跨语言对比上；因此，语义地图连通性假设具有普遍性意义。另外，在跨语言的语义地图型式（pattern）中，我们还可以发现，语法范畴的内部结构即语法范畴内部范例之间的关系具有普遍性，但语法范畴的边界会因语言的不同而有差异（Croft 2001: 103；参照第四章）。因此，来自类型学的证据表明，尽管概念空间的边界会因语言不同而有所差异，因而受人类认知本质属性的限制较少，概念空间至少在大体结构上具有普遍性，所以是人类认知的一部分（Croft 2001: 105；2003b: 138-139）。

语义地图模式体现了构式之间的语义关系。我们可以将形式分类关系整合到语义地图模式中。相关性假设所隐含的相对语义距离可以通过概念空间中的相对距离进行表征。例如，在（52）中，两个否定功能之间的距离，要比两者与各自对应的肯定功能之间的距离小。这些相对距离对构式的分类组织具有限制作用：在此例中，在分类系统中要先将肯定形式和否定形式归为一类。请将（52）与（51）进行比较。要对概念结构的语法表达进行限制，就必须在概念空间上添加另外一些结构（参见 Croft 2001: 160-161, 163-164, 169-170; 2003b: 140-143）。

对构式之间语义关系及对这些语义关系对构式特征的限制的研究，仍处于起步阶段。也许通过进一步的研究，构式语法学家们能够在句法以及形态知识组织的网络之上，添加另外的结构。

11.3.4 句法习得和句法变化

在 §11.3.3，我们介绍了构式网络组织在语言习得上的证据。概括而言，最近在儿童语言发展方面的研究，为句法习得的基于使用的归纳模式提供了证据。

对早期语言发展的纵向研究表明，儿童在学习语言时极其保守（Braine 1976 是早期研究的重要代表；最近的研究可参见 Tomasello 2000 和 Tomasello 2003，以及这两项著作中所引用的文献）。儿童最早的多词话语表明，儿童每次只在一个构式中使用动词和其他谓词（Tomasello 1992; Lieven, Pine & Baldwin 1997; Tomasello et al. 1997; Pine, Lieven & Rowland 1998）。

也就是说，在早期的语言习得过程中，儿童不使用像 [VERB] 这样的图式性范畴，或者像及物构式 [SBJ VERB OBJ] 这样的构式，无论这些图式性结构是不是与生俱来的。相反，在刚开始的时候，儿童只是围绕一个谓词和该谓词所在的构式，进行低层次的概括或泛化，在后来的语言习得中才学会图式性较强的范畴和构式。

在这个非常明确的习得过程中，也存在一个值得关注的例外情况：正如我们在 §11.3.3 中所提到的，儿童在很小的时候就会替换使用不同的物品名称，来充当构式中某一参与者角色。托马塞洛（Tomasello 1992）提出动词岛屿假说（Verb Island Hypothesis），认为先由动词和其他谓词加上一个构式形成不同的"岛屿"，然后再将这些岛屿连接起来，从而构成如例 50 所示的构式网络。

在语言习得的过程中，尽管儿童很早就会替换使用物品名称或"名词"，但这似乎并不能表明儿童在早期就已习得了图式性 [NOUN]（[名词]）范畴，或 [DETERMINER NOUN]（[名词短语]）范畴。派因和利芬（Pine & Lieven 1997）发现，在习得名词和限定词的最早阶段，儿童是以一种零散的方式进行学习的。这两位学者研究发现，尽管儿童可以将各种名词与 a 和 the 搭配使用，但在刚开始的时候，与 a 搭配使用的名词和与 the 搭配使用的名词很少重叠；与此相反，儿童似乎是通过限定词来学习名词的，或者将限定词的使用放在一个诸如［in the X］或［That's a X］这样的更大结构之中。

派因、利芬和罗兰（Pine, Lieven & Rowland 1998）对 12 名儿童最初六个月的多词言语进行了研究。他们发现，儿童在学习话语的时候是从词汇上相当具体的构式开始的，但这些具体单词并不总是充当"岛屿"的动词。例如，在这 12 名儿童所说的所有话语中，带有助动词 can、do、be 和 have 的话语，平均占比为 90.3%（Pine et al. 1998: 818）。然而，在这些儿童所使用的动词中，与同一个助动词相结合的动词很少出现重叠（只有一名儿童在使用两个助动词时出现过一次重叠，这和完全没有重叠相比存在显著不同；同上: 819）。这表明，这些儿童正在学习词汇上比较具体的助动词与动词的组合，在他们的话语中还没有形成具有能产性的［AUX］或［VERB］范畴。

一项更为细致的研究证实，儿童的早期语言习得是从零敲碎打开始的；这表明语言习得对输入中的词符频率比较敏感。鲁比诺和派因（Rubino & Pine 1998）对一名学习巴西葡萄牙语的儿童进行了一项纵向研究。他们认为，该儿童在习得带有主谓一致的句子构式时，是以零碎的方式进行的；而在习得单数和复数一致的时候，这名儿童是以独立的方式连续进行的。稍后，在其开始产出第三人称复数一致词缀的时候，该儿童就开始对第三人称单数一致词缀进行过度规则化（Rubino & Pine 1998: 51）。这种发展顺序表明，在初始阶段，儿童的学习属于机械式学习，随后是将单数一致和复数一致的"岛屿"连接起来，从而归纳出第三人称数一致的体系。

该儿童的平均错误率相当低。在保守的归纳式语言学习模式中，这就是人们期望看到的结果。按照人称和数两个变量，对差错率进行分解后发现，输入形式的频率会影响儿童习得主谓一致的进程。该儿童首先习得的正确的主谓一致形式，是输入中出现频率最高的一致形式；对于出现频率较低的主谓一致组合，该儿童最早的正确产出与输入中的高频动词相关（Rubino & Pine 1998: 53）。但是，输入频率似乎不是影响习得的唯一因素。盖瑟科尔、塞瓦斯蒂安和索托（Gathercole, Sebastián & Soto 1999）对两名儿童的西班牙语动词形式习得进行了考察。他们同样发现，儿童语言习得是以零碎的方式开始的渐进过程，并受输入频率的影响。然而，动词形式在形态上的复杂程度，也似乎会影响这两名儿童习得动词形式的顺序。

这些研究以及其他的语言习得研究表明，对儿童语言习得过程的考察结果，与基于使用的模式的预测是一致的。儿童先从有限的构式类型甚至是特定的个体动词和名词开始，随着时间的推移，逐渐形成图式性较强的语法构式。构式在儿童看护人语言输入中出现的频率，会影响儿童对其掌握和泛化的速度。正如§11.2.4和§11.3.3所介绍的，构式之间的语义距离，也会影响儿童习得构式的先后顺序。

在对句法变化路径的考察中也发现了相似的结果。许多历史语言学家研究后发现，构式的产生和形成是以渐进的形式进行的。这与儿童语言习得中由高度具体的构式"岛屿"向外扩展的过程别无二致。

伊斯雷尔分析了 way 构式的形成过程。这是在认知语言学框架下对句法变化的阐释。下面是 way 构式的例子（Israel 1996: 218）：

(53) a. Rasselas dug his way out of the Happy Valley.
拉瑟拉斯终于走出了欢乐谷。
b. The wounded soldiers limped their way across the field.
伤兵们一瘸一拐地走过田野。
c. ?Convulsed with the laughter, she giggled her way up the stairs.
?她笑得浑身直抖，咯咯笑上了楼梯。

在例 53 中，所有 way 构式都有一个被领属的直接宾语 way，并有一个对移动路径进行描述的补语。53a 描述的是沿着路径移动的实现手段；53b 描述的是沿着路径移动的方式，而 53c 描述的是主语 she 沿着路径移动时的伴随活动。way 构式在句法和语义上都显得特别：通常情况下，way 构式中的动词都是不及物的，而且它们通常没有移动的含义。

根据《牛津英语词典》(*Oxford English Dictionary*) 和牛津大学出版社当代英语语料库中的数据，伊斯雷尔（Israel 1996: 221, 注 3）提出，现代 way 构式是从两个不同的 way 构式逐渐演变而来的，即使用范围较窄的手段构式和方式构式。现代 way 构式的第三个来源是获得路径或继续拥有路径。但是，尽管现代 way 构式的这一来源仍存在于 *find one's way* 这样的普通实例中，其在使用范围上不是扩大而是缩小了。刚开始的时候，way 构式中的方式构式是中古英语时期 [*go one's* PATH] 构式的一个特殊情况，而且最初只用于最常见的一般位移动词。在 1700 年之前，这样的动词最多不过

16个（同上：221）。此后，表示方式和位移路径的动词开始与表示方式的 way 构式一起使用。到 19 世纪的时候，尤其在费力移动 [plod（艰难行进）、scramble（攀爬）、fumble（摸索）] 和曲折路径 [thread（蜿蜒穿过）、worm（曲折行进）、insinuate（迂回潜入）] 域中，用于 way 构式的动词数量增长较快。到 19 世纪末，表示方式的 way 构式进一步扩展，将伴随移动的噪音词吸纳进来 [crunch（发出嘎吱嘎吱声）、crash（发出咔嚓声）、toot（发出嘟嘟声）]。

直到 1650 年左右，才出现手段类 way 构式，而且在刚开始的时候，所使用的是清障动词 [cut（抄近路）、furrow out（犁出）]、筑路动词 [pave（铺设）、smooth（使平坦）] 以及强制位移动词 [force out（迫使离开）]（Israel 1996: 223）。手段类 way 构式的扩展始于切割类动词，在 1770 年左右，延展到打斗类动词。到 19 世纪，表示达到目标的间接手段类动词逐渐多了起来，如 He... smirked his way to a pedagogal desk（他……自鸣得意地笑着走到一张课桌前）（同上：224, from New Monthly Magazine VII. 386, 1823）。在这个时候，手段类 way 构式和方式类 way 构式之间似乎开始融合。在 19 世纪末，出现了与移动相关性较弱的伴随活动的第一批例子，如 He... whistled his way to the main front door（他……一路吹着口哨走到前大门）（同上：225, from Blackmore, Cradock Nowell xvi, 1866）。

在 way 构式的动词类型增多的同时，构式的整体句法形式变窄；以前除了 way，该构式还可以使用其他名词，因而路径表达是可以选择的，后来只能使用带 way 的路径表达（Israel 1996: 221, 226）。通过这种句法变化中的普遍型式，我们发现，新的构式往往肇始于现存构式图式的一个高度具体的实例，然后按照自己的方向延展而来。这种型式可以通过基于使用的模式得到解释。因为在这种模式中，构式图式的具体实例可以得到固化；固化后的实例可以发挥"岛屿"一样的功能，向外延展出新的构式；然后新构式又形成并概括出拥有自己独特的句法和语义特征的新构式图式。

11.4 结语

在本章，我们将语法知识表征的构式语法模式，与语法知识的使用过程联系起来，并与语法知识表征和被表征对象即语篇中的话语之间的关系联系起来。语法知识表征和被表征对象之间的关系在本质上是一种范畴化：对所要交流的经验的范畴化，和对言语的范畴化；而言语是已知构式的语法范畴的实例，象征其所属范畴的经验。语法构式具有不同层次的图式性，而这些语法构式的使用频率，也会对语言使用和语法知识之间的范畴化关系产生影响。也就是说，语言的使用过程影响表征的结构。这种语法表征模式和使用语法表征的过程是一种基于使用的模式。基于使用模式的形式化表征类似于一个激活网络；在这个激活网络中，激活与语言使用过程相对应，而固化或衰蚀是语言使用过程在语言表征上的反映。

在基于使用的模式中，除本书第九至第十章提出的一般假设之外，研究者就语法表征和过程还提出了几个一般假设。能产性假设认为，能产性来自高类符频率；我们可以将该假设概括为图式性构式的固化程度与该构式离散实例的数量成正比。不同程度的抽象概括被界定为不同的图式，而不是由输入结构产生输出结构的规则。除来源导向图式可以通过规则进行建模之外，有证据表明，在形态和句法中还存在很难通过规则进行建模的结果导向图式。构式与构式之间的相对距离即相关性或语义关联，会影响构式的组织结构，即构式之间的语义距离在多母体构式的分类网络结构上添加了另外的结构。我们可以将这种组织表征为概念空间上的构式语义地图；概念空间的结构似乎在很大程度上具有普遍性。最后，最近的语言习得研究成果表明，儿童对形态和句法的习得，都是以一种渐进、零碎和归纳的方式进行的。这些假设中有不少是最近才提出的，因此，支撑这些假设的证据还不够完整。尽管如此，在认知语言学研究中，语法知识的认知语言学模式是一个重要且势头正劲的组成部分。

第十二章 结语：认知语言学及展望

当代认知语言学是一种分析语言意义和语法形式的方法。它源于对真值条件语义学和生成句法的反思。我们在第一章提出了三个基本假设，即语言不是自主的认知能力、语法是概念化、语言知识源自对语言的使用。在这三个基本假设的基础上，我们主要对认知语言学的句法理论和语义分析理论展开论述。然而，这三个基本假设产生的结果已超出语言学原有的狭窄界限，也超出了语言知识心理表征的狭窄范围。一些认知语言学家已突破认知语言学的边界。与之相反，一些批评者对认知语言学超越边界的做法提出了质疑。我们将指出认知语言学已走过哪些突破边界的路、还有哪些突破边界的路应该走，并以此作为本书的结束语。

　　语言不是自主的认知能力。这一假设表明，在本质上，语言的概念结构和加工，与人类非语言认知中的概念结构和加工是相同的。首先，这意味着，在认知语言学的分析中，认知语言学家利用了认知心理学的研究成果，并在一定程度上吸纳了哲学的研究成果。这也引发了借助语言事实对概念结构的分析，即本书第一部分所涉及的内容。最近，认知语言学家又将认知语言学的概念分析应用到其他的认知领域。认知语言学的隐喻模式被运用到文学（Turner 1987; Lakoff & Turner 1989）、哲学和伦理学（Johnson 1987, 1993; Lakoff & Johnson 1999; 以及 Neisser 2001 的述评）、政治（Lakoff 1996）和数学（Lakoff & Núñez 2000）分析中；混合理论被应用到心智、文化和人类进化的一般理论中（Turner 2001; Fauconnier & Turner 2002）。这些语言学领域外的尝试雄心勃勃，但也备受争议。但是，如果第一个假设是合理的，那么认知语言学的分析结果应该对非语言认知有一些影响。

语法是概念化假设以及其他两个假设表明，认知语言学和认知心理学之间存在密切关系。确实，范畴化研究的灵感源自罗施（Rosch，见本书第四章）等心理学家的研究，而识解操作研究从格式塔心理学家研究成果得到启发（见本书第三章）。最近，认知心理学家受到认知语言学研究的影响（如 Gibbs 1994; 另见 Tomasello 1998, 2000, 2003），尤其是构式语法的影响，已与语言习得研究联系起来（见§11.3.4）。另外，认知语言学家与激活网络结构和语言并行分布加工模式（parallel distributed processing model）的提倡者（如 Elman *et al.* 1996）之间，有相当多的共同兴趣。许多心理学实验研究的成果与认知语言学相关；但遗憾的是，因为篇幅有限，我们无法对这些研究成果展开讨论。然而，认知心理学和认知语言学进一步互动的空间还很大，在认知语言学假设的实验检测、认知心理学家实验设计背后语言假设的完善上，尤为如此。

最后，根据语言知识源自对语言的使用这一假设，我们可以发现，在回应批评者时，认知语言学既有弱点又有长处；认知语言学的批评者看待语言的视角，既与认知语言学家的视角不同，又与认知语言学家最初批判的生成语法学家和真值条件语义学家的视角相异。这些批评者抨击认知语言学、生成语法和真值条件语义学等所有的语言研究路向,认为这些语言研究路向只关注言者或听者的心智,而忽视了语言的主要功能是交流,也忽视了社会互动("语篇")的作用,以及社会互动所预设的社会结构对理解语言为何如此所发挥的作用。

顾名思义,认知语言学的确一直将注意力集中在心理表征和认知加工上,只是在最近才开始对语言的语篇分析路向和功能主义路向作出反应(如 Langacker 1999, ch. 4 & 12; 2002)。社会互动是语言的本质属性,而"语言知识源自语言使用"假设,为认知语言学和这一本质属性建立联系提供了机会。语言的使用当然是社会互动行为。出于交流的目的,言者要对自己的体验进行识解;而与他人交流还有更多的社会互动目的。同样,为了准确把握这些社会互动目的,听者会对听到的话语进行识解。总之,认知语言学有潜力为认知之外的语言理论做出贡献,也有潜力为语言之外的认知理论做出贡献。

参考文献

Akmajian, Adrian. 1984. Sentence types and the form-function fit. *Natural Language and Linguistic Theory* 2: 1-23.

Allan, Keith. 1986. Interpreting English comparatives. *Journal of Semantics* 5: 1-50.

Andersen, Henning. 1980. Russian conjugation: acquisition and evolutive change. *Papers from the 4th International Conference on Historical Linguistics*, ed. Elizabeth Closs Traugott et al., 285-302. Amsterdam: John Benjamins.

Ariel, Mira. 1990. *Accessing noun phrase antecedents*. New York: Routledge.

Armstrong, Sharon Lee, Lila R. Gleitman and Henry Gleitman. 1983. What some concepts might not be. *Cognition* 13: 263-308.

Aronoff, Mark. 1993. *Morphology by itself: items and inflectional classes*. Cambridge, Mass.: MIT Press.

Atran, Scott. 1990. *Cognitive foundations of natural history: towards an anthropology of science*. Cambridge: Cambridge University Press.

Barlow, Michael and Suzanne Kemmer (eds.). 2000. *Usage-based models of language*. Stanford: Center for the Study of Language and Information.

Barsalou, Lawrence W. 1983. Ad hoc categories. *Memory and Cognition* 11: 211-227.

——— 1987. The instability of graded structure: implications for the nature of concepts. *Concepts and conceptual development: ecological and intellectual factors in categorization*, ed. Ulric Neisser, 101-140. Cambridge: Cambridge University Press.

1992a. Frames, concepts, and conceptual fields. *Frames, fields and contrasts: new essays in semantic and lexical organization*, ed. Adrienne Lehrer and Eva Feder Kittay, 21-74. Hillsdale, N.J.: Lawrence Erlbaum Associates.

1992b. *Cognitive psychology: an overview for cognitive scientists*. Hillsdale, N.J.: Lawrence Erlbaum Associates.

Becker, Joseph. 1975. The phrasal lexicon. Bolt, Beranek and Newman Report No. 3081, Artificial Intelligence Report No. 28.

Berlin, Brent and Paul Kay. 1969. *Basic color terms: their universality and evolution*. Berkeley: University of California Press.

Berlin, Brent, Dennis E. Breedlove and Peter H. Raven. 1973. General principles of classification and nomenclature in folk biology. *American Anthropologist* 75: 214-242.

Birner, Betty J. and Gregory Ward. 1998. *Information status and noncanonical word order in English*. (Studies in Language Companion Series, 40.) Amsterdam: John Benjamins.

Black, Max. 1993 [1979]. More about metaphor. *Metaphor and thought* (2nd ed.), ed. Andrew Ortony, 19-41. Cambridge: Cambridge University Press.

Bolinger, Dwight. 1971. *The phrasal verb in English*. Cambridge, Mass.: Harvard University Press.

1980. *Language, the loaded weapon*. London: Longmans.

1992. About furniture and birds. *Cognitive Linguistics* 3: 111-118.

Braine, Martin D. S. 1976. *Children's first word combinations*. (Monographs of the Society for Research in Child Development 41, no.1.) Chicago: University of Chicago Press.

Bresnan, Joan (ed.). 1982. *The mental representation of grammatical relations*. Cambridge, Mass.: MIT Press.

Brown, Cecil H. 2002. Paradigmatic relations of inclusion and identity I: Hyponymy. *Lexicology: an international handbook on the nature and structure of words and vocabularies* (Handbooks of Linguistics and Communication Science, 21), ed. D. Alan Cruse, Franz Hundsnurscher, Michael Job and Peter Lutzeier, ch. 47. Berlin: Walter de Gruyter.

Brown, Roger. 1958. How shall a thing be called? *Psychological Review* 65: 14-

21.
Bybee, Joan L. 1985. *Morphology: a study into the relation between meaning and form*. Amsterdam: John Benjamins.
———. 1995. Regular morphology and the lexicon. *Language and Cognitive Processes* 10: 425-455.
———. 2001. *Phonology and language use*. Cambridge: Cambridge University Press.
Bybee, Joan L. and Mary Alexandra Brewer. 1980. Explanation in morphophonemics: changes in Proven‚ cal and Spanish preterite forms. *Lingua* 52: 271-312.
Bybee, Joan and Paul Hopper. 2001. *Frequency and the emergence of linguistic structure*. (Typological Studies in Language, 45.) Amsterdam: John Benjamins.
Bybee, Joan L. and Carol Lynn Moder. 1983. Morphological classes as natural categories.*Language* 59: 251-270.
Bybee, Joan L. and Elly Pardo. 1981. On lexical and morphological conditioning of alternations: a nonce-probe experiment with Spanish verbs. *Linguistics* 19: 937-968.
Bybee, Joan L. and Joanne Scheibman. 1999. The effect of usage on degrees of constituency: the reduction of *don't* in English. *Linguistics* 37: 575-596.
Bybee, Joan L. and Dan I. Slobin. 1982. Rules and schemas in the development and use of the English past tense. *Language* 58: 265-289.
Bybee, Joan L. and Sandra A. Thompson. 1997. Three frequency effects in syntax. *Proceedings of the 23rd Annual Meeting of the Berkeley Linguistics Society*, ed. Matthew L. Juge and Jeri O. Moxley, 378-388. Berkeley: Berkeley Linguistics Society.
Chafe, Wallace. 1994. *Discourse, consciousness and time: the flow and displacement of conscious experience in speaking and writing*. Chicago: University of Chicago Press.
Chafe, Wallace (ed.). 1980. *The pear stories*. New York: Ablex.
Chomsky, Noam. 1981. *Lectures on government and binding*. Dordrecht: Foris.
———. 1993.Aminimalist program for linguistic theory. *The view from Building 20*, ed.Kenneth Hale and Samuel Jay Keyser, 1-52. Cambridge, Mass.: MIT

Press.

1995. *The minimalist program*. Cambridge, Mass.: MIT Press.

Clahsen, Harald and M. Rothweiler. 1992. Inflectional rules in children's grammar: evidence from the development of participles in German. *Yearbook of Morphology 1992*, 1-34.

Clark, Eve V. and Herbert H. Clark. 1979. When nouns surface as verbs. *Language* 55: 767-811.

Clark, Herbert H. 1996. *Using language*. Cambridge: Cambridge University Press.

Clark, Herbert H. and Susan Haviland. 1977. Comprehension and the given-new contract. *Discourse production and comprehension*, ed. R. Freedle, 1-40. Norwood, N.J.: Ablex.

Clausner, Timothy C. 1991. Sentence types and salience. *University of Michigan working papers in linguistics*, ed. William Croft, 1-11. Ann Arbor: Department of Linguistics, University of Michigan.

Clausner, Timothy C. and William Croft. 1997. The productivity and schematicity of metaphor. *Cognitive Science* 21: 247-282.

1999. Domains and image-schemas. *Cognitive Linguistics* 10: 1-31.

Coleman, Linda and Paul Kay. 1981. Prototype semantics. *Language* 57: 26-44.

Collins, Allan M. and M. Ross Quillian. 1969. Retrieval time from semantic memory.*Journal of Verbal Learning and Verbal Behaviour* 8: 240-247.

Cornwell, Patricia. 2000. *Black notice*. London: Warner Books.

Coseriu, Eugenio. 1975. Vers une typologie des champs lexicaux. *Cahiers de Lexicologie* 27: 30-51.

Coulson, Seana. 2000. *Semantic leaps: frame-shifting and conceptual blending in meaning construction*. Cambridge: Cambridge University Press.

Croft, William. 1991. *Syntactic categories and grammatical relations: the cognitive organization of information*. Chicago: University of Chicago Press.

1993 [2002]. The role of domains in the interpretation of metaphors and metonymies. *Cognitive Linguistics* 4: 335-370. Revised version printed in *Metaphor and metonymy in comparison and contrast*, ed. René Dirven

and Ralf Pörings, 161-205. Berlin: Mouton de Gruyter, 2002.
1995. Autonomy and functionalist linguistics. *Language* 71: 490-532.
1998a. The structure of events and the structure of language. *The new psychology of language: cognitive and functional approaches to language structure*, ed. Michael Tomasello, 67-92. Mahwah, N. J.: Lawrence Erlbaum Associates.
1998b. Event structure in argument linking. *The projection of arguments: lexical and compositional factors*, ed. Miriam Butt andWilhelm Geuder, 1-43. Stanford: Center for the Study of Language and Information.
1998c. Linguistic evidence and mental representations. *Cognitive Linguistics* 9: 151-173.
2000. *Explaining language change: an evolutionary approach*. London: Longman.
2001. *Radical construction grammar: syntactic theory in typological perspective*. Oxford: Oxford University Press.
2003a. Lexical rules vs. constructions: a false dichotomy. *Motivation in language: studies in honour of Günter Radden*, ed. Hubert Cuyckens, Thomas Berg, René Dirven and Klaus-Uwe Panther, 49-68. Amsterdam: John Benjamins.
2003b. *Typology and universals* (2nd ed.). Cambridge: Cambridge University Press.
In preparation. *Verbs: aspect and argument structure*. Oxford: Oxford University Press.
Croft, William and Esther J. Wood. 2000. Construal operations in linguistics and artificial intelligence. *Meaning and cognition: a multidisciplinary approach*, ed. Liliana Albertazzi, 51-78. Amsterdam: John Benjamins.
Cruse, D. Alan. 1977. The pragmatics of lexical specificity. *Journal of Linguistics* 13: 153-164.
1979. On the transitivity of the part-whole relation. *Journal of Linguistics* 15: 29-38.
1986. *Lexical semantics*. Cambridge: Cambridge University Press.
1990. Prototype theory and lexical semantics. *Meanings and prototypes:*

studies in linguistic categorization, ed. Savas L. Tzohatzidis, 382-402. London: Routledge.

1992a. Antonymy revisited: some thoughts on the relation between words and concepts. *Frames, fields and contrasts: new essays in semantic and lexical organization*, ed. Adrienne Lehrer and Eva Feder Kittay, 289-306. Hillsdale, N. J.: Lawrence Erlbaum Associates.

1992b. Cognitive linguistics and word meaning: Taylor on linguistic categorization. (Review article on John R. Taylor, *Linguistic categorization: prototypes in linguistic theory*.) *Journal of Linguistics* 28: 165-183.

1994. Prototype theory and lexical relations. *Rivista di Linguistica* 6: 167-188.

2000a. Lexical "facets" : between monosemy and polysemy. *Sprachspiel und Bedeutung: Festschrift für Franz Hundsnurscher zum 60. Geburtstag*, ed. S. Beckmann, P. P. König and T. Wolf, 25-36. Tübingen: Max Niemeyer Verlag.

2000b. Aspects of the micro-structure of word meanings. *Polysemy: theoretical and computational approaches*, ed. Yael Ravin and Claudia Leacock, 30-51. Oxford: Oxford University Press.

2002a. Microsenses, default specificity and the semantics-pragmatics boundary. *Axiomathes* 1: 1-20.

2002b. Hyponymy and its varieties. *The semantics of relationships: an interdisciplinary perspective*, ed. Rebecca Green, Carol A. Bean and Sung Hyon Myaeng, 3-21. Dordrecht: Kluwer.

Cruse, D. Alan., Franz Hundsnurscher, Michael Job and Peter Lutzeier (eds.). 2002. *Lexicology: an international handbook on the nature and structure of words and vocabularies*. (Handbooks of Linguistics and Communication Science, 21.1.) Berlin: Walter de Gruyter.

Cruse, D. Alan and Pagona Togia. 1995.Towards a cognitive model of antonymy. *Lexicology* 1: 113-141.

Daugherty, K. and Mark Seidenberg. 1992. Rules or connections? The past tense revisited. *Proceedings of the 14th Annual Meeting of the Cognitive Science*

Society 259-264. Hillsdale, N. J.: Erlbaum.

———— 1994. Beyond rules and exceptions: a connectionist modeling approach to inflectional morphology. *The reality of linguistic rules*, ed. Susan D. Lima, R. L. Corrigan and Gregory K. Iverson, 353-388. Amsterdam: John Benjamins.

Deane, Paul D. 1988. Polysemy and cognition. *Lingua* 75: 325-361.

———— 1991. Limits to attention: a cognitive theory of island phenomena. *Cognitive Linguistics* 2: 1-63.

DeLancey, Scott. 1981. An interpretation of split ergativity and related patterns. *Language* 57: 626-657.

Denison, David. 1993. *English historical syntax*. London: Longman.

———— 1998. Syntax. *The Cambridge history of the English language*, vol 4: *1776-1997*, ed. Suzanne Romaine, 92-329. Cambridge: Cambridge University Press.

Dreyfus, Hubert L. 1991. *Being-in-the-world: a commentary of Heidegger's Being and Time, Division I*. Cambridge, Mass.: MIT Press.

Eco, Umberto. 1996. Metaphor. *Philosophy of language: an international handbook of contemporary research* (Handbooks of Linguistics and Communication Science, 7.2), ed. Marcelo Dascal, Dietfried Gerhardus, Kuno Lorenz and Georg Meggle, 1313-1323. Berlin: Walter de Gruyter.

Elman, Jeffrey L., Elizabeth A. Bates, Mark H. Johnson, Annette Karmiloff-Smith, Domenico Parisi and Kim Plunkett. 1996. *Rethinking innateness: a connectionist perspective on development*. Cambridge, Mass.: MIT Press.

Elman, Jeffrey L. and James L. McClelland. 1984. Speech perception as a cognitive process: the interactive activation model. *Speech and language*, vol. 10, ed. Norman Lass, 337-374. New York: Academic Press.

Fauconnier, Gilles. 1985 [1994]. *Mental Spaces* (2nd ed.). Cambridge: Cambridge University Press.

———— 1986. Quantification, roles, and domains. *Versus* 44/45: 61-80.

———— 1997. *Mappings in thought and language*. Cambridge: Cambridge University Press.

Fauconnier, Gilles and Eve Sweetser (ed.). 1996. *Spaces, worlds and grammar.*

Chicago: University of Chicago Press.
Fauconnier, Gilles and Mark Turner. 1996. Blending as a central process in grammar. *Conceptual structure, discourse and language*, ed. Adele E. Goldberg, 113-130. Stanford, Calif.: CSLIPublications.
—— 1994. Conceptual projection and middle spaces. San Diego: University of California, Department of Cognitive Science Technical Report 9401 (available at http://www.blending.stanford.edu).
—— 2002. *The way we think*. New York: Basic Books.
Feyaerts, Kurt. 2000. Refining the inheritance hypothesis: interaction between metaphoric and metonymic hierarchies. *Metaphor and metonymy at the crossroads: a cognitive perspective*, ed. Antonio Barcelona, 59-78. Berlin: Mouton de Gruyter.
Fillmore, Charles J. 1975. An alternative to checklist theories of meaning. *Proceedings of the First Annual Meeting of the Berkeley Linguistics Society*, ed. Cathy Cogen et al., 123-131. Berkeley: Berkeley Linguistics Society.
—— 1977a. Scenes-and-frames semantics. *Linguistic structures processing* (Fundamental Studies in Computer Science, 5), ed. Antonio Zampolli, 55-81. Amsterdam: North- Holland.
—— 1977b. The case for case reopened. *Grammatical relations* (Syntax and Semantics, 8), ed. Peter Cole and Jerrold M. Sadock, 59-82. New York: Academic Press.
—— 1982a. Frame semantics. *Linguistics in the morning calm*, ed. The Linguistic Society of Korea, 111-137. Seoul: Hanshin.
—— 1982b. Ideal readers and real readers. *Analyzing discourse: text and talk*, ed. Deborah Tannen, 248-270. Washington, D. C.: Georgetown University Press.
—— 1985. Frames and the semantics of understanding. *Quaderni di semantica* 6: 222-254.
—— 1986a.《U》-semantics, second round. *Quaderni di semantica* 7: 49-58.
—— 1986b. Pragmatically-controlled zero anaphora. *Proceedings of the Twelfth Annual Meeting of the Berkeley Linguistics Society*, ed. Vassiliki Nikiforidou et al., 95-107. Berkeley: Berkeley Linguistics Society.

1999. Inversion and constructional inheritance. *Lexical and constructional aspects of linguistic explanation*, ed. Gert Webelhuth, Jean-Pierre Koenig and Andreas Kathol, 113-128. Stanford, Calif.: CSLIPublications.

Fillmore, Charles J. and Beryl T. Atkins. 1992. Toward a frame-based lexicon: the semantics of RISK and its neighbors. *Frames, fields and contrasts: new essays in semantic and lexical organization*, ed. Adrienne Lehrer and Eva Feder Kittay, 75-102. Hillsdale, N. J.: Lawrence Erlbaum Associates.

Fillmore, Charles J. and Paul Kay. 1993. *Construction grammar coursebook, chapters 1 thru 11 (reading materials for Ling. X20)*. Berkeley: University of California.

Fillmore, Charles J., Paul Kay and Mary Kay O'Connor. 1988. Regularity and idiomaticity in grammatical constructions: the case of *let alone*. *Language* 64: 501-538.

Fillmore, Charles J., Paul Kay, Laura A. Michaelis and Ivan A. Sag. In preparation. *Construction Grammar*. Stanford, Calif.: CSLIPublications.

Flickinger, Daniel, Carl Pollard and Thomas Wasow. 1985. Structure-sharing in lexical representation. *Proceedings of the 23rd Annual Meeting of the Association for Computational Linguistics*, 262-267. Chicago: Association for Computational Linguistics.

Gadamer, Hans-Georg. 1989. *Truth and method*, trans. William Glen-Doepel, ed. John Cumming and Garrett Barden, translation rev. Joel Weinsheimer and Donald G. Marshall. London: Sheed & Ward.

Gathercole, Virginia C. Mueller, Eugenia Sebastián and Pilar Soto. 1999. The early acquisition of Spanish verbal morphology: across-the-board or piecemeal knowledge? *International Journal of Bilingualism* 3: 133-182.

Gazdar, Gerald, Ewan Klein, Geoffrey Pullum and Ivan Sag. 1985. *Generalized Phrase Structure Grammar*. Oxford: Basil Blackwell.

Geckeler, Horst. 1971. *Strukturelle Semantik und Wortfeldtheorie*. Munich: Fink.

Geeraerts, Dirk. 1993. Vagueness's puzzles, polysemy's vagaries. *Cognitive Linguistics* 4: 223-272.

Geertz, Clifford. 1973. *The interpretation of cultures*. New York: Basic Books.

Gentner, Dedre. 1983. Structure-mapping: a theoretical framework for analogy.

Cognitive Science 7: 155-170.

——1988. Metaphor as structure mapping: the relational shift. *Child Development* 59: 47-59.

Gibbs, Raymond W., Jr. 1990. Psycholinguistic studies on the conceptual basis of idiomaticity. *Cognitive Linguistics* 1: 417-451.

——1994. *The poetics of mind: figurative thought, language and understanding.* Cambridge: Cambridge University Press.

Gibbs, Raymond W. and J. O'Brien. 1990. Idioms and mental imagery: the metaphorical motivation of idiomatic meaning. *Cognition* 36: 35-68.

Glucksberg, Samuel. 2001. *Understanding figurative language.* Oxford: Oxford University Press.

Goldberg, Adele E. 1995. *Constructions: a construction grammar approach to argument structure.* Chicago: University of Chicago Press.

Goossens, Louis. 1990. Metaphtonymy: the interaction of metaphor and metonymy in expressions of linguistic action. *Cognitive Linguistics* 1: 323-340.

Grady, Joseph E. 1997. Theories are buildings revisited. *Cognitive Linguistics* 8: 267-290.

——1998. The "conduit metaphor" revisited: a reassessment of metaphors for communication. *Bridging the gap: discourse and cognition*, ed. Jean-Pierre Koenig, 205-218. Stanford, Calif.: Center for the Study of Language and Information.

Grady, Joseph E., Todd Oakley and Seanna Coulson. 1999. Blending and metaphor. *Metaphor in cognitive linguistics*, ed. Raymond W. Gibbs Jr. and Gerard J. Steen, 101-124. Amsterdam: John Benjamins.

Gundel, Jeannette K., Nancy Hedberg and Ron Zacharski. 1993. Cognitive status and the form of referring expressions in discourse. *Language* 69: 274-307.

Haegeman, Liliane. 1994. *Introduction to government and binding theory* (2nd ed.). Oxford: Basil Blackwell.

Hahn, Ulrike and Nick Chater. 1997. Concepts and similarity. *Knowledge, concepts and categories*, ed. Koen Lamberts and David Shanks, 43-92. Hove: Psychology Press.

Haiman, John. 1980. Dictionaries and encyclopedias. *Lingua* 50: 329-357.
Hampton, James. 1991. The combination of prototype concepts. *The psychology of word meanings*, ed. P. Schwanenflugel, 91-116. Hillsdale, N. J.: Lawrence Erlbaum Associates.
—— 1997. Psychological representation of concepts. *Cognitive models of memory*, ed. Martin A. Conway, 81-107. Hove: Psychology Press.
Hare, Mary and Jeffrey L. Elman. 1995. Learning and morphological change. *Cognition* 56: 61-98.
Hare, Mary, Jeffrey L. Elman and Kim G. Daugherty. 1995. Default generalization in connectionist networks. *Language and Cognitive Processes* 10: 601-630.
Haspelmath, Martin. 1989. Schemas in Hausa plural formation: product-orientation and motivation vs. source-orientation and generation. *Buffalo Working Papers in Linguistics, 89-01*, 32-74.
—— 2003. The geometry of grammatical meaning: semantic maps and cross-linguistic comparison. *The new psychology of language*, vol. 2, ed. Michael Tomasello, 211-242. Mahwah, N. J.: Lawrence Erlbaum Associates.
Hawkinson, Annie and Larry Hyman. 1974. Natural hierarchies of topic in Shona. *Studies in African Linguistics* 5: 147-170.
Hayes, Victoria. 2001. A comparative analysis of antonymy and hybrid antocomplementarity in English and German within a cognitive framework. Ph.D. thesis, University of Manchester.
Heidegger, Martin. 1927 [1962]. *Being and time*, trans. John Macquarrie and Edward Robinson. New York: Harper and Row. (*Sein und Zeit*. Tübingen: Neomarius Verlag.)
Heider, Eleanor. 1971. Focal color areas and the development of color names. *Developmental Psychology* 4: 447-455.
—— 1972. Universals in color naming and memory. *Journal of Experimental Psychology* 93: 10-20.
Herskovits, Annette. 1986. *Language and spatial cognition*. Cambridge: Cambridge University Press.

Hudson, Richard. 1984. *Word grammar*. Oxford: Basil Blackwell.
Hull, David L. 1988. *Science as a process: an evolutionary account of the social and conceptual development of science*. Chicago: University of Chicago Press.
Husserl, Edmund. 1948 [1973]. *Experience and judgement*, trans. James S. Churchill and Karl Ameriks. Evanston, Ill.: Northwestern University Press. (*Erfahrung und Urteil*, ed. Ludwig Landgrebe. Hamburg: Claassen & Goverts.)
Israel, Michael. 1996. The *way* constructions grow. *Conceptual structure, discourse and language*, ed. Adele E. Goldberg, 217-230. Stanford: Center for the Study of Language and Information.
Jackendoff, Ray. 1983. *Semantics and cognition*. Cambridge, Mass.: MIT Press.
——1990. *Semantic structures*. Cambridge, Mass.: MIT Press.
——1997. Twistin' the night away. *Language* 73: 534-559.
Jackendoff, Ray and David Aaron. 1991. Review of George Lakoff and Mark Turner, *More than cool reason: a field guide to poetic metaphor*. *Language* 67: 320-338.
Janda, Richard D. 1990. Frequency, markedness and morphological change: on predicting the spread of noun-plural -*s* in Modern High German and West Germanic. *Proceedings of the Eastern States Conference on Linguistics (ESCOL '90)*, 136-153. Columbus: The Ohio State University.
Jespersen, Otto. 1942. *A modern English grammar on historical principles*, vol. 6. London: Allen & Unwin.
Johnson, David E. and Paul M. Postal. 1980. *Arc pair grammar*. Guildford, N. J.: Princeton University Press.
Johnson, Mark. 1987. *The body in the mind*. Chicago: University of Chicago Press.
——1993. *Moral imagination: implications of cognitive science for ethics*. Chicago: University of Chicago Press.
Jolicoeur, Pierre S., Martin A. Gluck and Stephen M. Kosslyn. 1984. Pictures and names: making the connection. *Cognitive Psychology* 19: 31-53.
Kant, Immanuel. 1790 [1952]. *The critique of judgement*, trans. J. C. Meredith.

Oxford: Clarendon Press. (*Kritik der Urteilskraft*. Berlin: Bey Lagarde und Friederich.)

Katz, Jerrold J. and Jerry A. Fodor. 1963. The structure of a semantic theory. *Language* 39: 170-210. (Reprinted in *The structure of language: readings in the philosophy of language*, ed. Jerry A. Fodor and Jerrold J. Katz, 479-518. Englewood Cliffs, N. J.: Prentice-Hall, 1964.)

Kay, Paul. 1997. Construction grammar feature structures (revised). Available at http: //www.icsi.berkeley.edu/~kay/bcg/FSrev.html.

—— 2002. English subjectless tagged sentences. *Language* 78: 453-481.

Kay, Paul and Charles J. Fillmore. 1999. Grammatical constructions and linguistic generalizations: the *What's X doing Y?* construction. *Language* 75: 1-33.

Kimenyi, Alexandre. 1980. *Arelational grammar of Kinyarwanda*. (University of California Publications in Linguistics, 91.) Berkeley: University of California Press.

Kleiber, Georges. 1996. Cognition, sémantique et facettes: une "histoire" de livres et de ... romans. *Les formes du sens*, ed. Georges Kleiber and Martin Riegel, 319-231. Louvain: Duculot.

Koffka, Kurt. 1935. *Principles of Gestalt psychology*. New York: Harcourt, Brace &World.

Köpcke, Klaus-Michael. 1988. Schemas in German plural formation. *Lingua* 74: 303-335.

—— 1998. The acquisition of plural marking in English and German revisited: schemata versus rules. *Journal of Child Language* 25: 293-319.

Kövecses, Zoltán. 2002. *Metaphor: a practical introduction*. Oxford: Oxford University Press.

Kövecses, Zoltán and Günter Radden. 1998. Metonymy: developing a cognitive linguistic view. *Cognitive Linguistics* 9: 37-77.

Kuno, Susumu. 1987. *Functional syntax: anaphora, discourse and empathy*. Chicago: University of Chicago Press.

Kuno, Susumu and Etsuko Kaburaki. 1977. Empathy and syntax. *Linguistic Inquiry* 8: 627-672.

Labov,William. 1973. The boundaries of words and their meanings. *New ways of analyzing variation in English*, ed. Joshua Fishman, 340-373. Washington D. C.: Georgetown University Press.

Lakoff, George. 1973. Hedges: a study in meaning criteria and the logic of fuzzy concepts. *Journal of Philosophical Logic* 2: 458-508.

1987.*Women, fire and dangerous things: what categories reveal about the mind*. Chicago: University of Chicago Press.

1990. The Invariance Hypothesis: Is abstract reason based on image-schemas? *Cognitive Linguistics* 1: 39-74.

1993. The contemporary theory of metaphor. *Metaphor and thought*, ed. Andrew Ortony, 202-251. Cambridge: Cambridge University Press.

1996. *Moral politics*. Chicago: University of Chicago Press.

Lakoff, George and Mark Johnson. 1980. *Metaphors we live by*. Chicago: University of Chicago Press.

1999. *Philosophy in the flesh*. New York: Basic Books.

Lakoff, George and Rafael Núñez. 2000. *Where mathematics comes from*. New York: Basic Books.

Lakoff, George and Eve Sweetser. 1994. Foreword to Gilles Fauconnier, *Mental Spaces*, ix-xlvi. Cambridge: Cambridge University Press.

Lakoff, George and Mark Turner. 1989. *More than cool reason: a field guide to poetic metaphor*. Chicago: University of Chicago Press.

Lambrecht, Knud. 1990. "What, me worry?" — "Mad Magazine" sentences revisited. *Proceedings of the Sixteenth Annual Meeting of the Berkeley Linguistics Society*, ed. Kira Hall, Jean-Pierre Koenig, Michael Meacham, Sondra Reinman and Laurel A. Sutton, 215-228. Berkeley: Berkeley Linguistics Society.

1994. *Information structure and sentence form: topic, focus and the mental representations of discourse referents*. Cambridge: Cambridge University Press.

Langacker, Ronald W. 1976. Semantic representations and the linguistic relativity hypothesis. *Foundations of Language* 14: 307-357.

1987. *Foundations of cognitive grammar*, vol. 1: *theoretical prerequisites*.

Stanford, Calif.: Stanford University Press.

1988. An overview of cognitive grammar. *Topics in cognitive linguistics*, ed. Brygida Rudzka-Ostyn, 3-48. Amsterdam: John Benjamins.

1991a. *Foundations of cognitive grammar*, vol. 2: *descriptive application*. Stanford, Calif.: Stanford University Press.

1991b. *Concept, image, and symbol: the cognitive basis of grammar*. Berlin: Mouton de Gruyter.

1998. On subjectification and grammaticization. *Bridging the gap: discourse and cognition*, ed. Jean-Pierre Koenig, 71-89. Stanford, Calif.: Center for the Study of Language and Information.

1999. *Grammar and conceptualization*. Berlin: Mouton de Gruyter.

2002. Discourse and cognitive grammar. *Cognitive Linguistics* 12: 143-188.

Larsen, Thomas W. and William M. Norman. 1979. Correlates of ergativity in Mayan grammar. *Ergativity*, ed. Frans Plank, 347-369. New York: Academic Press.

Levinson, Stephen C. 1983. *Pragmatics*. Cambridge: Cambridge University Press.

Lewis, David. 1969. *Convention*. Cambridge, Mass.: MIT Press.

Lieven, Elena V. M., Julian M. Pine and Gillian Baldwin. 1997. Lexically-based learning and early grammatical development. *Journal of Child Language* 24: 187-219.

Lobben, M. 1991. Pluralization of Hausa nouns, viewed from psycholinguistic experiments and child language data. M. Phil. dissertation, University of Oslo, Norway.

Losiewicz, B. L. 1992. The effect of frequency on linguistic morphology. Ph.D. dissertation, University of Texas, Austin.

Lyons, John. 1963. *Structural semantics*. Cambridge: Cambridge University Press.

1968. *Introduction to theoretical linguistics*. Cambridge: Cambridge University Press.

Makkai, Adam. 1972. *Idiom structure in English*. The Hague: Mouton.

Marcus, G., U. Brinkmann, H. Clahsen, R. Wiese, A. Woest and S. Pinker. 1995.

German inflection: the exception that proves the rule. *Cognitive Psychology* 29: 189-256.

Markman, Arthur B. 1999. *Knowledge representation.* Mahwah, N. J.: Lawrence Erlbaum Associates.

Matthews, Peter H. 1981. *Syntax.* Cambridge: Cambridge University Press.

McCarthy, John and Alan Prince. 1990. Foot and word in prosodic morphology: the Arabic broken plural. *Natural Language and Linguistic Theory* 8: 209-283.

McCawley, James D. 1981 [1993]. *Everything that linguists have always wanted to know about logic (but were ashamed to ask)* (2nd ed.). Chicago: University of Chicago Press.

McGregor, William B. 1997. *Semiotic grammar.* Oxford: Clarendon.

Meyer-Lübke, W. 1923. *Grammaire des langues romanes.* New York: Stechert.

Michaelis, Laura A. and Knud Lambrecht. 1996. Toward a construction-based theory of language functions: the case of nominal extraposition. *Language* 72: 215-247.

Mondloch, James L. 1978. *Basic Quiché grammar.* (Institute for Mesoamerican Studies, Publication 2.) Albany: Institute for Mesoamerican Studies.

Moore, Terence and Christine Carling. 1982. *Understanding language: towards a post- Chomskyan linguistics.* London: Macmillan.

Mossé, Fernand. 1952. *A handbook of Middle English*, transl. James Albert Walker. Baltimore: The Johns Hopkins University Press.

Murphy, Gregory L. and Mary E. Lassaline. 1997. Hierarchical structure in concepts and the basic level of categorization. *Knowledge, concepts and categories*, ed. Koen Lamberts and David Shanks, 93-132. Hove: Psychology Press.

Murphy, Gregory L. and Douglas L. Medin. 1985. The role of theories in conceptual coherence. *Psychological Review* 92: 289-316.

Neisser, Joseph Ulric. 2001. Review of George Lakoff and Mark Johnson, *Philosophy in the flesh. Language* 77: 166-168.

Norman, William M. 1978. Advancement rules and syntactic change: the loss of instrumental voice in Mayan. *Proceedings of the Fourth Annual Meeting of the Berkeley Linguistics Society*, ed. Jeri J. Jaeger, Anthony C. Woodbury, Farrell Ackerman, Christine Chiarello, Orin D. Gensler, John Kingston, Eve. E. Sweetser, Henry Thompson andKennethW. Whistler, 458-476. Berkeley: Berkeley Linguistics Society.

Nunberg, Geoffrey. 1995. Transfers of meaning. *Journal of Semantics* 12: 109-132.

Nunberg, Geoffrey, Ivan A. Sag and Thomas Wasow. 1994. Idioms. *Language* 70: 491-538.

Omar, M. 1973. *The acquisition of Egyptian Arabic as a native language*. The Hague: Mouton.

Perlmutter, David M. (ed.). 1983. *Studies in relational grammar 1*. Chicago: University of Chicago Press.

Pine, Julian and Elena V. M. Lieven. 1997. Slot and frame patterns and the development of the determiner category. *Journal of Child Language* 18: 123-138.

Pine, Julian, Elena V. M. Lieven and Caroline F. Rowland. 1998. Comparing different models of the development of the English verb category. *Linguistics* 36: 4-40.

Pinker, Stephen and Alan Prince. 1994. Regular and irregular morphology and the psychological status of rules of grammar. *The reality of linguistic rules*, ed. Susan D. Lima, R. L. Corrigan and Gregory K. Iverson, 353-388. Amsterdam: John Benjamins.

Pollard, Carl and Ivan A. Sag. 1993. *Head-driven Phrase Structure Grammar*. Chicago: University of Chicago Press and Stanford: the Center for the Study of Language and Information.

Poplack, Shana. 1992. The inherent variability of the French subjunctive. *Theoretical analyses in Romance linguistics*, ed. Christiane Laeufer and Terrell A. Morgan, 235-263. Amsterdam: John Benjamins.

——1996. The sociolinguistic dynamics of apparent convergence. *Towards a social science of language: papers in honor of William Labov*, vol. 1: *variation and change in language and society*, ed. Gregory Guy, John Baugh and Deborah Schiffrin, 295-309. Amsterdam: John Benjamins.

Prasada, Sandeep and Steven Pinker. 1993. Generalization of regular and irregular morphological patterns. *Language and Cognitive Processes* 8: 1-56.

Prince, Ellen F. 1978. A comparison of WH-clefts and *it*-clefts in discourse. *Language* 54: 883-906.

1981a. Toward a taxonomy of given-new information. *Radical pragmatics*, ed. Peter Cole, 223-256. New York: Academic Press.

1981b. Topicalization, Focus-movement and Yiddish-movement: a pragmatic differentiation. *Proceedings of the Seventh Annual Meeting of the Berkeley Linguistics Society*, ed. Danny K. Alford et al., 249-264. Berkeley: Berkeley Linguistics Society.

Pulman, Steven G. 1983. *Word meaning and belief*. London: Croom Helm.

Pustejovsky, James. 1995. *The generative lexicon*. Cambridge, Mass.: MIT Press.

Quine,Willard van Orman. 1951 [1961]. Two dogmas of empiricism. *From a logical point of view* (2nd ed.), 20-46. New York: Harper. (Originally published in *Philosophical Review* 60: 20-43, 1951.)

Radden, Günter. 2000. How metonymic are metaphors? *Metaphor and metonymy at the crossroads: a cognitive perspective*, ed. Antonio Barcelona, 93-108. Berlin: Mouton de Gruyter.

Reddy, Michael J. 1979 [1993]. The conduit metaphor — a case of frame conflict in our language about language. *Metaphor and thought* (2nd ed.), ed. Andrew Ortony, 164-201. Cambridge: Cambridge University Press.

Reinhart, Tanya. 1984. Principles of gestalt perception in the temporal organization of narrative texts. *Linguistics* 22: 779-809.

Richards, I. A. 1936. *The philosophy of rhetoric*. London: Oxford University Press.

Ricoeur, Paul. 1978. The metaphorical process as cognition, imagination and feeling. *On metaphor*, ed. Sheldon Sacks, 141-157. Chicago: University of Chicago Press.

Riemer, Nick. 2001. Remetonymizing metaphor: hypercategories in semantic extension. *Cognitive Linguistics* 12: 379-401.

Rosch, Eleanor H. 1973. Natural categories. *Cognitive Psychology* 4: 328−350.
—— 1978. Principles of categorization. *Cognition and categorization*, ed. Eleanor Rosch and Barbara Lloyd, 27−48. Hillsdale, N. J.: Lawrence Erlbaum Associates.
Rosch, Eleanor H. and Carolyn B. Mervis. 1975. Family resemblances: studies in the internal structure of categories. *Cognitive Psychology* 7: 573−605.
Rosch, Eleanor H., Carolyn B. Mervis, Wayne Gray, David Johnson and Penny Boyes-Braem. 1976. Basic objects in natural categories. *Cognitive Psychology* 8: 382−439.
Ross, John R. 1967. Constraints on variables in syntax. Ph.D. dissertation, Massachusetts Institute of Technology.
Rubino, Rejane B. and Julian M. Pine. 1998. Subject-verb agreement in Brazilian Portuguese: what low error rates hide. *Journal of Child Language* 25: 35−59.
Rudes, Blair A. 1980. On the nature of verbal suppletion. *Linguistics* 18: 655−676.
Sadock, Jerrold M. and Arnold Zwicky. 1985. Speech act distinctions in syntax. *Language typology and syntactic description*, vol. 1: *clause structure*, ed. Timothy Shopen, 155−196. Cambridge: Cambridge University Press.
Schank, Roger C. and Robert P. Abelson. 1977. *Scripts, plans, goals and understanding*. Hillsdale, N. J.: Lawrence Erlbaum Associates.
Searle, John. 1979. Literal meaning. *Expression and meaning*, ed. John Searle, 117−136. Cambridge: Cambridge University Press.
Seidenberg, Mark S., Michael K. Tanenhaus, James M. Leman and Marie Bienkowski. 1982. Automatic access of meanings of ambiguous words in context: some limitations of knowledge-based processing. *Cognitive Psychology* 14: 489−532.
Slobin, Dan I. 1991. Learning to think for speaking: native language, cognition, and rhetorical style. *Pragmatics* 1: 7−26.
Smith, Edward E., Edward J. Shoben and Lance J. Rips. 1974. Structure and process in semantic memory: a featural model for semantic decisions. *Psychological Review* 81: 214−241.

Smith, Linda B. and Larissa K. Samuelson. 1997. Perceiving and remembering: category stability, variability and development. *Knowledge, concepts and categories*, ed.Koen Lamberts and David Shanks, 161-195. Hove: Psychology Press.

Sperber, Dan and DeirdreWilson. 1986. *Relevance: communication and cognition.* Oxford: Basil Blackwell.

Stassen, Leon. 1997. *Intransitive predication.* Oxford: Oxford University Press.

Stemberger, Joseph P. and Brian MacWhinney. 1988. Are inflected forms stored in the lexicon? *Theoretical morphology*, ed. Michael Hammond and Michael Noonan, 101-116. San Diego, Calif.: Academic Press.

Stern, Joseph. 2000. *Metaphor in context.* Cambridge, Mass.: MIT Press.

Sweetser, Eve. 1990. *From etymology to pragmatics: metaphorical and cultural aspects of semantic structure.* Cambridge: Cambridge University Press.

Swinney, David A. 1979. Lexical access during sentence comprehension: (re)consideration of context effects. *Journal of Verbal Learning and Verbal Behavior* 18: 645-669.

―― 1982. The structure and time-course of information interaction during speech comprehension: lexical segmentation, access and interpretation. *Perspectives on mental representation: experimental and theoretical studies of cognitive processes and capacities*, ed. Jacques Mehler, Edward C. T. Walker and Merrill Garrett, 151-167. Hillsdale, N. J.: Lawrence Erlbaum Associates.

Sylestine, Cora, Heather K. Hardy and Timothy Montler. 1993. *Dictionary of the Alabama language.* Austin: University of Texas Press.

Talmy, Leonard. 1972. Semantic structures in English and Atsugewi. Ph.D. dissertation, Department of Linguistics, University of California, Berkeley.

―― 1976. Semantic causative types. *The grammar of causative constructions* (Syntax and Semantics, 6), ed. Masayoshi Shibatani, 43-116. New York: Academic Press.

―― 1977. Rubber sheet cognition in language. *Papers from the Thirteenth Regional Meeting, Chicago Linguistic Society*, ed.Woodford A. Beach et al., 612-628. Chicago: Chicago Linguistic Society.

1978. The relation of grammar to cognition: a synopsis. *Proceedings of TINLAP-2: theoretical issues in natural language processing*, ed. DavidWaltz, 14-24. Urbana: University of Illinois Coordinated Science Laboratory.

1983. How language structures space. *Spatial orientation: theory, research and application*, ed. Herbert L. Pick, Jr. and Linda P. Acredolo, 225-282. New York: Plenum Press.

1988a. The relation of grammar to cognition. *Topics in cognitive linguistics*, ed. Brygida Rudzka-Ostyn, 165-205. Amsterdam: John Benjamins.

1988b. Force dynamics in language and cognition. *Cognitive Science* 12.49-100.

2000. *Toward a cognitive semantics, vol. 1: concept structuring systems*. Cambridge, Mass.: MIT Press.

Taylor, John R. 1989 [1997]. *Linguistic categorization: prototypes in linguistic theory* (2nd ed.). Oxford: Oxford University Press.

2002. *Cognitive grammar*. Oxford: Oxford University Press.

Togia, Pagona. 1996. Antonyms in English and Modern Greek: a cognitive approach. Unpublished Ph.D. thesis, University of Manchester.

Tomasello, Michael. 1992. *First verbs: a case study of early grammatical development*. Cambridge: Cambridge University Press.

2000. Do young children have adult syntactic competence? *Cognition* 74: 209-253.

2003. *Constructing a language: a usage-based theory of language acquisition*. Cambridge, Mass.: Harvard University Press.

Tomasello, Michael, Nameera Akhtar, Kelly Dodson and Laura Rekau. 1997. Differential productivity in young children's use of nouns and verbs. *Journal of Child Language* 24: 373-387.

Tsukiashi, Ayumi. 1997. A usage-based analysis of the Japanese passive construction. M.A. dissertation, University of Manchester.

Tuggy, David. 1993. Ambiguity, polysemy and vagueness. *Cognitive Linguistics* 4: 273-290.

Turner, Mark. 1987. *Death is the mother of beauty: mind, metaphor, criticism*.

Chicago: University of Chicago Press.

1990. Aspects of the invariance hypothesis. *Cognitive Linguistics* 1: 247-255.

2001. *Cognitive dimensions of social science*. Oxford: Oxford University Press.

Ungerer, Friederich and Hans-Jürgen Schmid. 1996. *An introduction to cognitive linguistics*. London: Longman.

Vallduví, Enric. 1992. *The informational component*. New York: Garland.

Wertheimer, Max. 1923 [1950]. Laws of organization in perceptual forms (abridged and translated by Willis D. Ellis). *A source book of Gestalt psychology*, ed. Willis D. Ellis, 71-88. New York: Humanities Press. (Untersuchungen zur Lehre von der Gestalt. *Psychologische Forschung* 4: 301-350.)

Whittlesea, Bruce W. A. 1997. The representation of general and particular knowledge. *Knowledge, concepts and categories*, ed. Koen Lamberts and David Shanks, 335-370. Hove: Psychology Press.

Wierzbicka, Anna. 1980. *Lingua mentalis: the semantics of natural language*. New York: Academic Press.

1985. Oats and wheat: the fallacy of arbitrariness. *Iconicity in syntax*, ed. John Haiman, 311-342. Amsterdam: John Benjamins.

1987. Boys will be boys. *Language* 63: 95-114.

1988. *The semantics of grammar*. Amsterdam: John Benjamins.

1996. *Semantics: primes and universals*. Oxford: Oxford University Press.

Wilson, Deirdre. 1975. *Presuppositions and non-truth-conditional semantics*. New York: Academic Press.

Wittgenstein, Ludwig. 1953. *Philosophical investigations*. New York: Macmillan.

1980. *Culture and value*, trans. P. Winch. Chicago: University of Chicago Press.

Wood, Mary McGee. 1993. *Categorial grammars*. London: Routedge.

Zager, David. 1980. A real-time process model of morphological change. Ph.D. dissertation, State University of New York at Buffalo, New York.

人名索引

索引所标页码为英文版页码，即本汉译版的边码。

A

Aaron, David　戴维·阿伦　201, 203
Abelson, Robert P.　罗伯特·P. 埃布尔森　7, 17
Akhtar, Nameera　纳米拉·阿赫塔尔　323
Akmajian, Adrian　阿德里安·阿克马吉安　245
Allan, Keith　基思·艾伦　176
Andersen, Henning　亨宁·安德森　306
Ariel, Mira　米拉·阿里尔　51
Armstrong, Sharon Lee　沙龙·李·阿姆斯特朗　88
Aronoff, Mark　马克·阿罗诺夫　226
Atkins, Beryl T.　贝丽尔·T. 阿特金斯　11-12
Atran, Scott　斯科特·阿特兰　86

B

Baldwin, Gillian　吉莉恩·鲍德温　323
Barlow, Michael　迈克尔·巴洛　291
Barsalou, Lawrence W.　劳伦斯·W. 巴萨卢　87, 92, 96, 278
Bates, Elizabeth A.　伊丽莎白·A. 贝茨　329
Becker, Joseph　约瑟夫·贝克尔　231
Berlin, Brent　布伦特·柏林　81, 82, 83
Bienkowski, Marie　玛丽·宾科夫斯基　303
Birner, Betty J.　贝蒂·J. 比尔纳　242-243
Black, Max　马克斯·布莱克　203, 206
Bolinger, Dwight　德怀特·博林格　85, 277
Boyes-Braem, Penny　彭妮·博伊斯-布雷姆　82, 84
Braine, Martin D. S.　马丁·D. S. 布雷恩　323
Breedlove, Dennis E.　丹尼斯·E. 布里德洛夫　82, 83
Bresnan, Joan　琼·布雷斯南　229
Brewer, Mary Alexandra　玛丽·亚历山德拉·布鲁尔　305
Brinkmann, U.　U. 布林克曼　294, 299-300
Brown, Cecil H.　西塞尔·H. 布朗　86, 87, 162
Brown, Roger　罗杰·布朗　77
Bybee, Joan L.　琼·L. 拜比　291, 292-294, 296-306, 310-312, 313

C

Carling, Christine　克里斯蒂娜·卡

人 名 索 引

林 97
Chafe, Wallace 华莱士·蔡菲 46, 50
Chater, Nick 尼克·蔡特 76
Chomsky, Noam 诺姆·乔姆斯基 226, 227-229, 318
Clahsen, Harald 哈拉尔德·克拉森 299
Clark, Eve V. 伊芙·V.克拉克 47
Clark, Herbert H. 赫伯特·H.克拉克 13, 18, 47, 60, 102-103
Clausner, Timothy C. 蒂莫西·C.克劳斯纳 22-23, 44-45, 68, 198-199, 318-319
Coleman, Linda 琳达·科尔曼 31-32
Collins, Allan M. 艾伦·M.柯林斯 76
Cornwell, Patricia 帕特里西娅·康韦尔 193, 210, 213, 218, 219, 221
Coseriu, Eugenio 欧金尼奥·科塞留 141
Coulson, Seana 肖娜·库尔森 38, 207-209, 210
Croft, William 威廉·克罗夫特 4, 22-23, 26, 44-45, 57-58, 59, 64, 66, 68, 70-71, 73, 97, 102, 198-199, 242, 257, 274, 278, 279, 283, 285-287, 289, 294, 319, 321-323
Cruse, D. Alan D.艾伦·克鲁斯 4, 79, 80, 83, 84, 109, 116, 117, 120, 130, 136, 141, 142, 143, 147-150, 152, 154, 156, 158, 159, 160-161, 165, 173-174, 182, 187

D

Daugherty, K. K.多尔蒂 295, 300
Deane, Paul D. 保罗·D.迪恩 109, 315
DeLancey, Scott 斯科特·德兰西 62
Denison, David 戴维·丹尼森 310, 320
Dodson, Kelly 凯莉·多德森 323

Dreyfus, Hubert L. 休伯特·L.德莱弗斯 59

E

Eco, Umberto 翁贝托·埃科 207
Elman, Jeffrey L. 杰弗里·L.埃尔曼 300, 307, 329

F

Fauconnier, Gilles 吉勒·福科尼耶 33-39, 71, 123, 207, 328
Feyaerts, Kurt 屈特·费耶尔茨 216
Fillmore, Charles J. 查尔斯·J.菲尔莫尔 7, 8-14, 15, 16, 17-20, 28, 30, 60, 76, 95, 231-240, 248-249, 255, 257, 259, 263, 266-271, 276, 279
Flickinger, Daniel 丹尼尔·弗利金杰 275
Fodor, Jerry A. 杰里·A.福多尔 76

G

Gadamer, Hans-Georg 汉斯-格奥尔格·伽达默尔 21
Gathercole, Virginia C. Mueller 弗吉尼娅·C.米勒·盖瑟科尔 324
Gazdar, Gerald 杰拉尔德·加兹达尔 229
Geckeler, Horst 霍斯特·格克勒 141
Geeraerts, Dirk 德克·格拉茨 109
Geertz, Clifford 克利福德·格尔茨 21
Gentner, Dedre 德德雷·金特纳 195
Gibbs, Raymond W. 雷蒙德·W.吉布斯 199, 251, 329
Gleitman, Henry 亨利·格莱特曼 88
Gleitman, Lila R. 莉拉·R.格莱特曼 88
Gluck, Martin A. 马丁·A.格卢克 96
Glucksberg, Samuel 萨缪尔·格吕克斯堡 195, 201, 211, 212

Goldberg, Adele E.　阿黛尔·E.戈德伯格　248, 249, 253, 257, 266, 270, 271-278, 283, 288, 312
Goossens, Louis　路易斯·古森斯　218
Grady, Joseph E.　约瑟夫·E.格雷迪　198, 200, 204, 207-209, 210
Gray, Wayne　韦恩·格雷　82, 84
Gundel, Jeannette K.　珍妮特·K.贡德尔　51

H

Haegeman, Liliane　莉莉亚娜·黑格曼　230
Hahn, Ulrike　乌尔丽克·哈恩　76
Haiman, John　约翰·海曼　30
Hampton, James　詹姆斯·汉普顿　81-82, 88, 89, 91, 144
Hardy, Heather K.　希瑟·K.哈迪　20
Hare, Mary　玛丽·黑尔　300
Haspelmath, Martin　马丁·哈斯佩尔马特　302
Haviland, Susan　苏珊·哈维兰　13
Hawkinson, Annie　安妮·霍金森　317
Hayes, Victoria　维多利亚·海斯　183, 190
Hedberg, Nancy　南希·赫德伯格　51
Heidegger, Martin　马丁·海德格尔　58-59
Heider, Eleanor　埃莉诺·海德　81　另见 Rosch, Eleanor H.
Herskovits, Annette　安妮特·赫斯科维茨　64-65, 69, 70
Hopper, Paul　保罗·霍珀　291
Hudson, Richard　理查德·赫德森　261
Hull, David L.　戴维·L.赫尔　231
Husserl, Edmund　埃德蒙·胡塞尔　54, 63
Hyman, Larry　拉里·海曼　317

I

Israel, Michael　迈克尔·伊斯雷尔　325-326

J

Jackendoff, Ray　雷·杰肯多夫　153, 201, 203, 245-247
Janda, Richard D.　理查德·D.扬达　299, 300
Jespersen, Otto　奥托·叶斯柏森　293, 298
Johnson, David　戴维·约翰逊　82, 84
Johnson, David E.　戴维·E.约翰逊　229
Johnson, Mark　马克·约翰逊　24, 44-45, 55, 63, 69, 194-196, 198-204, 328
Johnson, Mark H.　马克·H.约翰逊　329
Jolicoeur, Pierre S.　皮埃尔·S.约利克尔　96

K

Kaburaki, Etsuko　镝木悦子　61
Kant, Immanuel　伊曼努尔·康德　54
Karmiloff-Smith, Annette　安妮特·卡尔米洛夫-史密斯　329
Katz, Jerrold J.　杰罗尔德·J.卡茨　76
Kay, Paul　保罗·凯　31-32, 81, 231-240, 248-249, 255, 257, 259, 261, 263, 266-271, 276, 279, 291
Kemmer, Suzanne　苏珊·凯莫　291
Kimenyi, Alexandre　亚历山大·基米尼　317
Kleiber, Georges　乔治斯·克莱伯　123
Klein, Ewan　尤安·克莱因　229
Koffka, Kurt　屈特·科夫卡　56, 63
Köpcke, Klaus-Michael　克劳斯-米夏埃尔·克普克　300
Kosslyn, Stephen M.　斯蒂芬·M.科斯林　96
Kövecses, Zoltán　佐尔坦·科维西

人名索引

斯 205, 216
Kuno, Susumu 久野暲 61

L

Labov, William 威廉·拉波夫 87
Lakoff, George 乔治·莱考夫 3, 15, 16, 24, 28, 31, 32, 44-45, 55, 63, 72, 79, 80-81, 89, 95, 97, 142, 151, 194-204, 205, 209-210, 218, 240-241, 257, 266, 271-276, 283, 288, 328
Lambrecht, Knud 克努德·兰布雷希特 61, 241, 245, 253
Langacker, Ronald W. 罗纳德·W. 兰盖克 7, 14-15, 16, 18, 22, 23-24, 25-26, 29, 40, 43-44, 48-50, 51, 52, 53, 54-55, 58, 59, 60, 62-63, 64, 67-68, 69, 72-73, 89, 131, 133, 149, 157, 249, 253, 256, 257, 258, 259, 261, 262, 278-283, 291, 292, 329
Larsen, Thomas W. 托马斯·W. 拉森 316
Lassaline, Mary E. 玛丽·E. 拉萨利纳 82, 84, 86
Leman, James M. 詹姆斯·M. 莱曼 303
Levinson, Stephen C. 斯蒂芬·C. 莱文森 59
Lewis, David 戴维·刘易斯 102
Lieven, Elena V. M. 埃琳娜·V. M. 利芬 323, 324
Lobben, M. M. 洛本 302
Losiewicz, B. L. B. L. 洛西维奇 295
Lyons, John 约翰·莱昂斯 88, 141, 143, 158

M

MacWhinney, Brian 布莱恩·麦克温尼 294-295
Makkai, Adam 亚当·毛考伊 231
Marcus, G. G. 马库斯 294, 299-300

Markman, Arthur B. 亚瑟·B. 马克曼 291
Matthews, Peter H. 彼得·H. 马修斯 134, 249-250
McCarthy, John 约翰·麦卡锡 299
McCawley, James D. 詹姆斯·D. 麦考利 37
McClelland, James L. 詹姆斯·L. 麦克莱兰 307, 329
McGregor, William 威廉·麦格雷戈 259
Medin, Douglas L. 道格拉斯·L. 梅丁 17
Mervis, Carolyn B. 卡洛琳·B. 梅尔维斯 77, 82, 84
Meyer-Lübke, W. W. 迈耶-吕布克 305
Michaelis, Laura A. 劳拉·A. 米凯利斯 241, 253, 257, 266
Moder, Carol Lynn 卡萝尔·林恩·莫德 298, 302
Mondloch, James L. 詹姆斯·L. 蒙德洛赫 254, 312, 316
Montler, Timothy 蒂莫西·蒙特勒 20
Moore, Terence 特伦斯·穆尔 97
Mossé, Fernand 费尔南德·莫斯 310
Murphy, Gregory L. 格雷戈里·L. 墨菲 17, 82, 84, 86

N

Neisser, Joseph Ulric 约瑟夫·乌尔里克·奈塞尔 328
Norman, William M. 威廉·M. 诺曼 316
Nunberg, Geoffrey 杰弗里·农贝格 48-50, 70, 230-231, 232, 233, 249-254
Núñez, Rafael 拉斐尔·努内兹 194, 328

O

O'Brien, J.　J. 奥布莱恩　199
O'Connor, Mary Kay　玛丽·凯·奥康纳　231-240, 248-249, 255, 263
Oakley, Todd　托德·奥克利　207-209, 210
Omar, M.　M. 奥马尔　300

P

Pardo, Elly　埃利·帕多　306
Parisi, Domenico　多梅尼科·帕里西　329
Perlmutter, David M.　戴维·M. 珀尔马特　229
Pine, Julian　朱莉安·派因　323, 324
Pinker, Stephen　斯蒂芬·平克　294, 295, 299-300
Plunkett, Kim　金·普伦基特　329
Pollard, Carl　卡尔·波拉德　259, 275, 279
Poplack, Shana　莎娜·波普拉克　311
Postal, Paul M.　保罗·M. 波斯塔尔　229
Prasada, Sandeep　桑迪普·普拉萨达　295
Prince, Alan　艾伦·普林斯　294, 299-300
Prince, Ellen F.　艾伦·F. 普林斯　13, 238, 242
Pullum, Geoffrey　杰弗里·普伦　229
Pulman, Steven G.　史蒂文·G. 普尔曼　79
Pustejovsky, James　詹姆斯·普斯特约夫斯基　137

Q

Quillian, M. Ross　罗斯·M. 奎利恩　76
Quine, Willard van Orman　威拉德·凡·奥曼·奎因　30

R

Radden, Günter　冈特·拉登　216, 217, 220
Raven, Peter H.　彼得·H. 雷文　82, 83
Reddy, Michael J.　麦克尔·J. 雷迪　200
Reinhart, Tanya　塔尼亚·莱因哈特　59
Rekau, Laura　劳拉·雷考　323
Richards, I. A.　I. A. 瑞恰慈　209
Ricoeur, Paul　保罗·里克尔　203
Riemer, Nick　尼克·里默尔　216, 220
Rips, Lance J.　兰斯·J. 里普斯　88, 89
Rosch, Eleanor H.　埃莉诺·H. 罗施　77, 82, 84
Ross, John R.　约翰·R. 罗斯　315
Rothweiler, M.　M. 罗特韦勒　299
Rowland, Caroline F.　卡洛琳·F. 罗兰　323, 324
Rubino, Rejane B.　雷雅纳·B. 鲁比诺　324
Rudes, Blair A.　布莱尔·A. 鲁德斯　305

S

Sadock, Jerrold M.　杰罗尔德·M. 萨多克　319
Sag, Ivan A.　伊万·A. 萨格　229, 230-231, 232, 233, 249-254, 257, 259, 266, 279
Samuelson, Larissa K.　拉丽莎·K. 塞缪尔森　92-93
Schank, Roger C.　罗杰·C. 尚克　7, 17
Scheibman, Joanne　乔安娜·沙伊布曼　311
Schmid, Hans-Jürgen　汉斯-于尔根·施密特　79, 86
Searle, John　约翰·塞尔　29
Sebastián, Eugenia　欧亨尼娅·塞瓦斯

人 名 索 引

蒂安 324
Seidenberg, Mark S. 马克·S. 塞登贝格 295, 303
Shoben, Edward J. 爱德华·J. 肖本 88, 89
Slobin, Dan I. 丹·I. 斯洛宾 73, 293-294, 296-299, 313
Smith, Edward E. 爱德华·E. 史密斯 88, 89
Smith, Linda B. 琳达·B. 史密斯 92-93
Soto, Pilar 皮拉尔·索托 324
Sperber, Dan 丹·斯珀伯 100
Stassen, Leon 利昂·史塔森 319
Steen, Gerard J. 杰勒德·J. 斯蒂恩 199
Stemberger, Joseph P. 约瑟夫·P. 施滕贝格尔 294-295
Stern, Joseph 约瑟夫·斯特恩 209-210, 212
Sweetser, Eve 伊芙·斯威策 33, 67, 97
Swinney, David A. 戴维·A. 斯维尼 303
Sylestine, Cora 科拉·西莱斯廷 20

T

Talmy, Leonard 莱昂纳德·塔尔米 34, 44, 51, 53, 56-57, 58, 59, 63, 66, 67, 69-70
Tanenhaus, Michael K. 迈克尔·K. 塔嫩豪斯 303
Taylor, John R. 约翰·R. 泰勒 3, 15-16, 79
Thompson, Sandra A. 桑德拉·A. 汤普森 310-312
Togia, Pagona 帕格纳·托吉亚 173-174, 180
Tomasello, Michael 迈克尔·托马塞洛 323, 329
Tsukiashi, Ayumi 月足亚由美 316-317
Tuggy, David 戴维·塔吉 131
Turner, Mark 马克·特纳 38-39, 44-45, 63, 194-195, 202-203, 207, 328

U

Ungerer, Friederich 弗里德里希·昂格雷尔 79, 86

V

Vallduví, Enric 昂里克·巴尔杜维 226
Vamling, Karina 卡琳娜·瓦姆林 20

W

Ward, Gregory 格雷戈里·瓦尔德 242-243
Wasow, Thomas 托马斯·瓦索 230-231, 232, 233, 249-254, 275
Wertheimer, Max 马克斯·韦特海默 63
Whittlesea, Bruce W. A. 布鲁斯·W. A. 惠特尔西 92
Wierzbicka, Anna 安娜·维日比茨卡 147, 243-245
Wiese, R. R. 维塞 294, 299-300
Wilson, Deirdre 戴尔德丽·威尔逊 13, 100
Wittgenstein, Ludwig 路德维希·维特根斯坦 77, 98, 210
Woest, A. A. 韦斯特 294, 299-300
Wood, Esther J. 埃斯特·J. 伍德 45
Wood, Mary McGee 玛丽·麦吉·伍德 229

Z

Zacharski, Ron 罗恩·扎哈尔斯基 51
Zager, David 戴维·扎格 301
Zwicky, Arnold 阿诺德·兹维基 319

主题索引

黑体数字表示定义或主要讨论。类别中的小类在类别条目下列出，如"tense 时"条目下分列"future 将来"等。

A

ablaut 内部元音变换 254
abstraction 抽象化 4, 44, 52
 另见 scalar adjustment, qualitative
access node 存取节点 30
Access Principle 可及性原则 35
accessibility 可及性 46, 50
acquisition 习得 1, 84, 291, 292, 294, 300, 307, 308, 320–321, 323–325, 327, 329
activation 激活 46, 292, 295, 304, 307–308, 327, 329
 另见 interactive activation model
active zones 活跃区域/活跃区 48–49, 137, 138, 140, 156
 另见 metonymy
adjective 形容词 53, 67–68, 118, 121, 142, 167–192, 253, 299
adjunct 附加语 228, 281
adposition 附置词 286
adverb 副词 71, 242
adverbial clause 状语从句 228
affectedness 受动性 66
agreement 一致 11, 254, 261, 286, 287–288, 304–305, 324

Alabama 亚拉巴马（州）20
ambiguity 歧义性 118, 138, 140
analogical change 类推变化 304, 305–306, 320
antagonism 对抗 112–113, 115, 116, 121
anthropological linguistics 人类语言学 86
antonyms 反义词 3, 165–166, 172–192
 committed（语境）专用的 176, 177–181, 182, 183, 184, 187
 impartial（语境）普适的 175–176, 177–181, 182, 183, 184, 187, 190
 partial（语境）偏好的
 polar 两极性/两极型 172–181, 190, 191
 另见 monoscalar antonym
 另见 biscalar antonym/system; construal, absolute; construal, committed; construal, hybrid; inherentness (in antonyms); monoscalar antonym/system; sub; supra
antonymy 反义关系 104, 141, 162, 165–166, 167, 168, **169–192**
applicative constructions 适用构式 317
Arabic 阿拉伯语 299–300
Arc-Pair Grammar 对弧语法 229

argument (grammatical) 论元 49, 53, 70, 137, 195, 264, 280-282, 310, 314, 320-321
argument structure constructions 论元结构构式 66, 263, 264, 269-270, 273, 312, 320-321
argument reversal constructions 论元颠倒构式 242
argumentation, syntactic 句法论证 283
articles 冠词 11
 definite 定冠词 13-14, 258
 indefinite 不定冠词 243
artifacts 人工制品 17, 152
artificial intelligence 人工智能 8, 17, 28
aspect 体 64, 71, 254, 280, 304-305, 317
 atelic 非完成的 243, 246
 habitual/generic 习惯的/通用的 71, 304
 progressive 进行 41, 52, 64, 228, 268
 punctual 瞬间体 243
 simple (nonprogressive) 一般/非进行 41, 52, 241, 276
 telic 完成的 246
assertion 断言 61
atemporal relations 不受时间影响的关系 253, 280
attachment 附件 156-158
attention 注意 3, 43, 46-54, 62, 68, 100, 101, 112
autonomous (grammatical structure) 自主的 282
autonomy of cognitive faculty 认知能力的自主性 1, 2, 3, 328
autonomy of senses 意义自主性 109, 112-114, 116-120, 121-122, 126, 127, 128, 131, 138, 140
 attentional autonomy 注意自主性 112-113, 119-120

另见 antagonism
compositional autonomy 组合自主性 114, 118, 138
relational autonomy 关系自主性 113-114, 117, 126, 128, 137
truth-conditional autonomy 真值条件自主性 128-129, 133, 134
auxiliary 助动词 228, 238, 264, 265, 268, 271, 276, 280, 286, 310, 311, 315, 317, 324

B

background 背景 59
background assumptions 背景假设 29-30
Bambara 班巴拉语 289
Bantu 班图语 317
base 基体 7, 15-16, 19, 25, 132
based-on link 以中心构式为基础的延展连接 275
Being-in-the-world 在世之在 58-59
binarity 二元性 164-165, 166
biological kinds 生物种类 17, 86
biscalar antonym/system 双度标反义词/系统 170, 172, 174, 181-185
 disjunct 分离型 170, 172, 182
 equipollent 均势型 170, 172, 174, 181-183, 188, 191
 overlapping 重叠型 170, 172, 183-185, 188, 190
 parallel 并联型 170, 182-183
blending 混合 38-39, 193, 213-215, 216, 221
另见 space, mental
Blending Theory (BT) 混合理论 38-39, 203, 207-209, 210, 328
"Blessings-Wishes-Curses" construction "祝福-希望-诅咒" 构式 271
borrowing 借词法 296, 299, 300, 312
boundary (of category/sense) 边界 75, 76,

89-91, 93-95, 97, 102, 104, 105, 109-115, 122, 143, 146, 151, 153, 155-156, 159, 168, 322
　　另见 fuzziness (of boundaries)
bounded/unbounded 有界/无界 64, 70, 71
bridging 搭桥 13

C

calibration 标定 171-172, 178, 179, 180, 184, 191-192
case (marking) 格（标识）261, 286, 319
Categorial Grammar 范畴语法 229
categorical 二分判断的 61
categorization/category 范畴化/范畴 3, 17, 46, 53, 54-55, 74-106, 282-283, 285, 326
　　ad hoc category 没有规约性名称的范畴 92
　　另见 boundary (of category); classical model; dynamic construal model; frame, semantic; levels (categories); prototype model
Caused Motion construction 致使移动构式 312
change 变化，见 language change
circumstantial phrase 环境短语 228
classical model (categorization)（范畴化）传统模式 76-77
　　另见 categorization
clause 小句 273
coercion 压制 43
cognitive abilities/capacities 认知能力 2, 3, 45
Cognitive Grammar 认知语法 72, 257, 266, 278-283, 285, 287, 288
cognitive linguistics 认知语言学 1, 40, 42, 45, 105, 225, 291, 325, 328-329

cognitive psychology 认知心理学 3, 7, 17, 28, 30, 45, 46, 54, 75, 86, 328, 329
collocations 搭配 12, 18, 249-250, 252
common ground 共同背景 60-61, 102-103
communication 交流 19, 74, 99, 103, 193, 291, 326, 329
comparative 比较级 177-179, 183, 186, 228
　　quantified comparative 被量化的比较级 178-179, 183
comparison 比较 44, 54-58, 68
complement 补语 267, 281, 325
complement constructions 补足语构式 280, 316
complementaries 互补反义词 165-166, 167-169, 185, 188
complementizer 补语化成分 280
componential model (of a grammar)（语法的）成分模式 225-229, 231, 232, 237, 245, 247, 248, 255, 258-259, 263
component, semantic (of a construction) 语义成分 138-140, 260, 286
compositionality, semantic 成分关系 105, 120, 177, 179, 249-254
compound 复合词 31
comprehension 理解 99, 100, 278, 285, 307
concepts 概念 7, 14-15, 24-27, 30, 37, 47, 48, 88, 92-93
　　generic concepts 类属概念 74-75
　　individual concepts 个体概念 74-75
Conceptual Metaphor Theory (CMT) 概念隐喻理论 194-204, 207, 209
conceptual space 概念空间 109, 288, 321-323, 327
conceptual structure 概念结构 2, 3, 15, 30, 34, 39, 46, 197, 328

conceptualization 概念化，见 construal
conditional 条件从句 228
conjunction 连词 237-238
connection 关联 303-304
　　另见 phonological connection; semantic connection; symbolic connection
consciousness 意识 46, 75
constituency (syntactic) 一致性 261, 311
constitution 构成，见 Gestalt
constraints (conceptual) 限制因素 100-101, **101-103**, 109
constraints (syntactic) 限制因素 225, 315, 318
construal 识解 1, 19, 28, 40-69, 75, 79, 80, 93-98, 103-104, 109-110, 122, 127, 138, 140, 144, 145, 150, 151, 153, 155, 158, 160, 161, 164-165, 167-168, 169, 182, 185-192, 216, 218, 221, 279-280, 328, 329
　　absolute construal (antonyms) 绝对识解 177, 178, 179-181, 185-189
　　default construal 默认识解 **71-72**, 83, 102, 103-104, 126, 140, 144, 146-147, 158, 159, 166, 168, 185, 189, 190, 191, 216
　　hybrid construal (antonyms) 混合型识解 186-187
　　relative construal (antonyms) 相对识解 175, 177, 179-181, 184, 185-189
construal operations 识解操作 40-73
　　interaction of 识解操作的相互作用 69-70
construction grammar 构式语法 4, 76, 225, 227, 229, 231, 240, 245, 247-248, 252, 255-256, 257-290, 302, 313, 317, 326, 329
　　Construction Grammar (Fillmore, Kay et al.) 257, **266-272**, 279, 280, 282, 285, 288, 291（菲尔莫尔和凯等人的）构式语法
　　Construction Grammar (Lakoff, Goldberg)（莱考夫和戈德伯格的）构式语法 257, 266, **272-278**, 283, 288
constructions, grammatical 语法构式 4, 8, 14, 34, 41-42, 53, 73, 177, 227-229, 236-249, 251-256, 257-290, 295, 302, 308, 313, 319, 321-327
container/containment image schema 容器意象图式/容纳意象图式 80, 89, 104, 142, 151, 201
contextual constraints/pressure 语境限制因素/语境压力 **102-103**, 109, 122-123, 127-128, 130, 131, 134, 135, 136, 150, 159, 164, 165, 182, 193, 204, 221
contextual modulation 语境调制 **128**, 129, 130, 135, 140
contextual pressure 语境压力，见 contextual constraints
contiguity (syntactic) 邻近性 286
controller (of agreement)（句法一致性的）限定因素 286
convention 规约；规约性 31, 43, 72-73, 156, 195-198, 199, 203-204, 230, 231, 249-252, 258, 279, 280
conventionality 约定俗成性 230, 232, 249, 252
conventional constraints 规约性限制 102, 103-104, 109, 111-112, 114, 117, 131, 135, 139, 144, 159, 161, 164, 166, 193, 209, 216
conventional imagery 规约性意象 72
conventional universalist position 规约性普遍主义立场 73
conversational implicature 会话含义，见

implicature
conversion 识解-转换同现 43
conversive 逆反词 166
coordinate construction 并列构式 240
copula 系动词 253, 319, 321-322
Cora 科拉语 280
core (intensional) 核心 150
correspondence 对应，见 metaphorical correspondence; symbolic correspondence
countability (count/mass) 可数性 71, 280 另见 noun
counterfactual 违实（的）36, 38, 39

D

declarative sentence construction 陈述句构式 264, 265, 314, 319-321
default construal 默认识解，见 construal, default
default schema 默认图式，见 schema, default
default specificity 默认具体性 127, 129-133, 134, 135, 158
degree of membership (DOM) 范畴隶属度 79-81
deictic center 指示中心 60
deixis 指示语 10-11, 44, 46, 58, 59-62, 63
  epistemic deixis 认识指示语 46, 60-61, 63
demonstrative 指示（的）；指示词 48, 51, 235
dependency 依存关系 261
dependent (grammatical structure) 依存的 282
derivation, grammatical 派生 40, 41-42
determiner 限定词 324
diachrony 历时性 111, 305

dictionary meaning 词典义 30
dimension 纬度 25, 69
direct object 直接宾语，见 object
discourse function 语篇功能，见 information structure
disjunction 析取 34
ditransitive construction 双及物构式 264-265, 273-274, 312
domain, semantic 域 15-16, 17-32, 39, 44, 47, 65, 68-69, 70, 79, 131-132, 164-166, 167-169, 172, 194-216, 221
  abstract domain 抽象域 24
  basic domain 基本域 24, 25, 26
  image-schematic domains 意象图式域 68-69
  source domain 源域 55, 195-204, 207, 210, 215, 221
  target domain 靶域 55, 195-204, 207, 210, 221
domain, social 域
domain matrix 域阵 25, 27, 31, 47, 69, 122, 132, 216
domain structure 域结构 26
dominion 辖域 46, 51-52
dual-processing model 双加工模式 294, 299
durative adverbial 延续体状语 246
dynamic construal model (categorization)（范畴化）动态识解模式 4, 75, 92-104, 141, 另见 categorization

E

economy 经济功能 74
elaboration 详述 281-282
elaboration site (e-site) 详述场 281
element (syntactic) 句法元件 260, 264, 285, 286, 287

embodiment 体验 44
empathy 共情 46, **61**, 62, 63
emphatic negative imperative construction 强调型否定祈使句 271
encyclopedic knowledge/meaning 百科知识/意义 30, 86, 148, 196, 204, 208
English (Modern)（现代）英语 14, 21, 24, 41, 42, 64, 72, 90-91, 110, 178, 181, 228, 235, 253, 280, 293, 310, 314, 316, 320-322
 Middle English 中古英语 310
 Old English 古英语 235, 294, 300
entailment 语义蕴涵 13, 104, 143, 145-146
entity/interconnection 实体/互联 44, 67-68
entrenchment 固化 111-112, 131-133, 135, 136, 139, 292-295, 296, 297, 304, 305, 308-311, 327
epistemic correspondences 认识对应 196-197, 201
epistemic deixis 认识指示语，见 deixis
equality/inequality constructions 等量/不等量构式 179-180
ergativity 作格 280, 316
 split ergativity 分离作格 62
e-site 详述场，见 elaboration site
evaluative terms 评价词语 18-19
event 事件 57-58, 70
evolution of humankind 人类进化 328
exclamative constructions 感叹构式 241, 247, 258
experience 经验 19, 24, 28, 44, 45, 54, 63, 68, 69, 71-73, 74, 101, 172, 195, 201, 203-204, 326
expert systems 专家体系 86
explicature 显义 100
exposure 曝光度 177-181

extraction constructions 提取构式 237, 315-316, 317

F

facets 义面 47-48, 101, 116-**126**, 131, 132, 137, 138, 140, 216, 220
familiarity 熟悉程度 78
family resemblance 家族相似性 78, 82, 85
feature 特征
 grammatical 语法特征 266-270, 284, 285
 semantic 语义特征 7, **8-10**, 76, 78, 87, 88, 91, 100, 148, 150
feature structure 特征结构 266-267, 269, 271
fictional situations 虚构情景 33
fictive motion 虚拟运动 46, **53**, 54
figurative meaning 比喻意义 193, 230, 251
figure/ground 图形/背景 44, 46, **56-58**, 59, 62, 71, 101, 281
filler 填充成分 136, 266, 267, 268
focal adjustments 焦点调适 43-44, 47, 58, 59
focal orientation 焦点取向 149-150
focus antipassive 焦点反被动 316
focus constructions 焦点构式 238, 240, 247, 315-316
folk classification 民间分类 86
force dynamics 力动态 43, 46, **66-67**, 69
foreground 前景 59
frame, semantic 语义框架 **8-22**, 34, 37, 39, 46, 47, 53, 55, 87, 91-92, 95-96, 167, 272
French 法语 20, 72, 90-91, 136, 178, 180-181, 311
frequency 频率 78, 80, 133, 292, 304, 305, 309

token frequency 形符频率 292-295, 301, 306, 307, 308, 309-310, 324-325
type frequency 类符频率 296-300, 301, 307, 308, 309, 312, 327
full-entry model 多层进入模式 276-278
functionalism (linguistics) 功能主义（语言学）242, 329
fuzziness (of boundaries)（边界）模糊 77, 91, 94, 95

G

games 游戏 33
gang effects 群体效应 294-295
gender (grammatical)（语法的）性 300
Generalized Phrase Structure Grammar 广义短语结构语法 229
generative grammar 生成语法 1, 2, 225-229, 259-260, 261, 263, 292, 293, 294, 302, 313, 317, 328, 329
geometric structure 几何结构 63, **64-65**, 70
German 德语 10, 20, 21, 53, 183-184, 299, 300
Gestalt 格式塔完形 46, **63-69**, 75, 100, 101, 115, 116, 175, 286
Gestalt psychology 格式塔完形心理学 56, 63, 329
goodness of exemplar (GOE) 成员身份契合度 **77-79**, 80-81, 92, 153, 166
Government and Binding theory 管约论 229
gradability 可分级性 71
graded centrality 梯度中心性 3, 32, 75, **77-81**, 88, 91
grammar/grammatical knowledge 语法知识 1, 3, 12, 106, 225-227, 229, 231, 247, 254, 255-256, 257, 263-265, 271, 278, 279, 287, 288, 291, 292, 296, 306, 326-327, 328, 329
　另见 Arc-Pair Grammar; Categorial Grammar; componential model (of a grammar); construction grammar; Construction Grammar (Fillmore, Kay et al.), Construction Grammar (Lakoff, Goldberg); generative grammar; Generalized Phrase Structure Grammar; Government and Binding theory; Head-driven Phrase Structure Grammar; Lexical-Functional Grammar; Minimalist theory; organization, grammatical; Radical Construction Grammar; Relational Grammar; representation, grammatical; rules; schemas; Semiotic Grammar; usage-based model; Word Grammar
grammaticalization 语法化 63, 317-318
granularity 粒度 52
Greek, Modern 现代希腊语 162, 172, 178, 180-181, 182
ground 背景，见 figure/ground

H

have a X constructions have a X 构式 243-244, 247, 248
head 中心；中心成分 267, 268, 270, 282, 282
hearer 听者 100, 286, 318, 329
Head-driven Phrase Structure Grammar 中心词驱动短语结构语法 259, 266, 279
Hebrew, Modern 现代希伯来语 72
historical linguistics 历史语言学 1
　另见 change, language; diachrony
holonym 整体词 160
homonymy 同义现象；同义关系 100, 111, 217, 303
homophony 同音异义现象；同音异义关

系 303
hyperonym 上义词 84, 114, 117, 120, 121, 127, 128, 129, 130, 131-132, 133, 134, 135, 148, 149, 158
hyponym 下义词 14, 117, 120, 121, 127, 128, 132, 143, 144, 146, 147, 148, 152, 175
hyponymy 下义关系 3, 7, 104, 141-150, 159, 162

I

iconicity 相似性 175, 286
ideal 理想成员 80
Idealized Cognitive Model (ICM) 理想认知模式 28-32, 92, 95
 cluster ICM 理想认知模式集群 31, 92, 95
identity 身份 36
idiom 习语 199, 205, 225, 230-237, 270
 decoding idiom 解码习语 231, 232, 235
 encoding idiom 编码习语 231-232, 235, 250
 extragrammatical idiom 语法外习语 233, 235, 236
 formal idiom 形式性习语 233, 235
 另见 idiom, schematic
 grammatical idiom 语法内习语 232, 235
 schematic idiom 图式性习语 234, 235, 236-237, 241, 243, 244, 247, 262-263
 substantive idiom 实质性习语 233, 234, 235, 236, 237, 247, 253, 262-263
 另见 pragmatic point
idiomatic phrase 习语性短语 232, 235, 252, 253
idiomatically combining expression 习语性组合表达 232-233, 235, 236, 249-253, 263
illocutionary force 言外之力 318-320
image 意象 44
image nouns 意象名词 33
 另见 picture nouns
image schemas 意象图式 44-46, 62, 64-65, 68, 80, 104, 167, 169, 172, 201-204
imaging systems 意想系统 43
immediate scope 直接范围, 见 scope of predication
imperative constructions 祈使构式 319-322
implication 蕴涵 8, 另见 also entailment
implicature 含义 10, 185, 268
incompatibility 不兼容关系 104, 117, 126-127, 133, 141, 145, 147, 152, 162
individuation 个体化 64, 70
induction 归纳法 4, 323-325, 327
infinitive 不定式 247
inflections, grammatical 语法屈折变化 40, 41-42, 293-307, 324-325
information structure 信息结构 61, 226, 235, 242
inherentness (in antonyms) 内在性 184-185, 189
inheritance 继承 76, 270-272, 273, 274, 275-278
 complete inheritance 完全继承 270-271, 278, 308
 default inheritance 默认继承, 见 inheritance, normal
 multiple inheritance 多重继承 264, 276-277
 normal inheritance 常规继承 275-276
 另见 full-entry model
innate capacity for language 天赋语言能力 2-3

instance (of a construction) 构式的实例 259

instrument 工具论元 316

integration (of components of a meaning)（意义成分的）整合 125-126

intention 意图 88

interactive activation network 交互式激活网络 307

interconnection 互联，见 entity/interconnection

interface (grammatical)（语法）界面 228, 229

interpretation 解读 98-100, 101, 109-110

interrogative constructions 疑问构式 265, 310, 314, 319
  另见 questions

intransitive construction 非及物构式 234, 259, 260-262, 264, 268, 283-285, 287

Invariance Hypothesis 恒定性假设 201-202

inversion constructions 倒装构式 242-243

irregularity 不规则性，见 regularity

It-cleft construction it-分裂构式 237, 242, 265, 315

iteration 反复 70

J

Japanese 日语 316-317

Javanese 爪哇语 21

judgement 判断，见 comparison

K

K'iche' Mayan 玛雅语族的基切语 254, 312, 316, 317

Kinyarwanda 金雅旺达语 317

knowledge of language 语言知识 1, 2, 3-4, 225, 328, 329

L

landmark 陆标 58

language 语言 2, 71-73, 99, 328-329

language change 语言变化 291, 292, 293-294, 298, 307, 325-326

language use 语言使用 1, 2, 3-4, 278, 307, 326, 328, 329

latency 潜伏现象 134-137

learning 学习 74, 78, 325，另见 acquisition

left isolation (LI) construction 左分离构式 271

let alone construction let alone 构式 237-240, 247, 248

levels (categories)（范畴）层级 75, 82-87, 96-97, 130
  basic 基本层级 82, **83-84**, 96, 97, 130, 148, 175
  generic 类属层级，见 level, basic
  subordinate 下位层级 82, 84, **85-86**, 96, 130
  superordinate 上位层级 82, **84-85**, 96, 97, 130, 175

levels (syntax)（句法）层 225-226

lexical decision task 词汇判断法 78-79, 303，另见 priming

lexical field theory 词汇场 10-11

Lexical-Functional Grammar 词汇功能语法 229

lexical rules 词汇规则 246-247

lexical semantics 见 semantics, lexical

lexicon 词库 97, 205, 212, 226, 227, 229, 230, 234, 237, 247, 255, 257, 263, 293, 294

linking rules 连接规则 227, 231, 258

links (between constructions)（构式之间的）连接 273-275

list 罗列 292, 294
literary analysis 文学分析 194, 328
locative 方位 50-51, 280

M

Maasai 马赛语 289
mapping (between domains)（两域之间的）映射 194, 198-199, 201-204
 open mapping 开放映射 213-215
 restricted mapping 受限映射 213-215
 另见 epistemic correspondences; metaphorical entailments; ontological correspond-ences
mathematics 数学 194, 328
maximal scope 最大范围，见 domain structure
meaning 意义 30, 97-98
 word meaning 词义 4
memory 记忆 3, 101
mental spaces 心智空间，见 space, mental
meronomic structure (of a construction)（构式的）部整关系结构 259, 260, 262, 269-270, 273, 283, 288
meronomy 部整关系 3
meronym 部件 114-226
meronymy 部整关系 7, 104, 141, 150-151, **159-163**
metalinguistic 元语言（的）133-134, 164
metaphor 隐喻 3, 39, 44, 46, **55-56**, 70, 83, 119, 133, **193-221**
 conventional metaphors 规约性隐喻 194-204
 deviance in metaphors 隐喻中的偏离常规 206-207
 image metaphors 意象隐喻 195, 203
 novel metaphors 新奇隐喻 204-211
 另见 blending; Blending Theory; Conceptual Metaphor Theory; domain, semantic; epistemological correspondences; Invariance Hypothesis; mapping; ontological correspondences; substitution theory of metaphor; target; target domain override; vehicle
metaphor within simile 明喻中的隐喻 215
 另见 simile within metaphor
metaphorical correspondence 隐喻对应 193, 213, 218
metaphorical entailments 隐喻蕴涵 197, 201
metaphtonymy 隐转喻 218-219
metonymy 转喻 46, **48-49**, 70, 126, 193-194, **216-220**
 另见 active zone
microsenses 微意义 101, 116, **126-137**, 138, 140, 158, 161
microsense complexes 微意义复合体 129, 131-133, 136
mind 心智 2, 24, 72, 291, 292
Minimalist theory 最简理论 229
modal 情态动词 67, 228
modifier 修饰语 53, 54, 268, 282
modulation, contextual 语境调制，见 contextual modulation
module 模块 1, 226，另见 autonomy
monoscalar antonym/system 单度标反义词/单度标体系 170, 171-181，另见 antonym, polar
mood 语气 304-305, 306-307, 317
morphology 形态学 1, 4, 226, 254-255, 292-307, 313, 318, 319, 321, 327
motor activity 肌动活动 2

movement rule 移位规则 313-315

N

negation 否定 13, 33, 36, 139, 239, 265, 269, 311
negative constructions 否定构式 264, 310, 311, 314, 321-323
negative polarity item 负极性词语 239, 240
network 网络 30
 neural network 神经网络 46
node 结点 262, 263, 292
Nominal Extraposition 名词外置 241
nonreductionist model 非还原主义模式 272, 283, 287, 288
nonrelational 非关联（性），见 relationality
nonsubject WH-question construction 非主语 WH-特殊疑问构式 271
nonverbal predication 非谓词述谓 319-322
noun 名词 12, 41, 42, 53-54, 67-68, 137, 141, 243, 254, 279, 284, 299, 323-324
 count noun 可数名词 24, 41, 42, 43, 64, 85
 mass noun 物质名词 24, 41, 42, 43, 48, 64, 85
noun phrase 名词短语 233, 242, 243, 273, 324
null instantiation 零实例化 279
number 数 206-207
 plural 复数 48, 254, 292-293, 294, 296, 299-300, 302, 324
 singular 单数 48, 254, 292, 324
numeral 数词 178

O

object (grammatical) 宾语 42, 62, 66, 134, 228, 270, 273, 279, 280, 284, 316, 325
objectivity 客观性，见 subjectivity/objectivity
oblique 旁格 42, 66, 228, 286, 289, 294, 316
odd number paradox 奇数悖论 88
ontological correspondences 本体对应 196-197
ontological type 本体类型 122, 126, 133, 153
open schema 开放性图式，见 schema, open
oppositeness 对立性 164-167, 170, 185-187
organization, grammatical 语法组织 257
orientation 取向 46, 59, 63, 65

P

paired focus construction 双焦点构式，见 focus constructions
paradigm (grammatical) 词形变化 304-305, 321-322
paragon 典范 80
parallel distributed processing 并行分布加工 329
parsimony 至简性 277-278
 computing parsimony 运算至简性 278
 storage parsimony 存储至简性 278
part 83, 120, 151-159, 160-163
 core part 156
 extrinsic construal of part 部件的外在识解 160
 integral part 必备部件 156-157
 intrinsic construal of part 部件的内在识解 160
 segmental part 节段部件 154, 162
 spare part 备用部件 152, 160
 systemic part 系统部件 154, 162
 ultimate part 终极部件 155
partial specification 部分详述 264

主题索引

partiality 偏好（性）
  scale-partiality 度标偏好性 181, 183, 184
  system-partiality 系统偏好性 181, 183, 184
  另见 antonym, committed; antonym, impartial
participant type 参与者类型 318-321
partonymy 部整关系，见 meronymy
parts of speech 词性 40, 41, 280
passive construction 被动构式，见 voice, passive
perception 感知 2, 3, 88
person (grammatical) 人称 11, 254, 293, 304-307, 324
perspective 视角 30, 43, 44, 46, 58-63, 68
phenomenology 现象学 45, 58, 63, 100, 209
philosophy 哲学 28, 54, 194, 328
phonological connection 音韵关联 303, 304, 318
phonological pole 音韵极 279, 286, 319
phonology 音韵学 1, 4, 225, 226-227, 242, 255, 294, 296-297, 298, 301-302, 319
phrase structure rule 短语结构规则 263
"picture" nouns "图画"名词 33, 62，另见 image nouns
piece 碎片 151-153
planning 规划功能 74
pluralia tanta 仅有复数形式的 64
polarity question construction 极性疑问句构式 271
politics 政治（学）194, 328
polysemy 一词多义关系 3, 19, 97, 109-140, 217, 273-275, 280
portion 部分 151, 152

Portuguese, Brazilian 巴西葡萄牙语 324
possessive constructions 领属构式 23-24, 51, 62, 73, 280
possible worlds 可能世界 33
postposing constructions 后置构式 242-243
pragmatic point (of idiom)（习语的）语用点 234
pragmatics 语用学 12-13, 34, 50, 61, 127, 132, 136, 226, 239-240, 244-245, 255
pre-meaning 预备意义 103, 104, 105, 110, 112, 114, 117, 138, 140, 143, 159, 162
predicate 谓语；谓词 259, 262, 264, 269-270, 280-282
predicate adjective construction 表语形容词构式 253
predicate transfer 谓词转移 49-50, 219
predicate type 谓词类型 318-321
prefix 前缀 254
preposing constructions 前置构式 242-243
preposition 介词 41, 52, 286
prepositional phrase 介词短语 228, 242
presentational sentence 存现句 41, 61
presupposition 预设 13, 24, 27, 37, 61, 139, 268, 281
  presupposition float 预设漂移 38
priming 启动 78-79, 93, 303
process (cognitive)（认知）加工 291
process (semantic)（语义）过程 53, 54, 253
production 产出；构成 2, 278, 292, 294, 307
productivity 能产性 199, 296-300, 302, 308-309, 311-312, 314
profile 侧面（n.）；侧显（v.）15-16, 17-23, 46, 47-50, 53, 92, 132, 149,

150, 196, 212-213
configurational profile 构型侧面 22-23
locational profile 位置侧面 22-23
profile shift 侧面转换 47-50
profile determinant 侧面决定因素 282, 287
profile equivalence 侧面等值 287
prohibitive constructions 禁止构式 320-322
pronoun 代词 36, 51, 59-60, 62, 233, 316
proper name 专有名词 299
prototype 元型 3, 77-92, 120, 152, 216, 272, 273-274, 283, 285, 302
   prototype effects 元型现象 32
   prototype model 77-92 元型模式，另见 categorization
Provençal 普罗旺斯方言 305-306
psycholinguistics 心理语言学 251, 298-299, 302, 307
psychology 心理学，见 cognitive psychology
purport 词语意旨 1-2, 100-101, 104, 109-110, 127, 147, 161, 162, 193, 221

Q

qualia roles 物性角色 137
   另见 ways-of-seeing
quantification 量化 34
quantifier 限定词 48
quasimodals 准情态动词 317-318
questions 疑问句 311, 314, 315-316
   How X is it? 173-174, 176, 179, 180, 183, 184
   Is it X? 181-182
   What is its NOM? 173, 176, 179-182, 184
   另见 interrogative constructions

R

radial category structure 辐射式范畴结构 272
Radical Construction Grammar 激进构式语法 257, 266, 283-289, 321
range congruence 范围迭合 160
reality 现实 101-102
reductionism 还原主义 1
reductionist model 还原主义模式 268, 272, 284-285
reference 指称；参照 35-36, 54
reference point 参照点 51
referential opacity 指称不透明性 35-36
referential/attributive 指称/定语 36
regular syntactic expressions 232, 233, 234, 236, 252
regularity/irregularity (grammatical) 292-300, 303, 311, 313, 318
relation 关系，见 semantic relation; symbolic relation; syntactic relation
Relational Grammar 229
relationality 关联性 46, 48, 58, 67-68, 195, 269, 281，另见 entity/interconnection
relative clause 关系从句 315-316
relativity (semantic/linguistic)（语义/语言）相对论 72-73
relevance 关联 304, 318-319, 322, 327
   另见 similarity
Relevance Theory 关联理论 100
representation, grammatical 语法表征 2, 257
representation, knowledge 知识表征 291, 326
resultative construction 结果构式 246, 247, 248, 249, 277
reversive 可逆性反义词 165-166, 169
right-dislocation construction 右偏置构式

主题索引

242-243
roles（in mental spaces）角色 34-36
roles, syntactic 句法角色，见 syntactic roles
rules 规则 225, 229, 237, 246, 292, 294, 295-296, 300-302, 313-318, 327
Russian 俄语 42-43, 280

S

salience 47 凸显性，另见 attention
sanction 裁适 55
scalar adjustment 度标调整 46, 51-53, 64, 65
    qualitative 定性度标调整 46, 52-53, 64
    quantitative 定量度标调整 46, 51-52, 64
scalar model 度标模式 239, 240
scale 度标 22-23, 46, 65, 69, 104, 166, 167, 169-192, 201
scale-committedness 度标专用性，见 partiality, scale-partiality
scale-impartiality 度标普适性，见 partiality, scale-partiality
scale-schema 度标图式 173
    absolute scale-schema 绝对度标图式 173, 175, 184
    relative scale-schema 相对度标图式 173
    另见 construal, absolute; construal, hybrid; construal, relative
scanning 扫描 44, 46, 53-54, 67, 280
    sequential scanning 逐序扫描 46, 53-54, 67, 72, 280
    summary scanning 概览扫描 46, 53-54, 67, 280
schema 图式 295-302, 207, 308-311, 314, 317, 327
    default schema 默认图式 300, 312

open schema 开放性图式 299-300
product-oriented schema 结果导向图式 301-302, 307, 313-318, 327
source-oriented schema 来源导向图式 301, 313, 327
schematic relation 图式关系 24, 26-27
schematic systems 图式系统 43
schematicity 图式性 175, 198-201, 202, 253, 254, 263, 265, 309, 312
schematization 图式化 4, 44, 52-53
scope of attention 注意范围 46
scope of predication 述义范围 23-24, 46, 154
script 脚本 8, 17
search domains 搜索域 50-51
selection 选择 44, 46, **47-50**, 65
selectional restrictions 选择限制 249
semantic connection 语义关联 303, 304, 307, 318, 321, 327
semantic interpretation rules 语义解读规则 232-233, 237, 245, 249, 252, 253, 254, 257
Semantic Map Connectivity Hypothesis 语义地图连通性假设 322
semantic map model 语义地图模式 283, 288, **321-322**, 327
semantic pole 语义极 279, 286
semantic relation 语义关系 261, 286
semantics 语义学 1, 2, 4, 12-13, 34, 40, 226, 297, 301, 328
    frame semantics 框架语义学 **8-32**
    lexical semantics 词汇语义学 3
    semantics of understanding 理解语义学 4, 8, 13, 99
    structural semantics 结构语义学 7, 76
    truth-conditional semantics 真值条件语义学 1, 2, 7, 8, 12, 33, 38, 40-43, 64, 328, 329

另见 lexical field theory
semelfactive 一次性事件的 43
Semiotic Grammar 符号语法 259
sense unit 语义单元 109
 full sense unit 完全意义单元 112, 115
sign, linguistic 语言符号 266, 279
 另见 symbolic unit
similarity 相似性 82, 303-306, 308
 另见 relevance
simile 明喻 211-216, 220
simile within metaphor 隐喻中的明喻 215-216
 另见 metaphor within simile
situatedness 情景适配, 见 perspective
situationa/use (adposition) 附置词 286
social interaction 社会互动 329
sociology 社会学 17
sounds 声音 2
space, mental 心智空间 32-39, 71, 207-209
 base space 基体空间 33, 34, 35, 36
 blended space 混合空间 39, 207-209
 generic space 类属空间 39, 207-208
 input space 输入空间 39, 207-208, 209
 space builders 空间建构语 33
 另见 blending; Blending Theory
Spanish 西班牙语 232, 235, 324-325
spatial relations 空间关系 56, 58
specificity, default 默认具体性, 见 default specificity
speculation 推测 211
speech act 言语行为 241, 318
speech act situation 言语行为情景 10-11, 60, 276
speech community 言语社团 17-18, 77, 103, 197, 204
state 状态 53, 64

state of affairs 事件状态 319
stereotypicality 刻板印象程度 80-81
structural schematization 结构图式化 43, 46, 63-65, 69
structuralism 结构主义 254, 292, 293, 302
structured inventory 结构化清单 262, 279
 另见 taxonomic network; taxonomy
sub 潜隐（词）173, 174, 177, 179, 181, 182, 183, 188, 189, 190
subcategories 下位范畴 75, 81
subcategorization frame 次范畴化框架 230, 237, 255, 263
subject 主语 62, 66, 228, 259, 261, 262, 264, 265, 269, 271, 273, 279, 280, 284, 286, 289, 314, 316, 319, 325
subject-auxiliary inversion (SAI) construction 主语-助动词倒装构式 271
subject-auxiliary inversion exclamation construction 主语-助动词倒装感叹构式 271
subjectivity/objectivity 主观性/客观性 44, 46, 62-63
subjunctive 虚拟语气 311
subordination 从句 57-58, 59
substitution theory of metaphor 隐喻的替代理论 76, 194, 231
suppletion 不规则词形屈折 177, 303, 305, 318
supra 浮显（词）173, 174, 177, 181, 183, 189, 190, 191
Swedish 瑞典语 20
symbolic connection 符号关联 303, 304
symbolic correspondence/link 符号对应/连接 260, 279
symbolic relation 象征关系 286
symbolic unit 符号单元 2, 258, 259, 266,

271, 279, 285
synonym 同义词 146
synonymy 同义关系 8
syntactic category 句法范畴 259-260, 268, 272, 274, 279-280, 283-285
syntactic relation 句法关系 262, 263, 268-270, 272-273, 280-282, 285-287
syntactic role 句法角色 261-262, 268-270, 285
syntactic space 句法空间 283, 289
syntax 句法；句法学 1, 2, 4, 225, 226, 229, 240, 241, 254, 255, 278, 279, 308, 319, 327, 328
syntax-lexicon continuum 句法-词汇连续渐变体 255-256, 264
system-committedness 系统专用性，见 partiality, system-partiality
system-impartiality 系统普适性，见 partiality, system-partiality

T

target 靶（域）193
  另见 domain, target
target domain overrides 靶域优先原则 201
target naming task 目标命名实验 303
tautological constructions 复言构式 244-245, 247
taxonomic network 分类网络 262, 278, 302, 318, 327
taxonomic relation 分类关系 3, 24, 26-27, 262-264, 265, 270-272, 273, 275, 322
taxonomy/taxonomic hierarchy 分类层级 117, 128, **147-150**, 199-200, 264, 265, 271, 273, 302, 306, 321-323
taxonym 分类词 148-149

taxonymy 分类系统 147
temporal expressions 时间表达 33
tense 时态 276, 287-288, 304-305, 317
  future 将来时 228
  past 过去时 10, 283, 293-299, 304
  perfect 完成体 228
  present 现在时 241, 276, 283, 304
  preterite 过去时 306
text 语篇 13-14
  text coherence 语篇连贯 14
thematic role 题元角色 269
theory theory 理论论 18
There-constructions There-构式 240-241, 272, 275, 276
thetic 句子焦点 61
thought 思维 71-73
"*time*"-*away* construction "时间"-*away* 构式 245-246, 247
token frequency 见 frequency, token
topic 话题 316-317
Topicalization construction 242-243
topic-comment 话题-评述 61
topological structure 拓扑结构 63, **64-65**
"Tough-movement" "硬移动" 49
trajector 射体 58
transformational grammar 转换语法，见 generative grammar
transitive construction 及物构式 234, 249, 283, 284, 287, 323
transitivity (category) 及物（范畴）232, 243, 316
transitivity (relation) 传递 144-145
translation 翻译 19-21
truth-conditional semantics 真值-条件语义学见 semantics, truth-conditional
type frequency 类符频率，见 frequency, type
typicality 典型性 80

typology 类型学 283, 288, 89, 305, 321, 322

U

unbounded 无界（的），见 bounded
unification of senses 意义的统合 113, 115, 116-122, 131, 132
Upriver Halkomelem 上游哈尔魁梅林语 289
usage-based model 基于使用的模式 4, 199, 278, 283, 288, **291-327**
use 使用，见 language use
utterances 言语 2, 12, 33, 60, 62, 258, 265, 278, 291, 318, 326

V

valence 配价 280-282
valence-changing (morphology) 配价变化
Valence Principle 配价原则 269
values (in mental spaces)（心理空间中的）值 34-36
values (grammatical)（语法）值 266
vantage point 立足点 46, **59**, 63, 69
vehicle 喻体 193, 215
　另见 domain, source
verb 动词 12, 53, 66, 67-68, 137, 142, 169, 228, 254, 261, 264, 267, 268, 270, 273, 274, 279, 283, 284, 286, 287, 289, 293-299, 304, 310, 312, 314, 323, 324, 325-326
Verb Island Hypothesis 动词岛屿假说 323
verb phrase 动词短语 238, 264, 266-267
verb-particle construction 动词-小品词构式 277
Vietnamese 越南语 42
viewpoint 视点 46, **59**
voice 语态 66
　active 主动语态 41, 61, 313, 316
　passive 被动语态 41, 61, 227-228, 286, 289, 313, 316-317

W

way construction way 构式 247, 325-226
ways-of-seeing (WOS) 观察路径 137-138
WH-cleft construction WH-分裂句构式 242
whole 151, 160
　ultimate whole 终极整体 155-156
word 单词 8, 14, 34, 53, 98, 109, 251, 254-255, 267, 268, 279, 292-307
Word Grammar 词汇语法 261
word order 词序 261, 264, 277, 286, 319

Y

Yuman 尤马语 280

Z

zeugma 轭式搭配 49, 113, 118, 119-120, 121, 134, 136, 139, 168, 191

图书在版编目（CIP）数据

认知语言学 /（美）威廉·克罗夫特,（英）D.艾伦·克鲁斯著；邵军航译.--北京：商务印书馆，2024.（汉译世界学术名著丛书）.-- ISBN 978-7-100-24231-8

I. H0-06

中国国家版本馆CIP数据核字第2024LF6139号

权利保留，侵权必究。

汉译世界学术名著丛书

认知语言学

〔美〕威廉·克罗夫特
〔英〕D.艾伦·克鲁斯　著
邵军航　译

商　务　印　书　馆　出版
（北京王府井大街36号　邮政编码100710）
商　务　印　书　馆　发行
北京市白帆印务有限公司印刷
ISBN 978-7-100-24231-8

2024年9月第1版　开本 850×1168　1/32
2024年9月北京第1次印刷　印张 19
定价：82.00元